SVEN GROSSE

ICH GLAUBE AN DIE EINE KIRCHE

Sven Grosse

ICH GLAUBE AN DIE EINE KIRCHE

Eine ökumenische Ekklesiologie

Ferdinand Schöningh

Umschlagabbildungen:
Lyonel Feininger, *Gelmeroda XIII* (1936)
© VG Bild-Kunst, Bonn 2015

Bibliografische Information der Deutschen Nationalbibliothek

Die Deutsche Nationalbibliothek verzeichnet diese Publikation in der Deutschen Nationalbibliografie; detaillierte bibliografische Daten sind im Internet über http://dnb.d-nb.de abrufbar.

Alle Rechte, auch die des auszugsweisen Nachdrucks, der fotomechanischen Wiedergabe und der Übersetzung, vorbehalten. Dies betrifft auch die Vervielfältigung und Übertragung einzelner Textabschnitte, Zeichnungen oder Bilder durch alle Verfahren wie Speicherung und Übertragung auf Papier, Transparente, Filme, Bänder, Platten und andere Medien, soweit es nicht §§ 53 und 54 UrhG ausdrücklich gestatten.

© 2015 Ferdinand Schöningh, Paderborn
(Verlag Ferdinand Schöningh GmbH & Co. KG, Jühenplatz 1, D-33098 Paderborn)

Internet: www.schoeningh.de

Einbandgestaltung: Anna Braungart, Tübingen
Printed in Germany.
Herstellung: Ferdinand Schöningh GmbH & Co. KG, Paderborn

ISBN 978-3-506-78297-7

INHALTSVERZEICHNIS

Vorwort 9

1. Einführung 13
   - 1.1. Zum Aufbau 13
   - 1.2. Die Kirche und die einzelne Seele 13
   - 1.3. Zur Nomenklatur 17

TEIL I: DAS WESEN DER KIRCHE

2. Die Definition von Kirche und die Stellung der Ekklesiologie im Ganzen der Dogmatik 21
   - 2.1. Die Definitionen von Kirche 21
   - 2.2. Unterscheidungen im Begriff der Kirche 22
     - 2.2.1. Ecclesia invisibilis – visibilis 23
     - 2.2.2. Ecclesia universalis – particularis 25
     - 2.2.3. Ecclesia triumphans – militans 26
   - 2.3. Die Dauer der Kirche 27
   - 2.4. Die Kirche als Reich des Heiligen Geistes und als Leib Christi 31
   - 2.5. Die Stellung der Ekklesiologie im Ganzen der Dogmatik 34
   - 2.6. Die Kirche als Mittel und Sakrament des Heils 35
   - 2.7. *Extra ecclesiam nulla salus?* 39
   - 2.8. Unsichtbarkeit und Sichtbarkeit der Kirche – die *notae ecclesiae* 44
   - 2.9. Die Identifizierbarkeit der Kirche 46

Die Eigenschaften der Kirche. Vorbemerkung 49

3. Die Einheit und Katholizität der Kirche 50
   - 3.1. Einheit – Ganzheit – Subjekthaftigkeit – Realität der Kirche 50
   - 3.2. Die Einheit der Kirche und die Vielzahl der Ortsgemeinden 53
   - 3.3. Das Verhältnis von Lokal- und Universalkirche 59
   - 3.4. Gottesdienst, Ortsgemeinde und Gemeinschaften innerhalb der Ortsgemeinde 61
   - 3.5. Der ekklesiologische Status einer Einheit aus mehreren Ortsgemeinden. Die Bischofskirche 63

4. Die Heiligkeit der Kirche 65
   - 4.1. Zwischenüberlegungen über die Prädikate der Kirche 65
   - 4.2. Heiligkeit und Sünde der Kirche 66
   - 4.3. Die Heiligen in der Kirche 68

4.4.	Die *ecclesiola in ecclesia* und die Orden	71
	4.4.1. Ecclesiola in ecclesia	71
	4.4.2. Orden und Kommunitäten	73
	4.4.3. Gibt es Stände in der Kirche?	78

5. DIE APOSTOLIZITÄT DER KIRCHE 81

6. DIE AUFGABEN UND TÄTIGKEITEN DER KIRCHE 88

6.1.	Das missionarische Wirken der Kirche	89
6.2.	Das sich erbauende Wirken der Kirche	90
6.3.	Die Diakonie	92
6.4.	Die Mitverantwortung der Kirche in Gesellschaft und Staat	93
6.5.	Das Lehren der Kirche	95
6.6.	Die Einsetzung der Amtsträger und die Leitung der Kirche	96
6.7.	Die Rechtsprechung der Kirche	98
6.8.	Die Grenzen der kirchlichen Rechtsvollmacht. Der evangelische Charakter kirchlichen Rechtes	103
6.9.	Wer übt die Tätigkeiten der Kirche aus?	107
6.10.	Das Sein der Kirche und ihre Tätigkeiten. Der Gottesdienst als Verdichtung des Seins der Kirche	109

7. DIE KIRCHE UND DIE WELT 112

7.1.	Gegenüber und Ineinander. Die Ambivalenz ihres Verhältnisses	112
7.2	Der Mißbrauch, die Verfolgung und die Ignorierung der Kirche durch die Welt	113
7.3.	Die Kirche im Schema der Welt	115
7.4.	Die innerweltlichen Wirkungen der Kirche in der Welt	116
	7.4.1. Hebung der Moralität	116
	7.4.2. Förderung der Wissenschaften	120
	7.4.3. Förderung der Künste	121
	7.4.4. Abschlußbetrachtung zu den innerweltlichen Wirkungen der Kirche	121
7.5.	Die Kirche als Minderheit in der Welt	123

TEIL II: DAS AMT UND DIE ÄMTER IN DER KIRCHE

8. AMT, INSTITUTION, LEBEN DES AMTSTRÄGERS, AMTSGNADE 127

9. DIE VIELEN ÄMTER UND DAS EINE APOSTOLISCHE AMT. DIE ZWEI STRÖME DES KIRCHLICHEN WIRKENS 129

9.1.	Die vielen Ämter und das eine apostolische Amt	129
9.2.	Die zwei Ströme des kirchlichen Wirkens	135

10. Definitionen der Ämter 139
    10.1. Das Amt des Bischofs 139
    10.2. Das Amt des Pfarrers 141
11. Ist das kirchliche Amt das Amt eines Predigers oder eines Priesters? ... 144
    Exkurs zum Zölibat 152
12. Die Amtsgnade und der *Character indelibilis* 153
13. Zur Frage der Ordination der Frauen 156
14. Das Amt des Diakons und die anderen Ämter in der Gemeinde 162
15. Die Kollegialität der Amtsträger und die Frage der Wahlvollmacht ... 164
16. Laien und Kleriker, allgemeines und besonderes Priestertum, marianisches und petrinisches Prinzip 168
    16.1. Laien und Kleriker, allgemeines und besonderes Priestertum 168
    16.2. Marianisches und petrinisches Prinzip 174
17. Das Papstamt und die Frage einer zentralen Leitung der Gesamtkirche 178
18. Die Instanzen des Lehramtes und die Frage der Unfehlbarkeit der Kirche 187

TEIL III: DIE GEFÄHRDUNGEN DER KIRCHE UND IHRE ÜBERWINDUNG

19. Systematik der Gefährdungen der Kirche 201
20. Religiöse und säkularistische Verweltlichung der Kirche 206
21. Die Volkskirche im Prozess der Säkularisierung 213
    21.1. Die christliche Gesellschaft als Ausgangspunkt der Säkularisierung 213
    21.2. Die Volkskirche 214
22. Möglichkeiten der Freikirchen 218
    Exkurs zu Bekehrung und Taufe 220
    (1) Typen von Bekehrung 220
    (2) Die Taufe 221

23. Die Tyrannei in der Kirche 229

24. Der Entzug des Gehorsams 232

25. Die Spaltungen: die beiden Möglichkeiten von Spaltung 236

26. Heute noch bestehende Spaltungen 239
    26.1. Israel und die Kirche 239
    26.2. Spaltungen innerhalb der christlichen Kirche –
          Möglichkeiten, wie sie aufzufassen 241
       26.2.1. Erste Möglichkeit: Es gibt die eine wahre Kirche nicht 241
       26.2.2. Zweite Möglichkeit: Exklusiver Wahrheitsanspruch einer
               der Fragmentkirchen 245
       26.2.3. Dritte Möglichkeit: Zentralität einer der Fragmentkirchen ... 247
               Exkurs: Der ekklesiologische Status der Fragmentkirchen ... 251
       26.2.4. Vierte Möglichkeit: *Ecclesia subsistit in verbo Dei* 255

27. Bedingungen des ökumenischen Prozesses 257

28. Der Reichtum der gespaltenen Kirche 261

29. Das Papsttum und die Einheit der Kirche 266

Literaturverzeichnis 271

Personenregister 279

Sachregister 281

„Wollen wir dismal einfeltiglich bey dem Kinderglauben bleiben, der da sagt: Ich gleube eine heilige Christliche Kirche, Gemeinschafft der heiligen."

Martin Luther, Von den Konziliis und Kirchen[1]

VORWORT

Bei den im vorliegenden Werk angestellten Überlegungen soll es sich zunächst bewusst um etwas Vorläufiges handeln. Wird doch hier gerade die Ansicht vertreten, dass im reformatorischen Sinne Theologie eine Tätigkeit der Kirche ist[2], die theologische Wahrheit eine anvertraute Wahrheit, nämlich von Gott nicht irgendwelchen Einzelnen, sondern der Kirche anvertraut. Sie ist von Gott aber in der Weise der Kirche anvertraut, dass sie einem Amt, dem Lehramt anvertraut ist. Anders als in diesem Amt und mit diesem Amt läßt sich im Grunde keine christliche Theologie vortragen. Dieses Buch ist also nur ein Antrag, was als christliche und mithin kirchliche Theologie vorzutragen wäre. Ich schreibe das mit dem Bewußtsein solcher Bedenken wie derjenigen, die Karl Barth vor 82 Jahren im Vorwort des ersten Bandes seiner ‚Kirchlichen Dogmatik' einzugestehen sich nicht gescheut hat: „Wo ist denn in der Gegenwart die evangelische Kirche, die danach begehrt, dass man sie so ernst nimmt, sich in dem Sinne zu ihr bekennt, wie es in diesem Buche geschieht? Weiß ich etwa nicht, dass im Bereich des modernen Protestantismus gerade das Kirchenregiment weithin keinen dringlicheren Wunsch zu kennen scheint, als den, von Kirchenlehre so wenig als möglich hören zu müssen? ..."[3]

Im Untertitel wird die Ekklesiologie, die hier entworfen wird, eine „ökumenische" genannt. Im ursprünglichen Sinne des Wortes heißt das soviel wie eine christliche oder eine kirchliche. Sie muss so geartet sein, dass sie für die ganze Kirche Geltung hat. Mitgemeint ist aber tatsächlich auch jene Bedeutung, die das Wort „ökumenisch" seit dem 19. Jahrhundert bekommen hat: so auf die ganze Kirche bezogen, dass man damit trachtet, die tatsächliche Fragmentisierung der Kirche in sogenannte Konfessionskirchen zu überwinden. Das ist eingestandenermaßen eine Absicht dieses Werkes, wie etwa auch der ‚Ökumenischen Dogmatik' von Edmund Schlink oder dem Buch gleichen Titels von Wolfgang Beinert und Ulrich Kühn. Dabei bin ich mir wohl bewußt, dass in jedem Werk, das diese löbliche Absicht hat, der konfessionelle Standpunkt des Verfassers nicht weggelassen werden kann, so wie etwa in der „ökumenischen Ekklesiologie" Miroslav Volfs (Trinität und Gemeinschaft. Eine ökumenische Ekklesiologie), dessen kongregationalistischer Standpunkt deutlich genug hervortritt. Ich denke, dass der Überwindung der Spaltung der Kirche besser gedient ist, wenn man seinen Standpunkt bei einer bestimmten Konfession bezieht, als mit einer Position außerhalb

---
[1] WA 50, 624,14f.
[2] „Theologie aber ist eine Funktion der Kirche.", Karl Barth, Die Kirchliche Dogmatik, Bd. I/1 (München 1935) – IV/4 (Zürich 1967), 1.
[3] Ebd., XI.

der Konfessionen oder einer Mischposition. Gewiß muss sich erweisen, dass die Position, die ein Theologe wählt, wirklich geeignet ist, die Wahrheit über die Kirche zu sagen und damit auch ihrer Einheit zu dienen. Das gilt auch für das Werk, das ich hier vorlege.

Dessen Verfasser hat mit seiner Taufe und mit seiner Ordination seinen Standpunkt in der evangelisch-lutherischen Kirche, wiederum sehr wohl mit dem Bewußtsein, dass Luther selbst gesagt hat: „Nicht so, du Narr! Höre und laß dir sagen, zum ersten bitte ich, man wolle meines Namens schweigen und sich nicht ‚lutherisch', sondern ‚Christen' nennen. Was ist Luther? Ist doch die Lehre nicht mein."[4] Der hier bezogene Standpunkt stützt sich darum auf die Heilige Schrift und betrachtet die Bekenntnisschriften der evangelisch-lutherischen Kirche als deren maßgebliche Erläuterung in den von ihnen angesprochenen Punkten.

Mit anderen konfessionellen Standpunkten soll dabei nicht so umgegangen werden, dass man sich möglichst von ihnen abgrenzt, sondern dass sie so weit wie möglich zu ihrem Recht kommen. „So weit wie möglich", d.h. so weit ihnen Wahrheit zugestanden werden muss. Es soll dabei aber nicht die Konfrontation umgangen werden, in welche die eine Position mit der anderen geraten kann und in der Geschichte auch geraten ist. Erst wenn man diese Konfrontationen nachvollzieht, kann man auch bislang ungewohnte Perspektiven entdecken, von denen aus diese verschiedenen Standpunkte als miteinander vereinbar betrachtet werden können.

Die konfessionellen Standpunkte, mit denen hier ein Gespräch gesucht wird, sind an erster Stelle die römisch-katholische Kirche, das Hauptgegenüber der evangelischen Kirche, aber auch die reformierte Kirche – in der Weise, dass versucht wird, einen gemeinsamen evangelischen Standpunkt mit ihr zu gewinnen – und die evangelischen Freikirchen. Bis auf die Freikirchen können für die Standpunkte dieser Kirchen ihre Symbola herangezogen werden, Lehrtexte, die für sie Verbindlichkeit haben.

Darum werden sowohl aus den lutherischen wie auch aus den reformierten Bekenntnisschriften die Definitionen von Kirche entnommen, mit denen diese Überlegungen beginnen. Für die römisch-katholische Kirche stehen die Beschlüsse des Zweiten Vatikanischen Konzils, aber auch, wo dieses Konzil bestimmte Themen ausgespart hat, das Tridentinum und das Erste Vatikanum. Es gibt eine Reihe von Referenzautoren, auf welche ich immer wieder zurückkomme. Um nur einige zu nennen: als Erläuterung der reformatorischen Standpunkte Luther, Melanchthon und Calvin, darüber hinaus auch Theologen der lutherischen Orthodoxie wie Hütter und Quenstedt; als Erläuterung der Texte des Zweiten Vatikanums Autoren der römisch-katholischen Gemeinschaftsdogmatik ‚Mysterium salutis', die selber oft *periti* auf dem Konzil waren. Um die Gesprächslage in der Dogmatik der letzten 100 Jahre auf der evangelischen und auf der katholischen Seite sich zu vergegenwärtigen, werden Karl Barth und Hans Urs von Balthasar als zwei ihrer größten Vertreter konsultiert; desgleichen Edmund Schlink mit seiner ökumenischen Dogmatik von lutherischem Standpunkt und die vielfältigen Stellungnahmen Joseph Ratzingers, des Papstes Benedikt XVI., zum Thema. Nicht nur die Arbeit der Dogmatiker, sondern auch die der von Kirchen einge-

---

[4] „Nit alßo/du narr/hore vnnd laß dyr sagen./Tzum ersten/bitt ich, man wolt meynes namen geschweygen/vnd sich nit lutherisch, sondern Christen heyssen. Was ist Luther? ist doch die lere nitt meynn.", Eine treue Vermahnung zu allen Christen, sich zu hüten vor Aufruhr und Empörung (1522), BoA 2, 308,3-7/WA 8, 685.

setzten ökumenischen Kommissionen ist hier im Blick zu halten, ebenso die Perspektive der Praktischen Theologie, welche unter dem Namen „Kirchentheorie" ihre Ekklesiologie vorträgt.

Es gibt eine Lücke in diesem Kreis eines interkonfessionellen Dialogs, die hier jedenfalls eingestanden werden soll. Wenn der Knoten der Spaltung aufgelöst werden soll, darf die orthodoxe Kirche nicht fehlen. Darauf hat Solowjew mit seiner ‚Kurzen Erzählung vom Antichrist' unüberbietbar aufmerksam gemacht. Wenn ich es hier bei einigen Hinweisen belasse, dann liegt das daran, dass die orthodoxe Kirche nicht so stark in meinem Erfahrungshorizont gegenwärtig ist wie die anderen hier genannten Konfessionskirchen. Ein solcher Erfahrungshorizont ist aber nötig, um sich einer so existentiellen Aufgabe widmen zu können, wie es die Lehre von der Kirche ist. Eine wirklich umfassende ökumenische Ekklesiologie, welche alle drei Hauptkonfessionen angemessen berücksichtigt, hat also noch zu warten.

Die Motive, dieses Buch zu schreiben, gehen aus dem dritten Teil hervor, der den Gefährdungen der Kirche gewidmet ist. Die Spaltungen in der Kirche sind nur eine ihrer aktuellen Gefährdungen. Die säkularistische Verweltlichung der Kirche ist die andere. Meine Einschätzung ist, dass eine schrittweise Überwindung der Spaltungen in der Kirche ihr Festigkeit gegenüber der Säkularisierung verleiht, dass aber auch umgekehrt im Finden und Stärken der christlichen Identität in der Scheidung von allen Säkularisaten die Christen in den getrennten Fragmentkirchen näher zusammengeführt werden. Zu dem Erfahrungshorizont des Verfassers, aus dem dieses Buch hervorgegangen ist, gehört darum sowohl die Gemeinschaft und das Gespräch mit Freunden in der römisch-katholischen Kirche, in der evangelisch-lutherischen und -reformierten Kirche und in den Freikirchen. Sie alle sind über die konfessionellen Grenzen hinweg vereint in der Sorge, dass die Christenheit sich im Säkularismus auflösen könnte. Was Gegenstand einer Sorge ist, wird aber auch geliebt: die Kirche. Diesen Freunden ist viel für dieses Buch zu danken. Namentlich will unter ihnen ich Andreas Schmidt nennen, *amicus meus in Christo*, sowie Gianfranco Schultz und Stefan Schweyer. Helmut Seubert und meinem Tutor Benjamin Splitt danke ich für die Korrekturarbeiten, Matthias Mangold und Patricia Schwarze für die Erstellung der Register. Herrn Lektor Hans J. Jacobs bin ich dankbar für die Aufnahme des Buches unter die Erscheinungen des Verlags Schöningh, Paderborn.

Basel, im Juli 2014

1. EINFÜHRUNG

1.1. Zum Aufbau

Was den Aufbau dieses Werkes betrifft, so soll zu Beginn gleich darauf aufmerksam gemacht werden, dass der erste und der zweite Teil sich analytisch zueinander verhalten. Das heißt: in der Darstellung von Teil I über das Wesen der Kirche ist schon eingeschlossen, dass zur Kirche notwendig ein Amt – in der Vielfalt mehrerer bestimmter Ämter – gehört. Das, was über das Amt zu sagen ist, wird aus dieser Darstellung herausgezogen und eigens zum Thema gemacht in Teil II. Weil aber das Amt zum Wesen der Kirche gehört, wird es sich nicht vermeiden lassen, schon in Teil I immer auf das Amt zu sprechen zu kommen. Im dritten Teil wird über Gefährdungen der Kirche gesprochen, also von Kräften, die darauf ausgerichtet sind, der Kirche ihr Wesen zu rauben. Es gehört zu der Existenz der Kirche als *ecclesia militans*, in einem Kampf gegen solche Gefährdungen zu stehen. Darum kann über die Kirche nicht hinreichend gesprochen werden, wenn nicht auch von ihren Gefährdungen geredet wird.

1.2. Die Kirche und die einzelne Seele

Bevor aber nun angefangen wird, von der Kirche zu sprechen, soll eine Besinnung stattfinden, ob es denn nötig ist, von ihr zu sprechen, wenn vom Christ-Sein gesprochen wird. Man könnte ja auch von Gott, von Christus als dem Erlöser, von der Rechtfertigung, vom Heiligen Geist usw. reden und dabei nur die Existenz des Christen als Einzelnen im Blick haben. Vom Blick auf eine Mehrzahl von Christen, die sich in irgendeiner Gemeinschaft miteinander befinden, wäre dann abzusehen. Sogar von einer rein spiritualistisch aufgefaßten Gemeinschaft der Geister würde nicht mehr geredet werden, in welcher der Einzelne immerhin davon *weiß*, dass es noch andere gibt, die mit Christus in einer Beziehung des Glaubens stehen. Denn auch von diesem bloßen Wissen wäre abzusehen: „Was willst du also wissen? Gott und die Seele begehre ich zu wissen. Sonst nichts? Überhaupt gar nichts!"[1] Die Seele begehrt, außer Gott nur noch sich selbst zu erkennen, denn sie ist dasjenige, was vermag, sich selbst zu erkennen. Die Seele ist sie selbst im Akt der Reflexion. Im Akt der Reflexion steht sie aber zugleich vor Gott und anders kann sie gar nicht Gottes gewahr werden. Jede Einmischung eines Dritten ist hier aber störend. Wenn diese Exklusivität absolut gelten würde, dann wäre eine Rede von der Kirche fehl am Platz. Kirche wäre gerade eine solche Störung und Verunreinigung des Verhältnisses zu Gott.

---

[1] Augustin, Soliloquia, I, II,7: „Quid ergo scire vis? [...] Deum et animam scire cupio. Nihilne plus? Nihil omnino.", CSEL 89, 11,12-17.

Anhaltspunkte für die hier skizzierte Position lassen sich auch in der Bibel entdecken. „Wer überwindet, dem will ich von dem verborgenen Manna geben und einen weißen Stein; auf dem Stein aber steht ein neuer Name geschrieben, den niemand kennt außer dem, der ihn empfängt." (Apk 2,17) Die Frömmigkeit einer ausschließlichen Beziehung zwischen Gott und dem Ich zeigt sich besonders stark in den Psalmen. Der Ps 42 ist ein Zwiegespräch, welches das Ich abwechselnd zu Gott und zu seiner Seele „in mir,", also zu sich selbst richtet: „Mein Gott, betrübt ist meine Seele in mir, darum gedenke ich an dich" / „Was betrübst du dich, meine Seele, und bist so unruhig in mir?" (Ps 42,7a. 6a). In Ps 51,6 bekennt das vor Gott stehende Ich: *„An dir allein* habe ich gesündigt." Genau diese Formulierung weist aber den Weg an, wie diese beiden biblischen Redeweisen sich miteinander vermitteln lassen: einerseits die Rede vom Christen als jemand, der nicht für sich existiert, sondern als „Glied", als Glied eines „Leibes" (1. Kor 12,27), andererseits die Rede vom Christen als jemand, der allein vor Gott steht.

Denn die Sünde, die David laut Ps 51,6 „allein an Gott" begangen hat, ist eine Sünde an Menschen gewesen. *In der Tiefe* betrachtet ist aber jede Sünde eine Sünde allein an Gott, so wie jede Beziehung eines Menschen zu einem anderen Menschen eine Beziehung *in Gott* ist. Dadurch, dass diese Beziehung eine Beziehung in Gott ist, hat sie überhaupt erst Tiefe. Wäre sie eine Beziehung außerhalb von Gott, dann könnte sie die Beziehung des Glaubenden zu Gott stören. So aber ist die Beziehung eines Menschen zu anderen Menschen, zumal die Beziehung der Glaubenden zueinander, etwas in Gott; etwas, das wesentlich in *ihre* Beziehung zu Gott eingeschlossen ist.

Die Ausrichtung auf Gott allein und das Eingegliedert-Sein in eine große, viele Subjekte umfassende Gemeinschaft schließen einander also nicht aus. In ihrer Tiefe betrachtet ist diese Gemeinschaft eine solche, in der die Vielen mit dem einen Gott ganz zusammengeschmolzen sind. Das ist die eine Bewegung: von den Vielen, die eine Gemeinschaft bilden, zu dem Einen hin. Es gibt aber auch die andere Bewegung: von dem Einen Gott hin zu der Gemeinschaft, die er um sich herum sammelt. Die exklusive Beziehung der Seele zu Gott ist etwas, das – nicht durch die Einmischung eines störenden Dritten, sondern gerade in der völligen Konzentration auf Gott – durch Gott hindurch hinüber wechseln kann in die Ausweitung zu einer potentiell unendlichen Gemeinschaft mit anderen Menschen, ja mit allen Kreaturen[2].

Bernhard von Clairvaux sagt grundsätzlich von den Verheißungen, die in der Bibel für die Kirche ausgesprochen sind: „Denn das wird nicht so auf die Kirche bezogen, als ob nicht wir einzelnen, die wir zugleich Kirche sind, an diesen ihren Seligpreisungen Anteil haben dürfen."[3] Man kann also an die Stelle des Wortes „Kirche" das Wort „Seele" oder „ich" setzen und umgekehrt. Mit dem Wort „Kirche" wird lediglich die

---

[2] Miroslav Volf sagt, dass Joseph Ratzinger sich gegen den frühen Augustin des „Deus et anima – nihil aliud" abgrenze (Trinität und Gemeinschaft. Eine ökumenische Ekklesiologie, Mainz/Neukirchen-Vluyn 1996, 26f. Engl. Ausgabe: After Our Likeness. The Church as the Image of the Trinity, Grand Rapids 1997), – ganz im Gegensatz zu der Wertschätzung, die Ratzinger sonst Augustin erweist. Es zeigt sich, dass diese Position Augustins und der Gedanke der Wir-Struktur des Glaubens auch miteinander vereinbar sind. Zu dieser Wir-Struktur s. Joseph Ratzinger, Theologische Prinzipienlehre. Bausteine zur Fundamentaltheologie, München 1982, 15-57.

[3] Sermones in Canticum Canticorum 57, II,3, S. Bernardi Opera 2, S. 120,24-121,2: „Non enim sic ista de ecclesia referuntur, ut non singuli nos qui simul ecclesia sumus, participare his eius benedictionibus debeamus."

Einheit vieler Seelen, vielmehr ihre Einmütigkeit, ihre *unanimitas*, bezeichnet[4]. Dementsprechend haben bereits Origenes und Ambrosius in ihren Auslegungen des Hohenlieds die Braut sowohl als die Kirche wie auch als die gläubige Seele auffassen können: *ecclesia vel anima*[5].

Es zeigt sich also, dass die Individualität des Gläubigen, genauer: sein Einzeln-Sein, und die Kirche in ihrer Gemeinschaftlichkeit sich nicht ausschließen. Es ist auch nicht nach einer Stelle zu suchen, an der die Grenze zwischen beiden gezogen werden muss. Es kann vielmehr das eine nicht ohne das andere sein. Man wird noch weiteres hinzufügen können, weshalb der Einzelne nicht ohne Kirche sein kann: die Notwendigkeit der Vermittlung des Heils durch das Wort und die Sakramente, durch welche der Einzelne nicht nur gerechtfertigt wird, sondern auf andere Menschen angewiesen ist, die ihm das Wort verkünden und die Sakramente reichen. Die Liebe, die der Zielpunkt des rechtfertigenden Glaubens ist, eine Liebe, die sich nicht nur auf Gott richtet, sondern auf alle Menschen und überhaupt alle Kreaturen, eine Liebe, die, wenn sie auf eine gleichartige Liebe anderer Gläubiger trifft, in eine beidseitige Gemeinschaft hineinführt, die Kirche. Aber bereits im Einzeln-Sein des Einzelnen, in seinem Vor-Gott-Sein, ist er mit anderen verbunden, die vor Gott sind, so wie die Kirche andererseits etwas Ichhaftes ist: sie kann gar nicht anders sein als darin, dass sie aus lauter Seelen besteht, von denen jede für sich „ich" sagen kann und jede für sich ihre Entscheidung trifft.

Mit diesen ersten Überlegungen ist zurechtgerückt, was Ernst Troeltsch in einer durchaus genialischen Begriffsfindung über die „drei Haupttypen der soziologischen Selbstgestaltung der christlichen Idee" gesagt hat, „die Kirche, die Sekte und die Mystik." „Die *Kirche*", erklärt Troeltsch, „ist die mit dem Ergebnis des Erlösungswerkes ausgestattete Heils- und Gnadenanstalt, die Massen aufnehmen und der Welt sich anpassen kann, weil sie von der subjektiven Heiligkeit um des objektiven Gnaden- und Erlösungsschatzes willen bis zu einem gewissen Grade absehen kann. Die *Sekte* ist die freie Vereinigung strenger und bewußter Christen, die als wahrhaft Wiedergeborene zusammentreten, von der Welt sich scheiden, auf kleine Kreise beschränkt bleiben, statt der Gnade das Gesetz betonen und in ihrem Kreise mit größerem oder geringerem Radikalismus die christliche Lebensordnung der Liebe aufrichten, alles zu Anbahnung und in der Erwartung des kommenden Gottesreiches. Die *Mystik* ist die Verinnerlichung und Unmittelbarmachung der in Kult und Lehre verfestigten Ideenwelt zu einem rein persönlich-innerlichen Gemütsbesitz, wobei nur fließende und ganz persönlich bedingte Gruppenbildungen sich sammeln können, im übrigen Kultus, Dogma und Geschichtsbeziehung zur Verflüssigung neigen."[6]

Troeltschs Überlegungen, wie man diese drei Typen in ein konstruktives Verhältnis zueinander setzen kann, zumal unter den Bedingungen seiner Zeit – die von den heu-

---

[4] Ebd. 61, I,2, S. 149,16f.: „et cum ipsos cogitantes amantes [...] Verbum [divinum] et animam sentiatis oportet. Et si Christum et Ecclesiam dixero, idem est, nisi quod Ecclesiae nomine non una anima, sed multarum unitas vel potius unanimitas designatur."

[5] Ernst Dassmann, Ecclesia vel Anima. Die Kirche und ihre Glieder in der Hoheliederklärung bei Hippolyt, Origenes und Ambrosius von Mailand, in: Römische Quartalschrift 61 (1966), 121-144, vgl. Henri de Lubac, Ein altes Distichon. Die Lehre vom „vierfachen Schriftsinn" (1948), in: ders., Typologie, Allegorie, geistiger Sinn. Studien zur Geschichte der christlichen Schriftauslegung, hg. v. Rudolf Voderholzer, 2. Aufl., Einsiedeln 2007, 319-341, hier 331, Anm. 52.

[6] Ernst Troeltsch, Die Sozialehren der christlichen Kirchen und Gruppen, Tübingen 1912 (Gesammelte Schriften 1), 967. (Hervorhebungen S.G.)

tigen nicht stark unterschieden sind[7] – enden in Ausweglosigkeit. Troeltsch führt nun diese Begriffe nicht als dogmatische, sondern als soziologische Begriffe ein, als Kennzeichnungen von „soziologischen Grundbedingungen"[8]. Um ein rechtes Verständnis der Grundmöglichkeiten zu erhalten, wie sich Christ-Sein gegenüber den Gemeinschaftsformen des Menschen (einschließlich des Allein-Seins) verhalten kann, ist aber mit der Dogmatik anzufangen, welche eine Rückbesinnung auf die Heilige Schrift als der Grundregel christlicher Verkündigung ist. Troeltschs drei Haupttypen beleuchten in einer schlagenden Plausibilität weite Teile der historischen Wirklichkeit des Christ-Seins. Doch ist diese Wirklichkeit die Wirklichkeit der *ecclesia militans*: die Kirche muss stets darum kämpfen, dass ihr Wesen, wie es von Gott bestimmt ist, Gestalt gewinnt gegen die Verzerrungen, die sie erfährt, je mehr sie ihren Gefährdungen erliegt. Was Troeltsch diagnostiziert, sind Verzerrungen natürlicher Formen des Christ-Seins. Im Fortlauf dieser Überlegungen wird deutlich werden, um welche Gefährdungen und Verzerrungen es sich handelt. Weil Troeltsch aber mit Verzerrungen zu tun hat, kann er seine drei Haupttypen nicht in ein konstruktives Verhältnis miteinander bringen.

Recht betrachtet ist die „Mystik" mit ihrer Verinnerlichung, wie wir gesehen haben, nicht eine Alternative zu der „Kirche", die viele Menschen aufnehmen kann und in der Gnade und Erlösung in gewisser Weise als etwas Objektives – nämlich in ihrem Angeboten-Sein schon gültiges und darum vom Glauben unabhängiges – existieren. Der Mystiker ist der Kirchenchrist und umgekehrt. Im konkreten Fall kann der eine Mensch mehr Mystiker sein und der andere mehr Kirchenchrist, aber das sind nur Ausformungen eines Verhältnisses, das beide Pole miteinander verbindet. Und die „Sekte" ist nichts anderes als die Zerrform der *ecclesiola in ecclesia*, der kleinen Gemeinschaft in der Kirche, in welcher sich das Kirche-Sein der Kirche um der ganzen Kirche willen verdichtet. Sie ist in der *ecclesia militans*, d.h. unter den Bedingungen des Kampfes gegen die Sünde, hier konkret: der Lauheit, notwendig. Von ihr wird noch eigens die Rede sein (4.4.).

Dietrich Bonhoeffer hat gleichfalls in Analogie zu soziologischen Grundverhältnissen drei Begriffe bestimmt, die ebenfalls eine gewisse Verwandtschaft zu den Begriffen der Kirche und der einzelnen Seele (sowie der *ecclesiola*) aufweisen, die für ihn aber nun nicht in Konkurrenz miteinander stehen, sondern sich ergänzen: Geistvielheit, Geistgemeinschaft und Geisteinheit. Alle drei sind Weisen, in denen der Heilige Geist durch das Wort an seiner Gemeinde wirkt[9].

Dabei ist „Geistvielheit" der Begriff, der mit dem Einzeln-Sein der Seele verbunden ist. Denn in der Geistvielheit treten die Glieder der Kirche als Einzelne auseinander: „Der heilige Geist der Gemeinde ist als persönlicher Wille gerichtet auf persönlichen Willen. Er tritt an jede Person in *ihrer Einzelheit heran, und er führt sie in die ‚Einsamkeit'*. Einsam macht der heilige Geist die Glieder seiner Gemeinde nicht nur im Anspruch, sondern auch in seiner Gabe. Jeder glaubt und erfährt seine Rechtfertigung

---

[7] Ebd., 967-983. Zur Anwendung der Troeltschschen Begriffe auf die heutige Situation s. die Überlegungen von Martin Abraham, Evangelium und Kirchengestalt. Reformatorisches Kirchenverständnis heute. Berlin 2007, 133-177.

[8] Troeltsch, 967f.

[9] Dietrich Bonhoeffer, Sanctorum communio. Eine dogmatische Untersuchung zur Soziologie der Kirche, Erstveröffentlichung: Berlin / Frankfurt/Oder 1930, Veröffentlichung in der Ausgabe: Dietrich Bonhoeffer, Werke, Bd.1, hg. v. Joachim von Soosten, München 1986, 103-106.

1. Einführung

und Heiligung in Einsamkeit, jeder betet in Einsamkeit, jeder ringt sich in Einsamkeit zur Gewißheit der ewigen Erwählung durch, jeder ‚besitzt' den Heiligen Geist und Christus in ihm ganz ‚für sich'."[10] Kirche, aus diesem Aspekt betrachtet, wird bestimmt durch den prädestinatianischen Kirchenbegriff: Kirche sind diejenigen, die Gott zu Heil vorherbestimmt hat. Sie werden allein von diesem Akt der Erwählung her betrachtet, nicht durch die anderen Beziehungen, in denen sie stehen[11]. Der Begriff der „Geisteinheit" betrifft hingegen die Kirche als Kollektivperson, über welche diese Überlegungen beim Thema der Einheit als Wesenseigenschaft der Kirche sprechen werden (3.1.). Die Kirche ist eine Person, insofern sie mit Jesus Christus eins ist: *„Die personale Einheit der Kirche ist ‚Christus als Gemeinde existierend'."*[12] Dazwischen liegt die Auffassung der Kirche als „Geistgemeinschaft". Hier werden die Beziehungen in den Blick genommen, welche die einzelnen Erwählten untereinander haben. Diese haben eine strukturelle Seite, und eine Seite, die durch das Füreinanderwirken der Glieder gestaltet wird[13]: *„Drei große positive Möglichkeiten des Füreinanderwirkens in der Gemeinschaft der Heiligen tun sich auf: Die entsagende, tätige Arbeit für den Nächsten, das Fürbittgebet, schließlich das gegenseitige Spenden der Sündenvergebung im Namen Gottes."*[14]

Geistgemeinschaft ist ein anderer Aspekt der Kirche, die nicht nur als eine Kollektivperson, sondern auch als Gemeinschaft aufzufassen ist. Sie betrifft das Ganze der Kirche, muss aber konkret gelebt werden: in der Wirklichkeit der Ortsgemeinde oder, dichter noch, in der Wirklichkeit einer noch kleineren Gemeinschaft, in der „gemeinsames Leben" praktiziert wird, der *ecclesiola*. Dabei *„gehört Geisteinheit, Geistgemeinschaft und Geistvielfalt sachlich notwendig zusammen."*[15]

Resümieren wir in aller Vorläufigkeit: Es macht, christlich betrachtet, Sinn, von der Kirche zu sprechen und nicht (letztlich) nur vom einzelnen Gläubigen. Es macht auch Sinn, nicht nur von einer kleinen Gemeinschaft zu sprechen, sondern von dem Ganzen, innerhalb dessen alle möglichen kleineren Gemeinschaften enthalten sind: der Kirche. Diese drei Möglichkeiten schließen einander nicht aus.

1.3. Zur Nomenklatur

Martin Luther hat das Wort „Kirche" ein blindes und undeutliches Wort genannt[16] und in seiner Bibelübersetzung das griechische ἐκκλησία durchgehend mit „Gemeinde" übersetzt, wiewohl er in den Schmalkaldischen Artikeln das Wort „Kirche" für die

---

[10] Ebd., 103. (Hervorhebungen D.B.)
[11] Ebd., 104, im Kontext von 103-106.
[12] Ebd., 133, im Kontext von 128-140. (Hervorhebungen D.B.)
[13] „1. Das gottgesetzte strukturelle Miteinander von Gemeinde und Gemeindeglied. 2. Das tätige Füreinander der Glieder und das Prinzip der Stellvertretung.", ebd., 117, im Kontext von 106-128. (Hervorhebungen D.B.)
[14] Ebd., 121. (Hervorhebungen D.B.)
[15] Ebd., 129f. (Hervorhebungen D.B.)
[16] „dem blinden undeudlichen wort", Von den Konziliis und Kirchen, WA 50, 625,5, sowie 625,16, vgl. „Aber dis wort Kirche ist bey uns zumal undeudsch und gibt den sinn oder gedanken nicht,

Definition verwendet hat, die hier gleich gegeben wird. Karl Barth nennt sein großes Werk die „Kirchliche Dogmatik", doch verwendet er in der Ekklesiologie derselben (in KD IV/1-3) überwiegend statt „Kirche" das Wort „Gemeinde"[17].

Als Grund, weshalb das Wort „Kirche" blind und undeutlich sei, nennt Luther, dass es an das „steinerne Haus" denken läßt, „das man Kirche nennt" oder an eine Versammlung bestimmter Christen, z.B. der Mutter Gottes und der Apostel am Pfingsttag, die wie das Kirchengebäude gesehen und gemalt werden können. Besser sei es, von einem heiligen, christlichen *Volk* zu sprechen als von einer heiligen, christlichen Kirche, und es sei zu bedenken, dass dieses Volk nicht nur bestimmte Menschen in einer zeitlichen, vorübergehenden Situation umfasse, wie sie in einem Bild dargestellt werden kann, sondern dass dieses Volk bis zum Ende der Zeit auf Erden sei[18].

Das sind gute Gründe, ein Mißverständnis abzuwehren. Es gibt aber in einer anderen Gesprächssituation ebenfalls gute Gründe, das Wort Kirche zu verwenden und nicht das Wort Gemeinde. Denn „Gemeinde" meint auch Ortsgemeinde und nicht nur die *ecclesia universalis*. Es ist aber ein Anliegen dieser Ekklesiologie, einem Kongregationalismus zu wehren, für den das, was das Neue Testament ἐκκλησία nennt, ganz in der Ortsgemeinde aufgeht. Hier wird die entgegengesetzte Position vertreten (3.1.); angesichts der Zersplitterung der Kirche darf diese Zersplitterung nicht zu einem Normalzustand erklärt werden (26.2.1.). Aus diesem Grund wird hier bewußt der Begriff „Kirche" verwendet, um den Horizont zu weiten, und das ist in der heutigen Situation notwendig. Kirche hat ihren Namen von ἡ κυριακὴ ἐκκλησία, der Versammlung des *Herrn*.

---

den man aus dem Artickel [dem Artikel des Glaubensbekenntnisses] nemen mus.", ebd., WA 50, 624,18-20.,
[17] KD IV/1, § 62: Der Heilige Geist und die Versammlung der christlichen Gemeinde, KD IV/2, § 68: Der Heilige Geist und die Erbauung der christlichen Gemeinde, KD IV/3.2, § 72: Der Heilige Geist und die Sendung der christlichen Gemeinde.
[18] Luther, Von den Konziliis und Kirchen, WA 50, 625,16-25.

TEIL I:
DAS WESEN DER KIRCHE

2. DIE DEFINITION VON KIRCHE UND DIE STELLUNG DER EKKLESIOLOGIE IM GANZEN DER DOGMATIK

2.1. Die Definitionen von Kirche

Als erstes soll hier mit Definitionen eingesetzt werden, wie sie sich Kirchengemeinschaften selbst als ihren Begriff von Kirche in ihren verbindlichen Erklärungen gegeben haben. Es werden drei klassische reformatorische Definitionen von Kirche gegeben, schließlich auch eine – vorläufige – Bestimmung aus der dogmatischen Konstitution des Zweiten Vatikanischen Konzils über die Kirche, ‚Lumen gentium'.

Die *Confessio Augustana* bestimmt (CA VII): „daß allezeit eine heilige, christliche Kirche sein und bleiben müsse, welche die Versammlung aller Gläubigen ist, bei welchen das Evangelium rein gepredigt und die heiligen Sakramente laut des Evangeliums gereicht werden." / „... quod una sancta ecclesia perpetuo mansura sit. Est autem ecclesia congregatio sanctorum, in qua evangelium pure docetur et recte administrantur sacramenta."[1].

In den *Schmalkaldischen Artikeln* (III,12) schreibt Luther: „es weiß gottlob ein Kind von sieben Jahren, was die Kirche sei, nämlich die heiligen Gläubigen und ‚die Schäflein, die ihres Hirten Stimme hören' (Joh 10,3)." Er fügt hinzu: „Diese Heiligkeit besteht ... im Wort Gottes und im rechten Glauben."[2]

Der *Heidelberger Katechismus* antwortet auf die 54. Frage, „Was glaubst du von der heiligen, allgemeinen, christlichen Kirche?": „Daß der Sohn Gottes aus dem ganzen menschlichen Geschlecht sich eine auserwählte Gemeinde zum ewigen Leben, durch seinen Geist und Wort, in Einigkeit des wahren Glaubens von Anbeginn der Welt bis ans Ende versammle, schütze und erhalte, und daß ich derselben ein lebendiges Glied bin und ewig bleiben werde."[3]

Lumen gentium 2: „Die aber an Christus glauben, beschloß er (Christus) in der heiligen Kirche zusammenzurufen ..."[4].

---

[1] BSLK, 61,1-9 / die deutsche Fassung in modernisiertem Deutsch nach: Bekenntnisse der Kirche, hg. v. Hans Steubing, 42.

[2] BSLK, 459,20 – 460,5 / Bekenntnisse der Kirche, 112, vgl. lat.: „Nam (Deo sit gratia) puer septem annorum novit hodie, quid sit ecclesia, nempe credentes sancti, oviculae audientes vocem pastoris sui ... Haec sanctitas ... consistit ... in verbo Dei et vera fide.", BSLK, 459,36 – 460,23.

[3] „Was glaubstu von der heiligen allgemeinen Christlichen Kirchen? Antwort: Daß der Son Gottes auß dem gantzen menschlichen geschlecht, jhm ein außerwelte gemein zum ewigen leben, durch seinen geist und wort in einigkeyt des waren glaubens, von anbegin der welt, biß ans end versamle, schütze unnd erhalte, und daß ich derselben ein lebendiges glied bin, unnd bleiben werde.", Die Bekenntnisschriften der reformierten Kirche, hg. v. E. F. Karl Müller, Leipzig 1903, 696.

[4] „Credentes autem in Christum convocare statuit in sancta Ecclesia ...", DH 4102. Diese Definition ist eine vorläufige zu nennen, denn in LG 8 (DH 4118) kommt hinzu, dass die Kirche, „die Gemeinschaft des Glaubens, der Hoffnung und der Liebe, hier auf Erden als sichtbares Gefüge verfaßt" sei, und zwar als „mit hierarchischen Organen ausgestattete Gesellschaft". Von der Kirche in dieser Hinsicht wird dann gesagt, sie sei „verwirklicht in der katholischen Kirche, die vom Nachfolger des

Diese Definitionen sind aus folgenden Elementen zusammengesetzt: (a) der Glauben an Christus, der auch das Hören auf die Stimme des guten Hirten genannt wird, sodass von *Gläubigen* gesprochen werden kann. Die Kirche ist die Gemeinschaft dieser Gläubigen, ihre Versammlung oder *congregatio*, die Herde, die sie bilden, sie ist das, wozu diese zusammengerufen werden. Sodann ist (b) Christus derjenige, der diesen Zusammenschluß bewirkt. Im Heidelberger Katechismus wird dies konkretisiert dadurch, dass er die Gemeinde ausgewählt hat. Er nennt auch das Ziel dieses Handelns Jesu, nämlich das ewige Leben. Jesus Christus schließt Menschen zur Kirche zusammen, damit sie das ewige Leben erlangen. Es gibt für sein Handeln nun (c) ein Mittel bzw. mehrere Mittel: die Stimme des Hirten, das Wort Gottes, das Evangelium, die Sakramente. Schließlich (d) wird hervorgehoben, dass diese Gemeinschaft heilig ist.

In wichtigen neueren Dogmatiken wird nicht förmlich definiert, was Kirche ist. Karl Barth führt in dem Leitsatz zu dem ersten Teil seiner Ekklesiologie in der Kirchlichen Dogmatik, KD IV/1, § 62, eine Reihe von Begriffen ein, die er im Verlauf seiner Ausführungen zur Ekklesiologie in KD IV/1-3 immer wieder aufnimmt und erläutert. Von definitorischem Charakter ist dabei die Formulierung „die Christenheit, d.h. die Versammlung der *Gemeinde derer, die* durch ihn [Christus] allen Anderen zuvor jetzt schon zu einem Leben unter dem in seinem Tod vollzogenen und in seiner Auferweckung von den Toten offenbaren göttlichen Urteil *willig und bereit gemacht sind*."[5] Im Leitsatz des dritten Teils, KD IV/3.2, § 72, wird die Kirche auch das *„Volk"* Christi genannt[6]. Edmund Schlink führt den Begriff „Kirche" ein als ein Terminus für „die Gemeinschaft derer, die Jesus Christus als den Herrn *bekennen*"[7]. Wolfhart Pannenberg spricht von der Kirche als Apposition zu „Gemeinschaft der *Glaubenden*"[8]. Elemente, die wir in den normativen kirchlichen Texten gefunden haben, tauchen hier wieder auf. Das *„willig und bereit gemacht"*-Sein ist ein Äquivalent für den Glauben (a); das *Bekennen* ist das Bekennen des Glaubens. Christus ist durch den Heiligen Geist das Subjekt der Versammlung der Kirche (b).

2.2. Unterscheidungen im Begriff der Kirche

Der Begriff Kirche kann auf verschiedene Weise unterteilt werden. Die in den theologischen Traditionen gebräuchlichsten Unterscheidungen sollen hier vorgestellt werden und es soll gefragt werden, wie aus dem Wesen der Kirche diese Unterscheidungen hervorgehen.

Petrus und von den Bischöfen in Gemeinschaft mit ihm geleitet wird." (DH 4119): „Unicus Mediator Christus Ecclesiam suam sanctam, fidei, spei et caritatis communitatem his in terris ut compaginem visibilem constituit Societas autem organis hierarchicis instructa Haec Ecclesia, in hoc mundo ut societas constituta et ordinata, subsistit in Ecclesia catholica, a successore Petri et Episcopis in eius communione gubernata".

[5] KD IV/1, 718. (Hervorhebungen S.G.)
[6] KD IV/3.2, 780. (Hervorhebung S.G.)
[7] Edmund Schlink, Ökumenische Dogmatik. Grundzüge, mit Geleitwort von Heinrich Fries und Nikos A. Nissiotis, Göttingen, 2. Aufl. 1993, 554. (Hervorhebung S.G.)
[8] Wolfhart Pannenberg, Systematische Theologie in 3 Bde., Göttingen 1988-1993, Bd. 3, 25. (Hervorhebung S.G.)

2.2.1. Ecclesia invisibilis – visibilis

So gibt es erstens die Unterscheidung zwischen *ecclesia invisibilis* und *ecclesia visibilis*. Calvin erklärt, dass die Heilige Schrift von der Kirche so redet, dass sie zuweilen darunter die Kirche versteht, „die in Wahrheit vor Gott Kirche ist, jene Kirche, in welche nur aufgenommen werden, die durch die Gnade der Aufnahme in die Kindschaft Gottes Kinder und die durch die Heiligung des Geistes wahre Glieder Christi sind." Er fährt fort: „Oft aber bezeichnet die Schrift mit dem Ausdruck ‚Kirche' die gesamte, in der Welt verstreute Schar der Menschen, die da bekennt, daß sie den einen Gott und Christus verehrt, die durch die Taufe in den Glauben an ihn eingewiesen wird, durch die Teilnahme am Abendmahl ihre Einheit in der wahren Lehre und der Liebe bezeugt, einhellig ist im Worte des Herrn und zu dessen Predigt das von Christus eingesetzte Amt aufrechterhält." (Inst. IV, 1,7)[9]

Der Grund für diese Unterscheidung ist, dass Christus sich zu dem Zusammenschluß von Menschen in eine Kirche bestimmter Mittel bedient – Wort und Sakrament – welche sinnlich wahrnehmbar sind – wofür pauschal „sichtbar" gesagt wird. Daraus ergibt sich, dass die Versammlung der Gläubigen auch an bestimmten Orten stattfindet – dort, wo diese Mittel gebraucht werden. Dies gilt übrigens auch, wenn man sich solcher Kommunikationsmittel bedient, wie sie sich im 20. und 21. Jahrhundert ausgebreitet haben, wie Fernsehen und Internet. Auch hier wendet sich eine bestimmte Person an einem bestimmten Ort an andere Personen an bestimmten Orten, nur sind sie der direkten sinnlichen Wahrnehmung entzogen. Es entsteht dadurch ein bestimmtes Netz, ein Kreis von Empfängern des Wortes[10]. Nur der Empfang der Sakramente ist hier nicht möglich – es sei denn in der übertragenen Weise einer Begierdekommunion –, weil diese eine sinnliche Präsenz verlangen.

Ein weiteres Moment in dieser Begriffsunterscheidung ist, dass der Gebrauch dieser Mittel verschiedene Stellungnahmen derjenigen zuläßt, die sie empfangen. Der Glaube, der als erstes Element der Definition von Kirche schlechthin genannt wurde, muss nicht die Haltung sein, in welcher Menschen das Wort hören, die Sakramente empfangen oder sich zu dem Sakrament stellen – der Taufe –, welches sie einmal empfangen haben. Es gibt also Menschen, welche getauft sind, welche auch immer wieder das Wort Gottes hören und das Abendmahl empfangen, aber nicht glauben. Man kann dies auch ausdehnen auf eine eingetragene Mitgliedschaft in einer Kirche, die sich aufgrund der Taufe ergibt: man kann diese Mitgliedschaft haben, aber nicht glauben. Die Taufe und das Abendmahl empfangen, die Predigt hören, eine Mitgliedschaft in einer Kirche im rechtlichen Sinne aufrechterhalten, hat den Charakter eines Bekennt-

---

[9] „Interdum quum [sacrae literae] Ecclesiam nominant, eam intelligunt quae re vera est coram Deo, in quam nulli recipiuntur nisi qui et adoptionis gratia filii Dei sunt, et Spiritus sanctificatione, vera Christi membra. ... Saepe autem Ecclesiae nomine universam hominum multitudinem in orbe diffusam designat, quae unum se Deum et Christum colere profitetur: Baptismo initiatur in eius fidem: Coenae participatione unitatem in vera doctrina et charitate testatur: consensionem habet in vero Domini, atque ad euis praedicationem ministerium conservat a Christo institutum.", Op. sel. 5, 12,7-19. Zuvor, zu Beginn dieses Abschnittes, Op. sel. 5, 12,5, hat Calvin den Begriff der ecclesia visibilis eingeführt.

[10] Das ist auch kein absolutes Novum. Die Empfänger eines Briefes des Apostels Paulus oder des Propheten Jeremia sind auch ein solches Netz, ein Kreis von Menschen, die durch diesen Brief von Gottes Wort angesprochen werden, obgleich sie von ihrem Verfasser räumlich entfernt sind.

nisses – wenngleich in dem letzten Fall in einem geringeren Maße: man bekennt, zu dieser Gemeinschaft dazuzugehören. Es kann aber sein, dass dies alles ohne den Glauben an Christus geschieht, welcher ein notwendiges Element des Begriffes von Kirche darstellt.

Leonhard Hütter definiert: Die Kirche, „insofern sie die Gemeinschaft des Glaubens und des Heiligen Geistes ist, der in den Herzen der Gläubigen wohnt, wird darum die unsichtbare Kirche genannt. Sie ist eigentümlich die Kirche der Erwählten." Demgegenüber ist die sichtbare Kirche die *ecclesia militans*, „wenn du auf die äußere Gemeinschaft der Zeichen und Riten der Kirche schaust. ... Sie umfaßt alle, die in der Zusammenkunft der Berufenen sich aufhalten, Fromme und Unfromme, Erwählte und Verworfene."[11]

Calvin sagt in Inst. IV, 1,7 nicht, dass die Nicht-Glaubenden Glieder der *ecclesia visibilis* seien, während Hütter das tut. Calvin sagt vielmehr: „Unter diese Schar sind nun aber sehr viele Heuchler gemischt, die von Christus nichts haben als den Namen und den Anschein, dazu auch sehr viele Ehrsüchtige ... Leute ..., die eine Zeitlang ertragen werden, entweder weil man sie nicht mit rechtmäßigem Urteil überführen kann, oder weil auch nicht immer jene Strenge der Zucht herrscht, die eigentlich sein sollte."[12]

Folgt man Hütter, dann würden unsichtbare und sichtbare Kirche etwas real verschiedenes sein, das nur teilweise zur Deckung kommt: bei denjenigen Gliedern der sichtbaren Versammlung, die tatsächlich glauben und bei diesem Glauben bleiben. In diesem Fall würde es zwei real verschiedene Kirchen geben. Stringenter ist es allerdings, nur von *einer* realen Kirche zu sprechen, an der zwei Aspekte zu unterscheiden sind: wie sie als Gemeinschaft der Erwählten vor den Augen Gottes dasteht und wie sie sich vor der Welt darstellt, die den Gebrauch kreatürlicher Mittel wahrnehmen kann: die Welt nimmt eine Wortverkündigung, sie nimmt weiter das Spenden von Sakramenten wahr, und sie nimmt die Kirche wahr als eine Gemeinschaft von Menschen, die diese Mittel empfangen. Diese sichtbare Kirche ist dann die unsichtbare Kirche, *insofern* sie in den Bereich des Sichtbaren tritt, und zu diesem gehört der Gebrauch der Wortverkündigung und der Sakramente. Die Glieder der sichtbaren Kirche sind dann also die Glieder der unsichtbaren Kirche, *insofern* sie die Sakramente und das Wort empfangen *und* daran im Glauben festhalten. Indem sie das tun, entsteht eine „sichtbare" Versammlung.

Die Nicht-Glaubenden sind unter die Glieder der Kirche in der sichtbaren Versammlung gemischt. Diese Kirche, insofern sie „sichtbar" ist, ist ein *corpus permixtum*[13]: es sind Nicht-Mitglieder darunter gemischt. Die Nicht-Glaubenden sind nicht selber Glieder der sichtbaren Kirche. Dieses Darunter-gemischt-Werden kann aber

---

[11] „Si verò Ecclesiam consideres quatenus est societas fidei & Spiritus Sancti in cordibus fidelium habitantis eatenus certè dicitur invisibilis, & Electorum propria." „Si enim externam societatem signorum ac rituum Ecclesiae respicias: Ecclesia militans dicitur esse visibilis, & omnes eos complectitur, qui versantur in coetu vocatorum, sive sint pii, sive impii, sive Electi, sive reprobi.", Compendium locorum theologicorum XVII.10, Ausgabe hg. v. Johann Anselm Steiger, 374,12-14. 9-12.

[12] „In hac [multitudine] autem plurimi sunt permixti hypocritae, qui nihil Christi habent praeter titulum et speciem: plurimi ambitiosi ... qui ad tempus tolerantur: vel quia legitimo iudicio convinci nequeunt, vel quia non semper ea viget disciplinae severitas quae debeat.", Op. sel. 5, 12,19-24.

[13] Augustinus, De doctrina christiana III, 32, 45.

nur geschehen in einer solchen sichtbaren Versammlung. Es ist klar, dass man dann noch einen zusätzlichen Begriff braucht, um die sichtbare Versammlung als solche zu bezeichnen: diejenigen, welche die Taufe empfangen haben, die immer wieder das Abendmahl empfangen, die immer wieder das Wort Gottes in irgendeiner Gestalt hören, diejenigen, die zumindest eine Mitgliedschaft in einer rechtlich bestimmten „Kirche" haben. In der lutherischen Orthodoxie wurde dafür der Begriff der *ecclesia synthetica* benutzt: diese ist der *coetus omnium vocatorum, verbi praedicatione et sacramentis utentium*, der vom Kreis der Glaubenden unterschieden wird[14].

Über die Problemlage, die sich hier abzeichnet, soll weiter nachgedacht werden, wenn das Prädikat der Heiligkeit der Kirche (4., insbes. 4.2.) behandelt wird und wenn das Konzept der „Volkskirche" zu beurteilen ist (21.).

2.2.2. Ecclesia universalis – particularis

An die Unterscheidung zwischen der *ecclesia invisibilis* und der *ecclesia visibilis* schließt sich die Unterscheidung an zwischen *ecclesia universalis*, der allgemeine Kirche und *ecclesia particularis*, der Lokalgemeinde. Denn die *ecclesia visibilis*, die durch den Gebrauch von Wort und Sakrament strukturiert ist, kann nur an bestimmten konkreten Orten zusammenkommen, um Wort und Sakramente zu empfangen[15]. Dadurch ergibt sich auch ein bestimmter institutioneller Zusammenhang, der einer Lokalgemeinde Identität gibt, auch wenn sie denselben Versammlungsort mit einer anderen teilt und wenn ihre Amtsträger und Mitglieder wechseln.

Calvin erklärt (Inst. IV, 1,9): „Die allgemeine Kirche ist die Schar, die aus allen Völkern versammelt ist; sie ist durch räumliche Abstände getrennt und zerstreut, aber sie ist doch einhellig in der einen Wahrheit der göttlichen Lehre und sie ist durch das Band der gleichen Religionsübung verbunden. Unter ihr sind dann die einzelnen Kirchen zusammengefaßt, die über Städte und Dörfer nach den Erfordernissen menschlicher Notdurft verteilt sind", wobei er hinzufügt: „und zwar so, daß jede mit vollem Recht den Namen und die Autorität der Kirche innehat."[16] Hütter definiert: „Partikular wird die Kirche genannt, die an einem Ort ist. Universal oder katholisch, welche über die ganze Welt verteilt ist und unter sich alle Menschen umfaßt, die durch das Wort und die Sakramente zum Reich Christi berufen werden."[17]

---

[14] Johann Andreas Quenstedt, Theologia didactico-polemica 1691, IV, 478f, sowie 482f; 493, bei Hirsch, Hilfsbuch zum Studium der Dogmatik, 4. Aufl. Berlin 1964, § 617f.

[15] Auch für die Mitglieder einer Fernseh- oder Internetgemeinde ist dies der Fall, wenngleich in einer Konkretion, in welcher die sinnliche Präsenz fehlt. Der „Ort" ist dann der bestimmte Fernsehkanal zu einer bestimmten Sendezeit oder die bestimmte Website in den bestimmten Zuständen ihrer Aktualisierung. Weil aber die sinnliche Präsenz fehlt, ohne welche auch keine Spendung eines Sakramentes erfolgen kann, sind solche Gemeinden nur Lokalgemeinden im sekundären Sinne zu nennen.

[16] „Ecclesiam universalem, esse collectam ex quibuscunque gentibus multitudinem, quae intervallis locorum dissita et dispersa, in unam tamen divinae doctrinae veritatem consentit, et eiusdem religionis vinculo colligata est. Sub hac comprehendi singulas Ecclesias, quae oppidatim et vicatim pro necessitatis humanae ratione dispositae sunt, ut unaquaeque nomen et authoritatem Ecclesiae iure obtineat.", Op. sel. 5, 13,31 – 14,4.

[17] „Particularis [ecclesia] dicitur, quae unius est loci. Universalis sive Catholica, quae per totum orbem sparsa est, & sub se comprehendit omnes homines, qui per verbum & Sacramenta ad regnum Christi vocantur.", Comp. XVII.11, Ausgabe hg. v. Johann Anselm Steiger, 376,3-5.

Kirche muss aber gedacht werden von der Begründung durch das erwählende und berufende Handeln Christi her. Deswegen bilden alle lokalen Kirchen eine Einheit, die Einheit der *ecclesia universalis*. In dem Kapitel über die Einheit und die Katholizität der Kirche (3.) wird darüber noch zu reden sein.

2.2.3. Ecclesia triumphans – militans

Strenggenommen gehören zu der *ecclesia universalis* aber auch die Glieder der Kirche, welche an gar keinen Ort mehr gebunden sind und für die auch Wort und Sakrament in der Gestalt, wie sie in dieser vergänglichen Welt gebraucht werden, nicht mehr die Mittel sind, durch welche sie an Christus gebunden sind. Es sind dies diejenigen, die das Ziel der versammelnden Tätigkeit Christi erreicht haben, von welcher der Heidelberger Katechismus spricht: das ewige Leben. Hier ist nun die Unterscheidung nötig zwischen der *ecclesia triumphans* und *ecclesia militans*. Hütter bestimmt sie so: „Die wahre Kirche teilt sich auf in die triumphierende, welche die Erwählten Gottes umfaßt, die jetzt schon im ewigen Leben weilen, und in die streitende, welche die Erwählten umfaßt, die bis jetzt auf Erden sind und unter dem Banner Christi gegen Teufel, Welt und Fleisch streiten."[18]

Es ist dann klar, dass die *ecclesia visibilis* die *ecclesia militans* ist, denn der Gebrauch von Wort und Sakrament – das, wodurch die Kirche sichtbar wird – gehört zu dem Weg der Kirche durch die Welt, und *ecclesia militans* ist eben die Kirche auf diesem Weg. Mit dem Begriff des Streitens, des *militare*, wird ausgedrückt, dass die Kirche eine Gemeinschaft der Erlösten ist, erlöst durch Jesus Christus und sein Wort aus der Gewalt des Teufels und der Sünde, dass sie aber noch eine Wegstrecke vor sich hat, in der sie noch immer gegen den Teufel, gegen die Sünde und gegen die Welt – als dem Bereich der Menschen, die Sünde und Teufel noch untertan sind – zu kämpfen hat. *Ecclesia militans* und *ecclesia triumphans* sind wie Weg und Ziel aufeinander bezogen und voneinander zu unterscheiden. „Triumphalismus" im schlechten Sinne ist der Wahn, die Kirche hätte auf ihrem Wege nicht mehr zu kämpfen, oder hätte Siege errungen, die sie noch nicht errungen hat. Vor allem ist es der Wahn, in dem sie sich über ihre Sünden hinwegtäuscht. Es gibt aber auch ein entgegengesetztes Extrem: ein Vergessen dieser Zielperspektive und ein Absehen von der tröstenden Gegenwart der *ecclesia triumphans* in der *ecclesia militans*.

Es ist dabei sinnvoll, den Begriff der Kirche auf die *ecclesia triumphans* auszudehnen und nicht auf die *ecclesia militans* einzuschränken. Denn Kirche ist wesentlich Gemeinschaft und diese Gemeinschaft hört gewiß nicht auf, wenn ihre Glieder durch den leiblichen Tod die vergängliche Welt verlassen und das schauen, was sie geglaubt haben.

---

[18] „... Ecclesia vera dividitur in Triumphantem quae complectitur Electos Dei iam coelesti vita degentes. Et in Militantem, quae complectitur Electos adhuc in his terris, sub vexillo Christi, adversus Diabolum, mundum et carnem militantes.", Comp. XVII.9, Ausgabe hg. v. Johann Anselm Steiger, 374,3-6. Vgl. Calvin: „... electos Dei, in quorum numero comprehendunter etiam qui morte defuncti sunt.", Inst. IV, 1,2, Op. sel. 5, 2,7f.

2.3. Die Dauer der Kirche

Diese Definitionen von Kirche mit den sich daran anschließenden Unterteilungsmöglichkeiten enthalten lauter dogmatische Begriffe, d.h. Begriffe, die nicht beanspruchen, genau denselben Umfang zu haben wie ein in der Bibel verwendeter Begriff, die wohl aber beanspruchen, das, was in der Bibel gesagt wird, sinnvoll zu ordnen und in den umfassenden Zusammenhang einzufügen, den die ganze Bibel entwirft[19]. Der Begriff von Kirche in diesen Definitionen muss also nicht übereinstimmen mit dem, was in der Bibel, im Neuen Testament (oder wenn man will, in der Septuaginta) unter ἐκκλησία verstanden wird[20]. Ein hervorstechendes Merkmal der drei hier genannten reformatorischen Definitionen von Kirche besteht darin, für welchen Zeitraum die Dauer der Kirche bestimmt wird. Sie gehen damit deutlich über den Gebrauch von ἐκκλησία im Neuen Testament hinaus, bilden aber einen Begriff, der für das Gesamtzeugnis der Bibel durchaus sinnvoll ist.

Zunächst einmal ist wahrzunehmen, dass diese Definitionen von Kirche als etwas sprechen, was überhaupt Dauer hat und nicht bloß als etwas, das nur in bestimmten Ereignissen stattfindet. An einem Ausdruck wie „perpetuo mansura" in CA VII wird deutlich, dass Kirche von den Reformatoren nicht „okkasionalistisch" oder „aktualistisch" aufgefaßt wird in dem Sinne, dass sie nur zu bestimmten verdichteten Zeiten existieren würde, etwa wenn Gottesdienst gefeiert wird, wenn das Wort Gottes verkündet wird, wenn der Heilige Geist in bestimmter Weise eingreift. Die Kirche hat vielmehr Dauer. Sie wird vom Wort Gottes getragen, aber eben durchgehend getragen. So wie Gott die gesamte erste Schöpfung durch sein kraftvolles Wort trägt und sie keinen Augenblick wieder ins Nichts sich auflöst (Hebr 1,3), so trägt er auch die Kirche, seine neue Schöpfung durch sein Wort[21].

Aufschlußreich ist nun zu sehen, *wann* die Dauer der Kirche beginnt. Bei den drei oben genannten reformatorischen Definitionen beginnt nämlich die Kirche mit dem Anfang der Menschheit. Am klarsten ist das aus dem Heidelberger Katechismus ersichtlich. Calvin definiert die Kirche als unsichtbare Kirche so, dass darin alle Auserwählten seien, die seit Anbeginn der Welt gewesen sind[22].

Bei modernen Theologen, sowohl evangelischen als auch katholischen, ist diese Dauer und damit der Begriff von Kirche verkürzt, übrigens ohne dass dies thematisiert

---

[19] Schlink, Ökumenische Dogmatik, 592; 608 macht dieses Wesen eines dogmatischen Begriffes deutlich bei seinen Bestimmungen, was ein Apostel und was das kirchliche Amt ist.

[20] Karl Ludwig Schmidt, Art. (Ekklesia), ThWNT 3 (1935), 502-539. Lothar Coenen, Art. Kirche, Theologisches Begriffslexikon zum Neuen Testament, neubearb. Aufl. Wuppertal/Neukirchen-Vluyn 1997, 1. Sonderauf. 2005, 1136-1167.

[21] Es trifft darum keineswegs zu, was Joseph Ratzinger meint, der Protestantismus habe einen okkasionalistischen oder aktualistischen Kirchenbegriff. In der reformatorischen Ekklesiologie ist das nicht der Fall. Siehe dazu Theodor Dieter, Die Eucharistische Ekklesiologie Joseph Ratzingers, in: Kirche – Sakrament und Gemeinschaft. Zu Ekklesiologie und Ökumene bei Joseph Ratzinger, hg. v. Christian Schaller (Ratzinger-Studien 4), Regensburg 2011, 276-316, hier 294. Joseph Ratzinger äußert diese Einschätzung etwa in seinem Interview in der FAZ Nr. 221 vom 22.9.2000, 51, Sp.2, wo er von dem „mehr ereignishaften Kirchenbegriff" der reformatorischen Theologie spricht.

[22] Inst. IV, 1,7, Op. sel. 5, 12,12f. Vgl. Hütter, der von der Kirche zur Zeit der Sintflut und zur Zeit des Elias spricht: Comp., XVII, 19.

wird. Edmund Schlink erklärt, die Kirche sei erst durch die Ausgießung des Heiligen Geistes, d.h. durch das in Apg 2 berichtete Pfingstereignis entstanden[23]. Ähnliches behauptet Pannenberg[24]. De Lubac spricht von den zwanzig Jahrhunderten des Bestehens der Kirche, hat also wohl den selben Ansatz[25]. Die Konstitution ‚Lumen gentium' ist ebenfalls auf dieser Linie, erklärt aber auch, die Kirche sei von Beginn der Welt ab vorausbedeutet und in der Geschichte des Volkes Israel und des Alten Bundes vorbereitet[26]. Damit weist sie immerhin auf eine Möglichkeit, die Auffassung von der Dauer der Kirche, damit aber auch von der Kirche selbst, auszudehnen.

Wenn die Kirche die Gemeinschaft der Glaubenden – und damit ist letztlich immer gemeint, der an Christus Glaubenden – ist, dann muss sie auch diejenigen umfassen, welche bereits vor Christus, vor dem Kommen des Sohnes, vor der Fleischwerdung des Wortes an ihn geglaubt haben. Mit der Deutung von Gen 3,15 als Protevangelium, wie wir sie beispielsweise bei Melanchthon finden, wendet sich das Evangelium bereits an Adam und Eva[27]. Daraus ergibt sich, dass die gesamte Zeit der Menschheit von Anfang an dreierlei umfaßt: das Geschaffen-Sein, das Gefallen-Sein, aber auch, dass sich Gott im Evangelium ihr gnädig zuwendet. Mit dem Glauben an das Evangelium ist aber auch Kirche da[28]. Die Zeit der Kirche umfaßt die gesamte Heilsgeschichte. Es macht keinen Sinn, „Kirche" auf diejenigen einzugrenzen, die *nach* Christus glauben und die *ausdrücklich* an Christus glauben. Wenn man dies tun würde und etwa den Begriff „Israel" für die vor Christus und nur implizit an ihn Glaubenden verwenden würde, gerät man in die Not, einen Begriff finden zu müssen, der beide Begriffe umfaßt. Der Ausdruck „Kirche", *ecclesia*, ist durchaus geeignet, als der umfassende Begriff zu dienen. Die älteren Theologen haben ihn so gebraucht, in der Septuaginta steht ἐκκλησία für *qahal*, für die Volksversammlung Israels.

Es ist für das Neue Testament kennzeichnend, dass es die Rechtfertigung durch den Glauben mit dem Glauben von Gestalten des Alten Testaments begründet, voran Abraham (Gal 4; Röm 4; Hebr 11). Wenn man der Entscheidung der Alten Kirche zustimmt, die Schriften des Neuen Testaments mit denen des Alten als zu *einem* Kanon zusammengefügt anzuerkennen, dann muss man auch anerkennen, dass es *eine* Kirche oder *ein* „Gottesvolk" gibt, dem Menschen angehören, deren Glauben sowohl im Alten wie auch im Neuen Testament bezeugt wird. Es gehört zu dem Wesen dieser

---

[23] Schlink, Ökumenische Dogmatik, 561. Dementsprechend ist ein Kapitel über die Ausgießung des Heiligen Geistes (Kap. XVIII) der Lehre von der Kirche (Kap. XIX-XXII) vorgeordnet.

[24] Pannenberg, Systematische Theologie, Bd.3, 25. Auch hier eine entsprechende Gliederung der Dogmatik.

[25] Henri de Lubac, Paradox und Mysterium der Kirche, in: Geheimnis aus dem wir leben. Übers. u. eingel. v. Hans Urs von Balthasar, Einsiedeln, 2. Aufl. 1990, 13.

[26] LG 2, LThK. Erg.bd. 1, 158/DH 4102, 2. Abs.: „Credentes autem in Christum convocare statuit in sancta Ecclesia, quam iam ab origine mundi praefigurata, in historia populi Israel ac foedere antiquo mirabiliter praeparata." Am nächsten an der hier mit der älteren Tradition vertretenen Position steht Karl Barth, der Israel und die christliche Kirche als zwei Gestalten der einen Gemeinde ansieht: KD IV/1, 748. Als „Zeit der Gemeinde" – genauer dann wohl der „christlichen Kirche" sieht er die Zeit zwischen der ersten und der zweiten Parusie an: KD IV/1, 810.

[27] Melanchthon, Loci communes 1521. Lat.-dt. Übers. u. mit kommentierenden Anmerkungen versehen v. Horst Georg Pöhlmann, hg. v. Lutherischen Kirchenamt der VELKD, 2. durchges. u. korr. Auflage, Gütersloh 1997, 162-164, Abschnitt 4,12-14.

[28] „… Adam concepit certam suae salutis spem adeoque et iustificatus est.", Melanchthon, ebd., 164, Abschnitt 4,14.

Kirche, sich in der Geschichte zu erstrecken und verschiedene Gestaltungen des Gegenstandes und der Beschaffenheit dieses Glaubens zu haben, der dann, als Christus kam und die Jünger Jesu verstanden (Joh 13,7; 20,9; Lk 24, 44-47 usw.), ihre endgültige, d.h. auch für alle folgende Zeit gültige Gestalt annahm[29].

Aus diesen Überlegungen zur passenden Definition von Kirche ergeben sich weit reichende Folgerungen, auf die ich hier schon einmal hinweisen will:

Erstens: die im Alten Testament und im Neuen Testament bezeugten Gläubigen sind in einer identischen Gemeinschaft miteinander vereint, die Kirche genannt werden kann. Man kann von „Kirche" im engeren Sinne sprechen, als Gemeinschaft der nach Christus und explizit an Christus Glaubenden. Dies ist aber nur eine sekundäre Verwendung des Begriffes. Es gibt also eine Kontinuität der Identität, die das „Israel" des Alten Testaments und die „Kirche" des Neuen Testaments miteinander vereint. Der Glaube an Jesus Christus in der Klarheit, dass erkannt und darauf vertraut wird, dass durch seinen Tod Gott seine Heilsverheißungen erfüllt, bedeutet also keineswegs das Hinübertreten aus einer Religion namens „Judentum" in eine andere namens „Christentum". Eines der Ereignisse, welches die Generation der Kirche nach der Himmelfahrt des Herrn und darüber hinaus am stärksten beschäftigt hat, war das Hinzukommen von neuen Gliedern der Kirche aus dem Bereich der Völker, das so beschrieben werden kann, dass aus zwei Menschen ein neuer in Christus geschaffen und so der Zaun zwischen Heiden und Juden niedergerissen wurde (Eph 2,11-18). Dieser Vorgang kann aber auch dargestellt werden in dem Bild eines Baumes, eines Ölbaumes, in den Zweige, die aus einem anderen Ursprung sind, eingepfropft werden, nachdem andere herausgebrochen worden sind. Der Wuchs des Baumes, ausgehend von seinen Wurzeln, steht dabei für die Kontinuität, welche die Kirche im weiteren, im primären Sinne in der Geschichte hat (Röm 11, 17-24). Daran, dass die einen herausgebrochen, die anderen eingefügt wurden, zeigt sich, dass es der Glaube ist, der zum Glied der Kirche macht, nicht die leibliche Abstammung von Abraham (Röm 9,6-9). Die Kontinuität der Kirche in der Geschichte ist die Kontinuität des Glaubens, nicht die Kontinuität eines Volkes, das sich auf natürliche Weise fortpflanzt (vgl. Joh 1,12f). Die Kontinuität der Kirche deckte sich bis zum Beginn der Heidenmission des Neuen Bundes zum überwiegenden Teil (nicht ganz, s. z.B. Naeman, 2. Kön 4,17f; Rut 1,16f) mit der Kontinuität des Volkes Israel: man erwartet von denen, die von Jakob abstammen, dass sie glauben und die Gebote halten; dass dies solche tun, die nicht von Jakob abstammen, ist noch die Ausnahme. Diese Phase der Kongruenz ist in der Zeit der Apostel zu Ende gegangen.

Zweitens: Mit dem Hinzukommen neuer Glieder aus dem Bereich der Völker und dem Herausbrechen alter Zweige, die aus dem Stamm hervorgewachsen sind, gibt es aber auch eine *Spaltung* der Kirche. Denn das Israel κατὰ σάρκα (Röm 9,3f) fährt fort, die Kindschaft, die Herrlichkeit, den Bund, das Gesetz, den Gottesdienst, die Väter und die Abstammung Jesu κατὰ σάρκα zu haben (Röm 9,4f), auch wenn die überwiegende Mehrheit nicht der Gerechtigkeit Christi untertan sein will (Röm 10,3). Die ganzen Überlegungen, die Paulus bis zum Ende des 11. Kapitels beschäftigen, haben

---

[29] „... in eum [Christum] referendae sunt omnes scripturae promissiones, qui oscure primum, postea subinde clarius revelatus est.", Melanchthon, Loci 1521, 162, Abschnitt 4,11; Die Wendung „ab origine mundi praefigurata", LG 3, hat darin ihre particula veri.

ihren Anlaß darin. Es handelt sich also nicht um eine Spaltung, in der sich solche von der Kirche trennen, die von ihr ausgingen, aber nicht von ihr waren (1. Joh 2,19). Auf einen solchen Fall von Spaltung will ich später noch (25.-26.) zurückkommen.

Drittens: Schließlich wird nun deutlich, dass der Kreis der Menschen um Jesus und die Urgemeinde in Jerusalem nicht einfach die Kirche waren, sondern ein Kreis mit einem besonderen Status – und einer besonderen Sendung *in* der Kirche, die zu dieser Zeit mit dem Volk Israel kongruent war. Es handelt sich also um den nicht scharf abgrenzbaren Bereich der Menschen um Jesus, bei dem nur die inneren Ringe konstante Mitglieder hatten – die Zwölf, die 72 Jünger (Mt 10,7 par Lk 10.1), die Frauen, die Jesus unterstützten (Lk 8,1-3), während der Bestand der Menge, die ihm zuhörte, wechseln konnte. Die Erwartung Jesu war, dass wer zur Kirche gehörte in der Gestalt, die sie damals hatte – als das Volk Israel mit dem Tempel in der Mitte – sich ihm zuwenden würde (Mt 23,37). Er verstand dies aber eben nicht so, dass er von einer Religion zu einer anderen hinüberführen wollte, sondern als Hinweis auf die Erfüllung der Verheißungen, an welche die Kirche in der Gestalt von Israel glaubte (Lk 4,21).

In ähnlicher Weise blieb die in Jerusalem entstehende Urgemeinde innerhalb der Ordnung des Volkes Israel. Die Grenze dieses Kreises ist schärfer umrissen als die des Kreises um Jesus, sei es, dass seine Beliebtheit beim Volk (Apg 2,46) hervorgehoben wird, sei es, dass er verfolgt wird (Apg 9.2). Er stellt sich aber nicht an die Stelle von Israel, sondern versteht sich als eine Gemeinschaft innerhalb von Israel. Er wird in der Apostelgeschichte auf verschiedene Weise genannt: etwa „die Brüder" (Apg 1,15) oder die, „die des Weges" sind (Apg 9,2, vgl. Apg 19,9. 23; 22,4; 24,14). Schließlich werden die Angehörigen dieses Kreises, die „Jünger" (ergänze: Jesu) auch „Christen" genannt: „In Antiochia wurden die Jünger zuerst Christen genannt." (Apg 11,26); die Gruppe der Christen an diesem Ort, also ihre Ortsgemeinde, wird als ἐκκλησία bezeichnet, wie auch schon die Gruppe in Jerusalem diesen Namen erhält (Apg 5,11). Diese nimmt aber an den Gottesdiensten im Tempel teil (Apg 2,46), und auch Paulus achtet die Autorität des Hohenpriesters (Apg 23,5).

Der Kreis um Jesus und das, was man in einer ersten Näherung „Urgemeinde" nennen kann, ist also zweierlei zugleich. Er ist (a) die Kirche in ihrer maßgeblichen Gestalt, in welcher sie das Höchstmaß an Fülle erreicht hat, das vor der *ecclesia triumphans* möglich ist, und er ist (b) eine *ecclesiola in ecclesia*[30]. Die Kirche, innerhalb welcher diese kleinere Gemeinschaft die Aufgabe einer *ecclesiola* wahrnimmt, ist die Kirche in der Gestalt Israels. Von der Urgemeinde im Sinne der Bestimmung a sagt Calvin durchaus treffend, es sei eine Aufgabe der Apostel gewesen, Kirchen von Mose zu Christus zu führen[31]. Christus ist nämlich die Vollendung der Kirche, Mose ihre vorausgehende Stufe. Die Bestimmung b hatten die christlichen Gemeinden, solange der Tempel in Jerusalem noch stand bzw. bis sie aus den Synagogengemeinschaften

---

[30] Aufschlußreich ist dabei auch Apg 24,14, wo Paulus erwähnt, dass seine Gegner seinen „Weg" eine hairesis nennen. Damit wird deutlich, dass seine Gesinnungsgemeinschaft als eine Gruppe innerhalb Israels aufgefaßt wurde. Bezeichnenderweise verwahrt er sich nicht dagegen, sondern betont nur, dass er in Übereinstimmung mit dem Gesetz und den Propheten stünde, also den Lehrgrundlagen Israels.

[31] Inst. IV, 3,4; Op. sel. 5, 46,24-26. Als andere Aufgabe nennt er die, Kirchen aufzurichten, wo noch keine war: „... sed ad id modo tempus quo erigendae erant Ecclesiae ubi nullae ante fuerant, vel certe a Mose ad Christum traducendae."

ausgestoßen wurden. Der Kreis um Jesus und die Jerusalemer Urgemeinde geben damit ein Modell ab für die Struktur einer *ecclesiola in ecclesia*, auf die ich später noch zurückkommen werde (4.4.).

Die These, dass die Kirche erst nach der Himmelfahrt des Herrn begonnen habe, nämlich mit der Sendung des Geistes, stützt sich allerdings darauf, dass die Kirche auf das engste mit dem Heiligen Geist verbunden ist und ohne ihn nicht sein kann. Ein Hinweis darauf sei, dass die Kirche im Apostolicum und im Nicaenum (Nicaeno-Constantinopolitanum) unmittelbar nach dem Glauben an den Heiligen Geist genannt werde[32]. Der zutreffende Punkt dieser Argumentation ist, dass die Kirche die Gemeinschaft der Menschen, die an Jesus Christus glauben, nur dadurch sein kann, dass der Heilige Geist in ihnen diesen Glauben wirkt und aufgrund dieses Glaubens in den Glaubenden selbst wohnt (1. Kor 6,19). Durch den Heiligen Geist nehmen Menschen erst an, was Christus durch seinen Tod für sie erlitten hat, und dadurch werden sie Kirche.

Diese Einsicht muss aber mit derjenigen vereinbart werden können, dass z.B. schon Abraham durch den Glauben gerechtfertigt wurde (Gen 15,6). Die zueignende Gnade des Heiligen Geistes war also nicht erst seit dem Pfingstwunder oder seit der Gabe des Geistes an die Jünger wirksam, wie Joh 20,22f berichtet wird, sondern seitdem das Evangelium verkündet wird, gleichgültig, wie klar in seiner Gestalt Jesus Christus ausgesprochen wird. In der Tat wird in Jer 31,31-34 ein neuer Bund verheißen, der zur Zeit des Jeremia also noch aussteht, und diese Verheißung findet in Hes 36,26f eine Erläuterung durch die Verheißung, dass Gott seinen Geist schenken wird. Diese Verheißung wird dann erst erfüllt, wenn sich Menschen Jesus Christus zuwenden (2. Kor 3,14-16). Die Menschen, die unter dem alten Bund leben, erhalten aber den Geist in einer Vorwegnahme dann, wenn sie dieser Verheißung glauben. Im alten Bund gehören sie dann schon dem neuen an, im Schatten empfangen sie die leibhafte Wirklichkeit (Hebr 10,1, vgl. 8,5; Kol 2,17).

Das Pfingstereignis stellt also nicht die Geburt der Kirche dar, sondern lediglich den Beginn der Erfüllung des Auftrags, den Jesus seinen Jüngern gegeben hat, seine Zeugen zu sein in Jerusalem, in Judäa und Samarien und in der ganzen Welt (Apg 1,8).

2.4. Die Kirche als Reich des Heiligen Geistes und als Leib Christi

Es gilt aber nun, die Berechtigung der Verknüpfung von Heiligem Geist und Kirche aufzuweisen. Die Kirche beginnt zwar nicht erst mit dem Pfingstereignis, aber sie besteht in einem besonderen Sinne als das Reich des Heiligen Geistes. Gewiß läßt sie sich allen Personen der Trinität zuordnen: Sie ist der Leib Christi (1. Kor 12,27; Eph 1,22f und öfter), und sie ist als die Gemeinschaft derer, die das fleischgewordene Wort angenommen haben, zugleich die Gemeinschaft derjenigen, die sich mit Recht die Kinder Gottes des Vaters nennen können (Joh 1,12f). Sie ist dies beides aber nur durch das Wirken des

---

[32] Schlink, Ökumenische Dogmatik, 161. Auch Pannenberg, Systematische Theologie, Bd.3, 25-33, verbindet die Entstehung der Kirche u.a. mit dem Pfingstereignis.

Heiligen Geistes. Christus tut sein eigentümliches Werk, als wir noch seine Feinde sind (Röm 5,6-10). Sein Werk liegt in ihm selbst, in dem Opfer seines natürlichen Leibes beschlossen (Hebr 10,10; 2. Kor 5,14). Der Heilige Geist wirkt aber den Glauben an Jesus Christus und schließt dadurch das Werk Christi für uns auf. Er bedient sich dabei bereits eines menschlichen Amtes, des zentralen Amtes der Kirche, nämlich des Amtes des versöhnenden Wortes (2. Kor 3,6. 8. 16-18; 5,19-21). Er nimmt Wohnung in den Glaubenden (1. Kor 6,19) und schafft so die Einheit zwischen dem Glaubenden und Jesus Christus, so daß beide „ein Geist" sind (1. Kor 6,17). Dadurch schafft er zugleich den „mystischen", d.h. den geistlichen Leib Christi, in dem alle Glaubenden mit Christus und durch ihn untereinander verbunden sind (Röm 12,5 usw.). Durch ihn kommen auch der Sohn und der Vater in die Seelen der Gläubigen und nehmen Wohnung bei ihnen (Joh 14,23).

Bei der Rede von der Kirche als dem Reich des Heiligen Geistes und als dem Leib Christi ist indes zu beachten: Der Heilige Geist ist nicht der Gemeingeist oder Kollektivgeist der Menschen, die in der Kirche zusammengeschlossen sind. Man kann von einem solchen Geist sprechen so wie man auch bei anderen menschlichen Gemeinschaften von einem solchen Geist sprechen kann. Der Heilige Geist macht sich aber nicht in einer solchen Weise mit den Menschen gemein, in denen er wohnt, dass er ihr Kollektivgeist würde. Man kann von einem solchen Geist, den man als Beobachter in der Kirche wahrnimmt, auch nur mit einigen Vorbehalten auf das Wesen des Heiligen Geistes schließen. Denn die Menschen, in denen der Heilige Geist wohnt, sind noch immer Sünder und sie sind noch nicht zur Vollendung gelangt. In ihnen ist also etwas, das dem Heiligen Geist widerstrebt und in ihnen sind Eigenschaften, die zu dieser vorübergehenden geschichtlichen Welt gehören. Dietrich Bonhoeffer hat darum sehr zutreffend gesagt: „So macht das *Faktum der Schuld die Unmöglichkeit offenbar, den objektiven Geist der Gesamtperson der Kirche mit dem heiligen Geist zu identifizieren* ..."[33] und Papst Pius XII. hat sehr zutreffend gesagt: „Die katholische Kirche identifiziert sich nicht mit irgendeiner Kultur"[34], – denn der Heilige Geist tut es nicht.

Das Verhältnis zwischen dem Heiligen Geist und den Gliedern der Kirche muss nach dem Lehrsatz *iustificatus est simul iustus et peccator* verstanden werden. Das heißt: Der Heilige Geist wohnt so in der Kirche, dass er den Gliedern der Kirche die Gerechtigkeit Christi vergebend zueignet (2. Kor 5,21) und die Glieder der Kirche dazu antreibt, gegen die Sünde zu kämpfen, die noch in ihnen wohnt (Röm 8,13f). Der Heilige Geist schafft in ihnen eine Hoffnung, die sie über diese vergängliche Welt sich hinaussehen läßt nach einer Welt, die man noch nicht sieht (Röm 8,23f).

In einer ähnlichen Weise ist nun auch Jesus Christus von der Kirche als seinem mystischen Leib zu unterscheiden. Johann Adam Möhler hat gesagt: „So ist denn die sichtbare Kirche ... der unter den Menschen in menschlicher Form fortwährend erscheinende, stets sich erneuernde, ewig sich verjüngende Sohn Gottes, die andauernde Fleischwerdung desselben"[35]. Dazu scheint eine solche Redeweise zu passen wie Kol

---

[33] Sanctorum communio, 145 (Hervorhebung D.B.).
[34] „L'Église catholique ne s'identifie avec aucune culture.", Ansprache Pius' XII. an den X. Internationalen Historiker-Kongreß am 7.9.1955, zit. bei Hubert Jedin, Einleitung in die Kirchengeschichte, in: ders. (Hg.), Handbuch der Kirchengeschichte, Bd.1, Freiburg u.a. 1962, 7, Anm.6.
[35] Johann Adam Möhler, Symbolik oder Darstellung der dogmatischen Gegensätze der Katholiken und Protestanten nach ihren öffentlichen Bekenntnisschriften, hg., eingel. u. komm. v. Josef Rupert Geiselmann, Bd.1, Köln/Olten 1960, 389.

1,24, dass der Apostel mit seinen Leiden an seinem Fleisch das erstatte, was an den Leiden Christi noch fehlt. Das darf aber nun keinesfalls mißverstanden werden. Das, was Jesus Christus an seinem Leib erlitten hat, den er als das ewige Wort mit der menschlichen Natur annahm, ist abgeschlossen worden mit seinem Tod am Kreuz: τετέλεσται (Joh 19,30). *Allein* mit dem Leiden an *diesem* Leib hat Jesus Christus die Welt erlöst. Dieser Leib ist durch die Himmelfahrt unseren Sinnen entzogen; er ist auch aufgrund der *communicatio idiomatum* in einer verhüllten Weise allgegenwärtig und er wird unter der Gestalt von Brot und Wein verborgen in der Eucharistiefeier den feiernden Menschen faßbar. Er ist aber unterschieden von dem Leib, den er sich erworben hat nicht durch die Menschwerdung, sondern durch seinen Kreuzestod und dadurch, dass er mit seinem Geist in den Herzen der Gläubigen Einzug gehalten hat. Dies ist sehr wohl ein Leib, in dem er selbst noch leiden kann (Apg 9,5b), aber in einer anderen Weise als in der Zeit bis zum Kreuz.

Inkarnation und Kirche befinden sich auf zwei verschiedenen Ebenen, die miteinander verbunden, aber auch voneinander zu unterscheiden sind. Deswegen führt Möhlers Dictum in die Irre. Man kann lediglich mit der Konstitution ‚Lumen gentium' des Zweiten Vatikanischen Konzils sagen, dass eine *Analogie* besteht zwischen der Einheit der göttlichen und der menschlichen Natur in Jesus Christus und der Einheit Jesu Christi mit der Kirche: „Wie nämlich die angenommene Natur dem göttlichen Wort als lebendiges, ihm unlöslich geeintes Heilsorgan dient, so dient auf eine ganz ähnliche Weise das gesellschaftliche Gefüge der Kirche dem Geist Christi, der es belebt, zum Wachstum seines Leibes [Eph 4,16]."[36] Die Kirche dient aber ihrem Herrn meistens nur unter sehr großem Widerstreben, so wie es an der Widerspenstigkeit Israels gegen den Herrn im Alten Testament durchlaufend beschrieben wird. In der mit der Ankunft Christi und den Aposteln beginnenden Zeit der Kirche ändert sich daran nichts. Dietrich Bonhoeffer erläutert darum seine Kennzeichnung der Kirche – unter dem Aspekt der „Geisteinheit" betrachtet – sie sei „Christus als Gemeinde existierend" in folgender Weise: „Wie in jeder anderen Gemeinschaft wird auch in der Kirche Buße getan für die eigene Schuld und für die der Gemeinschaftsgesamtperson. Ist diese Gesamtperson nun etwa ‚Christus als Gemeinde existierend', der Leib Christi? Sie kann es nur soweit sein, als in der Buße Gott selbst wirksam ist. Nicht die Gemeinschaft der Schuldigen, sondern die Heiligkeit eben dieser Gemeinde ist ‚Christus als Gemeinde existierend'. Dass sie aber als Schuldige noch die Heilige ist, vielmehr in dieser Welt nie die Heilige ist, ohne die Schuldige zu sein, das ist die Gegenwart Christi in ihr, gerade als solche in ihrer Schuld Heilige ist sie ‚Christus als Gemeinde existierend.'"[37] In der gleichen Weise ist Karl Barths ähnliche Redeweise zu erläutern, wonach die Kirche die „irdisch-geschichtliche Existenzform" Christi sei[38].

---

[36] „Sicut enim natura assumpta Verbo divino et vivum organum salutis, Ei indissolubiliter unitum, inservit, non dissimili modo socialis compago Ecclesiae Spiritui Christi, eam vivificanti, ad augmentum corporis inservit.", LG 8, DH 4118, 2. Abs.
[37] Sanctorum communio, 144.
[38] Barth führt diesen Begriff in seinen Leitsätzen zur Ekklesiologie ein (KD IV/1, 718, vgl. 738) und verknüpft an anderer Stelle (KD IV/1, 802) ihn mit dem des Leibes Christi (KD IV/1, 802).

2.5. Die Stellung der Ekklesiologie im Ganzen der Dogmatik

Die bislang zum Begriff der Kirche gewonnenen Begriffsklärungen erhellen nun auch die Überlegungen, welche Stelle der Lehre von der Kirche im Ganzen der christlichen Lehre zu geben sei. Es zeigt sich, dass dieses Lehrstück mit verschiedenen anderen Lehrstücken verbunden werden kann; es ist im Grund ein die ganze Dogmatik von der Schöpfung bis zu den letzten Dingen durchlaufendes Thema. Naheliegend ist gewiß die Entscheidung vieler Dogmatiker, die Ekklesiologie in Zusammenhang mit der Soteriologie zu bringen. Denn die Kirche ist die Gemeinschaft derer, die durch den Glauben an der Versöhnung in Christus Anteil haben.

Dabei ist nun zu erwägen, ob zuerst von dem Glauben der einzelnen Gläubigen zu sprechen ist und dann von der Kirche oder umgekehrt. Karl Barth hat sich für das Zweite ausgesprochen: „In der Existenz der *Gemeinde* wird es [das Heil] ja dem Einzelnen *zugeeignet* und in der Existenz der *Einzelnen*, aus denen sich die Gemeinde zusammensetzt, wird es von dieser *angeeignet*. Schon im Blick auf diese Entsprechung dürfte es angebracht sein, die Frage nach der *Christenheit* der Frage nach dem einzelnen Christenmenschen *vorzuordnen*."[39] Barth bringt darum als § 62 in KD IV/1 „Der Heilige Geist und die Versammlung der christlichen Gemeinde", als § 63 dann „Der Heilige Geist und der christliche Glaube". Allerdings geht voraus § 61 „Des Menschen Rechtfertigung", wo (§ 61.4) bereits vom Glauben die Rede ist, wie es auch nicht anders sein kann. Es zeigt sich hier das Ineinander von der Kirche und der einzelnen gläubigen Seele, worüber schon am Anfang gesprochen worden ist[40].

Die Kirche ist allerdings nicht nur die Gemeinschaft derer, die durch den Glauben an Jesus Christus auf den Weg gebracht worden sind. Sie schließt auch diejenigen ein, die bereits am Ziel angekommen sind, die Glieder der *ecclesia triumphans*. Mit ihnen ragt die Ekklesiologie aber auch in die *Eschatologie* hinein. Die Kirche wird vollendet werden, wenn „alle Gerechten von Adam an, von dem gerechten Abel bis zum letzten Erwählten in der allgemeinen Kirche beim Vater versammelt werden." (LG 2)[41] Die Kirche ist darum die neue Schöpfung, als *ecclesia militans* im Aufkeimenden, als *ecclesia triumphans* am Ende der Zeit in ihrer Vollendung. 2. Kor 5,17, „Wer in Christus ist, der ist eine neue Schöpfung." gilt nicht nur auf die jeweilige Person bezogen, sondern auch von der Kirche als Gemeinschaft. So wie Jesus Christus der Erstgeborene von den Toten ist (Kol 1,18), so zieht er eine Schar von Brüdern nach sich (Röm 8,29), aus denen die Kirche der Erstgeborenen (Hebr 12,23, vgl. Jak 1,18: die Erstlinge unter den Geschöpfen) gebildet wird. So wie die Ekklesiologie die Lehre vom Versöhnungswerk Christi mit der Eschatologie verbindet, so schließt sie auch an die *Lehre von der Schöpfung* an. Die Kirche ist die neue Schöpfung, in der *ecclesia mili-*

---

[39] KD IV/1, 164f.
[40] So letztlich auch die Einschätzung von Wolfhart Pannenberg am Ende seines Exkurses über die Stellung der Ekklesiologie im Aufbau der Dogmatik, Systematische Theologie, Bd.3, 39f.
[41] „omnes iusti inde ab Adam, ab Abel iusto usque ad ultimum electum in Ecclesia universali apud Patrem congregabuntur.", DH 4102.

tans in verborgener Gestalt (Kol 3,3), in der *ecclesia triumphans* in offenbarer Gestalt[42].

Damit steht auch fest: Die Kirche ist nicht nur – in einer noch zu bestimmenden Weise – Mittlerin des Heils. Sie ist auch die Gemeinschaft derer, die das Heil empfangen und – in der *ecclesia triumphans* – die Anschauung Gottes gemeinsam genießen. Umgekehrt zeigt sich daran: das Heil ist wesentlich etwas Gemeinschaftliches. Es wird angemessen beschrieben durch das Bild eines gemeinsam genossenen Festmahles (Mt 22,1ff usw.)[43] Cyprians Formel „Extra ecclesiam nulla salus."[44] besagt dann auch, dass „das Heil nicht ohne die Kirche und die Kirche nicht ohne das Heil" zu denken ist[45], ja, das Heil ist durch die Kirche und in der Kirche und das Heil besteht in der Vollendung der Gemeinschaft der Kirche: der in der Kirche geeinten Menschen mit Gott und untereinander.

2.6. Die Kirche als Mittel und Sakrament des Heils

Der Zusammenhang zwischen Ekklesiologie und Soteriologie soll nun weiterverfolgt werden. Gott ruft den Glauben hervor und nährt ihn durch das Wort und durch die Sakramente. Die Kirche ist aber nicht nur, was durch Wort und Sakrament geschaffen und erhalten wird, sondern sie ist auch damit beauftragt, das Wort zu verkünden und die Sakramente zu spenden (CA V und VII). Calvin beginnt seine Ekklesiologie als erstes Stück der Lehre von den äußeren Mitteln oder Beihilfen, mit denen uns Gott zu der Gemeinschaft mit Christus einlädt und in ihr erhält[46] und erklärt: „Darum hat Gott auch diese äußeren Mittel zugefügt, um so unserer Schwachheit aufzuhelfen; und damit die Predigt des Evangeliums ihre Wirkung tut, *hat er der Kirche diesen Schatz in Bewahrung gegeben.* Er hat Hirten und Lehrer eingesetzt [Eph 4,11], um durch ihren Mund die Seinen zu unterweisen. Dazu hat er sie auch mit Autorität ausgerüstet. Kurz, er hat nichts unterlassen, was zur heiligen Einigkeit im Glauben und zu rechter Ordnung dienlich sein konnte, vor allem hat er die Sakramente eingesetzt, die, wie wir es durch Erfahrung merken, höchst nutzbringende Mittel sind, um den Glauben zu erhalten und zu stärken."[47] Wenn die Sakramente wie das Wort also Mittel des Heils

---

[42] Schlink bringt darum die Ekklesiologie in Teil 3 seiner Dogmatik in der Lehre von der Neuschöpfung, die sich an Teil 2, die Lehre von der Erlösung anschließt, in welcher er auch die Lehre von den Sakramenten vorträgt. Diese Lehre von der Neuschöpfung enthält dann noch die Eschatologie.

[43] Miroslav Volf spricht von der „Ekklesialität des Heils", Trinität und Gemeinschaft, 163-166; von dem „wesentlich sozietären Charakter des Heils", ebd. 165.

[44] „quia salus extra ecclesiam non est", ep. 73, c.XXI, CSEL 3/2, 795, 3/CC 3C, 555,380; „nemini salus esse nisi in ecclesia possit", ep. 4, c.IV, CSEL 3/2, 477,4f/CC 3B, 24,100f.

[45] Dietrich Bonhoeffer, Zur Frage der Kirchengemeinschaft, in: Evangelische Theologie 3 (1936), 214-233, hier 231.

[46] „De externis mediis vel adminuculis, quibus Deus in Christi societatem nos invitat, et in ea retinet.", Überschrift von Inst. IV, Op. sel. 5, 1,3-5.

[47] Inst. IV, 1,1: „ea [externa subsidia] quoque Deus addidit, quo informitati nostrae consuleret; atque ut vigeret Evangelii praedicatio, thesaurum hunc apud Ecclesiam deposuit. Pastores instituit ac doctores, quorum ore suos doceret: eos authoritate instruxit; nihil denique omisit quod ad sanctum fidei consensum et rectum ordinem faceret. In primis sacramenta instituit, quae nos experimento

sind (lutherische Lehre wird sich hier noch stärker ausdrücken⁴⁸) und die Kirche das Mittel Gottes ist, um diese Heilsmittel zu bewahren, dann ist sie selbst in einem erweiterten Sinne Mittel des Heils.

Das stimmt mit dem einen Teil der Aussage der Konstitution des Zweiten Vatikanischen Konzils ‚Lumen gentium' überein, die Kirche sei „gleichsam das Sakrament oder Zeichen und *Werkzeug* der innigsten Vereinigung mit Gott und der Einheit des gesamten Menschengeschlechts"⁴⁹.

Man kann aus reformatorischer Sicht dieses sagen:
(1) Die Kirche ist als *ecclesia triumphans* die Stätte, an welcher sich das Heil als Ziel der gesamten Geschichte ereignet,
(2) Sie ist als *ecclesia militans* die Gemeinschaft derjenigen Sünder, die das Heil in der Rechtfertigung empfangen und sich schenken lassen,
(3) Darüber hinaus ist die Kirche als *ecclesia militans* das *Mittel*, welches die konkreten Mittel in sich birgt und trägt (nämlich Wort und Sakrament), wodurch Menschen dem Heil zugeführt werden. Die Lehre von der Kirche ist darum auch aufs engste mit der Lehre von der Rechtfertigung verknüpft. Ohne Rechtfertigung keine Kirche, aber auch ohne Kirche keine Rechtfertigung.

Wie steht es aber nun mit dem anderen Teil der vatikanischen Aussage, die Kirche sei gleichsam ein *Sakrament*?⁵⁰

Der römisch-katholische Theologe Otto Semmelroth, auf den vornehmlich die Bezeichnung der Kirche als Sakrament in ‚Lumen gentium' zurückgeht, hat in seinem Beitrag zu ‚Mysterium salutis' seine Überlegungen dazu folgendermaßen entfaltet: Die Kirche steht als „Wurzelsakrament" zwischen Jesus Christus als „Ursakrament" und den Sakramenten im eigentlichen Sinne, in der Zählung des Trienter Konzils den sieben Sakramenten⁵¹. Der Gewinn der Anwendung des Begriffs Sakrament auf die Kirche

---

sentimus plusquam utilia esse adiumenta ad fovendam et confirmandam fidem.", Op. sel. 5, 1,13-21. (Hervorhebung S.G.)

⁴⁸ Aufschlußreich ist hier Abraham Calov. In dem Stück seiner Dogmatik De causis et mediis salutis handelt de causis von der Christologie; Wort und Sakrament sind media salutis ex parte Dei. Dazwischen steht die Lehre von der Kirche: Theologia positiva ... seu Compendium systematis theologici, Wittenberg 1682, Inhaltsverzeichnis, bei Hirsch, Hilfsbuch, 293f.

⁴⁹ „Cum autem Ecclesia sit in Christo veluti sacramentum seu signum et instrumentum intimae cum Deo unionis totiusque generis humani unitatis", LG 1, LThK, 2. Aufl., Erg.bd.I, 156/DH 4101, 1. Abs. (Hervorhebung S.G.). Vgl. LG 9, ebd., 180/DH 4124, 2. Abs.; LG.48, ebd., 314/DH 4168, 2. Abs.; (nicht eindeutig ist der Gebrauch in LG 59, ebd. 334/DH 4175: dort könnte auch Christus selbst gemeint sein); Sacrosanctum Concilium (SC), a.5, ebd.18/DH 4005, 2.Abs.; Gaudium et spes (GS), a.42, LThK, 2. Aufl., Erg.bd.3, 410/DH 4342, 3. Abs. (als Zitat von LG 1); GS 45, ebd., 420/DH 4353, 2. Abs. (als Zitat von LG 48); Ad Gentes, a.1, ebd., 22; a.5, ebd. 30. An anderer Stelle heißt es auch von den von Rom getrennten Kirchen und „kirchlichen Gemeinschaften", sie seien media salutis: UR I,2, DH 4189, 3. Abs.

⁵⁰ Siehe Eberhard Jüngel, Die Kirche ein Sakrament?, in: ders., Wertlose Wahrheit. Zur Identität und Relevanz des christlichen Glaubens. Theologische Erörterungen III, München 1990 (Beiträge zur evangelischen Theologie 107), 311-334, hier 322-328, erstveröffentlicht: ZThK 80 (1983), 432-457. Die Bedenken, die von Jüngel gegen die Bezeichnung der Kirche als Sakrament von reformatorisch-protestantischer Seite aus ins Feld geführt werden, betreffen nicht die Bezeichnung als solche, sondern andere Vorstellungen, die mit der Sakramentenlehre und der Ekklesiologie der römischen Kirche verbunden sind.

⁵¹ Otto Semmelroth, Die Kirche als Sakrament des Heils, in: Mysterium salutis. Grundriß heilsgeschichtlicher Dogmatik, hg. v. Johannes Feiner u. Magnus Löhrer, IV/1: Das Heilsgeschehen in der

liegt laut Semmelroth darin, dass die sichtbar-gesellschaftliche Gestalt der Kirche in einem doppelten Sinne relativiert wird. Erstens: Die Kirche ist dann nämlich *nur Zeichen, nicht* die bezeichnete *Sache selbst* (wenngleich sie sie enthält und bewirkt): „Wer daher kirchliches Establishment so verabsolutieren wollte, wie wenn es selbst das Heil wäre, würde die Kirche verfremden und gerade dadurch ihre Heilsbedeutung gefährden."[52] Zweitens gilt es aber, die Kirche als Zeichen zu akzeptieren. Nur, wenn man diesem Zeichen folgt, wird man das erlangen, was es bezeichnet. Die Kirche muss sich zwar immer wieder reinigen, damit sie als Zeichen erkennbarer wird. An ihr führt aber dennoch kein Weg vorbei[53].

Sodann erklärt Semmelroth, dass das gesamte Heilshandeln der Kirche sakramentalen Charakter hat, d.h. nicht nur die Spendung der Sakramente, sondern auch ihre Verkündigung: „es muß wohl eine echt sakramentale Gnadenwirksamkeit der kirchlichen Wort-Gottes-Verkündigung angenommen werden, die aber doch so im Zusammenhang mit der Spendung der Sakramente gedeutet wird, dass die von der kirchlichen Glaubensverkündigung den Sakramenten zugeschriebene Gnadenwirksamkeit auch auf die Wortverkündigung übergreift. Umgekehrt muß die Gnadenwirksamkeit der Wortverkündigung in einer Weise gedeutet werden, die sie nicht von der Gnadenwirksamkeit der sieben Sakramente trennt."[54]

Ich will hier näher ins Auge fassen, was geschieht, wenn man den Begriff des *Sakraments*, nicht bloß den des Zeichens auf die Kirche anwendet. Nehmen wir als Definition von Sakrament lediglich, dass es etwas Kreatürliches ist, das aufgrund von Gottes Anordnung als Mittel zum Heil dient, dann ist mit dem Ausdruck „Sakrament" das gleiche ausgesagt wie mit dem Ausdruck „Werkzeug des Heils". Es schwingt jedoch in der vatikanischen Formulierung noch etwas anderes mit, nämlich die Hervorhebung der Einheit.

Gehen wir aus von der Definition des Sakraments von Hugo von St. Victor († 1141)[55], wonach ein Sakrament ein körperliches oder materielles Element ist, das eine unsichtbare, geistliche Gnade bezeichnet und enthält, wobei jenes eine Ähnlichkeit haben muss zu dieser, wodurch es geeignet ist, dieses zu repräsentieren[56]. So hat also

---

Gemeinde, Einsiedeln u.a. 1972, 309-355, hier 318f. Die Analogie wird also noch weiter ausgezogen, so dass auch Christus selbst ein Sakrament genannt wird. Die Zweiheit der menschlichen und der göttlichen Natur, vereint in der hypostatischen Union, entspricht der Verbindung des leiblichen Elements mit der Gnade, die es einhält.

[52] Ebd., 342.
[53] Ebd., 343-345.
[54] Ebd., 353.
[55] Siehe Herbert Vorgrimler, Art. Sakrament III. Theologie- und dogmengeschichtlich, LThK, 3. Aufl., Bd.8 (1999), 1441f. Eine andere Definition liegt im Catechismus Romanus vor, wonach ein Sakrament ein sichtbares Zeichen unsichtbarer Gnade ist, eingesetzt zu unserer Rechtfertigung: P II C 1, 4. Diese Definition wird aufgegriffen von Joseph Ratzinger, Die Kirche als Heilssakrament, in: ders., Theologische Prinzipienlehre, 48, bei Anm.8. Die von Hugo gegebene Definition ist allerdings reicher und führt auch in dieser Sache weiter.
[56] Weitere Merkmale sind (2) eine Einsetzung durch Gott, damit es tatsächlich diese Gnade bezeichnet, und (3) dass diese Gnade durch das materielle Element Menschen zu ihrer Heiligung wirksam mitgeteilt wird. Hugo von St. Victor: „sacramentum est corporale, uel materiale elementum. Foriter sensibiliter propositum ex similitudinem repraesentans et ... significans. Et ex sanctificatione continens aliquam inuisibilem et spiritalem gratiam. ... Debet enim omne sacramentum similitudinem quandem habere, ad ipsam rem cuius sacramentum est, secundem quam habile sit. Ad eandem rem

das materielle Element des Wassers in der Taufe eine Ähnlichkeit zu dem Vorgang, der in der Taufe erfolgt, denn so wie Menschen im Wasser ertrinken können, wird auch der alte Mensch in der Taufe ertränkt. Und wie Brot und Wein dazu dienen, den Menschen auf irdische Weise zu ernähren und zu erfreuen, so geschieht dies im Gebrauch dieser Elemente im Abendmahl auf geistliche Weise. Die Gnade wird durch Wasser im Sakrament der Taufe in dem Aspekt charakterisiert, dass sie den alten Menschen ertränkt; durch die Elemente von Brot und Abendmahl in der Hinsicht, dass der geistliche Mensch durch die Gnade ernährt und erfreut wird.

Wenn nun in einem übertragenen Sinne die Kirche „Sakrament" sein soll, so besteht das gleichsam materielle Element darin, dass die Kirche aus Kreaturen, aus Menschen besteht, die eine Gemeinschaft untereinander bilden. Der Aspekt der Gnade, welcher durch den Vergleich mit einer Gemeinschaft mit Menschen erhellt wird, ist somit das Einswerden der Menschen untereinander, aber auch mit Gott. Darum spricht ‚Lumen gentium' auch von der „innigsten Vereinigung mit Gott und der Einheit des gesamten Menschengeschlechts". Wenn die Beschaffenheit des (quasi) materiellen Elements und die Wirkung der Gnade miteinander verglichen werden, muss es sich aber um zweierlei Art von Einheit handeln. Zwischen ihnen besteht eine Ähnlichkeit und nicht eine Identität. Es liegt nahe, die materielle Einheit in der Einheit der *ecclesia visibilis* zu sehen. Als solche, als nur-menschliche Vereinigung betrachtet (die sie real gar nicht ist), ist sie genauso wenig heilbringend, wie Wasser, Brot und Wein heilbringend sind. Aber sie hat eine Ähnlichkeit mit der heilsamen Einheit, die Gott durch sie schenkt und durch sie bezeichnet.

Wir sehen, dass hier danach zu fragen ist, worin die Einheit der sichtbaren Kirche besteht. Darin, dass in ihr die Verkündigung *desselben* Wortes und *derselben* Sakramente stattfindet (Eph 4,5 – CA VII), oder dadurch, dass sie durch eine bestimmte Ämterordnung eine Körperschaft bildet? Cyprian hat davon gesprochen, dass die Kirche ein Sakrament der Einheit oder die Einheit der Kirche ein Sakrament sei und dabei an die Unterordnung unter den Bischof als Bedingung des Heils gedacht[57]. Wir werden an den folgenden Punkten dieser Überlegungen zum Zusammenhang von Ekklesiologie und Soteriologie (2.7.-2.8.) auf die hier berührten Fragen zurückkommen.

---

suam repraesentandem. Institutionem quoque per quam ordinatum sit ad illam significandam. Postremo sanctificationem per quam illam contineat. Et efficax sit ad eandem santificandis conferendam.", De sacramentis I 9,2, hg. v. Rainer Berndt, Münster 2008 (Corpus Victorinum. Textus historici 1), 209,22 – 210,9.

[57] Cyprian spricht von der Einheit der Kirche, „ecclesiae unitatem", ep. 69 (ad Magnum), V, CSEL 3/2, 754,14 / CC 3C, 477,115, und fährt ihm nächsten Satz fort: „Denique quam sit inseparabile unitatis sacramentum ...": ep. 69, VI, MPL 3, 1142 / CSEL 3/2, 754,15 / CC 3C, 477,117. Die Stelle wird in BKV2 60,311 mit „das heilige Band der Einheit" übersetzt, was nun doch zu schwach ist. Cyprian setzt entweder (a) „sacramentum" anstelle von „ecclesia" und läßt dadurch die Argumentation mitschwingen, dass, wenn die Kirche ein Sakrament der Einheit ist, dieses Sakrament, also die Kirche, nicht zerteilbar ist. Oder er setzt (b) „sacramentum" anstelle von „unitas ecclesiae", sagt also mit „unitatis sacramentum": das Sakrament, das die Einheit der Kirche ist. Diese Einheit kann nicht aufgelöst werden. Die Stelle hat bei Cyprian die Bedeutung, dass durch die Unterordnung unter einen rechtmäßigen Bischof die Einheit mit der Kirche bewahrt wird und damit die Teilhabe am Heil. Die Kirche wird also hier als ausschließliche Mittlerin des Heils aufgefaßt. Vgl. auch De unitate ecclesiae, c.7, CSEL 3/1, 215,11 / CC 3, 254f. Diese Stelle paßt mehr zu Interpretation b.

2.7. Extra ecclesiam nulla salus?

Cyprians Aussage über das *sacramentum unitatis* ist verknüpft mit seinem vieldiskutierten Satz, wonach außerhalb der Kirche kein Heil sei[58]. Diese Aussage geht noch darüber hinaus, dass die Kirche Mittel zum Heil ist. Es wird hier von einem *Sein in der Kirche* gesprochen, einem Eingegliedertsein in die Kirche, das notwendige Bedingung des Heils sei. Dieser Gedanke kann auch ausgedrückt werden in dem anderen Satz Cyprians: Es kann niemand Gott zum Vater haben, der nicht die Kirche als Mutter hat[59].

Wenn Kirche nun definiert ist als die Gemeinschaft derer, die das Heil empfangen, dann ist es Ergebnis eines analytischen Urteils, zu sagen, dass außerhalb der Kirche kein Heil ist. Das Gleiche gilt, wenn Kirche definiert ist als die Gemeinschaft derer, die Gott zum Vater haben, so dass sie ihren einzelnen Gliedern gegenübersteht wie eine Mutter ihren Kindern. Dann muss folgerichtig derjenige, der Gott zum Vater hat, die Kirche auch als Mutter haben, und wer die Kirche als Mutter hat, der hat Gott zum Vater. Für die Interpretation dieses Satzes ist aber entscheidend, *was* unter dem In-der-Kirche-Sein verstanden wird, respective dem Die-Kirche-als-Mutter-Haben. Worum es hier geht, ist das Verhältnis zwischen der Beziehung, welche die einzelne Seele zu Gott hat – dass sie ihn als Vater hat, dass sie von ihm das Heil empfängt – und ihrer Beziehung zur Kirche. Cyprian will ausdrücken, dass die Beziehung zur Kirche der Beziehung zu Gott vorgeordnet ist: „Wie kann einer Gott zum Vater haben, der nicht *zuvor* die Kirche zur Mutter hat?"[60] Man kann daran denken, dass in der Regel die Kirche das Evangelium den einzelnen Menschen vermittelt, so dass tatsächlich die Begegnung mit der Kirche stattfindet, bevor ein Mensch Gott als seinen Vater findet[61]. Man kann auch daran denken, dass der Mensch, der durch den Glauben Gottes Kind wird, aufgrund dieses analytischen Urteils damit auch Glied der Kirche wird[62]. Doch denkt hier Cyprian bei dem In-der-Kirche-Sein und Die-Kirche-als-Mutter-Haben nicht nur an den Akt des Glaubens, worin ein einzelner Mensch sich mit Gott und dadurch zugleich mit der Kirche verbindet, sondern an eine Reihe von Akten, die zum Glauben hinzukommen und unmittelbar auf die Kirche gerichtet sind. Er hat, wie aus dem Kontext seiner Sätze hervorgeht, dabei vor allem an die Anerkennung des rechtmäßigen Bischofs gedacht. Wenn von solchen Akten das Heil und die Gotteskindschaft abhängig wären, dann würde der Mensch nicht *sola fide* gerechtfertigt werden.

---

[58] „quia salus extra ecclesiam non est", ep. 73, c.XXI, CSEL 3/2, 795, 3/CC 3C, 555,380; „nemini salus esse nisi in ecclesia possit", ep. 4, c.IV, CSEL 3/2, 477,4f/CC 3B, 24,100f.

[59] „habere non potest Deum patrem qui ecclesiam non habet matrem.", unit. eccl., c.6, CSEL 3/1, 214,23f/CC 3, 253,149f; in einer rhetorischen Frage formuliert: „Vt habere quis possit Deum patrem, habeat ante ecclesiam matrem.", ep.74, c.VII, CSEL 3/2, 804,23f/CC 3C, 572,133f.

[60] Siehe die Anmerkung zuvor.

[61] Abgesehen wird hier von dem Fall, dass, wie es derzeit in islamischen Ländern geschieht, durch Träume Menschen zum Glauben geführt werden.

[62] Dies ist die Interpretation von Theodor Dieter, Die Eucharistische Ekklesiologie, 291: „Wer aber Kind Gottes wird, bekommt ipso facto – gleichursprünglich – andere Kinder Gottes zu Schwestern und Brüdern, wird also Teil der Kirche."

Luther und Calvin haben allerdings die Begriffe Cyprians aufgenommen respective seine Sätze zustimmend zitiert[63]. Für Luther ist darum außerhalb der Kirche kein Heil, weil in der Kirche das Evangelium, die Taufe und das Abendmahl sind, durch welche Vergebung der Sünde geschieht. Luther geht damit nicht darüber hinaus, dass durch den Akt des Glaubens der Mensch in der Kirche ist. Calvin hingegen spricht nicht nur vom Glauben, der nur durch die Predigt des Evangeliums zustandekommt (Röm 10,17)[64], sondern auch von dem geistlichen Wachstum des Menschen, das auf das Gläubig-Werden folgt: „Wir sehen da [Eph 4,10-1], wie Gott, der die Seinigen in einem einzigen Augenblick zur Vollendung kommen lassen könnte, dennoch den Willen hat, dass sie allein durch die Erziehung der Kirche zum Mannesalter heranwachsen. Wir sehen weiter, wie hier die Art und Weise solcher Erziehung zum Ausdruck kommt; denn den ‚Hirten' wird die Predigt der himmlischen Lehre aufgetragen. Und wir sehen, wie alle ohne Ausnahme in die gleiche Ordnung hineinverpflichtet werden, dass sie sich gefügigen und gelehrigen Geistes der Leitung jener Lehrer unterstellen ..." (Inst. IV, 1,5)[65]. Calvin warnt davor, aus Hochmut nur noch alleine die Schrift lesen zu wollen, die öffentlichen Versammlungen der Gemeinde zu mißachten und die Predigt für überflüssig zu halten[66]. Schließlich erklärt er, Absonderung von der wahren Kirche sei so viel wie Verleugnung Gottes und Christi[67].

Mit alledem stellt Calvin freilich das *sola fide* faktisch infrage. Seine Äußerungen können indes konstruktiv aufgenommen werden, wenn man hier zwischen einem *esse* und einem *bene esse* der gläubigen Existenz und des In-der-Kirche-Seins unterscheidet. Mit dem Gläubig-Werden wird ein Mensch Kind Gottes des Vaters und er wird damit Glied der Kirche. Seine Existenz als Gläubiger und sein Eingegliedert-Sein in die Kirche kann und soll aber noch wachsen. Dazu ist es in der Tat nötig, dass der zum Glauben Gekommene die Gemeinschaft anderer, vor allem reiferer Christen sucht und sich unterweisen läßt. Dazu gehört somit auch die Unterordnung unter die Amtsträger. Voraussetzung dazu ist gewiß, wie Calvin selbst betont, dass die Amtsträger im Wesentlichen die rechte Lehre verkündigen[68]. Das alles ist wichtig, nicht nur weil der

---

[63] Extra ecclesiam nulla salus: Luther, Vom Abendmahl Christi. Bekenntnis (1528), WA 26, 507,7-12: „Ynn dieser Christenheit, und wo sie ist, da ist vergebung der sunden, das ist, ein königreich der gnade und des rechten ablas. Denn daselbst ist das Euangelion, die tauffe, das sacrament des altars, darynn vergebunge der sunden angeboten, geholet und empfangen wird. Und ist auch Christus und sein geist und Gott da selbs. Und ausser solcher christenheit ist kein heyl noch vergebung der sunden, sondern ewiger tod und verdamnis ..."; Calvin: Inst. IV, 1,4, Op. sel. 5, 7,12-14. Habere non potest Deum patrem, qui non habet ecclesiam matrem: Inst. IV, 1,1, Op. sel. 5, 2,1f; Luther nennt die Kirche unsere Mutter, verknüpft dies aber nicht mit einer Aussage zur Vaterschaft Gottes an diesen Stellen: Großer Galaterkommentar, WA 40/I, 664,18f; Großer Katechismus, BSLK, 655,2-8. Das biblische Argument dafür ist Gal 4,26. Die Kirche ist also das „Jerusalem da oben". Zu Luthers Verständnis dieser Redeweise s.u. 3.1.

[64] Inst. IV, 1,5, Op. sel. 5, 8,17-21. Das erste Kapitel von Inst. IV stellt weitgehend eine Werbung für die Unterordnung unter die Amtsträger dar.

[65] „Videmus ut Deus, qui posset momento suos perficere, nolit tamen eos adolescere in virilem aetatem nisi educatione Ecclesiae. Videmus modum exprimi: quia pastoribus iniuncta est caelestis doctrinae praedicatio. Videmus omnes ad unum cogi in eundem ordinem, ut mansuetudo et docili spiritu regendos se doctoribus in hunc usum creatis permittant.", Op. sel. 5, 8,6-11.

[66] Inst. IV, 1,5, Op. sel. 5, 9,18-22.

[67] Inst. IV, 1,10, Op. sel. 5, 14f.

[68] Inst. IV, 1,12.

Einzelne durch andere dazu lernt, sondern weil die Gemeinschaft, die er aufsucht, einen Sinn in sich selbst trägt: die Einzelnen sollen zu einer Gemeinschaft zusammenwachsen, in welcher sie so untereinander eins sind wie Christus mit seinem Vater eins ist (Joh 17,22f).

Wenn das alles nicht geschieht, wird er zwar noch Christ sein, aber sein Glauben ist bedroht und würde allmählich schwinden. Wenn ein Christ prinzipiell diese gelebte Gemeinschaft mit anderen Christen nicht will, bringt er sich in Widerspruch zu seinem eigenen Glauben: zum einen unterstellt er sich mit dem Glaubensakt Jesus Christus, zum anderen will er nicht das, was Christus von ihm will[69].

Die Problematik des „Extra ecclesiam nulla salus" wird verstärkt, wenn in dem Begriff der Kirche nicht nur durch die Verkündigung des Evangeliums und das Spenden der Sakramente die sichtbare Seite der Kirche ausmachen, sondern auch und sogar vorrangig ihre organisatorische Struktur. Dies ist der Fall in dem römisch-katholischen Kirchenbegriff, wie ihn die Konstitution ‚Lumen gentium' entwickelt. Nach der ersten Einführung des Begriffs Kirche, in der von ihr lediglich gesagt wird, dass Christus in der Kirche die Gläubigen versammle, wird nämlich hinzugefügt, dass sie hier auf Erden – also im Status der *ecclesia militans* – hierarchisch verfaßt sei und dass sie subsistiere in der Kirche, die von dem Papst und den Bischöfen in Gemeinschaft mit ihm geleitet werden (LG 8)[70]. In diesem Fall impliziert In-der-Kirche-Sein auch die Anerkennung dieser Hierarchie. Wer diese verweigert, hat kein Heil[71]. ‚Lumen gentium' hat es allerdings unternommen, durch weitere Ausführungen diese Schlußfolgerung auszugleichen und Otto Semmelroth hat dies unter Berufung auf das Konzil weiter ausgeführt[72].

Zum Ersten wird die Formulierung „subsistit", nicht „est" gewählt, um die „Kirche schlechthin", also die Versammlung der Gläubigen, mit der römischen, d.h. der dem Papst sich unterordnenden Kirche zu verbinden. Dies ermöglicht, von den infolge der Reformation entstandenen Kirchen, welche später „kirchliche Gemeinschaften" genannt werden, zu sagen, dass in ihnen „mehrere Elemente der Heiligung und der Wahrheit" seien[73], von denen im Ökumenismusdekret dann gesagt wird (UR 3), diese seien „das geschriebene Wort Gottes, das Leben der Gnade, Glaube, Hoffnung und Liebe und andere innere Gaben des Heiligen Geistes"[74]. Dementsprechend wird dann erklärt: „Daher sind diese getrennten Kirchen und Gemeinschaften, auch wenn sie, wie wir glauben, mit jenen Mängeln behaftet sind, keineswegs ohne Bedeutung und

---

[69] Vgl. damit die in die gleiche Richtung gehende Beurteilung des cyprianischen Satzes durch Karl Barth, KD IV/1, 769.

[70] LG 8, DH 4118f. „Societas autem organis hierarchicis instructa ...", DH 1418; „Haec Ecclesia, in hoc mundo ut societas constituta et ordinata, subsistit in Ecclesia catholica, a successore Petri et episcopis in eius communione gubernata.", DH 4119.

[71] So heißt es LG 14: „Quare illi homines salvari non possent, qui Ecclesiam Catholicam a Deo per Iesum Christum ut necessariam esse conditam non ignorantes, tamen vel in eam intrare, vel in eadem perseverare noluerint.", DH 4136. Mit der Einschränkung auf das Sich-Bewußt-Sein von der Heilsnotwendigkeit der römischen Kirche wird allerdings die Tür geöffnet zu einem erweiterten Kirchenbegriff.

[72] Semmelroth, Die Kirche als Sakrament des Heils, 334–340.

[73] „elementa plura sanctificationis et veritatis", LG 8, DH 4119. Gemeint sind hier außerdem noch die von Rom getrennten Ostkirchen.

[74] „Verbum Dei scriptum, vita gratiae, fides, spes et caritas, aliaque interiora Spiritus Sancti dona ...", DH 4189, 1. Abs.

Gewicht im Geheimnis des Heils. Denn der Geist Christi weigert sich nicht, sie als Mittel des Heiles zu gebrauchen ..."[75].

Damit ist in den Lehrtexten des Zweiten Vatikanischen Konzils aber de facto ein doppelter Kirchenbegriff und eine zweifache Verknüpfung von Ekklesiologie und Soteriologie entworfen. Gemäß dem ersten Begriff von Kirche ist sie wesentlich eine mit hierarchisch geordneten Ämtern ausgestattete Gemeinschaft, die historisch identifizierbar ist als aus dem Amt Petri und der Apostel hervorgegangen, und das Heil empfängt nur, wer diese Ämter anerkennt. Der Satz des Thomas von Aquin, den Papst Bonifaz VIII. in seine Bulle ‚Unam sanctam' aufnahm, bleibt bewahrt: „quod subesse romano pontifici sit de necessitate salutis"[76]. Gemäß dem zweiten Begriff von Kirche ist es die Anwesenheit von Glaube, Liebe und Hoffnung in den Herzen von Menschen, wodurch die „kirchliche Gemeinschaft", denen sie angehören, die Qualität erhält, „Mittel des Heils" zu sein, ein Prädikat, das sonst nur von der „Kirche schlechthin" ausgesagt wird, insofern sie in der römischen Kirche subsistiert. Zu diesem zweiten Kirchenbegriff paßt, dass von solchen Menschen, die „dem Leibe nach" Vollmitglieder der Kirche sind, aber nicht „dem Herzen" nach und nicht in der Liebe verharren, gesagt wird, dass sie nicht gerettet würden (LG 14)[77]. Dieser Kirchenbegriff ist innerlich, er ist bestimmt durch das, was in den Herzen der Menschen ist, wobei bestimmt werden müsste, wodurch Glaube, Liebe und Hoffnung in das Herz eines Menschen gelangen. Man müsste hinzufügen: durch das Evangelium und die Sakramente – wobei zu sehen wäre, welche in der römischen Kirche als Sakramente gezählte Handlungen die rechtfertigende Gnade vermitteln – und würde bei dem Kirchenbegriff von CA VII ankommen.

Es ist offensichtlich, dass die Konzilstexte versuchen, zwischen beiden Kirchenbegriffen und ihrer soteriologischen Funktion zu vermitteln und den zweiten dem ersten unterzuordnen. So heißt es LG 8, dass diese Elemente der Heiligung und der Wahrheit der Kirche eigene Gaben seien, welche auf die katholische Einheit hindrängten[78] – welche für das Konzil nicht anders gedacht werden kann als die durch den Papst und seine Bischöfe bestimmte Einheit[79]. Und UR 3 wird hinzugefügt, dass die Kraft dieser von Rom getrennten Kirchen und kirchlichen Gemeinschaften sich „von der Fülle der Gnade und Wahrheit herleitet, die der katholischen Kirche anvertraut ist."[80]

Es liegt aber auch klar zutage, dass diese doppelte Ekklesiologie des Zweiten Vatikanums ein Versuch ist, von römischer Seite aus die Probleme zu überwinden, die

---

[75] „Proinde ipsae Ecclesiae et Communitates seiunctae, etsi defectus illas pati credimus, nequaquam in mysterio salutis significationes et pondere exutae sunt iis enim Spiritus Christi uti non renuit tamqam salutis mediis, ...", UR 3, DH 4189, 3. Abs.

[76] Contra errores graecorum, Pars Altera, cap.36, Thomae Aquinatis Opuscula Theologica, Bd.1, hg. v. Raymundus A. Verardo, Turin/Rom [Marietti] 1954), Bd.1, 344, § 1125. Dieser Satz wurde aufgenommen als Schlußsatz in die vermutlich von dem Kardinal Matthäus von Acquasparta OFM verfaßte Bulle Bonifaz' VIII., ‚Unam sanctam', von 1302, s. DH 875, vgl. die Einleitung dazu, S.1300, wo allerdings die Thomas-Stelle in der Marietti-Ausgabe falsch angegeben ist.

[77] „Non salvatur tamen, licet Ecclesiae incorporetur, qui in caritate non perseverans, in Ecclesiae sinu ‚corpore' quidem, sed non ‚corde' remanet.", DH 4137, 1. Abs.

[78] „quae ut dona Ecclesiae Christi propria ad unitatem catholicam impellunt.", DH 4119, 2. Abs.

[79] UR 2, DH 4187, 1. Abs.

[80] „quorum virtus derivatur ab ipsa plenitudine gratiae et veritatis quae Ecclesiae catholicae concredita est.", DH 4189, 3. Abs.

durch die Spaltungen der Kirche in der Reformationszeit und davor entstanden sind. Sie stößt dabei auf die Grenzen eines vorwiegend institutionell bestimmten Kirchenbegriffs. Es wird zugestanden, dass es auch möglich ist, ohne die Anerkennung der römischen Hierarchie Glaube, Liebe und Hoffnung zu haben und das Heil geschenkt zu bekommen, und dass Gemeinschaften außerhalb des „Gefüges" der römischen Kirche die Qualität haben „kirchlich" zu sein, indem sie als Mittlerinnen des Heils dienen. Der Satz „Extra ecclesiam nulla salus" wird von diesem erweiterten Kirchenbegriff eindeutig überschritten.

Diese Überschreitung geht jedoch noch weiter. Denn es wird in LG anschließend von denjenigen, „die das Evangelium noch nicht empfangen haben"[81] gesagt: „Wer nämlich das Evangelium Christi und seine Kirche ohne Schuld nicht kennt, Gott jedoch aufrichtigen Herzens sucht und seinen durch den Anruf des Gewissens erkannten Willen unter dem Einfluß der Gnade in den Taten zu erfüllen sucht, kann das ewige Heil erlangen."[82] Dieser Satz fordert die Frage heraus, aufgrund welcher Rechtfertigungslehre man sich hier das Erlangen des Heils denkt. Wie kann von einem aufrichtigen Suchen des Herzens nach Gott gesprochen werden, wenn kein Mensch da ist, der gerecht ist und kein Mensch, der nach Gott fragt (Röm 3,10f), wenn kein Mensch durch die Werke des Gesetzes vor Gott Gerechtigkeit erlangen kann (Röm 3,20), die Gnade aber nur durch den Glauben kommt, der Glaube aber durch die Predigt des Wortes Gottes (Röm 5,1; 10,14-17)? Die Position, die ‚Lumen gentium' hier einnimmt, wird präzisiert, aber auch verschoben durch den Verweis auf die Lehrentscheidung des ‚Hl. Offizium' in dem Brief an den Erzbischof von Boston von 1949. Dort wird, im Wesentlichen unter Berufung auf die Enzyklika ‚Mystici corporis' des Papstes Pius XII. von 1943, erklärt, dass das Heil erlangen kann nicht nur, wer tatsächlich die Taufe empfangen hat und sich dem Papst unterwirft, sondern auch wer dies nur dem Wunsch nach tut, wobei dieser Wunsch ein „votum implicitum" sein könne, dessen Inhalt dem, der ihn hat, gar nicht klar bewußt ist. Dabei wird betont, dass dieser Wunsch durch „vollkommene Liebe geformt" sein müsse und nur dann diese Wirkung hat, wenn diesem Menschen der übernatürliche Glauben gegeben ist[83].

Aus reformatorischer Sicht wird man diesen Aussagen zustimmen können, insofern ein impliziter Wunsch nach dem Wort Gottes und nach der Taufe bereits rechtfertigt. Man wird aber fragen müssen, wo sich denn so etwas nachweisen läßt. Bei den schon erwähnten Muslimen, die sich bereits aufgrund von Träumen bekehren, ist dies der Fall. Es liegt auf der Hand, dass ihr Glaube sie sodann dazu antreiben wird, dass sie das Wort Gottes hören und die Taufe empfangen wollen und sich dadurch in die Kirche eingliedern lassen. In anderen Fällen ist es aber nicht klar: dann nämlich, wenn man die Vermutung hegt, dass ein Nicht-Christ einen solchen Umgang mit Gedanken und mit der Praxis seiner Religion pflegt, dass er im Grunde von der Sehnsucht nach dem rechtfertigenden Wort Gottes getrieben wird. Nur wenn er schließlich doch dazu kommt, dieses Wort zu hören und im Glauben anzunehmen, wird er in der Lage sein, sein vorangegangenes Leben so beurteilen zu können. Bestimmte Gedanken und Ele-

---

[81] „qui Evangelium nondum acceperunt", LG 16, DH 4140.
[82] „Qui enim Evangelium Christi Eiusque Ecclesiam sine culpa ignorantes, Deum tamen sincero corde quaerunt, Eiusque voluntatem per conscientiae dictamen agnitam, operibus adimplere, sub gratiae influxu conantur, aeternam salutem consequi potest.", LG 16, DH 4140, 4. Abs.
[83] DH 3866-3872, inbes. 3870, 2. Abs.; 3872, 2. Abs.

mente der Praxis einer nicht-christlichen Religion lassen als solche diese Vermutung nicht zu. Ja, je ähnlicher sie dem Christentum sind, desto mehr sind sie imstande, vom Christentum abzulenken.

Der reformatorische Kirchenbegriff ist also in der Frage des „Extra ecclesiam nulla salus" zugleich weiter und enger. Er ist weiter, insofern die heilmachende Gliedschaft in der Kirche nicht an die Anerkennung einer bestimmten Ämterstrukter gebunden ist – schon gar nicht diejenige der römischen Kirche –, sondern an den Glauben an das Wort, das die Kirche predigt, und an ihre Sakramente. Er ist enger, weil er auf eben diesem Glauben besteht. Es ist eine zumeist nicht nachweisbare hypothetische Konstruktion, von einem „votum implicitum" zu sprechen, das jenseits der Reichweite von Wort und Sakrament liegt.

2.8. Unsichtbarkeit und Sichtbarkeit der Kirche –
die *notae ecclesiae*

Wir sind nun in diesen Überlegungen an einer Stelle angelangt, in welcher zumindest eine weitere Klärung versucht werden muss, was überhaupt „Sichtbarkeit der Kirche" bedeutet. In einer ersten Klärung wurde gesagt, *ecclesia invisibilis* und *ecclesia visibilis* seien dieselbe Kirche, nur nach verschiedenen Gesichtspunkten betrachtet, nämlich inwiefern sie als Gemeinschaft der Erwählten vor den Augen Gottes dasteht und inwiefern sie sich vor der Welt darstellt, die den Gebrauch kreatürlicher Mittel wahrnehmen kann. Es ist also der Unterschied von *coram Deo* und *coram mundo*. Dieser Gedankengang soll nun fortgesetzt werden.

Die Ekklesiologie von ‚Lumen gentium' betont: „Die mit hierarchischen Organen ausgestattete Gesellschaft aber und der geheimnisvolle Leib Christi, die sichtbare Versammlung und die geistliche Gemeinschaft, die irdische Kirche und die mit himmlischen Gaben beschenkte Kirche sind nicht als zwei Dinge zu betrachten, sondern bilden eine einzige komplexe Wirklichkeit, die aus menschlichen und göttlichen Elementen zusammenwächst.", und bringt dies in Analogie zur Gottmenschheit Christi[84].

Ecclesia invisibilis und *ecclesia visibilis* als Aspekte einer realen Einheit zu betrachten ist aber nicht eine Besonderheit der römischen Theologie, wie schon der Blick auf Calvins Umgang mit diesen Begriffen gezeigt hat. Luther hat mit seiner Definition von Kirche in den Schmalkaldischen Artikeln hervorgehoben, dass die Kirche ein *geglaubter* Gegenstand ist – eben deswegen sagt er, dass schon ein Kind von sieben Jahren wisse, was die Kirche sei, denn dieses Kind ist im Glaubensbekenntnis unterrichtet worden und spricht darum: „Ich glaube an die eine heilige christliche Kirche."[85] Ein Grundsatz lutherischer Theologie lautet: was geglaubt wird, kann nicht sichtbar sein

---

[84] „Societas autem organis hierarchicis instructa et mysticum Christi Corpus, coetus adspectabilis et communitas spiritualis, Ecclesia terrestris et Ecclesia caelestibus bonis ditata, non ut duae res considerandae sunt, sed unam realitatem complexam efformant, quae humano et divino coalescit elemento.", LG 8, DH 4118, 1. Abs.

[85] BSLK, 459,20 – 460,5.

(Röm 4,18-21; 8,24; 2. Kor 5,7; Hebr 11,1)[86]. Es ist ein Akt des Glaubens, durch den erkannt wird, dass eine bestimmte Ansammlung von Menschen letztlich nicht durch irgendwelche rein kreatürliche Bande miteinander verbunden sind – die somit rein soziologisch beschrieben werden könnten –, sondern dass sie die Kirche sind, die Gemeinschaft der Gläubigen, die Jesus Christus versammelt hat.

Auf der anderen Seite bringt aber Luther die Sichtbarkeit der Kirche ins Spiel. Die „notae ecclesiae" sind Luthers Antwort auf seine Frage, woran ein „armer, irriger Mensch" merken kann, dass da sei, was er glaubt, nämlich eine christliche Kirche auf Erden[87]. Er antwortet darauf mit einer Reihe von *notae ecclesiae*: 1. das Wort Gottes, 2. die Taufe, 3. das Sakrament des Altars, 4. der Gebrauch der Schlüsselgewalt (Mt 18,15ff), 5. die Berufung von Dienern in die Ämter der Kirche, 6. der öffentliche Gottesdienst, 7. „erkennet man eusserlich das heilige Christliche Volck bey dem Heilthum des heiligen Creutzes, das es mus alles unglück und verfolgung, allerley anfechtung und ubel ... vom Teufel, welt, und fleisch, jnwendig trauren, blöde sein, erschrecken, auswendig arm, veracht, kranck, schwach sein, leiden, damit es seinem Heubt Christo gleich werde ..."[88]. Diese Liste ist gewiß keine abgeschlossene. Luther hat an anderer Stelle sie etwas anders präsentieren können[89]. Ich will an verschiedenen Punkten meiner Überlegungen noch auf einzelne Glieder dieser Liste eingehen. Worin sich diese *notae* zusammenziehen lassen, ist nun gerade die Zweiheit von CA VII: Wort und Sakrament – wobei die Sakramente besondere Gestalten des Wortes sind, die qualitativ anders sind als das bloße Wort. Luthers Ausgangspunkt ist dabei Jes 55,10f: Das Wort Gottes ist wie der Regen, der nicht unnütz vom Himmel fällt, sondern die Erde Früchte hervorbringen läßt. Wo es verkündigt wird, bringt es Gläubige hervor, auch wenn nicht alle glauben, die es hören.

Wir erkennen hier einen Grund, weshalb die Kirche sichtbar ist: weil sie durch das Wort hervorgebracht ist. Sie ist *creatura verbi* (Jak 1,18)[90]. Wer in diesem Wort der Wahrheit wirksam und anwesend ist, das ist das ewige Wort selbst, das Mensch geworden ist (Joh 1,14). Darum entspricht auch die unsichtbar-sichtbare Verfaßtheit der Kirche der Vereinigung von Gottheit und Menschheit in Jesus Christus. Der Mensch, in dem sich nichts Gutes findet, ist angewiesen auf ein Wort, das von außen, und das

---

[86] Eine Kernstelle bei Luther ist: „fides est rerum non apparentium. Vt ergo fidei locus sit, opus est, ut omnia quae creduntur, abscondantur ...", De servo arbitrio, WA 18, 633/BoA 3, 124,16f.

[87] „Wolan, der Kinder glaube leret uns (wie gesagt), das ein Christlich heilig Volck auff erden sein und bleiben müsse bis an der welt ende, denn es ist ein Artickel des glaubens, der nicht kan auffhören, bis da kömet, das er gleubet, wie Christus verheisst: ‚Ich bin bey euch bis zur welt ende.' Wobey wil oder kan doch ein armer jrriger Mensch mercken, wo solch Christlich heilig Volck in der welt ist?", Von den Konziliis und Kirchen (1539), WA 50, 628,16-21.

[88] WA 50, 641,35 – 642,4; die Übersicht über diese notae: 628-643 (mit einem Exkurs vor allem über den Zölibat: 633-641). Darüber hinaus nennt er noch ein Zeichen, nämlich dass die Christen die zweite Tafel des Dekalogs beachten, d.h. ethisch vorbildlich leben. Dieses Zeichen hat jedoch weniger Gewißheit, weil die Heiden sie hierin zuweilen übertreffen.

[89] In der Schrift ‚Wider Hans Worst' (1541): 1. Taufe, 2. Sakrament des Altars, 3. Gebrauch der Schlüsselgewalt, 4. Predigtamt und Gottes Wort, 5. das Glaubensbekenntnis der Alten Kirche, 6. das Vater Unser, 7. die Anerkennung der weltlichen Herrschaft, 8. die Anerkennung des Ehestandes, 9. die Verfolgung der Kirche oder das Mitleiden mit den Verfolgten, 10. die Ablehnung von Gewaltanwendung in Glaubensdingen: WA 51, 479-485.

[90] Luther, De captivitate babylonica, WA 6, 561/BoA 1, 498,3.

heißt: sinnlich, hörbar oder auch lesbar, die Gnade in ihn hineinträgt (Röm 10,17). Das Amt hat der Verkündigung des Wortes zu dienen (2. Kor 5,18).

Der andere Grund, weshalb die Kirche sichtbar ist, liegt in dem Drängen der Gnade, dem Treiben des Heiligen Geistes, der in die Herzen der Gläubigen eingegossen ist (Röm 5,5). Die Gnade drängt dazu, das doppelte Gebot der Gottes- und der Nächstenliebe zu verwirklichen (Gal 5,6), und das geschieht, wenn Menschen als Glieder der Kirche in Gott sind und mit ihm eins sind und zugleich untereinander eins sind (Joh 17,21-23). Sichtbarkeit ist also in diesem Sinne ein *Ziel*, zu dem hin sich die Kirche entwickelt. Wir haben bei den Überlegungen über das „Extra ecclesiam nulla salus" gesehen, dass das Eingegliedert-Sein in die Kirche ein Prozeß ist, der zur sichtbaren Seite der Kirche gehört. Es gehört – abgesehen von dem Glauben an das Evangelium – nicht zu dem *esse*, wohl aber zu dem *bene esse* der Kirche. „Sichtbarkeit" besagt hier das Aus-sich-heraus-Treten der Menschen, die wachsende Gestaltung ihrer Gemeinschaft aus der Liebe heraus, die in ihnen tätig ist. Eben durch diese Sichtbarkeit der in der Kirche gelebten Liebe soll die Welt dazu gewonnen werden, an die Sendung des Sohnes zu glauben (Joh 17,21). Das alles schließt die Ordnung der Kirche und ihre Ämter durchaus mit ein. Gerade die Träger der Ämter haben die Aufgabe, dem Wachsen der Gemeinschaft in der Liebe zu dienen, und ohne Ordnung kann dies kein rechtes Wachstum sein. Die Ämter und die Ordnung sind aber auch hier nicht das, worin sich die Sichtbarkeit der Kirche verdichtet, sondern das, was dieser Steigerung ihrer Sichtbarkeit dient.

Resümieren wir: sowohl der reformatorische als auch der im Zweiten Vatikanum formulierte römisch-katholische Kirchenbegriff lehrt wesentlich sowohl die Unsichtbarkeit (die geistliche Qualität) als auch die Sichtbarkeit der Kirche. Unter Sichtbarkeit wird aber im römischen Kirchenbegriff gerade die hierarchische Verfaßtheit der Kirche mit ihren Ämtern verstanden, im reformatorischen Kirchenbegriff hingegen zum einen das Ausströmen des Logos in Wort und Sakrament, zum anderen die Mehrung und Vertiefung der Liebesverbundenheit der Glieder der Kirche untereinander.

2.9. Die Identifizierbarkeit der Kirche

Mit der Frage nach der Unsichtbarkeit und Sichtbarkeit der Kirche ist noch die Frage verknüpft, wie man die Kirche als Kirche erkennen könne, also die Frage nach der Identifizierbarkeit der Kirche. Luther hatte ja seine Lehre von den *notae ecclesiae* gerade deswegen entwickelt, weil er fragte, wie ein Christ – der eben wie alle Christen und alle Menschen – ein „armer, irriger Mensch" ist, erkennen könne, dass eine bestimmte Gemeinschaft tatsächlich Kirche sei, also eine Gemeinde, die zur *ecclesia universalis* gehört. Wichtig ist hier, dass man aus dem Vorhandensein der *notae* nur schließen kann, dass dort einzelne Christen seien oder auch einmal sein werden, aber nichts darüber hinaus. Das Wort Gottes wird, wie Jes 55,10f sagt, zur gegebenen Zeit einmal Gläubige hervorbringen.

Calvin, der Luthers Konzeption von den *notae* teilt – er nennt sie „symbola" und konzentriert sie auf die in CA VII genannten –, schreibt darum: „Ich behaupte nicht etwa, daß überall, wo das Wort gepredigt wird, sogleich Frucht erwächst, nein, ich meine: Es wird nirgendwo aufgenommen und hat nirgendwo seinen festen Sitz, ohne daß es auch seine Wirksamkeit an den Tag bringt."[91]

Das genügt für ihn aber, von der Existenz einer christlichen Gemeinde zu sprechen. Im extremen Fall würde eine Gemeinde nur einen Gläubigen umfassen, nämlich den Prediger, ja, es ließe sich sogar vorstellen, dass er das Evangelium recht predigt, ohne selbst daran zu glauben. Mit der Zeit würde das Evangelium in dieser Gemeinde Gläubige erzeugen, wo und wann Gott will. Auf jeden Fall ist nicht davon auszugehen, dass *alle* in der äußerlichen Versammlung dieser Gemeinde Gläubige sind; es genügt, dass es nur einige sind oder sein werden. Um Gemeinde zu sein, ist dies bereits hinreichend[92].

Die Erkenntnis der Gemeinde ist also nicht gleich bedeutend mit der Erkenntnis der Gläubigen, aus denen die Gemeinde besteht. Letztlich kann nur Gott selber wissen, wer gläubig ist[93]. Gläubige untereinander müssen sich als Gläubige annehmen aufgrund einer wohlwollenden Vermutung, so wie Calvin schreibt: „Und da die Gewißheit des Glaubens hierzu nicht erforderlich war" – man müsste wohl auch hinzusetzen: nicht möglich ist – „so hat er [Gott] an deren Stelle gewissermaßen das Urteil der Liebe gesetzt; danach wollen wir die Menschen als Glieder der Kirche erkennen, die durch das Bekenntnis des Glaubens, durch das Beispiel ihres Lebens und durch die Teilnahme an den Sakramenten mit uns den gleichen Gott und Christus bekennen."[94]

Es ist somit dreierlei *Blick* auf die Kirche zu unterscheiden:

a) Der Blick, den Gott auf die Kirche hat: er allein erkennt die Seinen (2. Tim 2,19).

b) Der Blick, den Gläubige auf die Kirche haben: hier wird Kirche erkennbar durch die Existenz der *notae* in dem Leben der Gemeinden, bzw. in den Kennzeichen im Leben Einzelner; diese Erkenntnis enthält aber immer auch ein Aus-Liebe-Annehmen und darum Für-wahr-Halten.

c) Der Blick, den die Welt, d.h. die Nicht-Glaubenden, auf die Kirche haben. Diese erkennen gar nicht, was Kirche ist, weil ihnen die Realität Gottes und der Kirche verschlossen ist. Die Welt ordnet allerdings die Kirche in Begriffe ein, die sie gebildet hat, und versucht sie auf diese Weise zu identifizieren.

Dies ist möglich, denn die Kirche ist eine Gemeinschaft von Menschen, von Kreaturen, und sie gebraucht kreatürliche Fähigkeiten. Es gehört zu der Sichtbarkeit der Kirche, dass sie von der Welt wahrgenommen werden und beurteilt werden kann, und dazu

---

[91] „Non dico, ubicunque praedicatur verbum, illic fructum non mox exoriri: sed nullibi recepi et statam habere sedem, nisi ut suam efficaciam proferat.", Inst. IV, 1,10, Op. sel. 5, 14,27f.

[92] Vgl. den Abschnitt Inst. IV, 1,9, Op. sel. 5, 14, 3-22.

[93] Anders verhält es sich, wenn ein Glaubender von sich selbst Gewißheit hat, dass er glaubt und damit von Gott angenommen ist. Diese Gewißheit gehört notwendig zu seinem Glauben. Er erlangt sie aber nicht durch Selbstbetrachtung, sondern dadurch, dass er dem Evangelium glaubt, das auch an ihn gerichtet ist.

[94] „Et quoniam fidei certitudo necessaria non erat, quoddam charitatis iudicium eius loco substituit: quo pro Ecclesiae membris agnoscamus qui et fidei confessione, et vitae exemplo, et sacramentorum participatione eundem nobiscum Deum ad Christum profitentur.", Inst. IV, 1,8, Op. sel. 5, 13,16-20. Calvin spricht dann noch davon, dass jemand als Glied der Kirche zu behandeln sei, auch wenn er durch das Fehlen dieser Kennzeichen sich den Anspruch verwirkt hat, für einen Christen gehalten zu werden. Dann nämlich, wenn die Verhältnisse in der Gemeinde es noch nicht zulassen, ihn auszuschließen: Inst. IV, 1,9, Op. sel. 5, 14,9-15.

muss die Kirche stehen. Nur entzieht sich dieser Beurteilung das, was die Kirche erst zur Kirche macht, nämlich das Wort Gottes, da es von der Welt nicht geglaubt wird. Die Kirche wird dann *lediglich* als eine Gemeinschaft beurteilt werden, die mit anderen Gemeinschaften etwas gemeinsam hat. Dieses Gemeinsame kann man am konkretesten „Religion" nennen. „Religion" mag dabei als etwas Positives gewertet werden, und die Religion der Kirche, das „Christentum", mag dabei als die höchst stehende Religion gewertet werden. Mit dieser Identifizierung ist dennoch das Wesentliche verfehlt, was Kirche eigentlich ist. Es wird „auch das, was sie [die Kirche] über ihr in diesem Außenbild sichtbares wahres Sein bekennen und noch so eindringlich erklären mag …, zwar als ihre besondere ‚Ideologie' mehr oder weniger interessiert oder auch kopfschüttelnd zur Kenntnis genommen, eben damit aber auf der historisch-psychologisch-soziologischen Ebene platt gewalzt, unaufhaltsam in jenes Außenbild als solches einbezogen werden."[95] Die Kirche muss also, wie es im Glaubensbekenntnis geschieht, selbst *geglaubt* werden.

Auch wenn es der Kirche gelingt, eine solche Einheit aus Liebe zu erringen, dass die Welt *erkennt*, dass die Kirche von Gott geliebt ist (Joh 17,23), kann dies nur eine Erkenntnis sein deswegen, weil die Welt sich zum *Glauben* hat führen lassen, dass Jesus Christus vom Vater gesandt worden ist (Joh 17,21). Das ist bei allen Bemühungen um christliche Einheit zu bedenken. Weder das, was die Welt fasziniert, noch das, was die Welt zurückschrecken läßt – etwa all die Greuel, welche die Kirche zu verantworten hat – ist das, was die Kirche im Wesentlichen ausmacht. Ihr verborgener Kern ist der Gottessohn Jesus Christus, dessen Leib sie ist. In ihm allein ist sie gerechtfertigt und bereits geheiligt.

Der Kirche ist es darum verwehrt, sich selber mit diesem Außenbild, das die Welt von ihr hat, zu identifizieren. Vor der Versuchung, so zu tun, hat Karl Barth zu Recht eindringlich gewarnt[96]. Die Kirche ist nur Kirche, wenn sie *glaubt*, dass sie Kirche ist.

---

[95] Karl Barth, KD IV/1, 732.
[96] Siehe seine Ausführungen KD IV/1, 729-738, im Zusammenhang.

DIE EIGENSCHAFTEN DER KIRCHE.
VORBEMERKUNG

Man hat in manchen Ekklesiologien das Wesen der Kirche so beschrieben, dass man die Prädikate erläutert hat, die ihr im nicaenischen Glaubensbekenntnis zugeschrieben werden: *credo unam, sanctam, catholicam et apostolicam ecclesiam*[1]. Ich will diesen Usus aufgreifen, aber mich nicht in jedem Punkt daran halten. Vor allem scheint mir, dass die Katholizität der Kirche ein Aspekt ihrer Einheit ist. Mit Katholizität soll gemeint sein, dass es zum Wesen der Kirche gehört, ein Ganzes zu sein. Alle Unterscheidungen innerhalb der Kirche können diese Ganzheit nicht aufheben. Die Vielzahl von Einheiten, die man „Kirche" nennen mag – seien es Ortsgemeinden oder Bischofskirchen oder was auch immer – schließen sich zu einem Ganzen zusammen. Grenzen, die sonst Trennungen bewirken – wie der räumliche und zeitliche Abstand, die Unterschiede zwischen Völkern, zwischen den Geschlechtern, zwischen sozialen Schichten – fallen nicht ins Gewicht gegen dieses Ganz-Sein der Kirche. Faßt man Katholizität so auf, dann ist sie aber nichts anderes als ein Aspekt des Eins-Seins der Kirche, nämlich ihre *simplicitas*, ihre Einfachheit. Die Kirche ist in sich eine – genau das wird ausgedrückt, wenn man sie „katholisch" nennt. Ein anderer Aspekt der Einheit ist die *singularitas*, die Einzigkeit der Kirche. Kirche, wie sie in den oben aufgeführten Definitionen aufgefaßt wird, kann es nur im Singular geben.

---

[1] Nicaeno-Constantinopolitanum, DH 150, 3. Art.; Mysterium Salutis, Bd.4/1: Die Wesenseigenschaften der Kirche, 357-594, diese Zusammenstellung erörtert von Yves Congar, Die Wesenseigenschaften der Kirche, in: Mysterium salutis. Grundriß heilsgeschichtlicher Dogmatik, hg. v. Johannes Feiner u. Magnus Löhrer, IV/1: Das Heilsgeschehen in der Gemeinde, Einsiedeln u.a. 1972, 357-364; Karl Barth, KD IV/1, 746: „unam", 765: „sanctam", 783: „catholicam", 795-809: „apostolicam"; Pannenberg, Systematische Theologie, Bd. 3, 442-447.

3. DIE EINHEIT UND KATHOLIZITÄT DER KIRCHE

3.1. Einheit – Ganzheit – Subjekthaftigkeit – Realität der Kirche

Diesem Aspekt, den ich hier die *Einheit* der Kirche nenne, will ich mich zu Beginn zuwenden. Allerdings ist er mit dem anderen Aspekt der inneren Einheit der Kirche eng verbunden. Diese Erörterung soll am Anfang stehen, weil sie den ersten Gedankenschritt darstellt, wenn man von einer Definition von Kirche ausgeht. Läßt sich „Kirche" als *etwas* definieren, dann muss sie *eine* sein. Einheit wird also hier im Sinne der Transzendentalie des Einen gesehen. Die Kirche kann aber nur Eine sein, wenn sie tatsächlich auch ein Ganzes ist. Wird sie ein Ganzes genannt, dann ist auch vorausgesetzt, dass sie aus Teilen besteht. Als diese Teile können a) ihre einzelnen Glieder genannt werden, d.h. die Menschen, die Gläubigen, die in ihr zusammengeschlossen sind, b) aber auch Zusammenschlüsse dieser Menschen in kleineren Einheiten, etwa Ortsgemeinden oder Bischofskirchen. Es erhebt sich dabei nun folgende Frage: Ist die Kirche (die Kirche, die es nur im Singular geben kann) lediglich ein Gattungsbegriff, in dem die kleineren kirchlichen Einheiten zusammengefaßt werden – oder gar synonym mit einem Gattungsbegriff wie „Christenheit", in dem die Vielzahl der einzelnen Christen zusammengefaßt wird? – „Begriff" hier durchaus nominalistisch aufgefaßt: er ist *nur* eine Bezeichnung. – Oder hat die Kirche Realität? Wenn sie Realität hat, dann könnte auch real unterschieden werden zwischen der Kirche und den einzelnen Gläubigen – wie auch den Gliedkirchen. Die Kirche ist dann „mehr", wie man in einer nicht sehr präzisen, aber gebräuchlichen Redewendung sagen würde, „als die Summe ihrer Glieder". Noch einen Schritt weiter: man müsste fragen, ob nicht die Kirche genauso oder in einer analogen Weise Subjekt sein kann so wie der einzelne Gläubige Subjekt ist.

Die Redeweise gerade der römisch-katholischen Theologie entscheidet sich oft genug für die zweite Möglichkeit. Um nur ein paar Beispiele zu geben: „Die Kirche schreitet zwischen den Verfolgungen der Welt und den Tröstungen Gottes auf ihrem Pilgerweg dahin und verkündet das Kreuz und den Tod des Herrn bis er kommt." Oder: es umfaßt „die Kirche in ihrem eigenen Schoß Sünder."[1] Die Kirche wendet sich also verkündigend an einzelne Menschen und sie umfaßt auch in sich, in ihrem Schoß, einzelne Menschen. Man pflegt diese Redeweise auch eine Hypostasierung zu nennen. Man meint damit offenbar kritisch, dass eine solche Redeweise nur uneigentlich sein könne.

Indes kann sich diese Redeweise auf die Bibel stützen. Zunächst einmal gibt es eine Reihe von Bildworten in der Bibel, in welchen die Kirche mit einem einzelnen Gegen-

---

[1] „Inter persecutiones mundi et consolationes Dei peregrinando procurrit' Ecclesia, crucem et mortem Domini annuntians, donec veniat.", LG 8, DH 4121, unter Zitat von Augustin; „Ecclesia in proprio sinu peccatores complectens ...", LG 8, DH 4120.

stand verglichen wird, wie Schafstall (Joh 10,1-10), Ackerfeld (1. Kor 3,9), Bauwerk (ebd.; 1. Tim 3,15), Leib (Eph 4,15f; 1. Kor 12,13 und andere Stellen) ja sogar mit einer einzelnen Person: unter dem Namen des „Jerusalem droben" wird sie Mutter genannt (Gal 4,26) oder auch Braut (Eph 5,29 und andere Stellen)[2]. Bedenkenswert ist nun, dass die Kirche in dieser Redeweise nicht nur Gott bzw. Christus, sondern auch ihren Gliedern gegenübergestellt werden kann: „... das Jerusalem, das droben ist, ... das ist unsere Mutter." (Gal 4,26). „Und der Geist und die Braut sprechen: Komm! Und wer es hört, der spreche: Komm!" (Apk 22,17). Diese Worte richtet sie an die Vielzahl der Menschen und sie wirbt damit dafür, dass diese ihre Glieder werden, denn es folgt: „Und wer es hört, der spreche: Komm! Und wer durstig ist, der komme, und wer will, der nehme das Wasser des Lebens umsonst."[3].

Man kann die Auffassung vertreten, wonach die Kirche in einer solchen Weise *eine* ist, dass (a) die einzelnen Gläubigen ihr eigenes Subjekt-Sein aufgeben – man könnte auch sagen: hingeben – zugunsten des Subjekt-Seins Jesu Christi, und dass sie dadurch (b) die Vielzahl ihres Subjekt-Seins austauschen gegen das *eine* Subjekt Christi, der eins ist mit seiner Kirche. Es würde dann von einem „Christus totus" zu reden sein, von Jesus Christus, insofern er nicht nur er selbst ist, sondern insofern er einen Leib hat, den man die Kirche nennt. Miroslav Volf schreibt diese Auffassung Joseph Ratzinger zu[4].

Die biblische Argumentation für diese These kann ihren Ausgangspunkt bei Gal 2,20 nehmen: „Nun lebe nicht mehr ich, sondern Christus lebt in mir." Ist dies der Fall, dann wird durch das In-Christus-Sein die Verschiedenheit zwischen den Menschen aufgehoben: „Hier ist nicht Jude noch Grieche, hier ist nicht Sklave noch Freier, hier ist nicht Mann noch Frau, denn ihr seid alle einer in Christus Jesus." (Gal 3,28). Ratzinger schreibt sogar: „... das Wesen der Erlösung ist ... die Vereinigung der Menschheit durch den einen und in dem einen, der für alle steht und in dem nach dem Wort des heiligen Paulus (Gal 3,28) alle ein *einziger* werden sollen: Jesus Christus."[5] Das Bild von der Kirche als Leib kann dabei verknüpft werden mit dem von der Kirche als Braut, aufgrund von Eph 5,32: das Ein-Leib-Werden von Bräutigam und Braut gilt dann von der Einheit Christi mit der Kirche[6]. Volf kritisiert an dieser Argumentation, dass sie eine Umdeutung darstelle: es werde eben nicht „einer" wie im Bibeltext, sondern ein „einziger" gesagt. Er meint außerdem, dass es dann nicht mehr möglich sei, von einem Gegenüber von Bräutigam und Braut zu reden[7]. Man müsste hinzu-

---

[2] Ich folge hier der Aufzählung in LG 6, DH 4107-4111. Zu der noch größeren Zahl solcher Bilder bei den Kirchenvätern s. Hugo Rahner, Symbole der Kirche. Ekklesiologie der Kirchenväter, Salzburg 1964.
[3] Es kann dabei in Erwägung gestellt werden, ob V.17a nicht eine Anrede der Braut an Jesus Christus ist, wie LG 4, DH 4104, interpretiert.
[4] Volf, Trinität und Gemeinschaft, 29-31. Er belegt dies mit Verweisen auf eine Vielzahl von Stellen in verschiedenen Schriften Ratzingers, aus denen sich, wie bei einem Puzzle (Volf, 28), diese These ergibt. Die wichtigsten dieser Stellen sind: Ratzinger, Theologie und Kirche, in: Internationale Katholische Zeitschrift Communio 15 (1986), (515-533) 519; Zum Begriff des Sakramentes. Eichstätter Hochschulreden 15, München 1979, 10; Art. Kirche III. Systematisch, LThK, 2. Aufl., 6 (1961), 180: „Das tiefste Wesen der Kirche ist es, mit Christus zusammen der Christus totus, caput et membra zu sein."; Prinzipienlehre (Die Kirche als Heilssakrament), 51.
[5] Ratzinger, Prinzipienlehre (Die Kirche als Heilssakrament), 51. (Hervorhebung S.G.)
[6] Tatsächlich steht im Griechischen von Eph 5,31, wo Gen 2,24 zitiert wird, σῶμα und nicht σάρξ.
[7] Volf, Trinität und Gemeinschaft, 31.

fügen, dass es dann auch nicht mehr möglich wäre, von einem Gegenüber von Kirche und einzelnem Gläubigen, ja auch von einem Gegenüber von Universalkirche und einem Zusammenschluß von Gläubigen in kleinerem Umfang zu reden.

Tatsächlich verhält es sich aber so, dass das eine das andere nicht ausschließt. Gal 2,20 ist als eine dialektische Aussage zu verstehen. Paulus verzichtet ja nicht darauf, weiterhin Aussagen von seinem Ich zu machen. Es existiert weiterhin in einer Unterschiedenheit von Jesus Christus wie auch in Einheit mit ihm[8]. Desgleichen werden Jesus Christus und die Kirche eine Einheit, „ein Leib", und sind doch imstande, einander gegenüberzutreten. Und schließlich bilden die Vielzahl der Gläubigen bzw. der einzelnen Lokalgemeinden usw. und die Universalkirche eine Einheit und zugleich kann diese diesen Einzelnen gegenübertreten. Es handelt sich um dieses dialektische Verhältnis zwischen Ich und Kirche, von dem bereits zu Beginn dieser Überlegungen die Rede war.

Ich will darum als vorläufiges Ergebnis dieser Überlegungen festhalten: (1) Die Kirche ist in realem Sinn Eine, insofern sie eins ist mit ihrem Herrn, Jesus Christus[9]. (2) Sie ist dies auch, insofern sie als Braut ihrem Herrn Jesus Christus als Bräutigam gegenübertritt, bzw. dem Vater Jesu Christi: „So ist Gott ... ohne Unterlaß im Gespräch mit der Braut seines geliebten Sohnes ..."[10]. (3) Die Kirche ist auch real eine als Einheit der Gläubigen und als Einheit der Gliedkirchen. Hier haben die biblischen Bilder ihre Geltung, die die Kirche mit einem Gegenstand oder einer Person bezeichnen[11]. (4) Sie ist gleichfalls real eine, wenn sie dem einzelnen Gläubigen gegenübertritt (Gal 4,26; Apk 22,17) und wenn sie einer Gliedkirche gegenübertritt.

Diese Dialektik von Einheit und Unterschiedenheit ist immer im Blick zu behalten. Was von der Kirche in ihrer realen Einheit ausgesagt werden kann, muss auch von ihren Teilen ausgesagt werden können und umgekehrt. Man kann somit nicht, wie es die Enzyklika ‚Mystici corporis' des Papstes Pius XII. getan hat, sagen, die einzelnen menschlichen Glieder der Kirche würden sündigen, die Kirche selbst aber nicht: „Ohne Fehl erstrahlt unsere verehrungswürdige Mutter ... Ihr kann man es nicht zum Vorwurf machen, wenn einige ihrer Glieder krank oder wund sind. Sie fleht ja in deren Namen selbst täglich zu Gott: ‚Vergib uns unsere Schulden', und widmet sich ihrer geistlichen Pflege mit mütterlich starkem Herzen unablässig."[12] Vielmehr ist die Kir-

---

[8] Damit wird ein zentrales Thema der christlichen Mystik berührt, s. Sven Grosse, Wendepunkte der Mystik. Bernhard – Seuse – Luther, in: Frömmigkeit – Theologie – Frömmigkeitstheologie. Contributions to European Church History. Festschrift für Berndt Hamm zum 60. Geburtstag, hg. v. Gudrun Litz, Heidrun Munzert und Roland Liebenberg, Leiden/Boston 2005 (Studies in the History of Christian Traditions 124), 281-295, hier 283-285. An diesem Punkt hängen Mystik und Ekklesiologie auch miteinander zusammen.

[9] Hier kann mit Thomas von Aquin gesagt werden: „Christus caput et corpus computatur quasi una persona.", S. Th. III, 49,1.

[10] „Sicque Deus ... sine intermissione cum dilecti Filii sui Sponsa colloquitur ...", Dogmatische Konstitution ‚Dei verbum' 8, DH 4211.

[11] Siehe auch Irenaeus von Lyon, haer. I,10,2: „Ecclesia ... quasi unam animam habens."

[12] „Utique absque ulla labe refulget pia Mater ... Attamen eidem vitio verti nequit, si quaedam membra vel informa vel saucia languescant, quorum nomine cotidie ipsa Deum deprecatur: ‚Dimitte nobis debita nostra.', quorumque spirituali curae, nulla interposita mora, materno fortique animo incumbit.", Mystici corporis 65, Acta Apostolici Sedis 35 (1943), 225. Übersetzung und Nummerierung nach: Rundschreiben unseres Heiligen Vaters Papst Pius XII. Mystici corporis Christi, Luzern 1943, 29. Im DH ist die Stelle weggelassen.

...che als Ganze sündig, wenn ihre Glieder es auch sind (ja, wenn nur eines es wäre), und ihre Glieder sind heilig, weil sie als Ganze es ist – nämlich durch ihre Vereinigung mit Jesus Christus.

Desgleichen ist zu sehen, dass die Aussage Gal 4,26 über die Mutterschaft der Kirche als des oberen Jerusalem erläutert wird durch die Aussage des Apostels nur wenig zuvor, Gal 4,19: „Meine lieben Kinder, ich leide noch einmal Geburtswehen um euch, bis Christus in euch Gestalt gewinnt." Konsequent überträgt dies Luther auf das Gebären bzw. Zeugen, das einzelne Glieder der Kirche ausüben, wenn sie andere Menschen zum Glauben führen: „So sind wir alle einander Väter und Söhne, so werden nämlich wir, die einen, aus anderen gezeugt. Ich bin von anderen durch das Evangelium gezeugt und zeuge bereits andere, die schließlich andere zeugen. Und so wird diese Zeugung dauern bis an das Ende der Welt."[13]

3.2. Die Einheit der Kirche und die Vielzahl der Ortsgemeinden

Die reale Einheit der einen Kirche, der *ecclesia universalis*, ist von Miroslav Volf in seinem Buch ‚Trinität und Gemeinschaft' in einer großangelegten Auseinandersetzung mit Joseph Ratzinger und mit dem orthodoxen Theologen Johannes Zizioulas bestritten worden. Versteht man unter „Kongregationalismus" die These von der rechtlichen Unabhängigkeit der Ortsgemeinde, so vertritt Volf einen *ontologischen* Kongregationalismus. Kirche existiert ihm zufolge real nur als Ortsgemeinde. Die Vorstellung einer realen Einheit der Kirche, sei es der Universalkirche aber auch der Lokalgemeinde, wird von ihm abgelehnt. Er verbindet diese Position mit einer bestimmten Auffassung der Trinitätslehre.

Volf kritisiert somit die Christus-totus-Idee Joseph Ratzingers[14]. Dementsprechend könne die Kirche auch nicht – mit Christus gemeinsam – Subjekt des Heilshandelns sein, wie sich dies ‚Lumen gentium' und Ratzinger denken[15]. Über eine Aussage wie Gal 4,26 von der heilschaffenden Mutterschaft der Kirche oder vom heilschaffenden Wirken des Amtsträgers (2. Kor 2,15f; 5,19f) wird dabei allerdings hinweggegangen. „Die Kirche", erklärt er, „ – sowohl die gesamte communio sanctorum als auch die Lokalkirchen – ist kein kollektives Subjekt, sondern eine Gemeinschaft von Personen." Volf versucht durchaus, einen Aspekt der Gegenposition in die seinige aufzunehmen. Er fährt fort: „Diese sind allerdings nicht in sich stehende Subjekte, sondern auf eine zweifache Weise interdependent: Sie leben nur, indem Christus durch den

---

[13] „Sic omnes invicem sumus patres et filii, generamur enim alii ex aliis. Ego ex aliis per Evangelium genitus iam alios gigno, qui deinceps alios gignent. Es sic ista generatio durabit usque ad finem mundi.", Großer Galaterkommentar (1531), WA 40/I, 664,28-31. – Es ist daraus nur nicht der Schluß zu ziehen, den Eberhard Jüngel in seinen scharfsinnigen Überlegungen zieht: „Die Mutter Kirche steht also den einzelnen Christen nicht gegenüber; sondern die Mutter Kirche – das sind die Christen in ihrer durch Gottes Wort konstituierten Zusammengehörigkeit und in ihrer Herkünftigkeit aus dem Wort Gottes.", Jüngel, Die Kirche als Sakrament?, 349f. Die Pointe ist gerade die, dass das eine das andere nicht ausschließt.

[14] Volf, Trinität und Gemeinschaft, 156.

[15] Ebd., 155.

Geist in ihnen lebt (s. Gal 2,20; 1Kor 1,16); der Christus lebt in ihnen durch die multiplen Beziehungen, die sie zu anderen Christen haben (s. 1Kor 12,12f). Indem die Christen aber in dieses komplexe Netz der Beziehungen eingebunden sind, behalten sie ihre Subjektivität; ja ihre Subjektivität ist ohne diese Beziehungen nicht denkbar (s. Gal 2,20). Deswegen soll man auch den ‚Einen', der die Christen in Christus sind (Gal 3,28, s. Eph 2,14ff), nicht als einen ‚Einheitsmenschen', der alle ‚Differenzierungen überschritten hat', denken, sondern eben als eine differenzierte Einheit – als eine Gemeinschaft – der in Christus lebenden Menschen."[16] Volf ist durchaus zuzustimmen, was die eine Seite betrifft: dass nach wie vor von unterscheidbaren Personen in Christus und in der Kirche zu reden ist. Andererseits darf nicht verdrängt werden, dass sie in eine reale Einheit, in die Einheit des „Einen" zusammengefügt werden.

Diese im Grunde nominalistische Position vertritt Volf nun auch beim Verhältnis der Lokalgemeinde zur Universalkirche. Volfs Ausgangspunkt ist die Lokalgemeinde. Diese definiert er so: „In jeder Gemeinde, die sich in Christi Namen versammelt, um ihn zu bekennen, ist der *eine und der ganze* Christus durch seinen Geist anwesend. Sie ist deswegen nicht ein Teil der Kirche, sondern *ganze* Kirche."[17] Er fährt fort, darauf hinzuweisen, dass „die Kirche nur in den örtlich sich versammelnden Gemeinden geschichtlich existiert"[18]. Das biblische Argument Volfs ist dabei Mt 18,20: „Denn wo zwei oder drei in meinem Namen versammelt sind, da bin ich mitten unter ihnen." Er beruft sich dabei auf altkirchliche Ausleger, vor allem Tertullian[19]. Dieses Versammelt-Sein hat nach Volf sein Ziel im *Bekennen* Jesu Christi. Durch das Bekennen wird Jesus Christus gegenwärtig und damit ist Kirche da. Volf erklärt, dass „die einzige notwendige intra-ekklesiale Bedingung der kirchenkonstituierenden Präsenz Christi darin besteht, dass sich die Menschen im Namen Christi versammeln, um sich voreinander und vor der Welt zu Christus zu bekennen ..."[20]. Weil und insofern auch die beiden Sakramente, Taufe und Abendmahl, Akte des Bekennens sind, gehören auch sie zum *esse* der Kirche[21]. Das ordinierte Amt hingegen ist nach Volf zwar wünschenswert, es gehört zum *bene esse*, nicht aber zum *esse* der Kirche[22].

Weil Jesus Christus dadurch, dass die Christen sich zu ihm bekennen, ganz gegenwärtig wird, ist die durch dieses Bekenntnis konstituierte Lokalgemeinde nun auch ganz Kirche. Man könnte nun – mit wieviel mehr Recht, soll noch gezeigt werden – genau den entgegengesetzten Schluß daraus ziehen: eben deswegen ist sie *Teil* der Kirche, weil Kirche im Sinne von *ecclesia universalis* eben die Einheit von Lokalkirchen ist, in denen Jesus Christus gegenwärtig ist – und wie sollte er in der Lokalkirche nicht gegenwärtig sein, wenn er schon der ganzen *ecclesia universalis* gegenwärtig ist? Das kommt für Volf aber nicht infrage. Er schließt grundsätzlich die Möglichkeit aus, dass

---

[16] Ebd., 137.
[17] Ebd., 146.
[18] Ebd., 146.
[19] Ebd., 128f. Bei Tertullian: De exhortatione castitatis, VII, De baptismo VI; De pudicitia XXI. Volf will auch Ignatius von Antiochien, Smyrn. VIII,2, und Cyprian, De ecclesiae unitate XII, damit in Übereinstimmung bringen.
[20] Volf, Trinität und Gemeinschaft, 144, vgl. 142. Dieser objektive Vollzug des Bekennens greift zusammen mit einer notwendigen subjektiven Komponente: dem Glauben, gemäß Röm 10,10. Damit ist immerhin ein Element aus den reformatorischen Definitionen von Kirche aufgegriffen.
[21] Ebd., 144-146.
[22] Ebd., 143.

Lokalgemeinden in einer umfassenden Einheit zusammengeschlossen sind, die man Kirche nennen könnte und der Realität zuzusprechen ist. Aus dieser ontologischen kongregationalistischen Position ergibt sich die kirchenrechtliche: jede Lokalgemeinde ist von anderen Lokalgemeinden und von einem Bund oder Konzil solcher Lokalgemeinden unabhängig[23]. Es gibt nicht eine Einheit der *ecclesia universalis*, sondern eine Einheit der Kirchen im Sinne von Lokalkirchen, und diese besteht darin, dass die verschiedenen Lokalkirchen *offen* zueinander sind. Diese Offenheit nennt Volf die einzige inter-ekklesiale Bedingung der Ekklesialität – d.h. des Kirche-Seins von Kirche[24]. Deutlich erklärt Volf: „Die [von Volf] vorgetragene Auffassung der Ekklesialität und ihrer inter-ekklesialen Bedingung setzt sich dem Vorwurf aus, daß man ihr zufolge nur von der Pluralität der Kirchen, nicht aber von der *einen* Kirche reden kann. Dies ist in der Tat so. Diesseits der eschatologischen Sammlung des ganzen Volkes Gottes kann es keine Kirche im Singular geben."[25]

Volfs biblische Argumentation ist dabei diese: (a) von der konkreten Ortsgemeinde würde gesagt werden, sie sei *der* Leib Christi: Röm 12,5; 1. Kor 12,12ff[26]. (b) Er räumt zwar ein, dass das Wort *ekklesia* auch, wenngleich „äußerst selten" für mehrere Lokalgemeinden gebraucht werde: Apg 9,31; 20,28. Außerdem werde er auch für die „Gesamtkirche" gebraucht werden, nämlich Eph 1,22; 3,10; 5,22f; Kol 1,18. Es beziehe sich hier auf die „Universalkirche", jedoch als einer lediglich *„himmlischen und zugleich eschatologischen* Größe"[27].

Volf schließt nun noch eine trinitätstheologische Begründung an. Diese trägt er im Gegenentwurf zu den trinitätstheologischen Begründungen vor, die Ratzinger und Zizioulas für ihre „holistischen" Ekklesiologien heranziehen. Der entscheidende Grund für ihn, mit seinen beiden kontroversen Gesprächspartnern eine Verknüpfung von Trinitätslehre und Ekklesiologie herzustellen, ist dies, dass durch die Taufe auf den Vater, den Sohn und den Heiligen Geist (Mt 28,19) Menschen sowohl in die Kirche als auch in das Leben des dreieinigen Gottes aufgenommen werden. Diese Einsicht wird noch vertieft durch das Bedenken von Joh 17,21 [zu ergänzen durch V.22f]: die Einheit, die Jesus Christus für die Menschen will, die er sammelt – eine Einheit untereinander und ein In-dem-Vater- und In-dem-Sohn-Sein – hat ihre Entsprechung in dem Eins-Sein und dem wechselseitigen Ineinander-Sein von Vater und Sohn und wird nach diesem Urbild geformt.

Die Einheit der Trinität denkt sich nun Volf nicht als die Einheit der einen göttlichen Substanz, sondern als die Einheit der Perichorese, d.h des Ineinander-Seins der drei göttlichen Personen: „Die Einheit des dreieinigen Gottes liegt weder in der numerisch identischen Substanz noch in den akzidentiellen Intentionen der Personen begründet, sondern in ihrem *in-existenten Sein*."[28] Die numerische Identität der göttlichen Sub-

---

[23] Ebd., 146.
[24] Ebd., 148f. Volf fügt der intra-ekklesialen und der inter-ekklesialen Bedingung des Kirche-Seins von Kirche schließlich noch eine dritte Bedingung hinzu: die Offenheit der Kirchen für andere Menschen: ebd., 150.
[25] Ebd., 150.
[26] „Eine Gemeinde ist der Leib Christi in der Lokalität, in der sie sich versammelt (s. Röm 12,5; 1Kor 12,12ff)., ebd., 131.
[27] Ebd., 131. Volf nennt auch noch Eph 2,22, aber dort steht nicht ἐκκλησία. Zur eschatologischen Qualität der Universalkirche s. auch ebd., 194f.
[28] Ebd., 200f. Volf bekräftigt diese Aussage durch ein Zitat seines Lehrers Jürgen Moltmann, dessen Trinitätslehre er sich hier anschließt: „Kraft ihrer ewigen Liebe existieren die göttlichen Personen

stanz ist also aufzugeben[29]. „Folglich kann Gott auch nach außen nicht als das eine dreipersonale göttliche Selbst, sondern nur als eine Gemeinschaft der verschiedenen ineinander existierenden Personen handeln."[30] Zwischen diesen besteht eine Gleichheit auch der Reihenfolge, d.h. es kann nicht gesagt werden, der Vater sei über dem Sohn, unbeschadet dessen, dass dieser ihm wesensgleich, *homoousios*, ist, oder gleicherweise: der Vater und der Sohn seien über dem Geist.

Volf meint, dies aus dem Verhältnis zwischen Vater, Sohn und Geist so erkennen zu können: „Von der Heilsgeschichte ist deswegen in bezug auf die immanente Trinität auf die fundamentale Gleichheit der göttlichen Personen in ihrer gegenseitigen Bedingtheit und ihrem gegenseitigen Ineinandersein zu schließen ..."[31]. Daraus ergibt sich für Volf das Wegfallen jeglicher Hierarchie in der Kirche – sowohl im Verhältnis der Lokalgemeinden zueinander als auch innerhalb der Lokalgemeinde: „Die Kirche ist nicht eine wie immer geartete monozentrisch-bipolare, sondern grundsätzlich eine polyzentrische Gemeinschaft."[32] Daraus zieht Volf auch Konsequenzen für das Amt in der Kirche.

Ich will diesen eindrucksvollen Entwurf hier in Blick auf das prüfen, was über die *Einheit* der Kirche zu sagen ist. Gehen wir seine Argumentation der Reihe nach durch.

(1) Die Begründung des Begriffs der Kirche aus Mt 18,20
Bezeichnenderweise ist hier gar nicht von Kirche, ἐκκλησία, die Rede, sondern nur von einer Gemeinschaft von Christen, die im Namen Christi sich versammeln, eins werden untereinander und gemeinsam Gott den Vater um etwas bitten: denen gilt Jesu Verheißung, mit unter ihnen zu sein (Mt 18,19f). Auch Tertullian, der vielleicht unter Anspielung auf diese Stelle den Begriff *ecclesia* einführt, bringt nicht eine Definition: „Ecclesia id est, ubi duo vel tres in nomine Christi congregati sunt.", sondern verortet: „ubi tres, ecclesia est, licet laici."[33] Dabei geht es um das Recht von Laien, im Notfall anstelle von Presbytern zu taufen. Es wird nicht definiert, was Kirche ist, sondern es wird gesagt, dass Kirche unter solchen Bedingungen anwesend ist, und zwar auch mit einer bestimmten Amtsvollmacht[34].

---

so intim miteinander, füreinander und ineinander, daß sie sich selbst in ihrer einmaligen, unvergleichlichen und vollständigen Einheit konstituieren.", Jürgen Moltmann, Die einladende Einheit des dreieinigen Gottes, in: ders., In der Geschichte des dreieinigen Gottes. Beiträge zur trinitarischen Theologie, München 1991, (117-128) 124, von Volf zitiert 201, bei Anm.88.

[29] Volf, Trinität und Gemeinschaft, 201, Anm.87.
[30] Ebd., 206.
[31] Ebd., 208. Volf bzw. Moltmann streiten dabei keineswegs ab, dass der Vater Vater ist, indem er den Sohn „konstituiert" (zeugt) usw. Sie unterscheiden nur zwischen der Konstitution der Personen und den Relationen, die sie zueinander haben: „Person und Relation verhalten sich komplementär zueinander.", Jürgen Moltmann, Trinität und Reich Gottes. Zur Gotteslehre, München 1980, 189, zit. von Volf, 196, bei Anm.67. Dementsprechend wird eine „Konstitutionsebene" und eine „Relationsebene" unterschieden: s. Volf, 201, Anm.88; 207, Anm.110.
[32] Volf, Trinität und Gemeinschaft, 215.
[33] De exhort. cast. VII,3, CC.SL 2, 1025,21f.
[34] An der Stelle De pudicitia XXI. 16, CC 2, 1328,73f sagt Tertullian: „Illam ecclesiam congregat quam Dominus in tribus posuit." Er stellt also hier nur fest, dass aus drei Personen bereits eine Gemeinde bestehen kann. Die Stelle De baptismo VI,2 ist gar nicht relevant: „quoniam ubi tres, id est pater et filius et spiritus sanctus, ibi ecclesia quae trium corpus est.", CC.SL 1, 282,12-14.333

(2) Die Definition von Kirche
Nun muss sich eine dogmatische Definition von Kirche nicht genau an den Sprachgebrauch der Schrift halten. Sie muss nur sinnvoll sein, um den Gehalt der Schrift zu erschließen. Die drei reformatorischen Definitionen von Kirche verstehen Kirche als die Gemeinschaft derer, die das Heil empfangen – die Kirche ist darum „heilig" –, und es wird dabei gesagt, *wodurch* das geschieht, nämlich durch das Wort Gottes und durch die Sakramente, die eine besondere Gestalt des Wortes Gottes sind. Menschen kommen erst dann dazu (legitimerweise) im Namen Jesu zu beten und sie bekennen erst dann Jesus Christus, wenn er selbst im Wort und den Sakramenten zu ihnen gekommen ist und sie zu den Seinen gemacht hat. Mit Wort und Sakrament ist man aber auch bei dem Amt und den Amtsträgern, die mit ihnen betraut sind. Man kann also nicht das Amt aus einer Definition von Kirche heraushalten. Die Taufe in einer Notlage durch einen Nicht-Ordinierten, wie sie nicht nur Tertullian, sondern auch die römische Kirche und die Reformationskirchen anerkennen, ist die Wahrnehmung dieses Amtes. Das Fehlen der Ordination wird aufgehoben durch eine besondere Bevollmächtigung Gottes in einer Notlage; diese ist aber kein bloßes *esse* der Kirche im Unterschied zu einem *bene esse*, sondern sie ist ein Mangel, dem durch Gottes Gnade aufgeholfen wird.

(3) Die biblische Begründung
Es ist aufschlußreich, dass in 1. Kor 12,27 von der hier offensichtlich angeredeten Lokalgemeinde nicht gesagt wird, sie sei *der* Leib Christi, sondern, unter Weglassung des Artikels, sie sei eben Leib Christi. Die Grenzen des Leibes Christi werden damit nicht festgelegt auf die Grenzen der Ortsgemeinde, sondern es wird lediglich gesagt, dass Leib-Christi-Sein auf sie zutrifft. Um etwas anderes geht es auch nicht in dem Kontext von 1. Kor 12 und Röm 12.
 Es kann hier auch noch etwas weiter ausgeholt und darauf hingewiesen werden, dass die Ortsgemeinden im Neuen Testament oft gar nicht als ἐκκλησία bezeichnet werden, wie man an den Empfängerangaben der Briefe sehen kann, die an Gemeinden gerichtet sind. Meistens (Röm 1,7; Eph 1,1; Phil 1,1; Kol 1,1; 1. Ptr 1,1; 2. Ptr 1,1; Jak 1,1; Jud 1) wird eine Vielzahl angeredet von „Heiligen" und dergleichen. Das ist ein Hinweis darauf, dass Ortsgemeinden lediglich betrachtet werden können als *Orte*, an denen eine Mehrzahl von einzelnen Christen anzutreffen ist. Daraus ergibt sich die Frage, was diesen Ortsgemeinden ihre Identität als Gemeinschaft gibt – gerade wenn es einen Wechsel von einzelnen Gliedern gibt, die wegziehen oder hinzukommen, wie das zu den Zeiten der Apostel der Fall war, wie auch heute. Damit kommt man aber doch zu einem institutionellen Element, das Bedingung der Konstitution einer Ortsgemeinde ist[35].
 Volf drängt die Stellen der Schrift, an welchen von einer umfassenden Kirche die Rede ist, die nur in der Einzahl existieren kann, an den Rand mit der Behauptung, dies betreffe nur die eschatologische Sammlung der Gemeinden. Das geht aus diesen Stellen keineswegs hervor. Darüber hinaus wird übersehen, dass Kirche immer auch Einheit von *ecclesia triumphans* und *ecclesia militans* ist.

---

[35] Nur 1. Kor 1,2; 2. Kor 1,1; Gal 1,1; 1. Thess 1,1; 2. Thess 1,1 wird an „Kirchen" adressiert, 2. Joh 1 werden immerhin „die erwählte Herrin und ihre Kinder" angeredet und Grüße von den Kindern von deren „Schwester", einer anderen Ortsgemeinde ausgerichtet. Dieser Brief und die Aussagen über die Engel der Gemeinden in den Sendschreiben der Apokalypse Kap. 1-3 verweisen auf eine besondere Würde der Ortsgemeinde. Das ist die andere mögliche Betrachtungsweise.

(4) Die trinitätstheologische Begründung

Überhaupt von einer Universalkirche zu reden, wenngleich sie in das Eschaton bzw. in den Himmel verschoben wird, müsste aber unmöglich sein, wenn die trinitätstheologische Begründung Volfs stichhaltig wäre. Wir müssen aber sehen, wie es mit dieser steht und was sie besagen würde. Die numerische Einheit bzw. Identität der göttlichen Substanz aufzugeben heißt soviel wie gar nicht mehr von *einem* Gott zu reden. Die Aussage, dass Gott einer ist und das daraus hervorgehende Gebot, ihn von ganzem Herzen zu lieben, Dt 6,4f, wäre dann völlig verfehlt. Die Behauptung eines Polyzentrismus der Kirchen würde auf einen Polytheismus herauslaufen.

Volf und Moltmann übersehen offenbar, dass die christliche Rede von Gott sowohl von dem Einen als auch von dem Vater, dem Sohn und dem Heiligen Geist – die sich zu dreien zusammenzählen lassen – spricht, ohne einer von beiden Redeweisen den Vorzug zu geben. Dabei werden die Alternativen ausgeschlossen, welche die Rede von Geschöpfen hat, um Einzahl und Mehrzahl miteinander verbinden zu können: entweder von einer Substanz zu reden, die eine Mehrzahl von Eigenschaften hat, oder von einer Mehrzahl von Substanzen, die unter eine Gattung fallen oder durch ein Miteinander-Sein und Ineinander-Sein eine Art Einheit herstellen. Bei Volf ist allerdings nur noch dies letzte der Fall, eine Einheit der Perichorese der drei göttlichen Personen, die durch eine Perichorese der Lokalgemeinden nachgeahmt werden soll. Dagegen muss gesagt werden: Die innertrinitarische Perichorese setzt die drei Personen voraus, und diese sind eben nur Personen, indem sie zugleich auch in der Einheit *eines* Wesens betrachtet werden können[36].

Dabei ergibt sich unvermeidlich eine Hierarchie. Das ist deutlich bei Basilius von Caesarea zu erkennen. Er verfolgt konsequent das Anliegen, vom Sohn und vom Geist so zu reden, dass sie nicht „unter" dem Vater sind im Sinne einer Minderung des Wesens. Sie sind „mit" dem Vater. Der Vater ist damit aber der Bezugspunkt in ihrem Koordinatensystem. Die Gleichrangigkeit des Sohnes mit dem Vater wird so ausgedrückt, dass er „zur Rechten" des Vaters sitzt; man kann aber nicht sagen, dass der Vater zur Linken des Sohnes säße[37].

Diese Hierarchie läßt sich durchaus in der Heilsgeschichte erkennen. 1. Kor 15,28 spricht von der Unterordnung des Sohnes unter den Vater und John 16,13-15 von der Unterordnung des Geistes unter den Sohn[38]. Dabei wird nicht geschmälert, dass zugleich Vater, Sohn und Geist *homoousios* sind. Gott der Vater und der Sohn wohnen nicht nur wechselseitig einander ein, sondern sie sind auch eins (Joh 17,22; 10,30) im Sinne einer realen Einheit. Nach diesem Urbild existiert auch die Kirche als Ganze in einer realen Einheit. Dabei ist die Einheit von Vater und Sohn in einem qualitativ

---

[36] Erhellend ist hier Heinrich Seuse: „Denn in der göttlichen Natur ist nichts anderes als ihr Wesen und die Relationen, und letztere fügen zu ihrem Wesen überhaupt nichts hinzu, sie sind es ganz und gar, wie sie sich andererseits unterscheiden gegenüber den Gegenständen, auf die sie sich beziehen. Denn die göttliche Natur, nach ihrem eigenen Grund betrachtet, ist in sich in keiner Weise einfacher als der Vater, in seiner Natur betrachtet, oder eine andere Person. Du bist nur durch die Art deines Denkens getäuscht, die das in der Weise betrachtet, wie es kreatürlich wahrgenommen wird.", Das Buch der Wahrheit III, Ausgabe hg. v. Loris Sturlese u. Rüdiger Blumrich, übers. v. Rüdiger Blumrich, mittelhochdeutsch – dt., Hamburg 1993, 13.

[37] Basilius, De Spiritu Sancto 3; 115, in der Ausgabe hg. v. Sieben: S. 78; 106-108.

[38] Die Bibelstellen, die Volf, Trinität und Gemeinschaft, 208, nennt, bestätigen das nur: Mt 28,18; Joh 13,31f; 16,14; 17,1; 1. Kor 15,24.

höheren Maße Einheit als die Einheit des einzelnen Menschen mit Gott oder die Einheit der Glieder der Kirche untereinander. Diese Einheit ist ein Abbild von jener Einheit und sie steht in einem Verhältnis der Analogie zu ihr[39].

Es ist hier noch einmal darüber nachzudenken, *warum* Kirche eine solche Art von Einheit ist, und nicht etwa eine Vielzahl von Ortsgemeinden oder von Zusammenschlüssen von Ortsgemeinden. Die Kirche ist wesenhaft *eine* Kirche, weil Gott es so gewollt hat, dass alle Menschen eine Einheit bilden. Er hat es so gewollt aus Liebe zu seiner Schöpfung, die in der Menschheit repräsentiert wird. Diese Liebe vollzieht sich in bestimmten Taten. Zentral sind es: die Sendung des ewigen Wortes in das Fleisch, der Opfertod Christi, seine Auferstehung als die Bereitung einer neuen Kreatur und das immerwährende Eintreten des zum Himmel aufgefahrenen Christus für die Seinen.

Diese Einheit wird verwirklicht von denjenigen, die seinen Ruf angenommen haben. Diese stehen also repräsentierend für die gesamte Menschheit. Was von Seiten der Menschen sie zu dieser Einheit zusammenschließt, ist an erster Stelle der Glauben an das berufende Wort Gottes. Er eint sie mit Gott. An zweiter Stelle, aus dem ersten folgend, ist es die Liebe: die Liebe zu Gott, welche die durch den Glauben geschaffene Einheit mit Gott noch vertieft, und die Bruderliebe, von welcher der 1. Johannesbrief so oft spricht. Sie ist die Gestalt, welche die Nächstenliebe in der Kirche annimmt: eine gegenseitige Liebe, welche Menschen zu dieser Einheit zusammenschließt. Der Glauben und die Liebe gehen hervor aus dem Wort und den Sakramenten. Mit Wort und Sakrament ist auch das Amt und sind damit die Amtsträger in einer noch zu bestimmenden Weise Komponenten der Einheit.

Gott will dabei eine Einheit, welche die Unterschiedenheit zwischen denjenigen nicht aufhebt, die zu dieser Einheit zusammengefügt werden, und die auch die Möglichkeit eines personalen Gegenübers zwischen diesen Teilen der Einheit nicht aufhebt. So wie er Einer ist, indem er in drei Personen ist, die in einem ewigen Dreigespräch miteinander leben, so will er, dass jede einzelne Seele nicht ihre Eigenständigkeit, ihre Unverwechselbarkeit und ihre Personalität verliert dadurch, dass sie in die Einheit der Kirche und in die Einheit mit Christus aufgenommen wird. Gleicherweise will Gott, dass die Kirche nicht nur *Leib* Christi ist, mit ihm eins, sondern auch als *Braut* ihm gegenübertritt. Und schließlich will er, dass die Kirche nicht nur aus einer Vielzahl von Individuen zusammengesetzt ist, sondern auch aus einer Vielzahl von Ortsgemeinden und noch größeren Einheiten, die ihre Eigenständigkeit bewahren, und dass auch diese Gemeinschaften in ein Gespräch miteinander treten können.

3.3. Das Verhältnis von Lokal- und Universalkirche

Zum Schluß ist noch einmal darüber nachzudenken, welchen ekklesiologischen Status eine Ortsgemeinde hat. Was ist überhaupt eine Ortsgemeinde? Ich habe oben bereits angemerkt, dass der 2. Johannesbrief in seiner Anrede an eine „Herrin und ihre Kin-

---

[39] Siehe dazu die Entscheidung des IV. Laterankonzils über die Trinitätslehre des Petrus Lombardus und die des Joachim von Fiore, DH 803-805.

der", der Grüße von ihrer „Schwester" und deren Kindern ausgerichtet werden (V.1 und 13), und die Sendschreiben an die sieben in Kleinasien gelegenen Gemeinden in Apk 1-3, deren jede einen Engel hat, die wohl stärksten Zeugnisse für den Rang der Ortsgemeinde darstellen.

Die Auffassung Miroslav Volfs haben wir bereits kennengelernt. Wir wollen ihr zunächst diejenige des Vatikanum II gegenüberstellen. In ‚Lumen gentium' heißt es im III. Kapitel, welches besonders dem Bischofsamt gewidmet ist: „Diese Kirche Christi ist wahrhaft in allen rechtmäßigen Ortsgemeinschaften der Gläubigen anwesend, die in der Verbundenheit mit ihren Hirten im Neuen Testament auch selbst Kirchen heißen. Sie sind nämlich je an ihrem Ort ... das von Gott gerufene neue Volk."[40] Es ist zu beachten, dass diese Aussage anschließt an jene über den Bischof, dass er die Eucharistie selbst darbringt oder darbringen läßt, und dass aus dieser die Kirche immerfort lebe und wachse[41]. „Kirche" heißt also hier die universale Kirche, aber auch die Kirche eines Bischofs, und da angedeutet wird, dass er nicht immer selbst die Eucharistie feiert, sondern sie von anderen, nämlich von einfachen Priestern feiern läßt, ist ersichtlich, dass die Kirche sich aus mehreren Orten zusammensetzt, an denen regelmäßig dafür eingesetzte Priester als Stellvertreter des Bischofs tätig sind. Wir müssen also von der Ebene der Bischofskirche noch eine Stufe weiter hinabsteigen zu den konkreten Orten, die hier die *congregationes locales* genannt werden und denen nun auch die Bezeichnung „Kirche" zugesprochen wird. Sie sind Kirche in der Weise, dass die Kirche des Bischofs, über diese vermittelt aber die universale Kirche schlechthin in ihr anwesend ist.

Wird der Begriff der Ortsgemeinde aus der Bibel hergeleitet, so kann angesetzt werden mit dem Missionsbefehl (Mt 28,18-20), in dessen Folge Boten des Evangeliums die ganze Welt durchziehen, und dort, wo bereits Menschen leben, gläubig Gewordene sammeln an Orten, wo das Evangelium regelmäßig gehört wird, wie dies ab Kap.8 in der Apostelgeschichte fortwährend berichtet wird (Apg 8,4f. 25), und Amtsträger als ihre Vertreter einsetzen (Apg 14,23). Es ist, wie an manchen Stellen besonders deutlich wird (Apg 16,7-9), die Vorsehung Gottes, die dafür sorgt, dass an bestimmten Orten Gemeinden entstehen. In der Verkündigung seines Wortes wirkt Jesus Christus selbst (1. Kor 2,4f, vgl. Gal 4,14). Ist aber Jesus Christus durch die Verkündigung seines Wortes in einer Versammlung gegenwärtig, dann ist es auch sein gesamter Leib. Die Präsenz der Universalkirche in der Lokalkirche beruht also auf der Präsenz Christi in der Lokalkirche. Die Gegenwärtigkeit der universalen Kirche in der lokalen Kirche kommt zuerst durch die Verkündigung des Evangeliums zustande, sodann gewiß auch durch die Eucharistie. Die Notwendigkeit, dass das Evangelium in der Wortverkündigung und, mehr noch, in den Sakramenten, *sinnlich* präsent wird, bringt die Notwendigkeit mit sich, an einem bestimmten Ort Wort und Sakrament zu empfangen. Durch die Verkündigung des Evangeliums, durch die Eucharistie und durch die Anbetung Gottes im Geist und in der Wahrheit, die nun an vielen Orten in der

---

[40] „Haec Christi Ecclesia vere adest in omnibus legitimis fidelium congregationibus localibus, quae, pastoribus suis adhaerentes, et ipsae in Novo Testamento ecclesiae vocantur. Hae sunt enim loco suo Populus novus a Deo vocatus ...", LG 26, LThK, 2. Aufl., Erg.bd.1, 242. Als biblischer Beleg für diese Benennung werden angegeben Apg 8,1; 14,22f; 20,17 u. ö.

[41] „Episcopus ... praesertim in Eucharistia, quam ipse offert, vel offeri curat, et qua continuo vivit et crescit Ecclesia.", ebd.

Welt möglich geworden ist (Joh 4,20-24), wird auch der Ort geheiligt, an dem Gott gegenwärtig wird (vgl. Gen 28,16-19).

Diese Gegenwart Gottes bewirkt einen Zusammenhalt der Gläubigen, die sich regelmäßig an diesem Ort versammeln. Zu dieser Gegenwart Gottes gehören notwendig die Träger des Amtes, die für Wortverkündigung und Sakramente und für die Leitung der um Wort und Sakrament versammelten Gläubigen zuständig sind (siehe etwa Apg 20,28). Darum ist nicht schon ein Gebetskreis oder ein Bibellesekreis „Gemeinde" mit dem Status, wie die Bibel ihn hier beschreibt.

Eine Ortsgemeinde mit einem solchen Zusammenhalt kann auch als eine Kollektivperson aufgefaßt werden wie die „Herrin" des 2. Johannesbriefs mit ihren Kindern. So wie für jeden einzelnen Gläubigen ein Engel vor Gott eintritt (Mt 18,10), hat auch jede Ortsgemeinde einen Engel, wie dies die Sendschreiben der Apokalypse bezeugen.

Bei alledem ist hinreichend deutlich, dass die Ortsgemeinde sich nicht selbst genug sein darf. In wichtigen Angelegenheiten muss sie die Entscheidung eines zentralen Gremiums erbitten und anerkennen, das für die universale Kirche zuständig ist (Apg 15). Diese Entscheidung hat dabei durchaus für sie Autorität[42]. Das Modell, wie es LG 26 in Zusammenhang des III. Kapitels beschreibt, ist in gewisser Weise an sich durchaus passend: die Bischöfe, welche unmittelbar oder mittelbar die Ortsgemeinden leiten, bilden gemeinsam ein Kollegium, das für die gesamte Universalkirche zuständig ist[43]. Das Problem ist nur dieses, dass aufgrund von hartnäckigem Ungehorsam der Bischöfe gegen den Heiligen Geist oder aufgrund einer schuldhaften Abspaltung aus einem größeren kirchlichen Zusammenhang, die aber nicht auf Dauer eine Abwendung von Gottes Wort ist, neue Gemeinden am selben Ort entstehen können, die mit den alten nicht in einer gemeinsamen Leitung zusammengefaßt sind. Dieses Problem muss im dritten Teil dieser Überlegungen weiter erörtert werden.

3.4. Gottesdienst, Ortsgemeinde und Gemeinschaften innerhalb der Ortsgemeinde

Es soll nun aber noch einmal weiter gefragt werden, ob nicht unterhalb der Ebene der Ortsgemeinde, wie sie hier beschrieben wurde, von „Kirche" gesprochen werden könne. Der Begriff ἐκκλησία wird zwar im Neuen Testament, soweit ich sehe, nur von der universalen Kirche und von der Ortsgemeinde gebraucht. Wir müssen aber danach fragen, ob es Gemeinschaftsbildungen von einem eigenen Status gibt, für die es angemessen ist, diesen Begriff auch auf sie anzuwenden.

Ich setze damit ein, dass für die Ortsgemeinde, wie das Neue Testament sie beschreibt (Apg 20,28 und andere Stellen), ein autorisierter Amtsträger – bzw. ein Kol-

---

[42] Παράκλησις, Apg 15,31, ist ein durchaus verbindlicher Spruch des Heiligen Geistes, des Parakleten, s. V. 28.
[43] Weiter ausgeführt etwa von Henri de Lubac, Quellen kirchlicher Einheit, I. Teil: Die Einzelkirchen in der Gesamtkirche, Einsiedeln 1974, 31-126, und in Karl Rahners Kommentar, LThK, 2. Aufl., Erg.bd.1, 242-245.

legium von solchen – notwendig ist und dass Akte regelmäßig an einem Ort stattfinden, durch welche Gott gegenwärtig und das Heil geschenkt wird: das Lesen aus der Bibel vor anderen Hörern, die Predigt auf der Grundlage der Bibel und die Feier des Mahles des Herrn. Eine solche Gemeinschaft hat institutionellen Charakter, d.h. sie ist unabhängig von der Identität ihrer Teilnehmer und auch ihrer Amtsträger. Sie können kommen und gehen.

Eine solche Gemeinschaft bildet eine *Einheit*, und darum ist es angemessen, dass derjenige, der in ihr das Amt bekleidet, und kein anderer, diese Akte regelmäßig ausübt und dass darin diese Gemeinschaft existiert. Diese Handlungen könnten darum in einem engeren, man kann sagen: liturgischen Sinne „Gottesdienst" genannt werden[44]. „Gottesdienst", λατρεία, in einem anderen Sinne kann auch die tägliche Hingabe des Lebens der Gläubigen an Gott genannt werden (Röm 12,1).

Es ist klar, dass im Leben einer Ortsgemeinde auch ohne den Amtsträger und außerhalb des zentralen regelmäßigen Gottesdienstes andere Handlungen und Versammlungen stattfinden können, in denen Gott sich gegenwärtig macht und sein Heil schenkt. Dies können gerade Kreise sein, in denen die Bibel gelesen und gebetet wird. Sie haben auf jeden Fall die Verheißung von Mt 18,19f: Jesus Christus ist dort gegenwärtig. Solche Kreise können für das geistliche Leben der einzelnen Gläubigen in einer Gemeinde äußerst wichtig sein, unter Umständen mehr noch als der zentrale Gottesdienst. Eine wesentliche Bestimmung der Ortsgemeinde ist es aber, *Einheit* einzuüben, die Einheit, welche die Bestimmung der gesamten Kirche ist (Joh 17, 20-23). Zu dieser Einheit gehören aber notwendig der Amtsträger und der zentrale Gottesdienst. Die anderen Gemeinschaftsformen einer Ortsgemeinde müssen darum auf diesen Gottesdienst bezogen bleiben und sind ihm untergeordnet. Es ist deswegen auch nicht sinnvoll, den Begriff „Kirche" oder synonym „Gemeinde" als dogmatischen Begriff auch auf sie anzuwenden.

Es ist dann auch angemessen, eine der heilsschenkenden Handlungen ganz für den zentralen Gottesdienst zu reservieren und ganz dem Amtsträger zu überlassen, nämlich die Feier des *Herrenmahles*. Denn dieses bezeichnet wie keine andere dieser Handlungen die Einheit der Ortsgemeinde und die Einheit der universalen Kirche (1. Kor 10,16f).

Wenn hingegen – aufgrund von wessen Schuld auch immer – diesen kleineren Gemeinschaften innerhalb einer Ortsgemeinde ein höherer Rang zugemessen wird als diese und ihr Gottesdienst, und wenn in ihnen das Abendmahl gefeiert wird ohne den Amtsträger, dann ist diese Gemeinschaft auf dem Wege, sich abzuspalten und eine eigene Ortsgemeinde zu werden.

---

[44] Edmund Schlink schreibt: „Die gottesdienstliche Versammlung ist durch die Gegenwart des sich schenkenden Christus und durch das Wirken des Heiligen Geistes die Mitte dieser doppelten Bewegung der aus der Welt herausgerufenen und in die Welt hineingesandten Kirche.", Ökumenische Dogmatik, 558. „Gottesdienst" beschreibt er dabei als das, worin Gebet, Anbetung, Zeugnis und Lehre ihren elementaren Ort haben (ebd.). Das ist alles gewiß richtig, doch muss gezeigt werden, was (a) Gottesdienst präzise ist im Unterschied zu anderen Versammlungen, in denen Gebet usw. stattfindet, und (b) warum solche Gottesdienste die „Mitte" der doppelten Bewegung der Kirche bzw. der Kirche selbst ist. Vgl. unten 6.9.

3.5. Der ekklesiologische Status einer Einheit aus mehreren Ortsgemeinden. Die Bischofskirche

Die unter 3.3. zitierten Passage aus Lumen gentium 26 kann so gelesen werden, dass „Kirche" auch die Gemeinschaft genannt wird, die von einem Bischof geleitet wird, so dass diese Gemeinschaft aus mehreren Ortsgemeinden besteht. Sie selber wird auch eine „Teilkirche" (*ecclesia particularis*) genannt; aus solchen setzt sich die Gesamtkirche zusammen (LG 23). Dies veranlaßt uns zu bedenken, welchen Status ein solcher Zusammenschluß aus Ortsgemeinden haben muss.

Nach der Auffassung von ‚Lumen gentium' ergibt sich das Wirkungsfeld eines Bischofs durch die Nachfolge, in welcher er zu einem Apostel steht (LG 20). Die Bischöfe bilden wie die Apostel ein Kollegium, so dass das Ganze der universalen *ecclesia militans* sich aus ihren Wirkungsfeldern zusammensetzt (LG 23). Die Verbindlichkeit ihrer Amtsführung haben sie aus der Vollmacht des apostolischen Amtes (LG 23; 25-27). Über diesen Anspruch wird im zweiten Teil dieser Überlegungen zu reden sein (10.1.). Hier ist darüber nachzudenken, ob die universale Kirche in Einheiten gegliedert sein kann, die wiederum eine Vielheit von Ortsgemeinden in sich enthalten können.

Der Apostel Paulus achtet genau darauf, nicht in den Wirkungsbereich eines anderen Missionars einzugreifen (Röm 15,20f, vgl. 1. Kor 3,5f)[45]. Er ist bereit, in wesentlichen Angelegenheiten der Kirche sich an einer Beratung mit anderen obersten Verantwortungsträgern der Kirche zu beteiligen, wie es bei dem sogenannten Apostelkonzil von Jerusalem der Fall ist (Apg 15). Er erklärt sogar die Einigung mit den Säulen der Gemeinde von Jerusalem – die ihm nicht übergeordnet sind – für eine so wichtige Sache, dass er ansonsten vergebens gelaufen wäre oder laufen würde (Gal 2,2). Er gibt also zu erkennen, dass sein Wirkungsfeld sich mit denjenigen anderer in der Kirche zu einem Ganzen zusammenfügt. Andererseits steht er über einer Vielheit von Ortsgemeinden und er setzt auch Nachfolger wie Timotheus und Titus über eine Vielheit von Ortsgemeinden ein (1. Tim 2,8; Tit 1,5).

Durch diese Zwischenebene – wir können sie die Ebene der Bischofskirchen nennen – wird eine Vermittlung hergestellt zwischen der Ebene der Ortsgemeinden und der Universalkirche. Gemäß dem Neuen Testament gibt es eine solche Ebene und eine solche Vollmacht. Sie dient der Einheit der Gesamtkirche.

Die Ordnung, wie sie ‚Lumen gentium' beschreibt, trifft indes auch hier nicht mehr auf die Realität zu. Spätestens seit der Entfremdung der Ost- und der Westkirche und dem Versuch der Westkirche, im Osten eigene Bischöfe einzusetzen bzw. unierte Kirchen mit Bischöfen zu schaffen, gibt es eine Konkurrenz von Bischöfen verschiedener Konfessionskirchen; man kann aber auch schon die Konkurrenz zwischen den Bischofskirchen der chaledonensischen Kirche und den non-chaledonensischen Kirchen zur Rechten und zur Linken mit einbeziehen. Unter einer „Konfessionskirche" – man auch „Fragmentkirchen" sagen – soll hier eine Kirche verstanden werden, die

---

[45] Man beachte, dass dieses Wirkungsfeld nicht unbedingt territorial bestimmt sein muss, wie man aus der Stelle im 1. Kor schließen kann.

mit ihren Dogmen das Ganze des Christseins zu bestimmen versucht, die aber faktisch nur fragmentarisch das Ganze des Christseins und des Kircheseins umfaßt.

Man kann sich aber überlegen, ob man nicht das Modell einer Zwischenebene, wie sie die apostolische Kirche und die Alte Kirche hatten, auf die Situation der konfessionellen Spaltung übertragen kann: die obersten Leiter der Konfessionskirchen nehmen in gewisser Weise den Status von Leitern auf der Zwischenebene ein, wie sie die frühe Christenheit kannte. Wenn sie zu einem kollegialen Zusammenwirken finden, arbeiten sie an der Überwindung der Spaltung der Kirche.

Eine Ortsgemeinde darf sich dabei nicht selbst genug sein, nicht nur im Blick auf die Universalkirche, sondern auch im Blick auf die nächsthöheren Einheiten unterhalb der Ebene der Universalkirche, in denen sie steht. Nur, wenn sie die Verbindlichkeit der Entscheidungen auf der Zwischenebene anerkennt, der sie sich zugehörig weiß, kann sie auch teilnehmen an Gesprächen, welche die Einheit auf der Ebene der Universalkirche fördern sollen.

4. DIE HEILIGKEIT DER KIRCHE

4.1. Zwischenüberlegungen über die Prädikate der Kirche

Bis jetzt war von dem Prädikat der Einheit der Kirche die Rede, insofern das Eine eine *Transzendentalie* ist: wenn die Kirche etwas sein soll, dann muss sie auch *eine* sein. Es soll nun die Frage nach der *Heiligkeit* der Kirche gestellt werden. Mit dem Begriff der Heiligkeit wird qualitativ gesagt, *was* Kirche ist. Einigkeit könnten auch andere Gemeinschaften aufweisen können – im Sinne einer Transzendentalie natürlich, aber auch im Sinne von Einigkeit – wie etwa die islamische Religionsgemeinschaft. Es ist verfehlt, sich um die Einigkeit der Kirche zu bemühen, wenn nicht ausgemacht ist, *dass* sie die Kirche ist. Eine unverwechselbare Qualität der Kirche ist aber diese, dass sie *heilig* ist. Andere Gemeinschaften von Menschen sind in diesem Sinne nicht heilig. Mit der Heiligkeit verknüpft ist die *Apostolizität*. Die Kirche ist nur darum heilig, weil sie apostolisch ist.

Heiligkeit steht in der Aufzählung des Nicaenums aber auch für eine Reihe weiterer Prädikate, mit denen Qualitäten der Kirche ausgesagt werden. Zuallererst muss gesagt werden, dass die Kirche bestimmt ist durch die *Gerechtigkeit* Gottes. Sie ist die Gemeinschaft derjenigen, die vor Gott durch den Glauben allein gerechtfertigt worden sind. Diese Gerechtigkeit kann von einem anderen Blickwinkel her die Heiligkeit genannt werden, welche die Kirche in Jesus Christus hat, die Heiligkeit in einem allgemeinen oder primären Sinne (1. Kor 1,30). Von ihr wird sogleich die Rede sein. Sodann kann gesagt werden, dass die Kirche *unzerstörbar* ist[1]. Ihre Unzerstörbarkeit ist das Ergebnis der Verheißung Gottes, sich zu allen Zeiten ein Volk zu sammeln. Daraus ergibt sich die *Dauer* der Kirche, von welcher bereits die Rede war: sie dauert von dem Anfang des Menschengeschlechts an und mündet in die Ewigkeit[2]. Mit der Unzerstörbarkeit ist auch die *Unfehlbarkeit* der Kirche eingeschlossen[3]. Das soll zunächst sagen: die Kirche verfehlt auf Dauer den Weg nicht, den Gott ihr vorgezeichnet hat. Mit diesem Weg ist das Wort Gottes gemeint, welches die Kirche überhaupt erst hervorbringt (Jak 1,18) und das im Glauben festgehalten wird. Das schließt aber keinesfalls aus, dass einzelne Glieder der Kirche den Glauben verlieren können. Es wird lediglich gesagt, dass immer einige bleiben – und es können mehr sein, als man meint (1. Kön 19,18; Röm 11,4) –, die dem Wort treu bleiben. Mit der Unfehlbarkeit ist nicht gemeint, dass Glieder der Kirche – und damit die Kirche selbst – gar nicht sündigen würden. Darüber wird im nächsten Abschnitt zu reden sein. Es ist sodann noch zu klären, ob die Kirche auch unfehlbar ist, indem sie selber zuverlässig die Wahrheit des Wortes ausspricht und lehrt, durch das sie selbst geschaffen ist und erhalten wird. Wenn das der Fall ist, dann ist zu klären, wer in der Kirche für die ganze

---

[1] Vgl. Karl Barth, KD IV/1, 770.
[2] Als biblisches Argument dafür, dass es die Kirche gibt, nennt Hütter Jes 59,2 (Comp. XVII, 2). In einer Folge von vorausgehenden und nachfolgenden Verheißungen bestätigt Gott seinen Willen, die Kirche zu erhalten.
[3] Karl Barth, KD IV/1, 770, dieselbe Stelle wie oben.

Kirche – oder jeweils in den einzelnen Gliederungen der Kirche – die Berechtigung hat, diese Wahrheit zu lehren. Darüber und über die damit verbundenen Fragen soll im Teil II (18.) geredet werden.

4.2. Heiligkeit und Sünde der Kirche

Ursprünglich ist nur Gott heilig (Ex 15,11; 1. Sam 2,2)[4]. Diese Heiligkeit ist gerade die Reinheit und Glut seiner Liebe (Mt 5,48), die allem Nicht-Heiligen gegenüber verzehrend wirkt (Jes 6,3-5 und andere Stellen). Gott will aber aufgrund seiner unergründlichen Liebe zu seiner Kreatur, dass der Mensch, seine irdische Schöpfung repräsentierend, heilig sei. Er ruft darum der Kirche in der Gestalt Israels zu: „Darum sollt ihr euch heiligen, so dass ihr heilig werdet, denn ich bin heilig." (Lev 11,44), bzw. „Ihr sollt heilig sein, denn ich bin heilig!" (Lev 19,1; 1. Petr 1,15f). Was er als Gebot fordert, das erfüllt er selbst in Jesus Christus: Jesus Christus ist uns – also der Kirche – von Gott her zur Weisheit, zu Gerechtigkeit, zur Heiligung und zur Erlösung geworden (1. Kor 1,30). Diese Heiligkeit wird der Kirche durch das Wort von Jesus Christus übertragen, das im Glauben angenommen wird. Luther, wie er das Prädikat von der Heiligkeit der Kirche aufgreift und die Kirche in seiner Definition „die heiligen Gläubigen" nennt, erklärt diese Heiligkeit darum so, dass sie im Wort Gottes und im rechten Glauben bestehe (Schmalkaldische Artikel III,2).

Die Heiligkeit der Kirche ist also grundlegend die Heiligkeit Jesu Christi, der durch sein Wort und durch den Glauben in ihr anwesend ist und ihr seine Heiligkeit schenkt. Jesus Christus erfüllt aber auch in der Weise das Gebot „Ihr sollt euch heiligen, so dass ihr heilig werdet!", dass er durch den Heiligen Geist in den Herzen der Glaubenden wirkt und eine Liebe hervorbringt, die Gott über alles liebt und den Nächsten wie sich selbst (Röm 5,5; Gal 5,6). In dieser Weise sind die Glieder der Kirche Subjekte ihrer Selbstheiligung. Wenn es heißt, dass Jesus Christus die Kirche geliebt hat und sich selbst für sie dahingegeben hat, *um* sie zu heiligen, sie gereinigt hat durch das Wasserbad im Wort, *um* sie als seine Kirche vor sich zu stellen in herrlichem Schmuck, ohne Flecken und Runzel, heilig und untadelig (Eph 5,25-27), dann hat dieses Handeln Christi zwei Aspekte: Erstens die Heiligung, die Christus mit der Rechtfertigung allein durch den Glauben an den Gliedern der Kirche vollzogen hat. Zweitens die Heiligung im engeren Sinne, welche eine noch unvollendete Absicht Christi ist[5]. So sagt Hütter von der Heiligkeit der Kirche, dass sie teils aus der durch den Glauben übertragenen Heiligkeit und Gerechtigkeit Jesu Christi (1. Kor 1,30), teils aus der Erneuerung und Heiligung der Herzen durch den Heiligen Geist bestehe[6]. Diese Heiligung im zweiten Sinne besteht nicht zuletzt darin, dass die Glieder der Kirche mehr und mehr ihre Neigung zur Zwietracht überwinden und untereinander eins werden nach dem Vorbild der Einheit zwischen dem Vater und dem Sohn (Joh 17,20-23). Bei der Überwindung

---

[4] Zur Heiligkeit als einer Eigenschaft Gottes s. Karl Barth, KD II/1, 402-413.
[5] Johann Andreas Quenstedt, Theologia didactico-polemia 1691 (1685) III, 632, bei Hirsch, Hilfsbuch, § 590, 1. Abs.
[6] Hütter, Comp. XVII.15.

von Spaltungen in der Kirche geht es somit zugleich um ihre Heiligkeit und um ihre Heiligung.

Gott heiligt Menschen, indem er sie rechtfertigt. Er rechtfertigt aber nur Sünder. Diese fahren indes fort zu sündigen, wenngleich sie nun unter dem Schatten der Gnade stehen und die Sünde ihnen immer wieder vergeben wird (1. Joh 1,7-9). Die Kirche ist also zum einen, aufgrund der bereits geschehenen Rechtfertigung, durch die sie überhaupt erst als Kirche besteht, eine völlig makellose Braut. Zum anderen ist sie tatsächlich voller Makel, kämpft aber um ihre Heiligung (Gal 5,16f) und wird, wenn ihre Liebe vollendet ist, beim Eintreten in die Ewigkeit, völlig makellos vor ihrem Bräutigam stehen.

Diese Überlegung führt uns zu einer Stellungnahme zu der Stelle in der Enzyklika Pius' XII., Mystici corporis 65, wonach zwar die einzelnen Glieder der Kirche sündigten, nicht aber die Kirche selbst. Aus der Einsicht, dass von der Kirche als realem Subjekt ausgesagt werden müsse, was auch nur eines ihrer Glieder tut und umgekehrt, muss demgegenüber gesagt werden, dass die Kirche selber auch sündigt. Mehr noch: die Kirche entsteht gerade dadurch, dass sie vor Gott ihre Sünden bekennt und durch das Blut Christi gereinigt wird. Die Kirche kann darum mit Fug und Recht die größte Sünderin genannt werden, wie dies Luther tat: „Non est tam magna peccatrix ut Christiana ecclesia" – gerade weil sie die Bitte des Vater Unser betet: ‚Und vergib uns unsere Schuld!'[7] „Groß" ist diese Sünderin, gerade weil sie durch Gottes Gnade zu dem Freimut des Sündenbekenntnisses findet und weil sie durch Gottes Gnade die Vergebung ihrer Sünde findet.

Sie betet dies also nicht, wie die Enzyklika meint, als Subjekt in Unterscheidung von ihren Gliedern für diese, sondern die Kirche ist die Gemeinschaftsgestalt, in der alle ihre Glieder in einer Person zusammengefaßt sind, und indem sie dies bittet, existiert sie überhaupt erst als Kirche. Zurechtgerückt wurden die Aussagen der Enzyklika Pius' XII. durch ‚Lumen Gentium', wo nicht nur gesagt wird, dass „die Kirche Sünder in ihrem eigenen Schoße" umfasse, sondern dass sie selbst „zugleich heilig und stets der Reinigung bedürftig" und somit beständig auf dem Weg der „Buße und der Erneuerung" unterwegs sei[8].

Es bedarf also, um die Sündlosigkeit der Kirche anzunehmen, nicht einer Sündlosigkeit Mariens als ihres vornehmsten Gliedes[9]. Die Sündlosigkeit der Kirche ist die Sündlosigkeit Christi, die durch den Glauben ihr real zueigen geworden ist. Die Sündlosigkeit der Kirche ist sodann die Sündlosigkeit ihrer Glieder, die in der *ecclesia triumphans* ganz von der Sünde gereinigt worden sind.

---

[7] Predigt über Mt 28,1 (1531), WA 34/I, 276,7f. Hans Urs von Balthasar vermerkt zu Beginn seines materialreichen Aufsatzes ‚Casta meretrix': „Daß Luther es gewagt hat, die römische Kirche mit der babylonischen Hure gleichzusetzen, erscheint uns als äußerste Lästerung.", erklärt dies dann als eine „gewalttätige Vereinfachung und Vergröberung eines uralten Theologumenons", das er, Balthasar, für durchaus berechtigt hält, übersieht aber leider, dass Luther mit seiner Rede von der Kirche als der größten Sünderin dieses Theologumenon in durchaus unpolemischer Weise äußerst prägnant formuliert hat: Balthasar, Casta meretrix, in ders., Sponsa Verbi, Skizzen zur Theologie II, Einsiedeln 1961, 203-305, hier 203.

[8] „Ecclesia in proprio sinu peccatores complectens, sancta simul et semper purificanda, poenitentiam et renovationem continuo prosequitur.", LG 8, DH 4118, 2. Abs.

[9] Wie etwa Balthasar meint: Wer ist die Kirche?, in: ders., Sponsa Verbi, Skizzen zur Theologie II, Einsiedeln 1961, 148-202, hier 168f.

Wenn die streitende Kirche also der nicht-gläubigen Welt gegenüber den Anspruch erhebt, heilig zu sein, und von der Welt ihr ihre Sünden vorgehalten werden, so hat sie auf die Heiligkeit Christi zu verweisen, ihre Sünde offen und rückhaltlos zu bekennen – und auf diese Weise sich mit der Heiligkeit Christi zu bekleiden –, aber auch deutlich zu bekennen, dass sie in der Gnade ein Heilmittel hat, um nachhaltig die Sünde zu überwinden, welches die Welt nicht hat.

4.3. Die Heiligen in der Kirche

Nun gibt es aber nicht nur die Aussage, dass die Kirche als Ganzes und alle ihre Glieder heilig seien, so wie es das Neue Testament bezeugt (Röm 1,7 und andere Stellen), sondern auch, dass eine Schar von Menschen innerhalb der Kirche „Heilige" genannt werden. In diesem Sinne hat CA XXI gesagt, „daß man der Heiligen gedenken soll, auf daß wir unseren Glauben stärken, so wir sehen, wie ihnen Gnade widerfahren, auch wie ihnen durch Glauben geholfen ist; darzu daß man Exempel nehme von ihren guten Werken ..."[10]. Diesen Sprachgebrauch teilt sie bewußt mit dem der römischen Kirche, welcher auch der der Ostkirchen ist[11].

Es ist möglich – unter gewissen Vorbehalten – in einem solchen sekundären, engeren Sinne von „Heiligen" zu sprechen. Denn was oben „Heiligung" im engeren Sinne genannt wurde, die Heiligung durch den Glauben, insofern er in der Liebe tätig wird, ist ein *Prozeß*. In diesem Prozeß schreiten die Gläubigen verschieden weit voran. Weiter Vorangeschrittene können den anderen ein Vorbild sein. So hat Paulus – mit einer Demut, die gerade nur ein solcher weit Vorangeschrittener haben kann – gesagt, dass man seinem Beispiel folgen solle, so wie er selber Christus folgt (1. Kor 11,1; Phil 3,17). Er ist also ein Beispiel der Christusnachahmung. Der Hebräerbrief nennt als ermutigende Beispiele der Zeugen des Glaubens von Abel bis Samuel und den Propheten (Hebr 11) und fährt fort, von denen zu sprechen, „deren die Welt nicht wert war" (Hebr 11,38). Das Neue Testament kennt also auch eine solche Schar von weiter Vorangeschrittenen, die insofern von der großen Menge der Gläubigen abgehoben sind, ohne sie eigens „Heilige" zu nennen. Die Formulierung in CA XXI macht dabei deutlich, dass diese Schar nicht aus eigener Kraft so weit gekommen ist, sondern durch Gnade, und dass ihnen hat geholfen werden müssen, nämlich durch den Glauben. Die CA sieht, dass den Christen auf ihrem Weg geholfen werden kann dadurch, dass sie zu diesen „Heiligen" aufblicken. Es muss dabei aber auch die Gefahr beachtet werden, dass man nur aufblickt, um zu bewundern, nicht aber, um dasselbe zu tun. Das Postament, auf das die „Heiligen" gestellt werden, kann auch zur Passivität verführen[12].

---

[10] BSLK, 83b.
[11] LThK 3. Aufl., Bd.4 (1995), Art. Heiligenverehrung, 1296f: I. Historisch (Theofried Baumeister); 1300: V. In den Ostkirchen (Peter Plank).
[12] Demgegenüber hat LG cap.V, art. 39-42, an die allgemeine Berufung zur Heiligkeit in der Kirche erinnert.

4. Die Heiligkeit der Kirche

Die *Redeweise* von einer Schar der Heiligen innerhalb der Kirche hat auch als solche bereits starke Gefahren und aufs Ganze betrachtet ist es besser, auf sie zu verzichten[13]. Denn sie suggeriert, dass die anderen in der Kirche nicht heilig seien. Sie sind aber heilig aus dem doppelten Grunde, der oben genannt wurde. Sie sind also auch dadurch heilig, weil die Gnade angefangen hat, ihr Wesen zu verändern. Ihr Unterschied zu den „Heiligen" im engeren Sinne ist nur ein gradueller. Wenn auf den Begriff „ecclesia" im Apostolischen Glaubensbekenntnis folgt „communio sanctorum", dann ist dies eine Apposition: die Kirche als Ganze ist Gemeinschaft der Heiligen, alle ihre Glieder sind Heilige[14]. Es ist dabei zu bedenken: es gibt keine scharfe Grenze zwischen Vorbildfähigen und solchen, die es nicht sind. Es sind zudem in der Regel nur bestimmte Seiten des Charakters, bestimmte Eigenschaften, die für bestimmte andere Menschen nachahmenswert sind. Viele, die als Heilige verehrt werden, haben eine Rückseite, die vom Heiligen Geist noch nicht bearbeitet wurde und nicht vorbildlich ist.

Schließlich ist zu fragen, wodurch für die Kirche feststeht, dass jemand in ihr für andere ein Vorbild des Glaubens und des Lebens ist. In den Ostkirchen handelt es sich um einen Konsens, der ohne ein förmliches Verfahren sich herausbildet, zu dem aber eine Anerkennung des Kultes durch die Bischofssynode gehören kann. In der römischen Kirche hat sich spätestens seit dem 17. Jh. (Urban VIII.) ein förmliches Heiligsprechungsverfahren herausgebildet, dessen abschließende Entscheidung beim Papst liegt[15]. Es ist hier zu fragen, ob die Kriterien eines solchen Verfahrens berechtigt sind – dass es z.B. notwendig sei, Wunder getan zu haben – und welche Grenzen die Vollmacht der ausschlaggebenden Instanzen hat. Letztlich zeigt der Geist Gottes den Christen, welche Gläubigen in welcher Hinsicht für andere vorbildlich sind. Paulus konnte in 1. Kor 11,1 und Phil 3,17 davon ausgehen, dass es seinen Gemeinden einleuchtete, dass er ihnen als Vorbild diente.

Schließlich ist noch ein umstrittener Punkt in der Lehre von den Heiligen als einer Schar in der Kirche anzusprechen, der auch eine gewisse Bedeutung hat für die Einsicht in das Wesen der Kirche. Es handelt sich um die *Anrufung* der Heiligen. Luther hat mit Nachdruck erklärt, dass dies ein antichristlicher Mißbrauch sei, weil er gegen den Hauptartikel sich richte, wonach Christus „um unserer Sünden willen gestorben und um unserer Gerechtigkeit willen auferstanden" (Röm 4,25) ist[16]. Demgegenüber hat das Tridentinische Konzil betont: „es ist gut und nützlich, sie [die Heiligen] flehentlich anzurufen und zu ihren Gebeten, ihrem Beistand und ihrer Hilfe Zuflucht zu nehmen, um von Gott ... Wohltaten zu erwirken"[17].

Es hilft zur Klärung dieser Frage zu sehen, welches Gewicht dem Wort „anrufen" (*invocare*) zugemessen wird. Luther führt an der erwähnten Stelle weiter aus: „Denn du kannst als ein Christ und Heiliger auf Erden für mich bitten ... in allen Nöten. Aber darum soll ich dich nicht anbeten, anrufen, feiern, fasten, opfern, Messe halten dir zu

---

[13] Die CA redete so um ihres Zwecks auf dem Reichstag von Augsburg willen: nämlich um eine Verständigung mit dem damaligen kaiserlich-päpstlichen Lager zu erreichen.
[14] Ich sehe hier ab von der anderen Bedeutung, die „sanctorum" auch noch haben kann: es sind nicht die „sancti", sondern die „sancta", die heiligen Güter gemeint. Dazu Calvin, Inst. IV, 1,3.
[15] LThK 3. Aufl., Bd.4 (1995), 1328-1331, Art. Heiligsprechung (Winfried Schulz).
[16] Schmalkaldische Artikel II,2, BSLK, 415; 424.
[17] „bonum atque utile esse, suppliciter eos invocare et ob beneficia impetranda a Deo ... ad eorum orationes, opem, auxiliumque confugere.; ...", DH 1821.

Ehren und auf dich meinen Glauben zur Seligkeit setzen."[18] Er hält es dabei zumindest für möglich, dass die Heiligen, also die Christen, nicht nur auf Erden, sondern auch im Himmel für uns bitten, so wie es die Engel auch tun[19]. Woran Luther Anstoß nimmt, ist das zu große Gewicht des Begriffs „anrufen", der in der Bibel auf Gott bezogen wird[20]. Was für ihn aber durchaus infrage kommt, ist, dass der eine Bruder in Christus den anderen bittet, für ihn Gott zu bitten, so wie es im Neuen Testament häufig bezeugt wird (2. Kor 1,11; Eph 6,19f)[21]. Die Fürbitte der Heiligen im Himmel hat keine höhere Qualität als diese Fürbitte, und die Bitte um ihre Fürbitte keine höhere als die Bitte um die Fürbitte durch Glaubensgeschwister in der streitenden Kirche. Man kann höchstens sagen, dass es innerhalb dieser einen Qualität Fürbitten geben mag, die graduell ein höheres Gewicht haben, gemäß der Bedingung, die Jak 5,16 nennt: „Das Gebet des Gerechten vermag viel, wenn es inständig ist." Das ist aber kein Grund, der Bitte um Fürbitte an die weiter Vorangeschrittenen den Vorzug zu geben gegenüber der an die noch nicht so Weiten.

Es ist somit geboten, den Begriff der „Anrufung" zu ersetzen durch den der Bitte um Fürbitte. Diese Bitte um Fürbitte kann aber die Glieder der *ecclesia militans* mit denen der *ecclesia triumphans* vereinigen. Dieses Gebet ist möglich, denn die Bande, welche *ecclesia militans* und *ecclesia triumphans* verbinden, sind stärker als die scheidende Macht des Todes. Dabei ist es nicht nur ein engerer Kreis von „Heiligen" innerhalb der *ecclesia triumphans* – wie es offensichtlich das Tridentinum meint – sondern die für uns hienieden bittenden Heiligen im Himmel sind *alle* Glieder der *ecclesia triumphans*[22]. Dem Anliegen von Lumen gentium VII ist als solches – bei allen Bedenken im Einzelnen, die nun genannt worden sind – zuzustimmen, dass in dem Gedenken der „Heiligen" die Einheit der beiden Hälften der Kirche gekräftigt wird: *De indole eschatologica Ecclesiae peregrinantis eiusque unione cum Ecclesia caelesti*[23].

---

[18] „Denn du kannst als ein Christ und Heiliger auf Erden fur mich bitten nicht in einerlei, sondern in allen Nöten. Aber darümb soll ich dich nicht anbeten, anrüfen, feiren, fasten, opfern, Messe halten dir zu Ehren und auf dich meinen Glauben zur Seligkeit setzen.", BSLK, 425,11-15.

[19] „Und wiewohl die Engel im Himmel fur uns bitten (wie Christus selber auch tut), also auch die Heiligen auf Erden oder vielleicht auch im Himmel ...", BSLK, 425,1-3.

[20] Es wäre am Gebrauch von „invocare" in der Vulgata zu zeigen, dass dieser Begriff ausschließlich auf Gott als den Angerufenen angewandt wird oder zumindest dadurch eine unverwechselbare Prägung erhält.

[21] 2. Makk 15,12.14 ist kein Beweis für die Berechtigung der Bitte an verstorbene Glieder der Kirche um Fürbitte. Es wird nur gesagt, dass Onias und Jeremia für Israel beten, nicht, dass man sie darum bitten kann oder soll.

[22] Auch hier mag es so sein, dass manche Glieder der ecclesia triumphans in einem noch höheren Maße mit Gott geeint sind als andere, gemäß 1. Kor 3,12-15. Dante hat Paradiso III eine plausible Überlegung angestellt, dass die Seligkeit dadurch in keinem Fall gemindert wird: „... unsere Begierde stillt/Die Liebeskraft, die nur uns läßt verlangen,/Was wir besitzen, nicht was unerfüllt.". Es werden aber alle Glieder der himmlischen Kirche für die Glieder der irdischen Kirche Gott bitten und sie sind auch alle für die Bitten um Fürbitte dieser irdischen Glieder empfänglich.

[23] Ich will an dieser Stelle eingehen auf ein anderes Band, das der römischen Lehre zufolge zwischen den irdischen und den verstorbenen Gläubigen existiert, nämlich die Fürbitte der Lebenden für die noch nicht gereinigten Verstorbenen (LG 50, DH 4170, 1. Abs.). 2. Makk 12,39-46 kann dafür nicht als Argument gebracht werden – die Voraussetzung zugestanden, dass die Makkabäerbücher zum Kanon zählen. Denn das Sündopfer, von dem hier, in der Zeit des Alten Bundes, die Rede ist, kann nur ein Abbild des einmaligen Opfers Christi sein. Dieses reinigt in der Tat alle, die mit Sünden

Es sind somit zwei extreme Fehlhaltungen zu vermeiden. Auf der einen Seite, dass die Verehrung der Heiligen „als eine Art Instanzenweg" aufzufassen sei oder dass es „es gehe um eine indirekte Beeinflussung Gottes oder Umstimmung des ‚strengen Richters Christus' durch die Milde der Mutter Maria und der Heiligen" gehe[24]. Die Vorstellung eines solchen „Instanzenweges" setzt eine bestimmte Auffassung von einer Hierarchie in der Kirche voraus, die falsch ist. Es sind tatsächlich alle Glieder der Kirche heilig, sonst wären sie nicht Glieder der Kirche. Es gibt gewiß graduelle Unterschiede, inwieweit sie sich die Heiligkeit Christi in ihrem Leben angeeignet haben und sie von der Sünde gereinigt sind. Dies hat zur Folge, dass die einen den anderen Vorbilder sein können und jene sie sich zum Beispiel nehmen sollen. Es steht aber allen kraft ihres Glaubens der Zugang unmittelbar zu Gott offen. Darin besteht das allgemeine Priestertum der Gläubigen[25]. Voraussetzung des Glaubens ist gerade die grenzenlose Güte Christi und seines Vaters, der weiß, was wir nötig haben und bereit ist, es zu geben, bevor wir ihn darum bitten (Mt 6,8). Jesus gibt die Vollmacht, in seinem Namen den Vater und ihn zu bitten (Joh 16,23; 14,14), um Menschen schrittweise am Ratschluß der Dreieinigkeit zu beteiligen. Das ist wohl der letzte Sinn des Fürbittgebetes. Eine solche Beteiligung am Ratschluß Gottes ist in der Tat ein Merkmal von Vergöttlichung. Wer Gott für andere bitten kann, ist in gewisser Weise selbst göttlich. Diese Vergöttlichung schenkt Gott aber schon im Zustand der Pilgerschaft, und zwar allen, die glauben.

Die andere Fehlhaltung ist die Vorstellung von einer gewissermaßen transzendenzlosen Kirche. Es gibt nur eine *ecclesia militans*, bzw. die Beziehung der *ecclesia militans* zur *ecclesia triumphans* ist völlig abgeschnitten. Es gibt dann auch keine vertikale Dimension innerhalb der Kirche. Es besteht nur eine völlige Gleichheit zwischen den Gliedern einer solchen Kirche. Außer, dass alle glauben, läßt sich nichts von ihnen sagen. Es gibt kein Fortschreiten in der Heiligkeit zur endgültigen Vollendung hin und damit auch keine Unterschiede an Heiligkeit zwischen den Gliedern der Kirche mit den Möglichkeiten des Helfens und des ermutigenden Schauens auf Vorbilder, die damit gegeben sind. Eine solche Vorstellung war nicht die Auffassung der Reformatoren.

4.4. Die *ecclesiola in ecclesia* und die Orden

4.4.1. *Ecclesiola in ecclesia*

Bei den Überlegungen über die Zeit der Kirche (2.3.) waren wir bereits darauf gestoßen, dass die Schar der Menschen um Jesus und das, was man die Jerusalemer Urge-

---

sterben – und das sind alle Gläubigen – von ihrer Sünde, vgl. 1. Kor 3,12-15. Zu dieser Reinigung bedürfen sie aber keiner Fürbitte mehr, denn sie widerstreben nicht mehr der Reinigung, wie es noch im irdischen Leben der Fall sein kann. Man kann nur davon sprechen, dass die Glieder der ecclesia militans sich auch über die endgültige Reinigung mitfreuen sollen, welche ihre Geschwister jenseits des Todes empfangen.

[24] Als eine „irreführende Vorstellung", die „unbedingt fernzuhalten" sei, formuliert von Gerhard Ludwig Müller, Art. Heiligenverehrung II. Systematisch-theologisch, LThK 3. Aufl., Bd.4 (1995), 1298.

[25] Luther, Von der Freiheit eines Christenmenschen, § 16, WA 7,28f / BoA 2,18.

meinde zu nennen pflegt, nicht nur Kirche auf der obersten, vollendeten Stufe innerhalb des Pilger-Daseins der Kirche war, sondern auch ein gesonderter Kreis innerhalb der Kirche, die damals mit dem Volk Israel deckungsgleich war. Man kann diesen gesonderten Kreis eine *ecclesiola in ecclesia* nennen.

Ecclesiolae in ecclesia gibt es immer wieder in der Geschichte der Kirche. Die Kreise der Prophetenjünger, von denen in 2. Kön 2 die Rede ist, sind bereits ein Beispiel dafür. Eine *ecclesiola in ecclesia* ergibt sich folgerichtig bereits daraus, dass die Heiligung (im engeren Sinne) ein Prozeß ist und dadurch, dass die Glieder der Kirche ungleich sind. Es wird also immer solche geben, die mit größerem Ernst Christen sein wollen als andere. Es wird dann für diese naheliegend sein, nicht alleine für sich zu bleiben, sondern sich zusammenzutun. Luther sprach eben von denjenigen, die „mit Ernst Christen sein wollen und das Evangelium mit Hand und Mund bekennen", und erwog, sie in einer dritten Form des Gottesdienstes oder der Gemeindeordnung (neben dem lateinischen und dem deutschen Gottesdienst) zu sammeln[26]. Das Ziel einer solchen *ecclesiola* muss dementsprechend, was bis jetzt über das Wesen der Kirche gesagt wurde, ein doppeltes sein. Erstens, unmittelbar, um in dieser Gemeinschaft sich so gegenseitig zu bestärken, dass ihre Glieder um so mehr im Glauben und in der Heiligkeit wachsen. Zweitens, mittelbar, auf diese Weise die Kirche als Ganzes zu stärken, damit ihr Glauben und ihre Heiligkeit wachse.

Die Bildung einer *ecclesiola in ecclesia* wird nicht nur dadurch hervorgerufen, dass manche Christen träger und manche beherzter im Voranschreiten der Heiligung sind als andere. Sie wird mehr noch dadurch provoziert, dass die Kirche nicht nur bestimmt wird durch die Tendenz zu einer immer größeren Heiligkeit, d.h. einer immer größeren Gottesliebe und Nächstenliebe. Es gibt in der Kirche immer auch die gegenläufige Tendenz zu einem Schwund der Liebe und einem Schwund des Glaubens. In einer *ecclesiola* sammeln sich dann diejenigen, die dieser Tendenz widerstehen wollen, der in den weiteren Kreisen der Kirche schon größere Fortschritte gemacht hat. Auch in dieser Hinsicht geht es nicht nur um die kleine Schar selbst, sondern um die Bewahrung der gesamten Kirche. Luther spricht in den Ablaßresolutionen von 1518 davon, dass diejenigen, welche erkennen, in welchem Elend die Kirche versunken ist, nicht wie der Priester und der Levit von ihr sich absondern sollen, sondern wie der barmherzige Samariter mit ihr Mitleid haben und ihr helfen[27].

Es muss also, um des Heils einzelner Glieder, die sich dem Zerfall entziehen wollen, aber auch um des Wohls der ganzen Kirche willen einen Rückzug in ein gewisses Eigenleben geben, der aber nicht zu einer grundsätzlichen Abwendung von der Kirche werden darf. Die Frage lautet, wie weit dieses Eigenleben gehen darf. Luther erwog in seiner Vorrede zur Deutschen Messe von 1526 nicht nur das Gebet und das Lesen der Bibel als Tätigkeiten dieser Kreise, sondern auch die Taufe und das Abendmahl und sah die Bereitschaft zur Kirchenzucht mit dem Bann nach der Regel von Mt 18,15ff vor. Allerdings sah er die Zeit zu der Gründung solcher Gemeinschaften noch nicht

---

[26] Luther, Vorrede zur Deutschen Messe von 1526, WA 19, 75/BoA 3, 296,39 – 297,1: „Aber die dritte weyse/die recht art der Euangelischen ordnunge haben solte/muste nicht so offentlich auff dem platz geschehen vnter allerley volck/sondern die ienigen, so mit ernst Christen wollen seyn/vnd das Euangelion mit hand vnd munde bekennen/musten mit namen sich eyn zeychen vnd etwo yn eym hause/alleyne sich versamlen ...".

[27] Conclusio zu These 80, WA 1, 625/BoA 1, 142,33 – 143,14.

für gekommen[28]. Philipp Jakob Spener spricht in seinen ‚Pia desideria' lediglich vom gemeinsamen Studium der Bibel und betont, dass der Gemeindepfarrer die Leitung haben solle[29].

Hier ist auf die Überlegungen zu den Gemeinschaften unterhalb der Ebene der Ortsgemeinde (3.5.) zurückzukommen. Wenn die Einheit der Ortsgemeinde erhalten bleiben soll, dann kann in diesen kleineren Gemeinschaften nicht die Taufe stattfinden, denn sie begründet auf sakramentale Weise die Zugehörigkeit zur universalen Kirche, und auch nicht das Abendmahl, denn dieses steht mit besonderem Nachdruck als Zeichen für die Vereinigung aller Christen. Soll die Verbundenheit mit der Ortsgemeinde gewahrt werden, dann müsste entweder, wie Spener es vorsah, der gemeindeleitende Amtsträger auch die *ecclesiola* direkt leiten oder die Leiter der *ecclesiola* müssten sich ihm unterordnen.

Man kann, wenn ein Leitungsorgan oberhalb der Ebene der Ortsgemeinde da ist, sich über dieses Leitungsorgan verständigen, dass es neben der Ortsgemeinde diese Gemeinschaft als Gemeinde eigener Art auf der Ebene der Ortsgemeinde geben soll. Dann ist es möglich und angemessen, dass in dieser Gemeinschaft auch Gebrauch von den Sakramenten gemacht wird. Findet keine Verständigung statt, dann droht die Spaltung.

Die *ecclesiolae* sind grundsätzlich von zwei Gefahren bedroht. Die erste kommt von innen: dass die Kirche verachtet wird und abgelehnt wird, weil sie weniger heilig ist als die *ecclesiola* – oder weil es ihr scheint, dass diese gar nicht mehr heilig ist, d.h. weil sie aufgehört habe, Kirche zu sein, wo sie in Wirklichkeit doch noch Kirche ist. Damit verbunden ist, dass die *ecclesiola* dem höheren Grad von Heiligkeit – man kann auch sagen: der größeren Bereitschaft, sich höheren Ansprüchen zu stellen – ein größeres Gewicht gibt als dem Evangelium von der ungeschuldeten Gnade Gottes, von der die ganze Kirche lebt. Täte die *ecclesiola* das, dann würde sie sich ihre eigene Lebensader abschneiden.

Die andere Gefahr für die *ecclesiola* kommt von außen, nämlich von den größeren Einheiten der Kirche, in denen sie sich befindet. Dann nämlich, wenn diese den Beitrag, den die *ecclesiola* für das innere Wachstum und das Gesunden der Kirche leisten möchte, zurückweisen, wenn sie sie aus der Kirche vertreiben und sie auslöschen will. Die Verfolgungen, denen die Jerusalemer Urgemeinde ausgesetzt war, sind ein Beispiel dafür.

Werden hingegen beide Gefahren vermieden, dann sind die *ecclesiolae* Zellen des Christ-Seins, aus denen die Kirche immer wieder Erneuerung und Gesundung schöpfen kann.

4.4.2. Orden und Kommunitäten

Die Verwirklichung der *ecclesiola in ecclesia* ist in der Kirchengeschichte häufig verbunden mit den sogenannten „evangelischen Räten". Auf diesen baut sich in der römischen Kirche das Ordenswesen auf. ‚Lumen gentium' spricht in cap. VI, „De reli-

---

[28] WA 19, 75 / BoA 3, 297,1-25.
[29] Philipp Jakob Spener, Pia desideria, hg. v. Kurt Aland, 2., durchges. Aufl. Berlin 1955, 55f (Kleine Texte für Vorlesungen und Übungen 170) / Studienausgabe, Bd.1, hg. v. Kurt Aland, Gießen 1996, 196-200. Der Begriff „ecclesiola in ecclesia" wird von Spener erstmals in der Vorrede für die Pia desideria vom September 1675 verwendet. s. Johannes Wallmann, Geistliche Erneuerung der Kirche nach Philipp Jakob Spener, in: Pietismus und Neuzeit 12 (1986), 12-27, hier 24, bei Anm. 25.

giosis", über die Ordensleute, von den „evangelischen Räten" der Gott geweihten Keuschheit, der Armut und des Gehorsams, welche dauerhaften Lebensformen (*stabiles vivendi formae*) zugrundeliegen, so vor allem in Gemeinschaften (*familiae*), welche nun „reichliche Hilfen zum Fortschritt ihrer Mitglieder wie zum Besten des ganzen Leibes Christi" bieten[30]. Die durch diese drei Lebensregeln bestimmten Gemeinschaften sind ein besonderer Fall dessen, was hier „ecclesiola in ecclesia" genannt wurde. Die Vorstellung der vatikanischen Lehre ist, dass durch die Gelübde auf diese drei Lebensregeln ein eigener Stand (*status*) entsteht, neben dem Stand (*conditio*) der Kleriker und der Laien, aber so, dass sowohl Kleriker als auch Laien in diesem Stand des *religiosus* sein können[31].

Die reformatorische Kritik am Ordenswesen wandte sich zuerst gegen die Vorstellung, „daß man mit dem Klosterleben Vergebung der Sünden und Rechtfertigung vor Gott verdiene", dass dementsprechend die Klostergelübde als höher einzuschätzen seien als die Taufe[32]. Es liegt damit genau das vor, was wir hier als die erste, von innen kommende Gefahr der *ecclesiola in ecclesia* bezeichnet haben. Eine solche Vorstellung wird vom Vatikanum II allerdings nicht vertreten. Es faßt das Leben nach den „evangelischen Räten" im Zusammenhang von LG cap. V und VI nur als eine, wenngleich hervorgehobene Weise auf, wie der allgemeinen Berufung der Kirche zur Heiligkeit nachgekommen werden kann[33].

Luther hat die Möglichkeit zugestanden, nach diesen drei Lebensregeln, die „Räte" genannt wurden, zu leben, wenn damit nicht der Anspruch verbunden war, sich die Rechtfertigung zu verdienen, die allein der Glaube empfängt und die bereits in der Taufe zugesagt wird.

„Wiederum, wer mit christlichem und frommem Sinn gelobt, der wird notwendig so vor Gott denken: ‚Siehe da, mein Gott, diese Art des Lebens gelobe ich dir, nicht weil ich glaube, dies sei der Weg zu Gerechtigkeit und zum Heil und zur Genugtuung für die Sünden. Solche Meinung möge deine Barmherzigkeit von mir abwenden. Sie würde über die Maßen meinen Herrn Christus beleidigen; denn dies würde seine Verdienste leugnen ... Aber das will ich tun ...: ich will diese Form des Lebens ergreifen, um meinen Leib in Zucht zu halten, dem Nächsten zu dienen, über dein Wort nachzusinnen, wie ein anderer den Ackerbau oder ein Handwerk ergreift.'"[34] Eine solche Einstellung hält das Leben nach diesen Regeln für eine Übung, nicht aber für

---

[30] „... variaequae familiae creverint, quae tum ad profectum sodalium, tum ad bonum totius Corporis Christi opes augent.", LG 43, DH 4167, 1. Abs.

[31] LG 43, DH 4167, 2. Abs., vgl. LG 30, DH 4165.

[32] „daß man mit dem Klosterleben Vergebung der Sunde und Rechtfertigung fur Gott verdienet.", CA XXVII, BSLK, 111,25 – 112,1; vgl. Schmalkaldische Artikel III,14.

[33] Bezeichnend die Formulierung LG 42: „Sanctitas Ecclesiae item speciali modo fovetur multiplicibus consiliis ...".

[34] „Rursus Christiano et pio affectu uouens sic cogitabit necessario apud deum: ‚Ecce, deus, hoc uitae genus uoueo tibi, non quod existimem hanc esse uiam ad iustitiam et salutem aut satisfactionem peccatorum. Hoc enim auertat a me misericordia tua. Hoc in Christi domini mei redundaret iniuriam, cum hoc sit negare eius merita ... . Sed hoc ago: ... apprehendam hanc formam uiuendi exercendi corporis gratia, ad seruiendum proximo, ad meditandum in uerbo tuo, quemadmodum alius apprehendit agriculturam aut artificium ...", De votis monasticis iudicium (1521), WA 8, 604/BoA 2, 223,29 – 224,4. Die Übersetzung folgt derjenigen von Otto Scheel, Luthers Werke, hg. v. G. A. Buchwald, G. Kawerau u.a., Erg.bd.1, hg. v. Otto Scheel, Berlin 1905, durchges. u. abgedr. in: Martin Luther, Freiheit und Lebensgestaltung, hg. v. Karl-Heinz zur Mühlen, Göttingen, 1983, hier 120.

die Sache und das Wesen selbst. Dieses ist vielmehr der Glaube[35]. Die „Sache" und das „Wesen selbst" ist der Glaube, weil durch ihn allein der Mensch gerechtfertigt wird. Der Glaube kann in verschiedenen Lebensformen praktiziert werden. Er ist dann immer verbunden mit der Meditation von Gottes Wort – aus dem er genährt wird – und hat immer den Dienst am Nächsten zur Folge und die Beherrschung des eigenen Körpers. Die Frage, die sich nun erhebt, ist, ob das Leben nach den Lebensregeln des Gehorsams, der Armut und der Keuschheit als Ehelosigkeit wie ‚Lumen Gentium' es nahelegt, die Heiligung *stärker* vorantreibt als ein Leben ohne diese Regeln. Dort wird von den Menschen gesprochen, „die die Entäußerung des Erlösers nachdrücklicher befolgen und deutlicher erweisen, indem sie die Armut in die Freiheit der Kinder Gottes übernehmen und auf den Eigenwillen verzichten, das heißt, sie unterwerfen sich einem Menschen um Gottes willen hinsichtlich der Vollkommenheit über das Maß des Gebotes hinaus, um sich dem gehorsamen Christus mehr gleichzugestalten."[36] Der *religiosus* „ist zwar durch die Taufe der Sünde gestorben und Gott geweiht. Um aber reichere Frucht aus der Taufgnade empfangen zu können, will er durch die Verpflichtung auf die evangelischen Räte in der Kirche von den Hindernissen, die ihn von der Glut der Liebe und der Vollkommenheit der Gottesverehrung zurückhalten könnten, frei werden und wird dem göttlichen Dienst inniger geweiht."[37] Der Ordensstand befreie „seine Glieder von den irdischen Sorgen mehr"[38], die „Lebensform, die der Sohn Gottes annahm ... ahmt dieser Stand ausdrücklicher nach"[39].

In vertiefter Weise verstanden gelten die drei Lebensregeln für alle Christen und sind keine „Räte", sondern Gebote[40]. Denn alle Christen sind Christus Gehorsam schuldig; der Glaube selbst schließt den Gehorsam ein (Röm 1,5). Durch den Glauben gehören die Glaubenden Christus (1. Kor 3,23). Darum sollen sie gar nicht mehr aus ihrem eigenen Willen leben, und Jesus kann kategorisch sagen: „Gib dem, der dich bittet." (Mt 5,42). Dieser Gehorsam Menschen gegenüber hat aber eine Grenze, wenn er dem Gehorsam Gott gegenüber widerspricht (Apg 5,29). Daran sind kategorische Aussagen wie in der Benediktsregel (cap.5) zu berichtigen, der Gehorsam, den man den Oberen leiste, würde Gott erwiesen. Desgleichen ist auch jeder Christ arm und zur Armut verpflichtet. Denn ein Christ ist von Christus erkauft und gehört darum nicht sich selbst (1. Kor 6,19, vgl. 3,23), noch weniger gehört ihm irgendetwas anderes.

---

[35] „Insuper affectus iste habet hoc genus uitae pro usu et exercitio, non pro ipsa re et substantia. Nam fidem habet pro re et substantia.", ebd., WA 8, 604 / BoA 3, 224,17-19.

[36] „qui exinanitionem Salvatoris pressius sequuntur et clarius demonstrant, paupertatem in filiorum Dei libertate suscipientes et propriis voluntatibus abrenuntiantes: illi scilicet ese homini propter Deum in re perfectionis ultra mensuram praecepti subiciunt, ut Christo oboedienti sese plenius conforment.", LG 42, LThK. 2. Aufl., Erg.bd. 1, 302.

[37] „Per baptismum quidem mortuus est peccato, et Deo sacratus; ut autem gratiae baptismalis uberiorem fructum percipere queat, consiliorum evangelicorum professione in Ecclesia liberare intendit ab impedimentis, quae ipsum a caritatis fervore et divini cultus perfectione retrahere possent, et divino obsequi intimius consecratur.", LG 44, ebd., 306.

[38] „... status religiosus, qui suos asseclas a curis terrenis magis liberat, ...", ebd., 306-308

[39] „Formam quoque vitae, quam Filius Dei accepit ... idem status pressius imitatur ...", ebd, 308.

[40] Vgl. für das Folgende die Kritik Luthers, De votis monasticis, WA 8, 580-587 / BoA 2, 196-205, und Melanchthons, Loci 1521, 124-132, De lege, Abschnitt 3, 93-116. Immerhin sagt Balthasar, dass „jeder Christ auf den Geist der Räte verpflichtet ist": Christlicher Stand, 291f. Im Gesamtzusammenhang gehen Balthasars Ausführungen in diesem gedankensprühenden Werk allerdings grundsätzlich an den Anfragen vorbei, welche die Reformatoren vorgebracht haben.

Gleicherweise ist jeder Christ zur Keuschheit im höheren Sinne verpflichtet: Paulus nennt die Gemeinde 2. Kor 11,2f eine Jungfrau, die er rein dem Herrn zuführen will und meint damit die ungeteilte Hingabe an den Herrn. Was von der Gemeinde gilt, das gilt auch von jeder einzelnen christlichen Seele.

Nun sind die Ausführungen von ‚Lumen gentium' so zu verstehen, dass mit dem Geloben dieser drei Lebensformen Hindernisse hinweggenommen würden, welche die Christen ansonsten hindern könnten, sie ganz von der Glut der Liebe zu Gott erfassen zu lassen. Daraus würde sich der Vorsprung ergeben, den der Stand des *religiosus* vor dem Stand der Laien hat, was sich in den durchlaufenden Komparativen von ‚Lumen gentium' ausdrückt. Aufgrund dieser *prinzipiell* vorteilhafteren Position im Wettlauf der Heiligkeit, aber auch nur deswegen, hat Thomas von Aquin den Ordensstand den *status perfectionis* genannt[41].

Dieser Vorteil hat aber, recht betrachtet, nur ein sehr geringes und vor allem relatives Gewicht, das nicht ausreicht, von einem eigenen Stand innerhalb der Kirche zu sprechen, der diesen Namen verdient. Dies soll begründet werden, indem nochmals die drei Lebensregeln durchgegangen werden.

In irgendwelchen Gehorsamsverhältnissen steht ein Mensch immer[42]. Dieser Gehorsam und der selbst gewählte Gehorsam, den ein Christ dem gewährt, der ihn bittet, ist genügend Gelegenheit, den Gehorsam und die Demut Christus gegenüber einzuüben. Es besteht kein Grund, den Gehorsam einem Ordensoberen gegenüber hier einen Vorrang zuzumessen. Andererseits gibt es auch die Verpflichtung zur Mündigkeit, zu welcher Paulus ermahnt: keinem anderen zu gehören und untertan zu sein außer Christus (1. Kor 3,21-23, vgl. 7,23).

Einerseits muss ein Christ sich immer mehr in die Einsicht versenken, dass er nichts hat und dass er vor Gott arm ist (Mt 5,3), andererseits macht er wie jeder Mensch immer irgendwelchen Gebrauch von Gütern, die ihm zur Verfügung stehen. Auch bei einem Ordensmenschen ist dies der Fall. Worauf es aber ankommt, ist die innere Einstellung zu diesen Gütern, das Haben-als-hätte-man-nicht (1. Kor 7,29-31). Dies ist aber ein Leben lang einzuüben. Dazu kann ein Verzicht auf Güter, die man hat, förderlich sein, und dies ist wohl auch der Sinn der Perikope von dem „reichen Jüngling" (Mt 19,16-26). Es sind aber auch andere Wege möglich, so etwa, seine Güter zu behalten und den Ertrag aus ihnen für Bedürftige einzusetzen.

Was die Enthaltsamkeit und Ehelosigkeit betrifft, spricht Jesus Christus davon als einer Gabe, die bestimmten Menschen gegeben ist (Mt 19,11f). Für diese ist es zugleich eine Aufgabe und nicht bloß ein Rat, für alle anderen ist es nicht einmal ein Rat[43]. Für

---

[41] S. Th. II – II, q.184, a.3c. Man war dabei durchaus imstande, Heiligkeit des Standes und Heiligkeit der Person zu unterscheiden und zuzugestehen, dass Personen außerhalb dieses Standes einen höheren Grad an Heiligkeit erreichen können, so Thomas, S. Th. II – II, q.184, a.4c, und Augustin in dem, was er von Abraham sagte, s. Marianne Schlosser, Art. Keuschheit, III. Kirchengeschichtlich, RGG, 4. Aufl., Bd.4 (2001), 947; der Gesamtzusammenhang bei Thomas: S. Th. II – II, q.183-184.

[42] Dies ist das Argument Melanchthons, Loci 1521, 128, Abschnitt 3,104, der Eltern, Lehrer, Obrigkeit als Autoritätspersonen nennt; vgl. auch den bestimmten Menschengruppen auferlegten Gehorsam Eph 5,21-6,9.

[43] Um einen Rat handelt es sich hingegen bei Paulus, 1. Kor 7,28-35. Dieser ist in der Tat an alle Christen gerichtet. Er verbindet seine Befolgung an anderer Stelle aber dann doch mit einer besonderen Gabe: 7,6f.

diejenigen, denen diese Gabe gegeben ist, handelt es sich gewiß um ein kraftvolles Hilfsmittel auf dem Weg der Heiligung.

Das Fazit lautet also: es gibt keine Räte, durch deren Befolgung Christen generell leichter einen höheren Grad an Heiligkeit erreichen, d.h. leichter sich der Liebe zu Gott hingeben könnten. Unterstellung unter die Autorität eines Oberen in einer christlichen Lebensgemeinschaft, Verzicht auf bestimmte Güter, Ehelosigkeit können die einen Menschen fördern, die anderen aber hemmen. Umgekehrt können auf den entgegengesetzten Wegen – dadurch, dass sie Verantwortung und damit Autorität in einer Gemeinschaft übernehmen, die Verwaltung von Gütern versehen und in einer Ehe und Familie leben – bestimmte Menschen auf ihrem Weg zur Heiligkeit genauso gefördert werden wie andere durch diese drei Lebensformen. Die Grenze, die zwischen den einen und den anderen Menschen zu ziehen wäre, hat also keinerlei Bedeutung, was ihr geistliches Voranschreiten betrifft.

Wenn die drei Lebensregeln nun doch einen hervorgehobenen Charakter im Ganzen der Kirche haben, dann deswegen, weil die Lebensformen, die durch ihn bestimmt sind, ein *Zeichen* für die gesamte Kirche sind, die hier „keine bleibende Stadt hat" (Hebr 13,14). Dieser Gedanke schimmert auch in einem Abschnitt von ‚Lumen gentium' auf[44]. Die Regeln sind es, indem durch sie gerade bestimmte natürliche, durch die Schöpfung gegebene Ordnungen überschritten werden, in denen der Mensch sonst lebt[45]. Anstelle der natürlichen Familie wählt ein Christ sich eine „Familie", die allein deswegen zusammen findet, um die Gemeinschaft von Menschen *darzustellen*, die Christus zu sich gerufen hat – d.h. die Gemeinschaft der Kirche. Er lebt in dieser Gemeinschaft so, wie es die Glieder der *ecclesia triumphans* tun: sie leben wie die Engel, ohne miteinander verheiratet zu sein (Mk 12,25). Das, was sonst Gott mittels der Bindung in einer Ehe als Erfüllung gewährt, das gewährt er nun unmittelbar und durch diese besondere, übernatürliche Gemeinschaft. Wie in jeder Familie gibt es auch hier eine leitende Autorität und damit Gehorsam. So ist dieser Gehorsam Zeichen für den Gehorsam Christus gegenüber. Anstelle des Privateigentums, das eine Einzelperson oder eine natürliche Familie hat, gibt es nun nur ein Gemeinschaftseigentum, und von diesem soll nach den Regeln der Gemeinschaft ein solcher Gebrauch gemacht werden, dass die Unabhängigkeit von irdischem Besitz *dargestellt* wird, die Ziel jeden christlichen Lebens ist, und die Kehrseite davon ist, in Christus reich zu sein. Anstelle der ehelichen Bindung wird Ehelosigkeit gelebt, um *darzustellen*, dass die Kirche als Ganze und jede christliche Seele für sich Braut Christi ist.

Man sollte eine vierte Regel noch hinzufügen: Sich nicht mit Gewalt gegen Unrecht wehren, das einem zugefügt wird (Mt 5,39). Als Geist der Friedfertigkeit ist diese Regel für alle Christen Pflicht. Das schließt aber nicht einen geordneten und gemäßig-

---

[44] Diese Überlegungen berühren sich mit denjenigen in dem dritten Abschnitt von LG 44: „Evangelicorum proinde consiliorum professio tamquam signum apparet, quod omnia Ecclesia membra ad officia vocationis christianae impigre adimplenda efficaciter attrahere potest ac debet. Cum enim Populus Dei hic manentem civitatem non habeat ...". Zu den Formulierungen im Einzelnen s. die scharfsinnige Kritik von Friedrich Wulf in dem Kommentar, der feststellt, dass „die Theologie des Rätestandes erst unterwegs ist.", LThK, 2. Aufl., Erg.bd. 1, 308-310.

[45] Gewiß sind auch die anderen Ordnungen des christlichen Lebens Zeichen für die Kirche. So ist die Ehe ein Gleichnis für die Verbindung Christi mit der Kirche, Eph 5, 22-33. Dieses Zeichen geschieht aber im Gleichklang mit der natürlichen Ordnung, so dass durch das Zeichen als solches nicht daran erinnert wird, dass das Reich Christi nicht von dieser Welt ist (Joh 18,36).

ten Einsatz von Gewalt aus, um die diesseitigen Dinge vor noch Schlimmerem zu bewahren. Zugleich braucht es aber Gemeinschaften von Menschen, welche für sich selbst auf Gewalteinsatz verzichten, um für die ganze *ecclesia militans* ein Zeichen des Friedens zu sein, den Christus in der *ecclesia triumphans* walten lassen wird.

Als solche darstellende Zeichen sind diese Lebensregeln – für sich genommen oder in Kombination – etwas, worauf die Gesamtkirche nur zu ihrem Schaden verzichten könnte. Wer nach diesen Regeln lebt, hat zwar für sich nicht einmal einen prinzipiellen Vorsprung vor demjenigen, der nicht danach lebt. Er gewährt der gesamten Kirche aber ein Zeichen, durch das sie gestärkt wird, ihren Weg zu gehen. In diesem Sinne verstanden haben *ecclesiolae*, welche diese Regeln praktizieren, ihr Recht und ihren Sinn, seien es die Klöster und Ordensgemeinschaften der Ostkirchen oder der römischen Kirche oder die evangelischen Kommunitäten in den Reformationskirchen.

4.4.3. Gibt es Stände in der Kirche?

Abschließend soll nun noch Stellung genommen werden zu der von der römischen Kirche vertretenen Auffassung, innerhalb der Kirche würde es mehrere, nämlich drei Stände geben, einen Laienstand, einen Priester- oder Ämterstand, und einen Rätestand[46]. Wir haben bereits oben gesehen, dass Luther von ein und derselben Sache und Substanz sprach, welche derjenige, der nach den drei Lebensregeln, den so genannten „Räten", lebt, und derjenige, der einen Beruf wie Ackerbau oder Handwerk ausübt, gemeinsam haben, nämlich den Glauben. Es macht sich aber jener die Meditation von Gottes Wort oder den Dienst am Nächsten zum Hauptgegenstand seiner Lebenstätigkeit in einer vergleichbaren Weise wie dieser den Ackerbau oder das Handwerk. Man muss also unterscheiden zwischen prägenden Formen, wie dem Glauben, der Meditation von Gottes Wort, der Liebe zum Nächsten, und Lebenstätigkeiten. Diese Lebenstätigkeiten sollen von solchen Formen in jedem Fall geprägt sein. Diese Formen können aber auch selbst zu Lebenstätigkeiten werden. Wir haben es dann also mit zwei Möglichkeiten der Lebensgestaltung zu tun. In der einen übernimmt man Tätigkeiten, die als solche nicht den Glauben zur Voraussetzung haben. Hauptgegenstand dieser Tätigkeiten sind Verhältnisse innerhalb der von Gott geschaffenen Welt. In der anderen übt man Tätigkeiten aus, die sich ganz aus der einen „Substanz", dem Glauben, entfalten.

In der *Welt* leben aber beide, die diese verschiedenen Möglichkeiten von Lebensgestaltung ergriffen haben. Mit „Welt" ist hier ausdrücklich die Schöpfung gemeint, nicht Welt im Sinne der verkehrten Schöpfung, wie der Begriff häufig in der Bibel gebraucht wird. In diesem Sinne (etwa Joh 15,19) gehört keiner von beiden der Welt an, sonst würden sie nicht glauben. Sie sind aber beide in der Welt, nicht außerhalb von ihr (Joh 17,15). Es ist darum, wenn man *diesen* biblischen Begriff von „Welt" zugrundlegt,

---

[46] Siehe die oben zitierten Stellen aus LG 43f, sowie Balthasar, Christlicher Stand. Luther referiert diese Lehre so, dass es zwei Stände gebe, einen geistlichen Stand, der die Amtsträger und die Ordensleute einschließe, und einen weltlichen Stand: An den christlichen Adel deutscher Nation (1520), WA 6, 407/BoA 1, 366,30-32. Die von ihm dort dargestellte und angegriffene Position unterscheidet sich allerdings in wesentlichen Stücken von derjenigen, die ‚Lumen Gentium' oder Balthasar vertreten.

völlig abwegig zu sagen, der Laie würde in der Welt leben, der *religiosus* hingegen nicht[47].

Man kann dann noch einmal innerhalb der Lebensgestaltung, deren Stoff aus dem Glauben selbst erwächst, diejenige herausgreifen, die im Dienst des „Amtes" besteht, d.h. des Wortes und des Sakramentes[48]. Das Amt prägt dann selbst diese Lebensgestaltung. Man kann es somit unterscheiden von anderen Lebensgestaltungen, welche ebenfalls aus dem Glauben leben, sich aber nicht dem Dienst des Amtes widmen. Luther deutet an der besagten Stelle in ‚De votis monasticis' mit der Meditation von Gottes Wort die kontemplative Lebensweise an, mit dem Dienst am Nächsten die karitative[49]. Man kann das Leben in zwei Varianten der Lebensgestaltung aus dem Stoff des Glaubens mit den drei Lebensregeln verbinden, die in der römischen Tradition „Räte" genannt werden und so den eschatologischen Charakter des Evangeliums unterstreichen. Gerade die kontemplative Lebensweise hat eine besondere Affinität zur zölibatären Lebensform[50].

Fazit: es zeichnen sich hier Lebensgestaltungen oder Lebensweisen ab, die eine gewisse Ähnlichkeit haben mit dem, was mit den Ständen des Laien, des Priesters und des Ordensmenschen gemeint sein kann. Es ist aber auch deutlich, dass Eigenschaften, die bei der einen Lebensgestaltung hervorgehoben werden, auch in den anderen vorhanden sein müssen. Die gemeinsame „Substanz" all dieser Lebensweisen ist der Glaube. Der Amtsträger muss genauso das Wort hören und das Sakrament empfangen wie alle anderen auch. Meditation des Wortes und Nächstenliebe müssen die Tätigkeiten aller prägen. Mit der Gestaltung der Verhältnisse innerhalb dieser vergänglichen Welt haben gleichfalls alle zu tun. Will man an der Redeweise von „Ständen" festhalten, dann kommt man dieser Wahrheit noch am nächsten, wenn man wie Hans Urs von Balthasar davon spricht, dass sie sich gegenseitig durchdringen und dass jeder von ihnen der Primat zugesprochen werden kann[51].

---

[47] Vgl. die Rede von „Welt" etwa bei Balthasar, Christlicher Stand, dort z.B. 266: „Die Glieder der Kirche, die weder im Rätestand noch im Priesterstand sind, befinden sich im Laienstand in der Welt." Der Begriff von „Welt" muss hier geklärt werden.

[48] Das ist eine Unterscheidung, die auch Luther in seiner Kritik der überlieferten Ständelehre in der Schrift ‚An den christlichen Adel' nicht übersieht. Er vergleicht die geistliche Vollmacht mit der Vollmacht, ein Königreich zu regieren, die mehrere Erben haben, und sagt: und es wird „doch einem zuregieren befolen", WA 6, 407/BoA 1, 367,16; „Dan was auß der tauff krochen ist/das mag sich rumen/das es schon priester, Bischoff vnd Bapst geweyhet sey/ob wol nit einem yglichen zympt/solch ampt zu vben.", WA 6, 408/BoA 1, 367,33-35. (Hervorhebungen S.G.)

[49] Gewiß gibt es die Handlungen der karitativen Lebensweise auch als „weltlichen" Beruf, etwa in der Krankenpflege. Die Verhältnisse der Welt können auch so geordnet sein, dass für die Kranken oder die Armen gesorgt wird. Die Intention der karitativen Lebensweise ist aber die, in diesen Akten an den Kranken und Armen die Liebe zum Nächsten sichtbar zu machen, die in sich selbst wiederum die Liebe Gottes zu den Menschen sichtbar macht, und das ist etwas anderes als der Dienst, der in anderen Lebenstätigkeiten zugunsten anderer Menschen versehen werden kann und werden soll. Es ist darum etwas anderes, weil in dem Dienst an denjenigen, die in herausragender Weise bedürftig sind, Christus selbst in einer herausragenden Weise gegenwärtig ist, und zwar als Liebender (betrachte Jesu Heilungen) und als Geliebter (Mt 25,31-46).

[50] Luther fügt in ‚De votis monasticis' hinzu, dass die jungfräuliche Keuschheit besser geeignet ist für den Dienst des Wortes als die Ehe: WA 7, 585/BoA 2, 202,28-203,14/Freiheit und Lebensgestaltung, 94f. Allerdings behauptet er keineswegs, der Dienst des Wortes sei exklusiv nur denjenigen vorbehalten, welche das Charisma des Zölibats haben.

[51] Balthasar, Christlicher Stand, 313; 11.

Überdenken wir noch einmal alles, was hier zu dem Prädikat der Heiligkeit der Kirche gesagt wurde. Weil Heiligung ein Prozeß ist und es kein Mehr oder Weniger an Heiligkeit in der Kirche geben kann, muss unbedingt darauf geachtet werden, dass die Heiligkeit in der Kirche nicht so gedacht wird, dass sie die Einheit und Katholizität der Kirche unterhöhlt. Wenn es eine abgegrenzte Klasse der Heiligen in der Kirche gäbe oder einen eigenen Stand der Vollkommenheit, dann wäre das der Fall. Das wäre genauso von Übel, wie wenn ein Stand von Klerikern – den Amtsträgern – von einem Stand der Laien zu scheiden wäre. Die Differenzierung, die durch das Voranschreiten in der Heiligung (4.3.) und durch das Befolgen besonderer Lebensregeln (4.4.) in die Kirche hineinkommt, kann aber auch konstruktiv gestaltet werden, so dass sie die Einheit der Kirche fördert. Die weiter in der Heiligung Vorangeschrittenen werden Vorbilder für die Heiligung der ihnen Nachfolgenden. Die Bitte um Fürbitte vereint sie miteinander. Wenn sich kleine Gruppen innerhalb der Kirche zusammenschließen, um mit größerer Entschiedenheit zu glauben und den Glauben zu leben, kann das für die Belebung viel weiterer Kreise in der Kirche sich auswirken. Die Lebensregeln, die von ihnen unter Umständen praktiziert werden, sind ein Zeichen für die Bestimmung der ganzen pilgernden Kirche, in die Herrlichkeit der *ecclesia triumphans* einzugehen.

5. DIE APOSTOLIZITÄT DER KIRCHE

Unter den vier traditionellen Prädikaten steht die Apostolizität für den *Grund*, weshalb die Kirche Kirche ist. Die Kirche ist Kirche, weil sie apostolisch ist. Der Begriff des „Apostolischen" steht also für das *Wort*, dessen Geschöpf die Kirche ist und welches die Kirche hervorruft (Jak 1,18). Um wieder Luthers Definition in den Schmalkaldischen Artikeln III,12 aufzugreifen: es geht um die Stimme des Hirten, welche die Schafe hören. Durch diese Stimme sind sie *heilig* und durch diese Stimme sind sie *eine* Schar. Man kann somit sagen, dass „apostolisch" für „christlich" steht. Kirche ist eben ἡ κυριακὴ ἐκκλησία, die dem *Herrn* gehörende Versammlung.

Mit dem Begriff des Apostolischen ist dabei aber auch noch eine notwendige Konkretion dieser Zugehörigkeit zu ihrem Herrn und Schöpfer ausgedrückt. Denn die Apostel sind solche, denen der Herr bei ihrer Aussendung die Vollmacht gibt „Wer euch hört, hört mich." (Lk 10,16). Jesus Christus spricht in der Vermittlung durch Menschen, die er dazu bevollmächtigt hat und erschafft und leitet dadurch die Kirche[1]. Er hat dann allerdings nicht erst durch die Apostel geredet, sondern auch schon durch die Propheten – d.h. alle von Christus dazu Bevollmächtigten in Israel in der Zeit des Alten Testaments –, ja durch alle, welche er die ganze Menschheitsgeschichte hindurch damit beauftragt hat, sein Evangelium in gleich welcher Gestalt zu verkündigen[2]. Für alle diese Mittler, in denen Jesus Christus selber geredet hat und redet, steht der Begriff des Apostolischen.

Ist Jesus Christus durch solche Mittler die ganze Menschheitsgeschichte hindurch seiner Kirche präsent, dann ist er es auch durch die *Überlieferung* von deren Worten in der Geschichte von Generation zu Generation. Was er einmal zu diesen Mittlern oder durch sie gesagt hat, wird bei späteren Gelegenheiten wiederholt und damit spricht er von neuem (Ex 13,14). Diese Überlieferung ist mündlich, nimmt aber im Verlauf der Geschichte auch eine *schriftliche* Gestalt an. Diese Schriften sind sowohl überliefertes Wort Gottes an seine Kirche als auch das Kriterium, an dem geprüft werden kann, ob ein anderes Wort tatsächlich beanspruchen kann, Wort Gottes zu sein (Joh 5,39f. 45-47). Diese Schriften stellen eine Auswahl dar, die Autorität für die Kirche hat, und darum *Kanon* genannt wird. Dieser Kanon erhält seinen Abschluß mit den Schriften der „Apostel" im engeren Sinne, die von der zuvor verheißenen Ankunft des ewigen Wortes in der Geschichte zeugen. Von diesem Kanon bekennt

---

[1] Karl Barth erklärt, dass die Apostolizität der Kirche „mit ihrem Charakter als Leib, d.h. als irdisch-geschichtliche Existenzform Jesus Christi … zusammenhängt.", KD IV/1, 802. Er klärt bei dieser Gelegenheit diesen in seinen definitorischen Leitsätzen zu Ekklesiologie verwendeten Begriff „irdisch-geschichtliche Existenzform" (KD IV/1, 718, vgl. 738): „Existiert er [Jesus Christus] selber in dieser Zwischenzeit [zwischen der ersten und der zweiten Parusie, KD IV/1, 810] außer seinem verborgenen Sein zur Rechten des Vaters, in welchem er das Haupt seines Leibes ist, auch irdisch-geschichtlich in seiner Gemeinde in der Welt, dann gehört dazu auch dies, daß er sich ihr und durch sie der Welt irdisch-geschichtlich zu erkennen gibt.", KD IV/1, 802.

[2] Was in der biblischen Urgeschichte mit dem Protevangelium Gen 3,15 und in Gen 4,26 nur angedeutet wird.

die Kirche der nach-apostolischen Zeit, dass er „Fundament und Säule unseres Glaubens" ist[3].
Die Kirche ist also dann apostolisch, wenn sie sich auf die Heilige Schrift gründet. Dies geschieht auf zweierlei Weise. Erstens indem sie selber zur *viva vox* wird, durch welche der Hirte zu seinen Schafen, der Bräutigam zu seiner Braut redet, dann nämlich, wenn sie verlesen und gehört oder gelesen wird. Zweitens, indem sie die Grundlage für andere *vivae voces* sind, von denen die Kirche lebt, dann nämlich, wenn sie in der Predigt, im Unterricht, im Lied, in irgendeiner Form von Rede oder Gespräch recht ausgelegt wird und sich dadurch selbst zur Sprache bringt. Die Apostolizität als Prädikat der Kirche weist also darauf hin, dass das Sein der Kirche ein „exzentrisches" Sein ist. Die Kirche hat ihren Mittelpunkt nicht in sich selbst, sondern in dem Wort, das sie ins Dasein ruft und im Dasein hält. Die Apostel, welche der Kirche dieses sie begründende Wort ausgerichtet haben, sind durch das Wort der apostolischen Schriften der nachapostolischen Kirche präsent und machen, dass sie selbst „apostolisch" ist.

Die Bibel nimmt dabei gegenüber den anderen *vivae voces*, durch welche die Apostel und in ihnen Jesus Christus sich der Kirche präsent macht, die besondere Position eines *Kriteriums* ein. Auf der einen Seite genügt das bloße Geschrieben-Sein der Bibel nicht. Gottes Wort muss je neu ausgesprochen werden. Darum gibt es auch die anderen, von der Bibel abhängigen *vivae voces*. Auf der anderen Seite bedürfen diese *vivae voces* einer Überprüfbarkeit durch das ein für allemal geschriebene Wort Gottes. Das Geschrieben-Sein der Bibel gewährt, wie Luther erinnert, eine Bewahrung der mündlichen apostolischen Verkündigung, welches die Kirche schützt, wenn ihre Hirten sich gegen diese ursprüngliche Verkündigung wenden und Falsches lehren[4].

Dieser Auffassung von der Apostolizität der Kirche, wie sie im Sinne der reformatorischen Theologie vertreten wird[5], steht allerdings eine ganz anders gebaute gegenüber. Man kann sie in dem Satz formulieren: „Die Apostolizität der Kirche besteht in der apostolischen Sukzession der Bischöfe." Eine extreme, dadurch allerdings leicht angreifbare[6] Variante dieser Position läßt sich folgendermaßen darstellen: Die Bischöfe sind

---

[3] „Non enim per alios dispositionem salutis nostrae cognovimus quam per eos per quos evangelium pervenit ad nos: quod quidem tunc praeconaverunt, postea vero per Dei voluntatem in scripturis nobis tradiderunt, fundamentum et columnam fidei nostrae futurum." / „Wir haben nämlich durch niemand anderen die Ordnung unseres Heils erkannt als durch diejenigen, durch die das Evangelium zu uns kam: Was sie damals mündlich verkündigten, uns später aber nach Gottes Willen in schriftlicher Form in die Hand gaben, sollte künftig Fundament und Säule unseres Glaubens sein.", Irenaeus von Lyon, Adv. haer. III,1, FC 8/3, 22,1-5. Theologische Überlegungen über den Abschluß der Kanonbildung in der Alten Kirche habe ich entfaltet in meinem Buch: Theologie des Kanons. Der christliche Kanon, seine Hermeneutik und die Historizität seiner Aussagen. Die Lehren der Kirchenväter als Grundlegung der Lehre von der Heiligen Schrift, Zürich 2011 (Studien zu Theologie und Bibel 4)., dort insbes. 14-20. Der Kanon ist der Kirche vorgeordnet; diese konstituiert die Autorität des Kanons nicht, sondern erkennt sie an. Das wird zugestanden in dem Dokument ‚Apostolizität der Kirche', 204, Nr. 434, und in dem Dokument der Gruppe von Farfa Sabina, Gemeinschaft der Kirchen und Petrusamt, 164f, Nr. 238.

[4] Predigt über das Evangelium am Tage der heiligen drei Könige, Mt 2,1-12, Kirchenpostille von 1522, WA 10 /I,1, 627,1-21. Dazu Oswald Bayer, Martin Luthers Theologie. Eine Vergegenwärtigung, Tübingen 2003, 70-72.

[5] So von Karl Barth, KD IV/1, 795-809, s. bes. 807.

[6] Karl Barth, KD IV/1, 798-802, formuliert diese Position und trägt seine Kritik gegen sie vor, die sich vor allem gegen die Vorstellung richtet, der Heilige Geist sei Menschen verfügbar. Aber auch

Nachfolger der Apostel. Die von Jesus den Aposteln zugesprochene Vollmacht „Wer euch hört, hört mich." (Lk 10,16) geht auf sie über, und zwar durch Handauflegung. Von dieser Übertragung eines χάρισμα ist in 2. Tim 1,6 die Rede. Dieses ist ein *charisma veritatis*[7]. Es verschafft eine formale Amtsautorität: das, was ein Bischof in seinem Amte lehrt, ist darum wahr, weil er dieses Charisma hat. Diese Amtsautorität betrifft die Lehre, aber auch die Vollmacht der Weihe und der Rechtsprechung. Die Konstanz der Kirche besteht in der ununterbrochenen Weitergabe dieses Charismas von einem Bischof auf den anderen in einer Bischofskirche. Apostolisch kann also nur eine Bischofskirche sein, wenn sie von einem Bischof geleitet wird, der in dieser Sukzession steht.

Yves Congar hat diese Position in Folge der theologischen Reflexion des Zweiten Vatikanischen Konzils umgestaltet. Ein wesentliches zusätzliches Element seiner Konzeption ist das auf diesem Konzil entwickelte Prinzip der *Kollegialität*, das wir oben schon unter 3.5. angesprochen haben. Danach ist apostolische Sukzession Fortsetzung des Kollegiums der Apostel in ihrer Funktion als Hirten und Lehrer[8] durch das Kollegium der Bischöfe, welches dieses notwendige Merkmal aufweist, dass es geleitet wird vom Bischof von Rom, dem Papst, als Nachfolger des Apostels Petrus[9]. Es handelt sich also nicht bloß um ein bestimmtes Verfassungsmodell, das auch auf andere Gemeinschaften übertragen werden könnte, sondern um ein reales Gebilde mit einer bestimmten, aber entwicklungsfähigen Struktur, das sich in die Geschichte hinein erstreckt. Apostolische Sukzession kommt zwar durch Konsekration und Handauflegung zustande[10], kann es aber ertragen, dass manche Gliedkirchen über längere Zeitstrecken hinweg entweder gar keine Bischöfe hatten, oder solche hatten, bei denen das nicht erfolgt ist[11]. Wenn diese „Teilkirche den Prinzipien der Kirche treu bleibt und daher vom Heiligen Geist die Gnade der Sakramente erhält", ist die entscheidende Bedingung der apostolischen Sukzession erfüllt[12]. Diese Treue zu den Prinzipien

---

Yves Congar verwirft sie: Mysterium salutis IV/1, 554f: „Eine erbärmliche Karikatur, ein ‚Nachäffen' der (wirklichen) apostolischen Sukzession.", 555.

[7] „Quapropter eis qui in ecclesia sunt presbyteris obaudire oportet, his qui successionem habent ab apostolis, sicut ostendimus, qui cum episcopatus successione charisma veritatis certum secundum placitum patris acceperunt, reliquos vero qui absistunt a principali successione et quocumque loco colligunt suspectos habere, vel quasi haereticos et malae sententiae, vel quasi scindentes et elatos et sibi placentes, aut rursus ut hypocritas, quaestus gratia et vanae gloriae hoc operantes." / „Darum muß man auf die Presbyter hören, die es in der Kirche gibt und die sukzessiv in der Nachfolge der Apostel stehen, wie ich gezeigt habe; zusammen mit der Sukzession im Bischofsamt haben sie das zuverlässige Charisma der Wahrheit bekommen, wie es Gott gefiel; aber alle anderen, die von dieser Sukzession, die bis auf den Ursprung zurückgeht, nichts wissen wollen, und sich beliebig irdenwo versammeln, sind verdächtig, entweder Häretiker zu sein, die Übles im Sinn haben, oder Schismatiker, hochmütig und selbstzufrieden, oder schließlich Heuchler, die das für Geld und Ansehen machen.", Irenaeus, Adv. haer. IV, 26,2, FC 8/4, 206,5-13.

[8] Congar, 546. Mit der Konzeption Congars wesentlich in Übereinstimmung befindet sich die Formulierung der römisch-katholischen Auffassung von apostolischer Sukzession in dem Studiendokument Apostolizität der Kirche, Nr. 291. Die Konzilsaussage, auf welche diese Überlegungen sich stützen, lautet: „Glied der Körperschaft der Bischöfe wird man durch die sakramentale Weihe und die hierarchische Gemeinschaft mit Haupt und Gliedern des Kollegiums.", LG 22, DH 4146, 1. Abs.

[9] Congar, 556, unter Verweis (in Anm. 61) auf LG 22 und 20.
[10] Ebd., 557.
[11] Ebd., 555, Anm.52, nennt selbst ein Beispiel dafür.
[12] Ebd., 555.

schließt nun eben die Einordnung in das Ganze der Kirche ein, das von dem Kollegium der Bischöfe regiert wird, und das ist auch dann möglich, wenn eine Teilkirche für eine Zeit keinen Bischof hat oder wenn er, aufgrund widriger Umstände, für eine Zeit nicht Glied einer Kette von Handauflegungen von Bischöfen sein sollte.

Ein weiteres Element von Congars Konzept ist, dass apostolische Sukzession nicht nur in einer formalen Lehrautorität besteht, sondern auch in einer *Weitergabe der materialen Lehre* selbst. Es „wird die apostolische Sukzession als Apostolizität formell konstituiert durch die Bewahrung der Lehre, die seit den Aposteln überliefert wurde."[13] Die Identität der Lehre des Bischofskollegiums mit der Lehre der Apostel hängt dabei nicht an einer materialen Identität der äußeren Formen, sondern ist eine Identität der gesunden, eben nicht-korruptiven geschichtlichen Entwicklung. Congar spielt dabei auf John Henry Newmans ‚Essay on the Development of the Christian Doctrine' an[14].

Zur Kritik von Congars Entwurf soll folgendes gesagt sein:

Erstens bindet sie letztlich die apostolische Sukzession und damit die Apostolizität der Kirche doch an die formale Autorität eines Amtes, nämlich das des Bischofs von Rom. Es ist also letztlich nicht die Kollegialität, welche bestimmt, was apostolische Sukzession ist, sondern die Unterordnung unter den Bischof von Rom. Für dessen Anspruch kann aber nicht die Kohärenz in Zeit und Raum nachgewiesen werden, die Congar vorschwebt. Denn, abgesehen von Cyprians Einspruch gegen den Führungsanspruch des Bischofs von Rom: die Kirchen des Ostens haben einen solchen Führungsanspruch (abgesehen von den kurzen Phasen der offiziellen Geltung der Konzilien von Lyon II und Ferrara-Florenz im Osten) nie anerkannt. Auch abgesehen davon sieht man, dass es zwischen Gruppen von Bischofskirchen, die sich von den Aposteln herleiten, theologische Kontroversen gibt, die sich im Laufe der Zeit verfestigt haben. Darauf wurde bereits unter 3.5. verwiesen. Die apostolische Sukzession der Bischöfe ist kein Garant für die Wahrheit der Lehre[15].

Eine bloß formale Lehrautorität, die aufgrund einer Nachfolge im Amt besteht, ist auch in keiner Weise ausreichend: „selbst in irdischen Reichen würde man es nicht dulden können, wenn jemand die Tyrannei eines Caligula, Nero, Heliogabal oder ähnlicher Männer als den rechten Zustand der öffentlichen Gewalt bezeichnen wollte, weil diese Männer doch auf Brutus, Scipio und Camillus gefolgt wären. Besonders aber im Kirchenregiment ist nichts leichtfertiger, als wenn man die Lehre beiseite läßt und die Aufeinanderfolge allein auf die Personen bezieht."[16] Man kann dabei durchaus die

---

[13] Ebd., 557.
[14] Ebd., 543.
[15] Dies alles ist zu bedenken, wenn man die Antwort der römischen Glaubenskongregation auf Fragen, die Lehre von der Kirche betreffend, vom 29.6.2007 beurteilen will. Auf die Frage „Warum weisen die Texte des Konzils [des Zweiten Vatikanums] und des nachfolgenden Lehramtes [der Erklärung ‚Dominus Iesus' von 2000] den aus der Reformation des 16. Jahrhunderts entstandenen Gemeinschaften nicht den Titel ‚Kirche' zu?" wird geantwortet: „Weil nach der katholischen Lehre diese Gemeinschaften nicht die apostolische Sukzession im Sakrament der Weihe haben ..." / „Cur textus Concilii et Magisterii subsequentis communitatibus natis ex Reformatione saeculi XVI titulum Ecclesiae non attribuunt?" – „Quia secundum doctrinam catholicam hae communitates successionem apostolicam in sacramento Ordinis non habent ...", DH 5108, Nr.5.
[16] „Atque ne in terrenis quidem imperiis hoc ferri posset, ut verus Reipublicae status dicatur tyrannis Caligulae, Neronis, Heliogabali et similium, quia Brutis, Scipionibus et Camillis successerint. Praesertim vero in Ecclesiae regimine nihil magis frivolum, quam omissa doctrina successionem in ipsis personis locare.", Calvin, Inst. IV, 2,3, Opera sel. 4, 34,23-26.

Weitergabe eines Charismas der rechten Lehre und der rechten Bibelauslegung durch Handauflegung zugestehen, muss aber daran erinnern, dass der Nachfolger des Apostels in 2. Tim 1,6 gemahnt wird, dieses Charisma zu *entfachen*. Es kann also weitergegeben werden und doch brachliegen. Zu seiner Entfachung ist aber ein aktueller Gehorsam dem Herrn der Kirche gegenüber nötig. Congars Ergänzung des überlieferten Konzepts durch die Bewahrung der apostolischen Lehre ist also auf jeden Fall nötig. Es fragt sich nur wiederum, wer feststellt, dass die Lehre tatsächlich bewahrt worden ist. Congar müsste innerhalb seiner Konzeption wieder dort anlangen, die letzte Entscheidung darüber dem Bischof von Rom kraft seiner formalen Autorität zuzugestehen. Diese Frage soll im Teil II wieder aufgegriffen werden (17.-18.). Will man mit der gläubigen Menschen zugänglichen theologischen Kompetenz prüfen, ob diese Lehridentität besteht, dann kann man die ganze Folge der Einwände durchgehen, welche die Reformatoren gegen die vom Papst verantwortete Lehre erhoben haben, und sich fragen, ob nicht eine größere Lehridentität bei den Reformatoren bestand und dort besteht, wo man dem reformatorischen Erbe treu geblieben ist.

Vor allem ist wahrzunehmen, dass in diesem zweiten Konzept von apostolischer Sukzession – auch in der Umgestaltung Congars – Apostolizität gebunden wird an ein *Amt*: das Amt des Bischofs, dahinter stehend aber auch das des Papstes. Apostolizität und damit Kirche-Sein wird gebunden an die Unterordnung unter dieses Amt. Kirche wird in diesem Sinne in erster Linie als *Körperschaft* aufgefaßt, „Körperschaft" verstanden als eine Gemeinschaft von Menschen, die definiert ist durch ein bestimmtes Leitungsamt, dem man sich unterzuordnen hat. Wir sind diesem Kirchenbegriff bereits unter 2.7. in der Analyse von LG 8 begegnet. Gemäß dem Kirchenbegriff, welcher der reformatorischen Konzeption von apostolischer Sukzession zugrundeliegt, ist Kirche als Gemeinschaftsperson die Braut, welche auf die Stimme ihres Bräutigams hört. *Apostolische Sukzession besagt dann das unaufhörliche, Zeit und Generationen übergreifende Hören der Kirche* als Ganzer und jedes einzelnen Gliedes an ihr auf die Stimme des Bräutigams[17].

Allerdings gibt das römische Konzept von apostolischer Sukzession auch in der extremen Fassung etwas zu bedenken. Ein bloß formal begründeter Autoritätsanspruch ist zwar zurückzuweisen. Es muss aber auch gefragt werden, ob und inwiefern *sich Gott an bestimmte formale Elemente gebunden hat*, etwa die Aufeinanderfolge von Bischöfen, besonders in der Nachfolge des Apostels Petrus in Rom, mit der Weitergabe eines Amtscharismas, wenngleich dieses nicht mehr entfacht wird (2. Tim 1,6), oder auch die Abstammung aus dem Volk Israel verbunden mit der Bewahrung der Torah, wenngleich die Torah mit verhüllten Augen gelesen wird (Röm 9,4f; 2. Kor 3,14), oder auch der Gebrauch der Sakramente Taufe und Abendmahl, auch wenn er nicht mit dem rechtfertigenden Glauben verbunden ist. Man würde zu weit gehen, wenn man sagen würde, dass Gott einem solchen Amt seine Vollmacht geben würde. Man muss aber fragen, ob Gott sich nicht seiner Bindung *erinnert*, die er mit diesem Amt, die er mit dem Volk Israel oder auch mit der durch Taufe und Abendmahl definierten Kirche eingegangen ist, und Mittel und Wege ergreift, all dieses zu einer gege-

---

[17] In ‚Dei Verbum' 8, DH 4211, leuchtet dieses Element der reformatorischen Auffassung in der Lehre des Zweiten Vatikanischen Konzils auf: „Deus, qui olim locutus est, sine intermissione cum dilecti Filli sui Sponsa colloquitur ...".

benen Zeit wieder seiner ursprünglichen Bestimmung zuzuführen. Dieser Gedanke ist von Bedeutung bei der Frage nach der Überwindung der Spaltungen in der Kirche.

Aus Congars Entwurf ist vom reformatorischen Standpunkt her aufzugreifen, dass *Kollegialität* ein Element der apostolischen Sukzession sein kann, und zwar Kollegialität als etwas, das eine Vielzahl gleichzeitig lebender Menschen umgreift, auch als etwas, das Menschen zu verschiedenen Zeiten und Generationen zusammenschließt. Man kann hier von einer „Kollegialität" der einzelnen Christen sprechen, aber gewiß auch von einer Kollegialität der Amtsträger, besonders derjenigen auf den Ebenen oberhalb der Ebene der Ortsgemeinde, also derjenigen, die man „Bischöfe" nennen kann (s. 3.5.). Diese gemeindeübergreifenden Ämter dienen nämlich dazu, die einzelnen Christen und die Ortsgemeinden zu der Einheit der universalen Kirche zusammenzuschließen. Das Amt kann als ein Element aufgefaßt werden, das der Einheit der Kirche in der Zeit *dienen* soll. Einheit oder Kohärenz der Kirche in der Zeit ist aber letztlich das, was mit „apostolischer Sukzession" gemeint ist. Gott ist nicht angewiesen auf diesen Dienst des Bischofsamtes. In erster Linie sorgt allerdings Gott dafür, dass seine Stimme gehört wird, indem er die *paradosis* der Bibel bewirkt und dafür sorgt, dass *vivae voces* in der Kirche laut werden, die sich aus dem Quell der Bibel speisen. Er kann auch für Amtsträger sorgen, welche nicht in einer Reihenfolge von Handauflegungen stehen, sich aber des Wortes annehmen.

Umgekehrt: die Träger des Bischofsamtes können sich auch als untauglich erweisen, um diesen Dienst zu verrichten. Der von Gott beabsichtigte Sinn des Bischofsamtes liegt aber zu einem wesentlichen Stück darin, dass die Bischöfe mithelfen, den Zusammenhang der Kirche in der Zeit wie auch im Raum zu schaffen und die Kirche in ihrem beständigen Hören auf das Wort Gottes zu bestärken.

Bei der Frage der apostolischen Sukzession geht es letztlich darum, durch welches Organ Jesus Christus in erster Linie sein Regiment über die Kirche ausübt. Die Antwort muss lauten: *Jesus Christus regiert die Kirche durch die Heilige Schrift*. Dieses Organ ist also nicht der Träger eines Amtes, etwa des Bischofs- oder Papstamtes. Man kann aber darüber nachdenken, dass diese Amtsträger *sekundäre* Organe des Kirchenregimentes Jesu Christi waren, sind oder wieder werden können.

Man muss dann hier auch die Frage klären, ob die Amtsträger nicht in der Weise am Kirchenregiment Jesu Christi beteiligt sind, dass sie die Bibel in einer für die ganze Kirche verbindlichen Weise auslegen und dazu Gebrauch von einem Charisma machen, das sie durch die apostolische Sukzession ihres Amtes erhalten haben. Allerdings hat Irenaeus seine Aussagen über das *charisma veritatis* mit solchen über die Auslegungskompetenz zwar nicht der Bischöfe, aber der Presbyter verknüpft[18]. Anders als Vertreter des römischen Lehramtes zur Zeit der Reformation hat das Zweite Vatika-

---

[18] „Ubi igitur charismata Dei posita sunt, ibi discere oportet veritatem, apud quos et ea quae est ab apostolis ecclesiae successio, et id quod est sanum et irreprobabile conversationis, et inadulteratum et incorruptibile sermonis constat. Hinc enim et ... fidem nostram custodiunt; et eam quae est in filium Dei dilectionem adaugent, ... et scripturas sine periculo nobis exponunt ..."/ „Wo also die Gnadengaben Gottes hinterlegt sind, dort muß man die Wahrheit lernen, das heißt bei denen, die die Sukzession der Kirche von den Aposteln her haben und einen gesunden und einwandfreien Lebenswandel, und außerdem die unverfälschte und unverdorbene Predigt, wie feststeht, sie wachen nämlich über unserem Glauben ... sie vermehren die Liebe zu Gottes Sohn ... und sie erklären uns gefahrlos die Schriften ...", Adv. haer. IV, 26,5, FC 8/4, 212,6-14. Zu Beginn von IV, 26,5 hebt Irenaeus nochmals hervor, dass er von den Presbytern spricht. In IV, 26,4, FC 8/4, 208,21, wird aus-

nische Konzil nicht mehr den Vorrang des Papstes vor der Schrift behauptet[19]. Es hat vielmehr gesagt: „Das Lehramt steht nicht über dem Wort Gottes, sondern dient ihm, indem es nur lehrt, was überliefert ist, da es ja dieses (Wort Gottes) nach göttlichem Auftrag und mit dem Beistand des Heiligen Geistes ehrfürchtig hört, heilig bewahrt und treu auslegt, und all das zu glauben vorlegt, aus dieser einen Hinterlassenschaft des Glaubens schöpft."[20] Von dieser Auslegung wird aber zuvor gesagt: „Die Aufgabe, das geschriebene Wort Gottes authentisch auszulegen, ist allein dem lebendigen Lehramt der Kirche anvertraut;"[21].

Faktisch ist damit *für das einzelne Glied* der Kirche, ja auch schon für die Ortsgemeinde, der Inhaber des Lehramtes *über* die Schrift gestellt. Denn es gibt für das einzelne Glied der Kirche damit keine legitime Möglichkeit mehr, sich über die Wahrheit der lehramtlichen Schriftauslegung aus der Schrift selbst zu vergewissern. Eine Auslegung kann aber nur dann ihren Anspruch rechtfertigen, wenn jeder einzelne Hörer oder Leser durch den *unmittelbaren* Rückgang auf den ausgelegten Text selbst zu der Erkenntnis kommen *kann*, dass diese Auslegung wahr ist. Wird dieser Zugang verwehrt, dann tritt an die Stelle der Wahrheit, die durch sich selbst einleuchtet, die Macht, welche die letztlich legitime Auslegung für sich reklamiert und beansprucht respektiert zu werden. Mit der Frage der apostolischen Sukzession und der Auslegungskompetenz geht es also auch um die Frage der *Macht* in der Kirche. Im Teil II über das Amt werden diese Überlegungen wieder aufgegriffen werden.

---

drücklich vom „ordo presbyterii", vom Stand der Presbyter gesprochen, es handelt sich hier also nicht um einen Vorrang an Alter.

[19] Silvester Prierias, Dialogus de potestate papae, in: Dokumente zur Causa Luther (1517-1521), I. Teil: Das Gutachten des Prierias und weitere Schriften gegen Luthers Ablaßthesen (1517-1518), hg. v. Peter Fabisch u. Erwin Iserloh, Münster 1988 (CCath 41), 55: Fundamentum tertium: „Quicunque non innititur doctrine Romane ecclesie, ac Romani pontificis, tanquam regule fidei infallibili, a qua etiam sacra scriptura robur trahit et auctoritatem, hereticus est." / „Wer auch immer sich nicht auf die Lehre der römischen Kirche und des römischen Bischofs als einer unfehlbaren Regel des Glaubens stützt, von der auch die Heilige Schrift ihre Kraft und Autorität bezieht, der ist ein Häretiker."

[20] „Quod quidem Magisterium non supra verbum Dei est, sed eidem ministrat, docens nonnisi quod traditum est, quatenus illud, ex divino mandato et Spiritu Sancto assistente, pie audit, sancte custodit et fideliter exponit, ac ea omnia ex hoc uno fidei deposito haurit quae tamquam divinitus revelata credenda proponit.", DV II, 10, DH 4214, 1. Abs.

[21] „Munus autem authentice interpretandi verbum Dei scriptum vel traditum soli vivo Ecclesiae Magisterio concreditum est.", ebd. Darüber kann auch nicht die Versicherung hinwegtäuschen, dies schließe „einen monopolistischen Anspruch der Lehramts aus, das einzige Auslegungsorgan zu sein ...", Apostolizität der Kirche, 194, Nr. 407. Es kommt hier nicht darauf an, dass noch andere Auslegung betreiben dürfen, sondern wer mit dem Anspruch auf heilsrelevante Wahrheit das letzte Wort behalten will.

6. DIE AUFGABEN UND TÄTIGKEITEN DER KIRCHE

Bevor davon gesprochen wird, dass die Kirche besondere, ihr eigentümliche Aufgaben hat und in deren Erfüllung etwas *tut*, muss gesagt werden, dass sie selber *Gegenstand eines Tuns* ist, nämlich in erster Linie des Tuns Gottes. Gott ist es, der die Kirche allererst erschafft (Jak 1,18), dass er sie, wie der Heidelberger Katechismus (Antwort auf Frage 54) sagt, *sammelt*[1] – also seine Auserwählten, die über das ganze menschliche Geschlecht hin verstreut sind, zusammenführt –, und sie *beschützt und erhält*[2]. Dieses Tun Gottes läßt die Kirche an sich geschehen. Dieses An-sich-geschehen-Lassen nennt man Glauben. Bevor die Kirche etwas im eigentlichen Sinne tut, glaubt sie. Diesen Glauben bekennt sie. Dieses Bekennen ist ein Bekennen vor der Welt (Mt 10,32; 1. Tim 6,13) und vor der Gemeinde (1. Tim 6,12). Dadurch bekommt der Glauben Öffentlichkeit und bleibt nicht im Verborgenen des Herzens. Dieses Bekennen ist aber ein wesentlicher Teil des Glaubensaktes und tritt nicht als ein Zweites zum Glauben hinzu, weshalb Paulus die Rettung des Menschen von beidem abhängig machen kann (Röm 10,9-11, vgl. Röm 1,16). Die grund-legenden Tätigkeiten der Kirche, bevor sie zu Tätigkeiten im engeren Sinne kommt, sind somit das *Glauben* und das *Bekennen*. Noch eine dritte Tätigkeit der Kirche muss in dieser vorgeordneten, grundlegenden Kategorie genannt werden: das *Beten*. Denn auch im Beten gibt sie sich selbst aus der Hand und befiehlt sich als Betende genauso wie diejenigen oder das, wofür sie betet, dem Tun Gottes an.

Wenn nun vom Tun der Kirche gesprochen wird, so ist dabei stets zu bedenken, dass zugleich Gott in diesem Tun der Kirche mitwirkt. So kann man wie Karl Barth davon sprechen, dass Gott die Kirche aufbaut[3] und dass er sie sendet[4]. Zugleich kann man also sagen: a) die Kirche baut sich selbst auf, und b) die Kirche vollzieht ihre Sendung: sie treibt Mission.

Es ist durchaus gerechtfertigt, nicht nur davon zu sprechen, dass einzelne Glieder der Kirche sich diesen Aufgaben widmen. Dort, wo in der Bibel die Kirche als ein einziges Subjekt genannt wird, nicht nur in ihrem Verhältnis zu Gott, sondern auch in ihrem Verhältnis zu den Menschen, werden genau diese Aufgaben angedeutet. In Gal 4,26 wird gesagt: „das Jerusalem, das droben ist, das ist die Freie, das ist unsere Mutter." Die Kirche nimmt also gegenüber ihren Gliedern die Aufgaben einer Mutter war, die ihre Kinder gebiert, ernährt und erzieht, und das fällt zusammen mit dem Wirken Gottes, in welchem er Menschen in die Kirche ruft und die Kirche auferbaut. In Apk 22,17 ruft die Braut gemeinsam mit dem Geist: „Komm! ... und wer will, der nehme das Wasser des Lebens umsonst." Sie lädt also die dürstenden Menschen au-

---

[1] Dies hat Karl Barth zu dem ersten Gesichtspunkt gemacht, nach dem er die Kirche betrachtet: KD IV/1, § 62: Der Heilige Geist und die Versammlung der christlichen Gemeinde. Vgl. Schlink, Ökumenische Dogmatik, Kap. XIX. 2: Das aus der Welt herausgerufene Gottesvolk.

[2] Dies hat Edmund Schlink zu einem eigenen Gliederungspunkt seiner Ekklesiologie gemacht: Ökumenische Dogmatik, Kap. XXI: Die Erhaltung der Kirche.

[3] KD IV/2, § 67: Der Heilige Geist und die Erbauung der christlichen Gemeinde. Hier spricht er, § 67.3., auch von der Erhaltung der Gemeinde.

[4] KD IV/3, 2. Teil, § 72: Der Heilige Geist und die Sendung der christlichen Gemeinde.

ßerhalb ihrer Gemeinschaft dazu ein, von ihr das Wasser des Lebens zu empfangen. Der Befehl, den Jesus bei seinem Abschied seinen Jüngern hinterläßt (Mt 28,19f) wird von der Kirche vollzogen. Indem sie sich von Gott senden läßt, sammelt sie auch mit ihm und nimmt neue Glieder in ihren Leib auf.

Die Aufgaben und Tätigkeiten der Kirche, die ich hier in einer vielleicht nicht vollständigen Aufzählung aufführen will, ergeben sich aus diesen beiden Haupttätigkeiten der Kirche.
(1) Die Mission
(2) Das Ernähren ihrer eigenen Glieder
(3) Die Diakonie
(4) Die Mitverantwortung der Kirche in Gesellschaft und Staat
(5) Das Lehren der Kirche
(6) Die Einsetzung ihrer Amtsträger
(7) Die Rechtsprechung der Kirche
Die Felder dieser Tätigkeiten überschneiden sich, wie man sehen wird, zum Teil auch.

6.1. Das missionarische Wirken der Kirche

Die Kirche vollzieht die Sendung, die ihr Herr ihr gegeben hat, „alle Völker zu Jüngern zu machen" (Mt 28,19), indem sie sich nicht nur an Menschen außerhalb der Kirche wendet, sondern an alle Menschen. Denn für alle Menschen gilt, dass sie „in Sünden empfangen und geboren werden" (CA II, vgl. Röm 3,9. 23 usw.). Menschen werden Glieder der Kirche dadurch, dass die Kirche das Evangelium predigt und der Heilige Geist den Glauben an das Evangelium wirkt: „daß wir Vergebung der Sünde bekommen und vor Gott gerecht werden aus Gnaden, um Christi willen, durch den Glauben ..." (CA IV, vgl. Röm 3,24f usw.); der Heilige Geist wirkt „den Glauben ... in denen, die das Evangelium hören." (CA V, vgl. Röm 10,17 usw.). Bei der Wahrnehmung der Aufgabe der Mission haben wir also mit dem entscheidenden Geschehen der *Rechtfertigung* zu tun. Kirche ist die Gemeinschaft der Gläubigen, d.h. der gerechtfertigten Sünder. Wenn die Kirche keine Mission treibt noch treiben will, dann verleugnet sie ihre eigene Existenz.

In CA V wird nicht nur vom Evangelium gesprochen, sondern auch von den Sakramenten, die dazu dienen, den rechtfertigenden Glauben zu erzeugen. Wenn es hier um den ersten Eintritt in den Stand des Gerechtfertigten geht, dann kann präzise nur die Taufe gemeint sein, nicht aber das Abendmahl. Denn die Taufe steht mit dem rechtfertigenden Wort am Beginn der neuen Existenz. Die Taufe ist das Sakrament, das einmal, nämlich zum Beginn der Existenz der neuen Schöpfung, gespendet werden soll und dessen wiederholte Spendung gegen ihre Bestimmung verstößt[5].

---

[5] Joh 3,4f: die Taufe wird mit dem einmaligen Vorgang der Geburt verglichen; Röm 6,3-11: der Akt der Taufe entspricht dem Akt des Todes Christi, und zwar auch in seiner Einmaligkeit. Dieser Akt der Taufe ist verbunden mit einer Zielbestimmung: dem neuen Leben, die durch ihn eröffnet wird; 1. Kor 10,1f: die Taufe entspricht dem einmaligen Durchzug des Volkes Israel durch das Rote Meer, aber auch, als seit ihrem Vollzug gültige Verheißung, der Begleitung des Volkes durch Gott in der Wolke, Ex 13,21f.

Die Sendung der Kirche mit dem Evangelium und der Taufe wendet sich nicht nur an Menschen außerhalb der Kirche, sondern auch an Menschen, die in gewisser Weise innerhalb der Kirche, aber noch nicht gerechtfertigt sind. Das sind die Menschen, die Kinder von gläubigen oder zumindest getauften Menschen sind. Für sie gilt, was der Apostel 1. Kor 7,14 sagt: dass sie heilig (ἁγία) sind, d.h. sie gehören zu einer geheiligten Beziehung, die dieser gläubige Mensch, sei es ihr Vater oder ihre Mutter, hat. Das enthebt sie nicht der Notwendigkeit, noch durch das Evangelium gerettet zu werden, genauso wenig wie den ungläubigen Ehepartner des gläubigen Menschen (V.14-16). Es ist vielmehr eine Voraussetzung dafür, dass dieses Kind getauft werden kann. Zu einem Mitglied der Kirche im eigentlichen Sinne wird es aber nur durch den Glauben, in dem es das Evangelium, sei es als bloßes Wort, sei es in der Gestalt der Taufe, annimmt. Dieser Glauben kann bei einem sehr jungen Kind auch stellvertretend der Glaube der Kirche selbst sein (22.2.).

6.2. Das sich erbauende Wirken der Kirche

Paulus vergleicht die Kirche in zwei einander verschränkten Bildern mit einem Bauwerk, einem Tempel, der gebaut wird, und mit einem Leib, der wächst (Eph 2,20-22; 4,12-16). Nachdem die Kirche erst einmal entstanden ist, hat sie noch nicht ihren vollendeten Zustand erreicht, sondern befindet sich in einem Prozeß, der dorthin führt. Dabei sagt der Apostel, dass dieser Leib *sich selbst baut* (Eph 4,16). Die *ecclesia militans* schreitet kämpfend ihrer Vollendung im Zustand der *ecclesia triumphans* entgegen. Diese Phase der Geduld ist zugleich die Zeit, in der die Kirche wächst, in der sie *geheiligt* wird, nachdem sie zuvor gerechtfertigt wurde.

Um es in der Typologie zu sagen, die Paulus in 1. Kor 10,1-4 wählt: die Kirche gleicht auf ihrem Weg dem Volk Israel mit seinem Auszug aus Ägypten und der Wüstenwanderung. Sie kennt den einmaligen Durchzug durch das Schilfmeer, der für die Taufe steht, und sie kennt die sich lange hinziehende Wüstenwanderung. Das Manna, mit dem Israel in dieser Zeit genährt wurde, und das Wasser, mit dem Mose Israel damals tränkte, stehen für den Leib und das Blut Christi, mit denen die Kirche in der Zeit nach der ersten Anwesenheit Christi im *Herrenmahl* gestärkt wird. Das Herrenmahl ist darum das Sakrament, das in beständiger Wiederholung den Gliedern der Kirche gespendet werden muss, damit sie zu ihrem Ziel gelangt.

Aber auch des *Wortes Gottes* bedarf die Kirche in ständiger Wiederholung. Die Verkündigung des Wortes ist darum nicht nur die missionarische Verkündigung, die Menschen überhaupt erst einmal zum Glauben führt, sondern auch das beständige Zusprechen der Verheißung, die beständige gegenseitige Ermahnung in den immer wieder zusammentretenden Versammlungen von Christen an einem gemeinsamen Ort, von denen sie nicht ablassen sollen (Hebr 10,23-25).

Zu dieser sich selbst aufbauenden Tätigkeit der Kirche gehört auch das *Freisprechen von den Sünden*. Die Absolution ist das wichtigste Element dieser Handlung; darum ist sie ein besserer Name für diese als die Buße, also die Umkehr des Herzens, oder die Beichte, also das Bekennen der Sünden, die weitere notwendige Elemente sind. Ob man das Freisprechen als Sakrament bezeichnet, hängt davon ab, wie weit der Begriff eines Sakraments ist[6]. Von größerer Bedeutung ist hingegen, dass diese Handlung zu den wesentlichen Gaben gehört, die Christus seiner Kirche gegeben hat: Joh 20,23; Mt 16,19; 18,18.

Die Kirche hat dieses Freisprechen darum nötig, weil sie zwar durch den Glauben von der Herrschaft der Sünde befreit ist, aber in ihr noch immer Sünde ist. Darum muss sie die Sünde immer wieder bekennen, muss sich, diesem Bekenntnis entsprechend, auch innerlich von ihr in Reue abwenden und mit Zuversicht glauben, Sündenvergebung zu empfangen (1. Joh 1,8 – 2,1). Dieses Bekennen der Sünde und die Bitte um Vergebung können mit der Gewißheit, Vergebung zu empfangen, auch im unmittelbaren Verkehr eines Einzelnen mit Gott geschehen (Dan 9,1-23), aber eben auch vor einem Glied der Kirche, das diese Vergebung gültig zuspricht (Mt 18,18; Joh 20,23; Mt 16,19).

Mit dem Freisprechen ist aber auch der umgekehrte Vorgang verbunden, von dem Jesus an diesen Stellen spricht: dass einem Glied der Kirche die Sünden behalten werden, wenn er sich beharrlich weigert (vgl. auch Tit 3,10f), von ihnen zu lassen. Damit sind wir bei der *Kirchenzucht* als Aufgabe der Kirche[7]. Dieses Nicht-Freisprechen hat, gemäß den Anweisungen Jesu und der Apostel, schließlich auch die Konsequenz des Ausschlusses aus der Kirche (Mt 18,18; Tit 3,10f), der aber nur mit der Absicht geschehen kann, den Ausgeschlossenen nach einer Zeit der Läuterung wieder aufnehmen zu wollen (1. Kor 5,3-5). Die Kirchenzucht gehört gerade darum zu der aufbauenden Aufgabe der Kirche, weil durch sie verhindert wird, dass durch ein schlechtes Beispiel, dem nicht widersprochen wird, weitere Glieder der Kirche von ihrem Weg abgebracht werden, und weil der eigentliche Zweck nicht ein dauerhafter Ausschluß, sondern eine Läuterung ist[8].

Bislang war von der erbauenden Tätigkeit der Kirche so die Rede, dass sie sich vollzieht, indem durch die Kirche Gott zu ihr spricht: das Sakrament des Altars als sichtbares Wort Gottes, die Wortverkündigung, das Freisprechen von der Sünde oder Behalten der Sünde als eine Entscheidung, die Gott mitteilt. Es ist nun aber auch zu sagen, dass die Kirche ihre Kinder auch dadurch ernährt, dass sie betet, dass sie also umgekehrt sich an Gott wendet. Sie tut das konkret im *Fürbittgebet* (Daniel spricht dies stellvertretend für das ganze Volk, also die Kirche: Dan 9,1-23; vgl. Röm 1,9-11; 2. Kor 1,11; Eph 6.18-20 usw.) .

Diese beiden Haupttätigkeiten der Kirche, die rufende und die ernährende, haben eine unumkehrbare Reihenfolge. Durch die rufende Tätigkeit wird der Grund gelegt. Darauf kann die ernährende Tätigkeit aufbauen. Diese führt die Kirche dem Ziel entgegen, das sie mit ihrem missionarischen Ruf schon verheißt. Dieses Verhältnis der

---

[6] Luther vertrat in ‚De captivitate babylonica' (1520), eine Dreizahl: Taufe, Buße, Brot (Abendmahl): WA 6, 188.

[7] Dazu Calvin, der ihr einen längeren Abschnitt gewidmet hat, Inst. IV, 12,1-13: De Ecclesiae disciplina, und Luthers Bemerkung, dass man in der Gemeinschaft, in der sich die Menschen zusammenschließen, die mit Ernst Christen sein wollen, auch Kirchenzucht üben kann: Vorrede zur Deutschen Messe, WA 19, 75 / BoA 3, 297,3-5.

[8] Dies beides nennt Calvin als den zweiten und den dritten Zweck der Kirchenzucht in seiner Aufzählung, Inst. IV, 12,5. Als ersten Zweck nennt er einen abwehrenden: dass die Schändung des Heiligen unterbunden wird.

beiden Haupttätigkeiten ist stets im Blick zu behalten, auch die Zuordnung der Sakramente zu ihnen. Die Kirche kann gar nicht aus der Eucharistie hervorgehen; es ist darum nicht möglich zu sagen *ecclesia ex eucharistia*, wenn schon, dann *ecclesia de eucharistia*, wie der Titel einer Enzyklika des Papstes Johannes Paul II. von 2003 lautet. Aber auch mit diesem Gebrauch der Präposition *de* darf das Abhängigkeitsverhältnis nicht verschleiert werden, in dem die Eucharistie respective das Herrenmahl steht. Wohl wird dem daran Glaubenden durch die Kommunion Vergebung der Sünden zuteil, aber er muss zuvor aus der Sünde herausgerissen sein durch das rufende und rechtfertigende Wort. Dieses Wort und die Taufe stehen vor der Eucharistie. Das Wesen der Kirche kann somit nicht hinreichend aus einer „eucharistischen Ekklesiologie" erschlossen werden, wohl ist aber die Eucharistie und wie sie Kirche gestaltet, ein wesentliches Element der Kirche. Wenn umgekehrt die Ekklesiologie bei dem missionarischen Wort und der Taufe stehen bleiben würde, bliebe sie ebenfalls unvollständig. Durch die Eucharistie wird dabei die Kirche nicht nur auf ihrem Weg genährt, sondern sie ist auch Abbild des Freudenmahles, an dem die triumphierende Kirche teilnimmt (Mt 26,29).

6.3. Die Diakonie

Apg 6,1-6 berichtet von der Bestellung von Verantwortlichen für den „Dienst für die Tische" (διακονεῖν τραπέζαις) im Unterschied zu dem Dienst an dem Wort Gottes (V.2). Dadurch wird der Blick darauf gerichtet, dass die Kirche auch die Aufgabe hat, sich um das leibliche Wohl ihrer Glieder zu kümmern, jedenfalls, soweit bei diesen Mangel besteht. Die Kirche wird daran erinnert, dass sie noch in der Welt lebt, noch in der vergänglichen Schöpfung, und auch auf deren Güter angewiesen ist. Insofern die Kirche noch *ecclesia militans* ist und nicht *ecclesia triumphans*, hat sie also nicht nur die Aufgabe, zu dem Wasser zu rufen, das in der Ewigkeit den Durst löscht, und die Menschen mit der Wegzehrung, dem *viaticum* der Eucharistie zu versorgen, sondern auch mit ganz irdischen Gaben. Indem sie sich darum kümmert, ist sie im Geringen treu und übt sich darin, auch im Großen treu zu sein (Lk 16,10, vgl. 19,17). Sie teilt darin die Liebe mit, die sie selbst von Gott empfangen hat, und lebt die gegenseitige geschwisterliche Liebe, die nach dem Bericht von Apg 6,1 gerade auf den Prüfstand gerufen worden war.

Gerade darum ist die Kirche auch bereit, diesen Dienst in den irdischen Gaben nicht nur denen zu widmen, die zu ihr gehören (wie in Apg 6 der Fall), sondern auch jedem außerhalb von ihr, der ihn in Anspruch nehmen will (Mt 5,42). Sie ahmt darin Gott nach in seinem Geben, das keine Gegengabe erwartet (Mt 5,45). Im weiteren Umfang betrifft dieser Dienst nicht nur die leiblichen Dinge, sondern auch die seelischen, insofern es in ihnen nicht unmittelbar um die geistlichen Dinge, also um Rechtfertigung und Heiligung geht. Diakonie ist dann nicht nur „Leibsorge", sondern auch „Seelsorge" im weiteren Sinne: „Tröstet die Kleinmütigen!" (1. Thess 5,14).

So wie in ihrem missionarischen Dienst greift die Kirche in diesem „diakonischen" oder „caritativen" Dienst dabei über ihre Grenzen hinaus. Beides kann sich dabei verbinden. In der Liebe, mit der die Kirche sich um das irdische Wohl von Menschen kümmert, kann – und soll – die Liebe aufscheinen, in der sie – und in ihr Gott – zum Wasser des ewigen Lebens einlädt. In den Heilungen und den Speisungen Jesu geschah in gleicher Weise ein solches Ineinander.

Beide Dienste sind aber auch nicht zu verwechseln, und der diakonische Dienst darf nie den missionarischen Dienst ersetzen, so wenig wie die Güter dieser vergänglichen Welt mit den Gütern des ewigen Lebens gleichzustellen sind.

6.4. Die Mitverantwortung der Kirche in Gesellschaft und Staat

Ähnlich wie mit der Diakonie verhält es sich nun mit der Mitverantwortung der Kirche in Gesellschaft und Staat. Wenn sie sich *auch* um das seelische und leibliche Wohl ihrer Glieder kümmert – soweit es mit den Dingen dieser vergänglichen Welt verbunden ist – und wenn sie diesen Dienst auch für die Menschen außerhalb der Kirche wahrnimmt, dann hat sie sich bereits in die Verhältnisse verwickelt, die in Gesellschaft und Staat bestehen. Ihr Auftrag wird dann sehr bezeichnend gerade mit dem Wort aus Jer 29,7 ausgedrückt: „Suchet der Stadt Bestes, dahin ich euch habe wegführen lassen, und betet für sie zum Herrn, denn wenn's ihr wohlgeht, so geht's auch euch wohl." Dieses Wort richtet Gott durch den Propheten an die Israeliten, die in die Verbannung nach Babylon weggeführt worden sind. Sobald die Kirche die Stufe der Offenbarung erreicht hat, in der sie erkennt, dass ihr Ziel außerhalb dieser Welt liegt, die vergeht (Hebr 13, 14; 1. Kor 7,31b) – und dies wird durch die Erfahrung des babylonisches Exils vorbereitet – erkennt sie auch, dass sie eine besondere Mitverantwortung an Staat und Gesellschaft hat, die allerdings eine andere ist als auf der Stufe, in der sie sich in dem israelitischen Königreich befand, welches nur ein Schatten und Bild für das endgültige Reich Gottes war. Es handelt sich darum, nicht so in den Staaten dieser Welt zu leben, als wäre auch nur in einem von ihnen das Ziel zu verwirklichen, zu dem hin die Kirche unterwegs ist. Es geht lediglich darum, im Staat aus Liebe zu den anderen mitzuwirken – so wie es Luther in der Obrigkeitsschrift entwirft[9] – wie auch, dankbar die Wohltaten in Anspruch zu nehmen, die ein gut regierter Staat und eine wohlgeordnete Gesellschaft hervorbringen und deren auch die Christen bedürftig sind. Augustin erklärte: „Solange die beiden Staaten miteinander vermischt sind" – die *civitas terrena* und die *civitas Dei* – „machen auch wir Gebrauch von dem Frieden Babylons."[10]

Damit sind aber die Glieder der Kirche durch einen Auftrag der Kirche angehalten, sich in den Verhältnissen von Staat und Gesellschaft nach dem Maßstab von Gottes Geboten zu engagieren, nur dass sie nie erwarten dürfen, dass das Ziel ihres Weges das sei, was sie mit ihrem Engagement zu erreichen hoffen.

---

[9] Von weltlicher Obrigkeit, wie weit man ihr Gehorsam schuldig sei (1523), WA 11, 245-280/BoA 2, 360-394, besonders im ersten Teil.
[10] „Quamdiu permixtae sunt ambae civitaes, utimur et nos pace Babylonis:", De civitate Dei XIX, 26, Editio Teubneriana 2, 402,6f.

Es ist hier – wie bei allen anderen Tätigkeiten der Kirche auch – zu fragen, ob irgendeiner, ein beliebiges Glied der Kirche oder der Träger eines bestimmten Amtes – in Anspruch nehmen darf und soll, in Sachen dieser Mitwirkung in Staat und Gesellschaft für die Kirche zu sprechen und zu handeln. Dazu soll gesagt werden: Der einzelne Christ kann sich nie davon verabschieden, Christ zu sein und er darf nirgendwo anfangen zu versuchen, nur „Weltperson" zu sein. Er wird also immer als Glied der Kirche handeln müssen und nach seinem Gewissen so, als ob die ganze Kirche so zu handeln hätte. Ein Amtsträger der Kirche wird, je für seinen Amtsbereich, vor der Aufgabe der Konsensbildung in diesem Bereich stehen, vor der er immer steht. Er wird dabei folgendes zu bedenken haben: a) es geht hier um Fragen des Lebens nach Gottes Geboten und nicht um Fragen des Glaubens und seiner Wahrheit, b) er muss damit rechnen, dass andere Christen, ja auch andere Amtsträger nach ihrem Gewissen eine andere Option für die Gestaltung von Staat und Gesellschaft ergreifen. Dieser Dissens darf dann nur als ein Dissens in Fragen der Lebensführung betrachtet werden – so gewichtig diese als solche sein mögen – und nicht als ein Dissens im Glauben. Es sei denn, dass die Entscheidungen für die Lebensführung in dieser Welt vermischt werden mit Aussagen, die für den Glauben verbindlich sein sollen. Gegen solche Vermischungen wenden sich die Verwerfungen der Barmer Theologischen Erklärung von 1934.

Schließlich ist auch die *Grenze* zu bedenken, welche dieser Auftrag der Kirche hat. Auch wenn der Rang der Güter, in denen es in Staat und Gesellschaft geht, richtig eingeschätzt wird – es sind eben nur vergängliche, es sind vorletzte Güter –, so darf die Kirche und so dürfen Amtsträger der Kirche nicht erwarten, dass kraft *ihrer* Autorität die Verantwortlichen des Staates ihrer Beurteilung sich unterordnen, was im Staate zu tun sei. Der Staat hat ein anderes System der Konsensbildung als die Kirche. Staat ist in einer von Gott selbst legitimierten Weise auch möglich ohne die Voraussetzung des Glaubens an Jesus Christus. Röm 13,1-7, Tim 2,2 und 1. Petr 2,13-17 bezeugen das. Dies schließt auch Toleranz ein im Sinne einer Achtung vor der Gewissensbildung der anderen – ohne damit deren Urteil für wahr zu halten[11]. Der kirchliche Einfluß in Staat und Gesellschaft darf nie so weit gehen, dass andere gezwungen werden, zu glauben.

Schließlich ist auch der Fall zu erwägen, dass Verantwortliche im Staat deswegen nach dem Urteil der Kirche handeln, weil sie selber als Gläubige zur Kirche gehören. Wenn der Staat monarchisch geordnet wäre, und die Kirche auch, würde das eine über den staatlichen Monarchen vermittelte Abhängigkeit des Staates von dem Monarchen der Kirche, d.h. dem Papst bedeuten. Genau dieser Anspruch bestand eine Zeit lang in der europäischen Geschichte, angefangen mit Gregor VII., und zum Teil wurde er auch realisiert[12]. Hier ist das einzuwenden, was sowohl gegen eine monarchische Verfassung des Staates wie auch der Kirche – zumindest absolutistisch aufgefaßt – einzuwenden ist. Mit der Erklärung des Zweiten Vatikanischen Konzils ‚Dignitatis humanae' hat die römische Kirche immerhin erklärt, ihren Einfluß nicht so weit ausdehnen zu wollen, dass die Religionsfreiheit anderer verletzt wird. Umgekehrt kann der Christ in einem Staatsamt sich genauso wenig von seinem Glauben dispensieren

---

[11] Davon handelt der zweite Teil von Luthers Obrigkeitsschrift.
[12] Man kann diesen Anspruch der römischen Kirche auf den christlichen Leiter eines Staates immerhin noch bis in den ‚Syllabus' Papst Pius IX. verfolgen: Nr. 54 und 55 (DH 2954f).

wie jeder Christ, wenn es um seine Mitwirkung im Staate geht. Der Glaube muss sein Handeln im Staat leiten[13]. Er muss dabei – und das sagt ihm der Glaube selbst – nur die Regeln der Konsensbildung im Staate beachten, der von Gott als eine eigene Ordnung eingesetzt wurde; dazu gehört auch die Achtung vor dem Gewissen der Andersgläubigen, das zu ändern allein Gottes Recht ist.

6.5. Das Lehren der Kirche

Zu der aufbauenden Tätigkeit der Kirche gehört auch, dass sie lehrt. Diese Lehre bestimmt auch ihre missionarische Verkündigung. Ihr Lehren betrifft die Wahrheit des Glaubens, aber auch die Richtlinien des Lebens, das aus dem Glauben entspringt. Apg 2,42 wird das Festhalten an der Lehre der Apostel als eines der Merkmale des Lebens der Jerusalemer Gemeinde bestimmt. Diese Lehre ist dabei etwas anderes als die Verkündigung der Kirche in ihrem aufbauenden oder in ihrem missionarischen Wirken. Sie legt nämlich die *Regeln* dar, nach welchen die Verkündigung und das Leben der Gläubigen zu erfolgen haben. Gewiß kann dabei in der Verkündigung ein solches Lehren erfolgen. Die Apostelbriefe des Neuen Testaments enthalten zu einem großen Teil solches Lehren.

Das Lehren ist mit einem Lehramt verbunden: Jesus nennt es in Mt 23,2, wo er vom ethischen Lehren spricht, den „Stuhl des Mose"[14]. Joh 11,49-52 wird dem Amt des Hohenpriesters – in einer geradezu paradoxen Weise – ein Charisma zugesprochen, die Wahrheit zu sagen. Wir werden über das Lehramt noch nachzudenken haben (18.) Festzuhalten ist hier, dass es ein solches autoritatives Lehren gibt; dass es damit verbunden auch ein Lehren im Sinne von „Ausbilden" gibt: diejenigen, die – in welcher Weise auch immer – sich an diesem autoritativen Lehren beteiligen wollen, müssen in der kirchlichen Lehre unterrichtet worden sein. Daraus ergibt sich, dass es theologische Ausbildungsstätten gibt. Diese dienen dem autoritativen Lehren der Kirche.

Es gibt aber nicht nur dieses autoritative Lehren in der Kirche. Es gibt auch ein Lehren, das Augustin, um seinen Lehrvortrag in ‚De trinitate' zu charakterisieren, so beschreibt, dass es aus der Liebe zur Wahrheitssuche entspringt: „wenn wir uns hingerissen fühlen von der Liebe zur Wahrheitssuche, dann verlangen die Leute mit dem Recht der Liebe von uns, daß wir ihnen mitteilen, was wir auszusinnen vermochten," – obgleich er dieses, was er sich auszusinnen vermochte, im Sinne des Apostels (Phil 3,12-14) als durchaus noch unfertig charakterisiert. So trägt er eine Lehre vor, „nicht um fertige Erkenntnisse autoritativ darzubieten, sondern um in ehrfürchtigen Erörterungen Erkenntnis zu gewinnen."[15]

---

[13] Daraus entspringt ein Spiegel des christlichen Fürsten, wie ihn Luther im dritten Teil seiner Obrigkeitsschrift entwirft.
[14] In der Apologie der CA, Art. XXVIII, wird diese Stelle auf das Lehramt in der Kirche bezogen: BSLK 402,24-34.
[15] „si autem fatemur habitare ista in cogitationibus nostris quoniam rapimur amore indagandae ueritatis, flagitant iure caritatis ut eis indicemus quid hinc excogitare potuerimus ... non tam cognita

Auch dieses Lehren gehört zum Leben der Kirche, zwar nicht zu ihrem *esse*, aber doch zu ihrem *bene esse*. Die „Liebe zur Wahrheitssuche" wird gerade durch die Offenbarung der Wahrheit und ihre Bekräftigung in der Kirche geweckt[16]. Dieses durchaus freie Forschen nach der Wahrheit will mitgeteilt werden: „dann verlangen die Leute mit dem Recht der Liebe von uns, daß wir ihnen mitteilen, was wir auszusinnen vermochten". Dieses wahrheitssuchende Gespräch innerhalb der Kirche schafft den Boden für die autoritativen Lehrentscheide, zu denen es immer wieder in der Kirche kommen muss. Es ist sinnvoll, dieser Art von Lehre, für welche das hier vorliegende Werk ein Beispiel ist, auch einen Raum der Musse zu verschaffen.

6.6. Die Einsetzung der Amtsträger[17] und die Leitung der Kirche

Es gehört zum Wesen der Kirche und zum Wesen bestimmter Ämter in der Kirche, dass im Auftrag der Kirche diese Ämter besetzt werden. Ich lasse hier noch etwas offen, was denn überhaupt „Amt" in der Kirche bedeute, welche Ämter es gebe usw., was ausführlicher erst im II. Teil behandelt werden soll. Als eine erste Begriffsbestimmung soll hier diese gegeben werden: *Ein Amt ist eine geistige Realität, die eine Beauftragung zu einer Tätigkeit für eine Gemeinschaft einschließt. Sie ist das Amt dieser Gemeinschaft. Die Realität dieses Amtes geht der Amtsperson voraus. Für dieses Amt können bestimmte Personen in einer Abfolge hintereinander eingesetzt werden.*

Es geht nun um die Frage, ob laut dem Zeugnis der Bibel die Einsetzung in dieses Amt durch andere Glieder erfolgt oder nicht. Es gibt nun tatsächlich beide Fälle.

Es gibt die Berufung der Propheten durch Gott, nicht nur die des Alten, sondern auch die des Neuen Testamentes (Apg 11,23f; 21,10f; 13,1; 21,9). Diese können durchaus mit anderen Gruppen von Amtsträgern in eine Reihe gestellt werden (Apg 13,1; 1. Kor 12,28-30; Eph 3,5; 4,11; Apk 18,20). Von diesen Propheten wird nirgends gesagt, dass sie von anderen Menschen eingesetzt worden seien. Es gibt hier vielmehr, wie im Alten Testament an etlichen Stellen berichtet (Jes 6 usw.) die unmittelbare Berufung durch Gott und dann sicherlich eine Anerkennung von Seiten der Glieder der Kirche, nicht zuletzt – dem Gewicht nach – von den repräsentativen Gliedern der Kirche. Ein Prophet mag zwar anfangs – und davon gibt es genug Zeugnisse im Alten Testament – gerade von diesen repräsentativen Gliedern der Kirche abgelehnt worden sein, schließlich erhielt er doch Anerkennung, und diese schließliche Anerkennung ist et-

---

cum auctoritate disserere quam ea cum pietate disserendo cognoscere", Augustinus, De trin. I, 5, CC. SL 50, 37,25-28. 40f/BVK 2. Reihe, Bd. 13, S.12.

[16] Wichtig ist auch hier, zu sehen, dass Augustin seine eigenen Ausführungen ansieht als Antwortversuche auf Fragen, die sich an die bisher im Konsens der Kirche festgehaltene Lehre richten. Diese aber ist sein fester Ausgangspunkt: „Haec et mea fides est quando haec est catholica fides." / „Das ist auch mein Glaube, weil es der katholische Glaube ist.", De trin. I,4, CC. SL 50, 36,1/BVK 2. Reihe, Bd. 13, S.11.

[17] Vgl. damit die römisch-katholische Auffassung vom „Weihesakrament", etwa den Art. im LThK, 3. Aufl., Bd.10 (2001), 1006-1015.

was, das dem Wesen seines Amtes als Prophet entspricht und ihm gebührt. Diese Anerkennung zeigt sich gerade in der Aufnahme von Berichten von den Taten der Propheten, die deutlich Partei für diese nehmen (beispielsweise Elia oder Elisa, 1. und 2. Kön), oder von Sammlungen der Worte der Propheten in den Kanon. Es wird anerkannt, dass Gott durch diese Propheten gesprochen hat, dass er sich ihnen offenbart hat (Eph 3,5). Diese Anerkennung drückt gerade aus, dass die Kirche auf dem Grund der Apostel und Propheten erbaut worden ist (Eph 2,20). Die Propheten waren nicht von der Kirche eingesetzt, sondern unmittelbar von Gott, und sie hatten deswegen die Anerkennung von Seiten der Kirche und die Unterwerfung der Kirche unter ihr Wort zu erwarten.

Die Einsicht in diese Wahrheit soll aber nicht dazu verleiten, *alle* Ämter als einen besonderen Fall von Charismen anzusehen, eben als „Amtscharismen"[18], und die Ordination, die Einsetzung in das Amt als *„eine öffentliche Rezeption eines von Gott gegebenen und auf die Lokalkirche als ganzen bezogenen Charismas"*[19], wie dies Miroslav Volf in seinem, seinen Standpunkt durchaus scharfsinnig vertretenden Werk tut. Das Amt des Propheten hat einen charismatischen Charakter. In der Reihe 1. Kor 12,28-30 gibt es Elemente, die grundsätzlich bestimmt sind durch eine Begabung zu einer bestimmten Tätigkeit, einer Begabung, die man ein „Charisma" nennen kann, das eine hinzukommende Anerkennung durch die Gemeinde erheischen mag.

Es gibt in dieser Reihe aber auch zumindest ein anderes Element – wenn man das des Lehrers übergehen will –, nämlich das des Apostels. Der Apostel ist durch einen Menschen eingesetzt, nämlich durch Jesus Christus während seiner ersten Anwesenheit[20]. Jesus Christus selbst ist nicht durch irgendeinen Menschen eingesetzt als das, was er ist, sondern durch Gott allein. Das macht das Prophetische an ihm aus, und deswegen war es ein solcher Streitpunkt – wie es etwa in Joh 5,31-47 berichtet wird – von wem er seine Vollmacht habe. Die Apostel setzen nun andere in ein Amt ein: so Apg 14,23 die Ältesten. Diese Einsetzung kann, wie 1. Tim 4,14; 2. Tim 1,6 ausdrücklich gesagt wird, die Übertragung eines Charismas einschließen, aber es ist dann eine Zuteilung eines Charismas durch andere Glieder der Kirche, und zwar, wie es hier gesagt wird, durch Träger eines Amtes, nämlich durch den Apostel und durch die Ältesten. Desgleichen wurden bestimmte Ämter des Alten Bundes, das des Priesters bzw. Hohenpriesters, und das des Königs, von Menschen anderen Menschen übertragen, nämlich durch Abstammung und Erbrecht, sowie durch Einkleidung, Weihe und Salbung[21].

Wenden wir uns dem Neuen Bund zu und dem apostolischen Amt und den Ämtern, in welche die Apostel einsetzen, bzw. diejenigen, die selber durch Apostel eingesetzt worden sind (1. Tim 3,1-13; 5,9-22; Tit 1,5-9). Mit dem Amt des Apostels und einem solchen Amt, in das Paulus den Timotheus und den Titus einsetzt, ist nicht nur der Auftrag verbunden, zu verkündigen und zu lehren (1. Tim 4,11. 13. 16), sondern eben dieser, andere in Ämter einzusetzen. Ämter, *in die eingesetzt wird*, sind an den oben

---

[18] „Die ‚Ämter' sind eine besondere Spezies von Charismen.", Volf, Trinität und Gemeinschaft, 236.
[19] Ebd., 239. (Hervorhebung M.V.)
[20] Eben darum ist das Apostolat des Paulus eine bewußte Ausnahme, weshalb er auch selbst von einer „unzeitigen Geburt" spricht: 1. Kor 15, 8.
[21] Von den Priestern: Ex 28,1-3; 29,4ff. 29; 30,30f; 40,14f; von den Königen: 2. Sam 7,11-16; 1. Sam 10,1; 16,1.13; 1. Kön 1,39 usw.

genannten Stellen (a) das Amt, in dem Timotheus und Titus selbst wirken – es ist das übergemeindliche Amt, das später das Bischofsamt genannt wird – und (b) das Amt, das *hier* das Amt des ἐπίσκοπος genannt wird. Aus Tit 1,5.7 geht klar hervor, dass es identisch ist mit dem Amt des Ältesten. Weitere Ämter dieser Art sind das des Diakons und das der Witwe.

Diese Tätigkeit des Einsetzens ist eine Tätigkeit der *Kirche*. Denn es ist das Wesen des Amtes, dass der Amtsträger nicht in einer Vollmacht als Einzelperson handelt, sondern in der Vollmacht der Gemeinschaft, die er vertritt. Diese Tätigkeit ist eine *wesentliche* Tätigkeit der Kirche, weil es sich bei den Ämtern, in die eingesetzt wird, um die Beauftragung mit der Lehre und der Verkündigung, sowie der Diakonie handelt (1. Tim 5,17; Tit 1,9; 1. Tim 3,8-13; 5,3-16), die selbst wesentliche Tätigkeiten der Kirche sind.

Wir sehen also, dass die Kirche in einer doppelten Weise gestaltet wird. Es gibt, zumindest der Möglichkeit nach, ein eingreifendes Handeln Gottes, durch welches er immer wieder ohne Vermittlung von Menschen Propheten beruft, durch welche er zur Kirche spricht. Und es gibt ein Handeln der Kirche – in dem freilich auch Gott selbst handelt –, durch welches Menschen berufen und eingesetzt werden, durch die Gott zur Kirche sprechen will. Dieses Handeln der Kirche stellt eine Kontinuität her, die durch die Zeit sich erstreckt, eine Folge von Amtseinsetzungen.

Die Einsetzung von Amtsträgern ist ein wesentlicher Bestandteil der *Leitung* der Kirche. Man kann sagen: Gott leitet die Kirche in erster Linie durch die Heilige Schrift (s.o. 5.), sodann durch die Lehre und die Verkündigung, sei es von unmittelbar berufenen Propheten, sei es durch Amtsträger, die von anderen Amtsträgern eingesetzt wurden. Zur Leitung, die in der Kirche wahrgenommen wird, zählen aber auch solche Tätigkeiten wie die Einrichtung des Amtes der Diakone durch die Apostel (Apg 6,2-4), der Entschluß zu einer Missionsreise aufgrund eines Spruches des Heiligen Geistes durch die Amtsträger in Antiochien wie Apg 13,1-3 und anderes, was man zur Rechtsprechung der Kirche zählen kann.

6.7. Die Rechtsprechung der Kirche[22]

Wenn hier von der Rechtsprechung der Kirche die Rede sein soll, muss auch eine gebrauchsfähige Bestimmung dessen gegeben werden, was *Recht* überhaupt ist. Recht kann heißen a) ein Recht, etwas zu tun, also eine Vollmacht, ἐξουσία, *potestas* (1. Kor 9,4). Sodann b) eine Verpflichtung, etwas zu tun, eine ἀνάγκη, *necessitas* (1. Kor 9,16). Diese Verpflichtung besteht von Rechts wegen.

Der Gegenbegriff ist der des Unrechts: wenn jemand etwas tut bzw. unterläßt, wozu er nicht das Recht (a) hat oder wenn derjenige, der eine Verpflichtung hat (b), sich ihr entzieht.

Ein wesentliches Merkmal des Begriffs des Rechts besteht darin, dass es sich im Fall a nicht lediglich um eine Möglichkeit handelt, etwas zu tun, sondern darum, dass einem

---

[22] Dazu Schlink, Ökumenische Dogmatik, 660-673.

6. Die Aufgaben und Tätigkeiten der Kirche

von einem anderen *zugesprochen* wird, dass man etwas tun kann. Im Fall b ist es nicht einfach der eigene Wille, etwas zu tun, auch nicht ein äußerer Zwang oder eine Nötigung, sondern ein Gebot, etwas, das einem ebenfalls von einem anderen als zu tun *zugesprochen* wird. Es geht auch nicht bloß um die Feststellung, dass eine Handlung gut oder schlecht ist, sondern zusätzlich darum, dass eine bestimmte Instanz ausspricht, dass etwas gut oder schlecht ist, und dass man *aufgrund* dieses Spruchs etwas zu tun oder zu lassen hat.

Zum Begriff des Rechts gehören sodann die Strafgewalt (c) und Zwangsgewalt (d): im Falle des Unrechts ist es Recht, den Unrechttäter zu strafen, und auch dies ist etwas, das wiederum aufgrund einer Recht*ssatzung*, δικαίωμα (Röm 1,32), geschieht und geschehen muss. Durch den Einsatz dieser Strafgewalt können von Rechts wegen Menschen gezwungen werden, ihr unrechtmäßiges Tun zu beenden (1. Kor 4,21: der Stock; 2. Kor 10,2-6). Auch dieses Strafen (oder Sanktionieren) und Zwingen ist nicht einfach Einsetzen einer seelischen oder körperlichen Gewalt, sondern geschieht aufgrund eines Urteils*spruchs*, dem zufolge diese Gewalt eingesetzt werden darf und eingesetzt werden muss.

Recht besteht also in Rechtssatzungen, die Berechtigungen und Verpflichtungen aussprechen, sowie Rechtssatzungen als Androhungen von Sanktionen und Zwangsverfügungen aufgrund jener Rechtssatzungen. Solche Satzungen sind selber wiederum Grundlage von Urteilssprüchen. Diesen Rechtssatzungen eignet wesentlich eine gewisse Allgemeinheit. Sie dürfen nicht von Fall zu Fall und von Person zu Person ganz anders sein (Röm 2,11; 1. Petr 1,17 usw.). Ihre Allgemeinheit kann in Form einer Bedingung ausgesprochen werden. Röm 10,9f nennt das Bekennen des Mundes und das Glauben des Herzens als Bedingungen für Errettung und Rechtfertigung, Gal 1,9 bestimmt die Verkündigung eines falschen Evangeliums als Bedingung für die Verfluchung.

Die Bibel spricht klar von einem Recht *Gottes*. Es muss nun gefragt werden, ob es auch ein Recht *der Kirche* gibt. Für ein solches Recht der Kirche muss gelten: Die Kirche kann sich nicht selbst Recht setzen, jedenfalls nicht grundlegendes Recht. Dies kann alleine Gott, und die Kirche ist es, die dieses Recht Gottes anerkennt. Die Kirche kann aber damit beauftragt sein, aufgrund der Rechtssatzungen Gottes Recht und Verpflichtungen zuzusprechen, die Beurteilung von Unrecht als Unrecht auszusprechen, sowie die Sanktionierung und die Zwangsverfügungen durch ihren Spruch anzuordnen. Entscheidend ist hier, dass eine *menschliche* Vermittlung dieser Rechts- und Urteilssprüche Gottes stattfindet. Diese Vermittlung liegt bei der Kirche.

Überblicken wir, was wir bisher als Aufgaben und Tätigkeiten der Kirche aufgeführt haben, so sehen wir, dass es sich hier durchgehend um rechtliche Bestimmungen handelt. Dass die Kirche missioniert, dass sie sich selbst aufbaut, dass sie Diakonie übt, dass sie Mitverantwortung in Staat und Gesellschaft ausübt, dass sie lehrt – im Sinne eines autoritativen Lehrens –, dass sie Amtsträger einsetzt und dass diese leiten, geschieht alles aufgrund eines göttlichen Rechtes (a) und einer göttlichen Verpflichtung (b). In allen diesen Fällen findet eine menschliche Vermittlung statt: Innerhalb der Kirche können sich Menschen gegenüber anderen Menschen darauf berufen, dass der Kirche diese Rechte und Verpflichtungen aufgetragen sind. Diese göttlichen Satzungen sind insofern zugleich Satzungen der Kirche. Dies gilt auch in den Beziehungen zu Menschen außerhalb der Kirche. Die Kirche kann sich – gleich, ob sie dafür Anerkennung oder Ablehnung erfahren wird – darauf berufen, dass es ihr von Gott anvertrautes Recht und ihre Verpflichtung ist, zu missionieren und Mitverantwortung im Staat auszuüben. Die Kirche hat, innerhalb ihrer selbst, auch ein Recht, zu strafen und zu zwingen (c / d), wie dies die oben genannten Stellen (1. Kor 4,21; 2. Kor 10,2-6) besagen oder die Regelung des Ausschlusses aus der Kirche (Mt 18,15-18, vgl. 1. Kor 5,3-5).

Gibt es also ein solches Recht in der Kirche als *Recht der Kirche*, dann gehört es auch zu der Aufgabe bestimmter Amtsträger, diese Rechtssatzungen, Urteile und Verfügungen *auszusprechen*.

Gehen wir nun die Rechtssatzungen und Rechtsverfügungen durch, welche die bislang genannten Tätigkeiten der Kirche betreffen, so spricht die Kirche erstens und grundlegend Recht durch *die Freisprechung von den Sünden*, welche sie im Auftrag Gottes in ihrem missionarischen Aufruf anbietet, in der Taufe vollzieht und im Freisprechen im Sinne von Mt 18,18b wiederholt bekräftigt. Dies ist eine Rechtshandlung besonderer Art, denn es handelt sich um einen Akt, in dem Gnade vor Recht (Röm 1,32) ergeht; doch ist ein Gnadenakt wiederum ein Akt, der anstelle verurteilenden und bestrafenden Rechts ein neues, eben dieses aufhebende Recht setzt. Dieser Rechtsakt hat auch eine Bedingung, um gültig zu werden, nämlich den Glauben. Dieser Rechtsakt ist für die Kirche grundlegend, denn durch ihn wird die Kirche selbst erst geschaffen: sie ist aus dem Evangelium geboren[23].

Die Kirche spricht sodann Recht im Behalten der Sünden und im Ausschluß aus der Gemeinde. Sie spricht Recht in ihrer Lehre, und zwar gerade deswegen, weil dieses autoritative Lehren das Maß ihrer Verkündigung und überhaupt ihres Lebens ausspricht. Schließlich spricht sie Recht, wenn sie Amtsträger einsetzt oder – an diesen Fall kann auch gedacht werden – wieder absetzt. Die organisatorische Leitung der Kirche, wie sie im vorausgegangenen Punkt erwähnt wurde, kann auch auf eine rechtliche Art vollzogen werden, dann nämlich, wenn Rechtssatzungen geschaffen werden, nach denen diese Leitung vollzogen werden soll. So wird in Apg 6,1-7 nicht bloß davon berichtet, dass die Apostel bestimmte Aufgaben bestimmten anderen Gliedern der Gemeinde zugewiesen haben, sondern es ist von einer Grundsatzentscheidung die Rede (V. 2f), durch welche das später so genannte Amt der Diakone geschaffen wurde, und aufgrund dessen eine Auswahl, Benennung und Einsetzung der Amtsträger erfolgte.

Die Kirche hat also auch den Charakter einer Gemeinschaft, die durch Recht geregelt ist. Wesentlich für eine solche Gemeinschaft ist eine Leitung, die befugt ist, Recht zu sprechen. Der Zusammenhang dieser Gemeinschaft besteht also unter diesem Aspekt darin, dass diese Befugnis der Leitung anerkannt ist. Eine derartige Gemeinschaft habe ich hier eine *Körperschaft* genannt. Die Kirche ist *auch* Körperschaft, sie ist es aber nicht in jeglicher Hinsicht und sie ist es nicht an erster Stelle. An erster Stelle ist sie eine Gemeinschaft, die durch den Glauben zusammengeführt und zusammengehalten wird, mit dem ihre Glieder wie Schafe die Stimme ihres Hirten hören, Jesus Christus (ASm III,12). Weil aber diese Stimme des Hirten vermittelt ist durch die Stimme von Menschen, nämlich die Träger des Amtes der Verkündigung, die bestimmte Rechtsbefugnisse haben, ist die Kirche auch eine rechtlich verfaßte Körperschaft. Der Rechtsakt, der die Mitgliedschaft in der Kirche begründet, ist die Taufe. Von

---

[23] Schlink, Ökumenische Dogmatik, 664.

diesem abgeleitet kann es auch die rechtliche Bestimmung einer Kirchenmitgliedschaft geben[24].

Das Ineinander des Redens Christi, der mit seiner Stimme die Kirche regiert, und der Rechtsverfügungen der Kirche, aber auch die Grenze, die zwischen beidem besteht, wird schärfer beleuchtet, wenn nun erörtert wird, was *ius divinum* und was *ius humanum* zu nennen ist[25]. Dass die Kirche überhaupt die sieben hier genannten Tätigkeiten ausübt, geschieht kraft eines Rechtes, das Gott ihr gegenüber hat. Dieses Recht ist in einem ursprünglichen Sinne *ius divinum* zu nennen.

Das *ius divinum* erstreckt sich aber auch ein Stück weit in das Gebiet hinein, in dem Menschen, nämlich die Glieder der Kirche, selber Recht sprechen. Denn es gibt Verheißungen Gottes, wonach er selbst in dem handelt, was Menschen sprechen. So muss gesagt werden: Wenn ein Mensch an das Evangelium glaubt, das eine Kraft Gottes ist, alle gerecht zu machen, die daran glauben, dann wird dieser Mensch gerecht kraft des von Menschen verkündeten Evangeliums (Röm 1,16f; 3,28; 1. Thess 2,13). Wenn ein Mensch sich der Mahnung Gottes verschließt, die Menschen ihm zusprechen, von seinen Sünden zu lassen, dann werden ihm durch einen Urteilsspruch, den Menschen aussprechen, zu Recht seine Sünden behalten (Joh 20,23). Wenn kein Hinderungsgrund dagegen spricht, dass ein bestimmter Mensch getauft wird (Apg 8,36), dann erhält er mit der Taufe, mit der ein anderer Mensch ihn tauft, die Abwaschung von den Sünden und ein reines Gewissen und wird wiedergeboren, und dies sind alles Handlungen Gottes (1. Petr 3,21; Joh 3,5; Tit 3,5). Wenn durch Handauflegung der Apostel oder der Ältesten ein Amtsträger eingesetzt worden ist, dann hat er die Befugnisse, die zu seinem Amt gehören, und Gott wirkt kraft seines Amtes durch ihn (Apg 6,6; 1. Tim 4,14; 2. Tim 1,6). Diese Rechtsakte, die zugleich Rechtsakte Gottes und von Menschen sind, gehören zum Wesen der Kirche. Sie bleiben gültig für alle Zeit und, wenn es um Rechtfertigung und Sünde geht, auch für die Ewigkeit. Diese Rechtsakte kann man *ius divinum* nennen.

Anders steht es aber mit anderen Rechtsakten, in denen auch Gott und Glieder der Kirche zusammenwirken. Apg 15,28 beispielsweise wird berichtet, dass, nachdem gemäß den Anordnungen Gottes eingesetzte Amtsträger sich versammelt haben, um in einer Sache eine Entscheidung zu treffen, die in ihre Entscheidungsbefugnis fällt, sie zu Recht sprechen: „Der Heilige Geist und wir haben beschlossen ...". Die hier getroffene Entscheidung, den Menschen, die aus dem Heidentum zum Glauben an Christus kamen, Einschränkungen in ihren Speisen aufzuerlegen, hat die Kirche aber nur für eine Zeit lang festgehalten, und sie hat recht daran getan, diese Einschränkungen später aufzugeben.

Hier zeigt sich ein anderer Wesenszug des Rechts. Die allgemein formulierten Grundsätze müssen näher bestimmt werden, wenn sie auf bestimmte konkrete Fälle

---

[24] Siehe etwa in der Verfassung der Evangelisch-Lutherischen Kirche in Bayern, Art. 9, Kirchengliedschaft und Kirchenmitgliedschaft: „(1) Die Gliedschaft in der Kirche Jesu Christi gründet sich auf die Heilige Taufe. (2) 1Mitglieder der Evangelisch-Lutherischen Kirche in Bayern sind alle getauften evangelischen Christen und Christinnen, die im Kirchengebiet ihren Wohnsitz oder gewöhnlichen Aufenthalt haben und weder ihre Kirchenmitgliedschaft nach dem geltenden Recht aufgegeben haben noch Mitglieder einer anderen Kirche oder Religionsgemeinschaft sind."
[25] Vgl. dazu Schlink, Ökumenische Dogmatik, 667f. Vgl. Peter Huizing, Die Kirchenordnung, in: Mysterium salutis, Bd.4/2, Einsiedeln u.a. 1973, 156-183, hier 164-170.

hin angewandt werden[26]. Dabei sind andere Sätze zu beachten. Der allgemeinere Satz lautet hier: „Die an Christus Glaubenden sind von den Speisegeboten des mosaischen Gesetzes befreit."[27] Die Verwirklichung dieses Rechts muss aber mit dem anderen Satz abgestimmt werden: „Du sollst nicht anderen Menschen zum Anstoß werden dadurch, dass du sie zu Handlungen verleitest, die gegen ihr eigenes Gewissen sind."[28] Darum kann das Leben nach diesem Recht solange eingeschränkt sein, solange ein gewichtiger Grund zum Anstoß besteht. Die Situationen, deren Berücksichtigung zu bestimmten Näherbestimmungen der Rechtssatzungen führen, können sich wandeln. Damit ändern sich aber auch die untergeordneten, konkreteren, d.h. für einen engeren Bereich von Fällen gültigen Rechtssatzungen, welche die Kirche ausspricht. Dieses untergeordnete, konkretere Recht der Kirche spricht sie auch gemeinsam mit Gott, dem Heiligen Geist aus. Die Nennung des Heiligen Geistes in dem genannten Dekret entspricht dem Gewicht, welche diese Entscheidung für die Kirche in der damaligen Situation hatte. Weil es aber keine Entscheidung für alle Zeit darstellt, kann es *ius humanum* genannt werden. *Ius divinum* und *ius humanum* im Recht der Kirche unterscheiden sich also durch ihre Geltungsdauer: jenes für alle Zeit oder Ewigkeit – dieses nur für bestimmte, wandelbare Situationen.

Das Recht, das die Kirche spricht, hat als Grundlage Gottes Offenbarung in der Heiligen Schrift. Sie enthält, wie wir aufgeführt haben, selber Rechtssatzungen. Diese Satzungen müssen nicht alle *ius divinum* sein. Wie wir am Beispiel von Apg 15 gesehen haben, enthält die Schrift, und zwar auch das Neue Testament, *ius humanum*. Ausgehend von den biblischen Rechtssatzungen, die *ius divinum* sind, bildet die Kirche weitere Rechtssatzungen, nach denen sie Recht spricht. Diese sind dann Näherbestimmungen der *primären* Satzungen, in denen sie versucht, auf neue Probleme und Fälle einzugehen. Die Gesamtheit dieser *sekundären* Satzungen ist das, was man gemeinhin *Kirchenrecht* nennt. Dieses Kirchenrecht bildet sich vor allem dort, wo besonderer Bedarf ist, etwas zu ordnen. Diese Bereiche sind u.a.: Einsetzung in die Ämter respective Absetzung, Organisation der Kirche nach rechtlichen Grundsätzen, Aufnahme oder Ausschluß aus Gemeinde und Kirche.

Wir haben aber auch gesehen, dass das Recht, das die Kirche spricht, einen weiteren Umfang hat als das sogenannte Kirchenrecht, weil ihr bereits die primären, in der Heiligen Schrift selbst gesetzten Rechtssatzungen anvertraut sind. Die Scheidung zwischen *ius divinum* und *ius humanum* fällt dabei nicht unbedingt zusammen mit der zwischen primären und sekundären Rechtssatzungen. Denn es kann durchaus sein, dass sekundäre Rechtssatzungen zwar entstehen an besonderen Situationen, in welche die Kirche im Laufe der Geschichte gerät, dass sie aber in ihnen Einsichten formuliert, die dem Wandel der Zeiten entzogen sind, und Regeln, an die man sich fortan für alle

---

[26] Vgl. Huizing, Die Kirchenordnung, Mysterium salutis IV/2, 158f: Geschmeidigkeit der Kirchenordnung.

[27] Er läßt sich folgendermaßen entwickeln: „Wer mit Christus gestorben ist, der ist dem Gesetz gestorben." (Gal 2,19; Röm 6,3ff; 7,4). Für das neue Leben der Gerechtfertigten gilt das Gesetz in einer neuen Form, welche durch die Liebe zu Gott und den Menschen bestimmt wird (Gal 5,6. 13f). Daraus ergibt sich der Satz: „Für die an Christus Glaubenden gelten die Bestimmungen nicht, welche über die Gebote hinausgehen, Gott und seine Nächsten zu lieben." Damit fallen die Speisegebote des mosaischen Gesetzes weg.

[28] Röm 14,1-23; 1. Kor 10,13-33. Auch dies läßt sich aus dem Gebot folgern, den Nächsten zu lieben.

künftige Zeit zu halten hat. Die Dogmen der Kirche, wie das nicaenische Glaubensbekenntnis, die als Lehre auch rechtlichen Charakter haben, sind Beispiele für solches *ius divinum*. Es ist zu fragen, ob auch Ämter und eine Ordnung von Ämtern, auch wenn sie sich nicht im Neuen Testament findet, aufgrund von unwandelbarem *ius divinum* oder nur aufgrund von *ius humanum* besteht[29].

6.8. Die Grenzen der kirchlichen Rechtsvollmacht. Der evangelische Charakter kirchlichen Rechtes

Die Kirche spricht Recht, weil Gott es ihr anvertraut hat, sein Recht auszusprechen. Doch ist nicht umgekehrt jeder Rechtsspruch der Kirche Gottes Rechtsspruch. Hier zeigt sich die Grenze der kirchlichen Rechtsvollmacht. Gott bleibt in diesem Rechtsprechen durch die Kirche souverän, und die Kirche erweist sich immer wieder in der Tat ihres Rechtsprechens als irrend und als sündig.

Sie erweist sich als irrtumsfähig, denn ein Amtsträger der Kirche kann beispielsweise irren, wenn er jemand tauft, der mündig ist, den Glauben selber zu bekennen, ihn auch bekennt, aber nicht mit dem Herzen glaubt. In diesem Fall sind Rechtsspruch der Kirche und Rechtsspruch Gottes nicht eins. Für den Rechtsspruch Gottes ist der Glaube eine notwendige Bedingung. Einem Menschen ins Herz zu schauen ist aber Menschen nicht möglich – es sei denn, sie haben eine besondere prophetische Gabe, die der taufende Amtsträger aber nicht zu haben braucht, um zu taufen. So werden auf der einen Seite die Abwaschung von den Sünden, die Gotteskindschaft und alle Gaben, die mit der Taufe gegeben werden sollen, tatsächlich nicht gegeben. Auf der anderen Seite muss der so getaufte Mensch bis zum Beweis des Gegenteils in der Kirche behandelt werden, als gehöre er zu ihr. Er gehört dann zu der äußerlichen Ver-

---

[29] Karl Barth hat erklärt: „es kann alles kirchliche Recht – und wäre der Ernst, in welchem es gesucht, gefunden und aufgerichtet wurde, noch so groß – nur menschliches, nicht göttliches Recht (ius humanum, nicht ius divinum) sein wollen.", KD IV/2, 808. Er spricht dann von einem „Grundrecht der Gemeinde, von der Herrschaft Jesu Christi über sie" im Unterschied zum Kirchenrecht (ebd.). Unter Kirchenrecht versteht er „diejenige Ordnung, die die Gemeinde [die Kirche] von ihrem Grundrecht her sich selbst ... im Gehorsam gegen ihren Herrn selber zu finden, aufzurichten und zu handhaben hat.", KD IV/2, 781. Dabei übersieht Barth jedoch, dass die Kirche selbst in der Ausübung dieses Grundrechtes beteiligt ist, wie auch, dass der Herr der Kirche die Kirche in diesem Suchen, Finden, Aufrichten, Handhaben nicht alleine läßt, sondern darin mitwirkt. Dieser doppelte Sachverhalt ist außer von Schlink, dem ich mich hier anschließe, auch von dem römisch-katholischen Theologen Josef Freitag namhaft gemacht worden: „Die Unbedingtheit und Verpflichtungskraft göttlichen Rechts sind also nur in geschichtlicher Konkretion und Relativität, mithin im menschlichen Recht zugänglich wie wirksam." Er fügt hinzu: „Trotz seiner End-gültigkeit kann, was göttlichen Rechtes ist, nach Offenbarungsabschluß in der Kraft des Geistes, der in die ganze Wahrheit einführt (Joh 16,13), je angemessener und zugleich konkreter erfaßt und in kirchlicher Entscheidung zur Geltung gebracht werden ...", wobei er sogleich auf den päpstlichen Primat als göttlichen Rechts und das Bischofskollegium hinweist, s. Josef Freitag, Art. Ius divinum – ius humanum, I. Systematisch-theologisch, LThK 3. Aufl., Bd. 5 (1996), Sp. 697f, hier Sp. 698. Genau darüber muss noch zu reden sein.

sammlung der Kirche, mit Quenstedt zu sprechen zur *ecclesia synthetica*, nicht aber zur *ecclesia invisibilis* (s. 2.2.1.)

Umgekehrt kann die Kirche irrtümlich jemand aus sich ausschließen, obgleich er doch im Glauben an Gott und an ihr festhält. Es ist dann gleichfalls so, dass das Handeln Gottes und das Handeln der Kirche, die von einem Amtsträger repräsentiert wird, keine reale Einheit bilden. Der betroffene Mensch bleibt in der Kirche, nämlich der *ecclesia invisibilis*, der Gemeinschaft der Gläubigen, insofern sie vor Gott steht. Die durch einen Amtsträger repräsentierte Kirche kann ihn dann gar nicht aus dieser Gemeinschaft ausschließen. Sie kann ihn nur aus der äußerlichen Gemeinschaft ausschließen und dafür sorgen, dass er nicht mehr das Sakrament des Abendmahls oder andere Amtshandlungen empfängt[30].

Die Kirche kann darüber hinaus selber gegen das Recht verstoßen, das für sie gültig ist, und damit Unrecht tun. In der Bibel berichtete Beispiele dafür sind im Alten Testament der Justizmord an Nabot (1. Kön 21) und im Neuen Testament die Hinrichtung Jesu auf Betreiben des Hohen Rates. Es muss festgehalten werden, dass *die Kirche* es ist, die hier Unrecht tut. Der König Ahab und der Hohepriester Kaiphas handeln hier als die legitimen Repräsentanten der Kirche. Zugleich ist es so, dass Gott ihnen widersteht, und er widersteht ihnen gerade durch Vertreter des Amtes, das nicht in einer von Menschen geregelten Ordnung der Kirche steht, nämlich durch die Propheten (s. 6.6.). Die Propheten sind darum gerade diejenigen, die bevorzugt von einer Unrecht tuenden Kirche getötet werden: Mt 23,34-37.

Gegen die hier vorgetragene Auffassung, wonach alle Tätigkeiten der Kirche rechtlichen Charakter haben, könnte man den Einwand erheben, dass die Kirche aufgrund des Evangeliums einen ganz anderen Charakter habe[31]. Wird das Evangelium doch von den Aposteln als *Bitte* vorgetragen: „So bitten wir nun an Christi statt: Laßt euch versöhnen mit Gott!" (2. Kor 5,20). Bitte ist etwas anderes als Verpflichtung[32]. Das ist freilich so, und es liegt daran, dass das Evangelium ein Gnadenakt ist, also ein Rechtsakt besonderer Art. Aber auch diese Bitte hat Autorität und rechtlichen Charakter. Der da bittet, ist trotz seiner Knechtsgestalt keiner, der niedriger steht und etwas bedarf, sondern derjenige, der am höchsten steht und mit dieser Bitte das anbietet, dessen der Gebetene am meisten bedarf. Zu bedenken ist auch, dass hinter dem

---

[30] Martin Luther hat in einer Lage, in welcher ihm selber die Exkommunikation drohte, in seinem ‚Sermo de virtute excommunicationis' (1518) gelehrt, dass die Vollmacht der Kirche in genau dieser Weise eingeschränkt ist. Die hier vertretene Position unterscheidet sich von der Luthers nur etwas, was den entgegengesetzten Fall betrifft, die berechtigte Exkommunikation. Nach Luther zeigt die kirchliche Exkommunikation dann nur den Ausschluß durch Gott an; es handelt sich aber doch darum, dass Gott diesen Ausschluß durch die kirchliche Exkommunikation vollzieht, und zwar coram ecclesia et mundo. Siehe WA 1, 638-643, inbes. 639f.

[31] Die hier folgenden Ausführungen laufen ihrem Anliegen nach in dieselbe Richtung wie die von Peter Huizing, Die Kirchenordnung, Mysterium salutis IV/2, 156-158 mit seiner These, dass zwischen „Rechtskirche und Liebeskirche, Gesetz und Geist, Bindung und Freiheit" kein Gegensatz angenommen werden dürfe (ebd., 157). Es fragt sich nur, wie man die konkrete Gestaltung der Vermittlung von Gesetz und Geist bestimmt. Danach ist gerade zu fragen, wenn es um das Amt geht.

[32] Vgl. Eberhard Jüngel, Die Autorität des bittenden Christus. Eine These zur materialen Begründung der Eigenart des Wortes Gottes. Erwägungen zum Problem der Infallibilität in der Theologie, in: ders., Unterwegs zur Sache. Theologische Erörterungen I, Tübingen 2000 [Erstveröffentlichung des Aufsatzes: 1970], 187f.

gnädigen vergebenden Christus der richtende Christus steht. Wer die Bitte nicht annimmt – also in ihr nicht die grenzenlose Barmherzigkeit Christi erkennt –, der wird dem Gericht Christi anheimfallen (Joh 3,18, vgl. 5,21-30). Das gibt dieser Bitte ihren besonderen Ernst.

Man könnte nun weiter fortfahren, dass das Leben des Gerechtfertigten ohne Gesetz sei (Gal 5,18), „fröhlich und frei."[33] Das Gesetz des Geistes (Röm 8,2), das Gesetz Christi (Gal 6,2), hat in der Tat einen anderen Charakter als das Gesetz, das *vor* der Rechtfertigung Gültigkeit hat. Das liegt daran, dass ihm erstens stets der Gnadenakt Gottes in Jesus Christus vorgeordnet ist, und zweitens, dass der Heilige Geist, der im Glaubenden ist, der Forderung des Gesetzes zuvorkommt. So gibt es für die Gläubigen Verpflichtungen, aber sie führen den Verpflichteten nicht an den Rand seiner Möglichkeiten, sondern der Geist weist die neuen Möglichkeiten auf, die Liebe zu Gott und den Nächsten zu leben und damit die Bestätigung durch das Gesetz zu erhalten (Gal 5,13f. 22f). Die Verpflichtung wird auf diese Weise zum Recht, das einem gewährt wird, zur Vollmacht, das richtige zu tun.

Diese Freiheit hat der Gerechtfertigte so wie gegenüber Gott auch gegenüber der Kirche, wenn sie die Gebote Gottes lehrt. Er hat sie auch gegenüber der Lehre der Kirche in Glaubensangelegenheiten. Darum ist die Lehre der Apostel nur ein Erinnern: sie erinnert an das, was der Glaubende selber, möglicherweise noch ganz unentfaltet, schon weiß (Röm 15,15; 1. Joh 2,20f. 27).

Die Freiheit der Gläubigen bleibt auch dann gewahrt, wenn Amtsträger eingesetzt werden. Darüber muss noch weiter nachgedacht werden, wenn wir uns diesem Thema eigens zuwenden (15.). Es soll nur diese Überlegung skizziert werden: es kann, recht verstanden, kein getrenntes Gegenüber von Amtsträgern auf der einen Seite und Nicht-Amtsträgern auf der anderen geben, so dass die Nicht-Amtsträger nur zu gehorchen haben, sie an der Einsetzung der Amtsträger folglich auch nicht beteiligt sein können, und ihnen mit dieser Einsetzung ein fremdes Regiment auferlegt wird. Denn die Amtsträger vertreten die gesamte Kirche. Der Heilige Geist, der in ihnen ist, ist auch in allen Gliedern der Kirche. In der Einsetzung von Amtsträgern erhalten die einzelnen Gläubigen ein Gegenüber, in dem derselbe Heilige Geist zu ihnen spricht, der in ihnen wohnt.

Auch das Organisieren in der Kirche kann, wie gezeigt, einen rechtlichen Charakter erhalten. Aber auch dieses rechtliche Organisieren muss sich vereinbaren lassen mit der Spontaneität, welche die Glieder der Kirche durch den Heiligen Geist haben. Die mit der Organisation beauftragten Amtsträger müssen dann darauf achten, den Geist nicht zu dämpfen (1. Thess 5,19), und die vom Geist gewirkten Tätigkeiten in der Kirche so zu ordnen, dass sie in rechter Weise zur Entfaltung kommen. Das Ziel ist der Friede der Gemeinde, ein Zustand, der über die bloße Ordnung als Gegensatz von Unordnung noch hinausgeht und der darum nicht allein durch ein nur ordnendes Handeln erreicht werden kann (1. Kor 14,33). Für die mit der rechtlichen Ordnung betrauten Amtsträger in der Kirche gilt darum: Gut regieren, heißt wenig regieren.

Schließlich bleibt noch zu überdenken, welchen Charakter durch die Vorordnung der Gnade das Bestrafen und Zwingen als wesentliche Elemente des Rechts in der Kirche haben muss, der „Stock", wie es 1. Kor 4,21 heißt. Das Üben der Kirchenzucht

---

[33] „sponte et hilariter", Melanchthon, Loci 1521, 218, Abschnitt 6, 22.

hat seine erste Zielsetzung in der Läuterung derjenigen, denen Strafen auferlegt werden[34]. Dies hat zur Voraussetzung, dass sie überhaupt noch *glauben*. Deswegen wird der Tadel des Apostels auch als Tadel empfunden. Luther macht aus diesem Grunde deutlich, dass Kirchenzucht nur dort einen Sinn macht, wo sich Menschen zusammengeschlossen haben, die mit Ernst Christen sein wollen[35]. Das „Zwingen" kann darum kein Zwingen gegen den eigenen Willen sein, sondern muss letztlich bejaht werden. Der mit dem „Strafen" und „Zwingen" Beauftragte kann wie der Apostel nur einer sein, der letztlich *erinnert*.

Die zweite Zielsetzung der Kirchenzucht ist, dass andere Gläubige vor einem schlechten Beispiel bewahrt werden. Hier gibt es einen Ausschluß auch wider Willen. Eine Gemeinde hat das Recht und die Pflicht, den Weg zu gehen, den Gott ihr gewiesen hat, auch wenn jemand, der ihr Mitglied sein will, sie mit seinen Glaubensvorstellungen und seiner Lebensführung in eine andere Richtung lenken will. Aber auch dieses Ausschließen ist ein Handeln unter der Vorordnung der Gnade, weil dadurch eine Gemeinde als Raum der Gnade bewahrt wird. Der Wille des Ausgeschlossenen wird dabei geachtet, insofern es um sein eigenes Gewissen geht: er soll nicht gegen sein Gewissen anders glauben oder anders leben, auch wenn sein Gewissen dabei irrt. Die Kirche muss wissen, dass nicht sie mit ihrem Ausschließen, sondern Gott alleine das Gewissen eines Menschen zu wandeln mag.

Hier zeigt sich ein wesentlicher Unterschied zwischen dem Recht der Kirche und dem Recht des Staates. Der Staat kann Gewalt über Leib und Habe von Menschen ausüben, die Kirche muss dies für sich ablehnen. Die Vollmacht der Bischöfe, die Gottlosen, deren gottloses Wesen offenbar ist, aus der Gemeinde auszuschließen, ist laut CA XXVIII eine Vollmacht „ohne menschliche Gewalt, alleine durch Gottes Wort."[36]

Die Kirche darf die Gewalt des Staates nur in Anspruch nehmen, wenn es um Güter geht, die als solche den staatlichen Anordnungen unterworfen sind, die regeln bzw. Regelungen schützen, wem etwas zusteht, wie beispielsweise das Eigentum oder die Nutzung eines Gebäudes, die Auszahlung eines Gehaltes usw. All dies sind Entscheidungen, die nicht die Erkenntnis der Wahrheit des Glaubens voraussetzen.

Kirchliches Recht ist darum von dem Recht des Staates unterschieden wie auch von dem Recht anderer Gemeinschaften innerhalb des Staates, das man Vereinsrecht nennen mag. Das Außenbild der Kirche kann durchaus an das von Vereinen erinnern, vielleicht auch an das eines Staates. Die Kirche darf sich aber eben nicht mit ihrem Außenbild identifizieren (s. 2.9.). Was sie vom Staat und seinem Recht letztlich unterscheidet, ist, dass sie auf dem Evangelium gründet, welches imstande ist, den Widerstand des menschlichen Herzens zu überwinden, wo und wann Gott will (CA V). Der Staat hat hingegen die Aufgabe, unabhängig von Glauben und Unglauben Böses einzudämmen und das irdische, begrenzte Leben zu fördern.

Diese Unterscheidung ist genau zu beachten. Die Kirche kann auch Angelegenheiten regeln, welche zugleich den Staat betreffen, z.B. Sanktionen gegen Amtsträger, die sich verfehlt haben. Ihr Recht darf dann aber nicht das staatliche Recht ausschließen.

---

[34] Siehe Calvin, Inst. IV, 12,5.
[35] Vorrede zur Deutschen Messe, WA 19, 75 / BoA 3, 297,3-5.
[36] „sine vi humana, sed verbo", BSLK, 124,9.

Wäre das der Fall, dann würde die Kirche anfangen, so etwas wie ein Staat irdischer Ordnung zu werden. Erst recht darf sie dem Staat nicht verwehren, in Angelegenheiten, die dem Staat wesentlich sind, sein Recht an den Gliedern der Kirche durchzusetzen. Die Kirche darf nicht argumentieren, ihre Amtsträger fielen nicht unter die Gerichtsbarkeit des Staates, eben weil sie Amtsträger der Kirche sind[37].

Umgekehrt gilt: Die Kirche darf sich ihr Recht – und zwar auch in den Gebieten, die sich selbst durch sekundäre, abgeleitete Satzungen erschließen – nicht vom Staat vorgeben lassen. Die Kirche bekennt mit ihrer Rechtsordnung ihren eigenen Ursprung im Evangelium. Insofern ist ihr Recht *bekennendes Recht*[38]. In dem Maße, in dem davon abgesehen wird, dass die Kirche auf dem Evangelium, also auf einem Freispruch gründet, und dass dieser die Gabe des Heiligen Geistes zur Folge hat, der in den Seelen von Menschen wirkt, in dem Maße wird das Recht der Kirche dem Recht des Staates ähnlich werden und seine Eigenart verlieren.

Die Kirche darf sich aber auch nicht als einen Verein oder eine Körperschaft unter anderen verstehen, die innerhalb eines Staates Daseinsrecht haben – auch wenn sie bereit ist, sich vom Staat als solchen Verein einordnen zu lassen. Sondern sie versteht sich als die neue Schöpfung, als ein Staat besonderer Art. Die Kirche als *ecclesia militans* ist der diesseitige Teil der *civitas Dei*, welche der *civitas terrena* als dem Inbegriff irdischer Staaten gegenüber steht. Die Glieder der streitenden Kirche sind nicht einfach eine oder mehrere Gemeinschaften innerhalb des irdischen Staates. Sie sind verstreute Pilger, die doch zusammengehalten werden durch ihre Zugehörigkeit zu einem jenseitigen Staat, von dessen Recht und nach dessen Recht sie leben.

6.9. Wer übt die Tätigkeiten der Kirche aus?

Ich hatte zu Beginn des Abschnitts 6 festgestellt, dass es hier um Tätigkeiten geht, die nicht nur von Einzelnen ausgeübt werden, sondern zum Wesen der Kirche selbst gehören, so dass man sagen muss: die Kirche selbst tut dies. Gegen Ende dieser Übersicht ist nun zu fragen, wem in der Kirche konkret diese Tätigkeiten der Kirche anvertraut sind. Denkbar sind folgende Möglichkeiten: (a) notwendig jeder Einzelne (so dass er, täte er's nicht, kein Glied der Kirche wäre), (b) nach Belieben jeder Einzelne, (c) je

---

[37] Luther, An den christlichen Adel, WA 6, 406; 409/BoA 1, 366,6-8; 368,32f.
[38] Ob das Recht der Kirche, wie Karl Barth meint, weil es ein bekennendes Recht ist, auch ein „vorbildliches Recht" ist (KD IV/2, 815), nämlich für den Staat vorbildlich, und so ein „vom Evangelium her Evangelium verkündigendes Recht" (ebd., 824)? Das Evangelium wird nur verkündet, wenn es als Evangelium verkündet wird, und nicht als Recht – so wie Barth Kirchenrecht auffaßt, als Inbegriff der sekundären, aus den Satzungen Gottes abgeleiteten Rechtssatzungen. Dass Recht nicht verkündet werden kann, geht aus den Ausführungen Barths, ebd., 815-824, selbst schon zur Genüge hervor. Man kann allenfalls davon sprechen, dass es vorkommen kann, dass in dem Recht der Kirche in einem solchen Maße Gerechtigkeit (und nicht nur Gnade) praktiziert wird, dass ein Staat davon lernen kann. Eine solche Beispielhaftigkeit der Kirche – wäre sie nur öfter gegeben! – gehört in den Bereich der Mitwirkung der Kirche im Staate (s. 6.4.). Im Blick auf die Gnade darf hingegen die Kirche gerade nicht Vorbild für den Staat sein. Sie würde dann den Staat nur verderben, in dem genügend nicht bekehrte Menschen oder bekehrte, aber schwache Menschen leben.

nach Charisma – was eine persönliche Beauftragung und damit Verpflichtung ist – der jeweilige Einzelne, (d) bestimmte Amtsträger – dann ist zu fragen: welche?

Diese Antworten überschneiden sich vielfach, aber nicht in einer ganz regellosen Weise. (1) Die Mission ist grundlegend für die Kirche, aber nicht jeder hat das Charisma für die Mission, es ist auch nicht jeder verpflichtet, zu missionieren, aber wohl, die Mission als Aufgabe der Kirche zu bejahen. Von jedem Christen muss indes ein Bekenntnis zu Jesus Christus erwartet werden, ein Zeugnis seines Glaubens und seines aus diesem Glauben entspringenden Lebens. Dieses Zeugnis kann Gott gebrauchen, um Menschen der Kirche zuzuführen.

(2) Paulus unterscheidet Ausübungen von Charismen, von denen das eine, die Prophetie, dazu dient, die Kirche als Ganze aufzubauen, während das andere, die Rede in Zungen, zum Aufbauen des Einzelnen dient, 1. Kor 14,4. Da die Kirche nur so als Ganzes besteht, dass sie zugleich in lauter Einzelnen besteht, ist beides legitim; man muss nur unterscheiden, ob man mit der Versammlung der Ortsgemeinde zu tun hat oder mit der Pflege der Frömmigkeit im Kämmerlein (Mt 6,6). Es gibt also Tätigkeiten, durch welche die Kirche sich in ihren gemeinschaftlichen Zusammenkünften erbaut und solche, in denen sie sich in der Weise erbaut, dass der Einzelne für sich seinen Glauben nährt. Bei den gemeinschaftlichen Zusammenkünften stellt sich die Frage, ob nicht hier gerade ein Amtsträger für die gesamte Gemeinde handeln muss, damit sie überhaupt als Ganzes handelt. Hier können nicht Einzelne nur für sich auftreten und sich selbst ernähren. Gerade am Gegenstand des Herrenmahles wird dies deutlich (1. Kor 11,17-34).

(3) Die Diakonie findet von Amts wegen statt, aber es gibt eine Verpflichtung jedes einzelnen Gläubigen, von seinem Hab und Gut den Bedürftigen zu geben, die Jesus immer wieder einschärft (Mt 6,1-4 u. öfter). (4) Die Mitverantwortung in Staat und Gesellschaft hat jeder Christ als Staatsbürger wahrzunehmen; auch die politisch ohnmächtigen Christen der neutestamentlichen Generation tun dies und ermahnen dazu, wenn sie Texte wie Röm 13,1-7 oder 1. Petr 2,13-17 schreiben. In der Lehre (5) gilt das Wort 1. Joh 2,20f. 27: die Gläubigen haben es nicht nötig, von jemanden belehrt zu werden, weil sie durch die Salbung, die sie von Jesus Christus haben, über alles belehrt werden. Dieses Belehrt-Sein des Einzelnen macht ihn auch zu einem Lehrer, zumindest für sich selbst: es gibt das Urteil aufgrund der inneren Klarheit der Schrift[39]. Christen können darüber hinaus, je nach Gabe, die Lehren der Lehrer der Gemeinde prüfen. (6) In der Einsetzung von Amtsträgern ist jeder einzelne Christ zumindest in der Weise beteiligt, dass er sich an der *Anerkennung* der Amtsträger beteiligen soll, die auf rechte Weise eingesetzt werden. Ohne diese Anerkennung ist die Einsetzung unvollständig. Es wird noch darüber nachzudenken sein, in welchem Maße diese Beteiligung über das bloße Rezipieren hinausgehen kann und soll (15.). Allein bei der Rechtsprechung (7) zeigt sich, dass hier nur Amtsträger handeln können. Hier handelt stets die Kirche als Ganzes, unterschieden nur nach der Stufe der Untergliederung, auf der eine gegebene Aufgabe vorliegt: als Ortsgemeinde oder in einer je höheren Einheit der Zusammenfassung. Immer braucht es jemanden, der stellvertretend für die Kirche ihr Recht spricht, und so jemand Stellvertretend-für-die-Kirche-Sprechenden nennt man einen Amtsträger.

---

[39] Luther, De servo arbitrio, WA 18,653 / BoA 3, 141,21 – 142,19.

Bis auf dieses letzte Feld gibt es also durchweg Überschneidungen zwischen der Vertretung der Kirche durch ein Amt und der Initiative Einzelner. Von keiner dieser Tätigkeiten kann sich ein Einzelner ganz dispensieren. In welcher Weise diese Tätigkeiten dabei differenziert werden müssen, wurde gezeigt. Ausnahme ist alleine die Rechtsprechung. So, wie diese Tätigkeiten wesentliche Aufgaben der Kirche sind, so sind sie auch wesentliche Aufgaben des einzelnen Christen.

Die Ausübung von Tätigkeiten durch Einzelne und durch Amtsträger kann verstärkt werden durch Charismen. „Charisma" soll dabei eine gnadenhafte Begabung bezeichnen, die möglicherweise auf einer natürlichen Begabung aufbaut. Die in Röm 12,6; 1. Kor 12,9f. 29f; 1. Tim 4,16; 2. Tim 1,6; 1. Petr 4,10f genannten χαρίσματα betreffen beides: Begabungen Einzelner, die diesem Einzelnen gegeben werden, ohne dass daran gedacht wird, dass jemand anders einmal an seine Stelle treten sollte, und Begabungen von Amtsträgern, die in eine ihnen vorgegebene geistige Realität eingeführt werden, die durch eine bestimmte Ausgabe gekennzeichnet ist[40]. Alle Tätigkeiten, die an diesen Stellen angesprochen werden, gehören zur sich selbst aufbauenden oder zur missionarischen Tätigkeit der Kirche, oder es handelt sich um ihre Lehrtätigkeit.

6.10. Das Sein der Kirche und ihre Tätigkeiten. Der Gottesdienst als Verdichtung des Seins der Kirche

Abschließend ist zu bedenken, in welchem Verhältnis diese Tätigkeiten der Kirche zu ihrem Sein stehen. „Ist" die Kirche erst in dem Akt ihrer Tätigkeiten oder geht ihr Sein ihren Tätigkeiten voraus? Das Zweite ist der Fall. Kirche ist nämlich etwas, das zuerst *Gegenstand* der Tätigkeit eines anderen ist, des schöpferischen und erhaltenden Wirkens Gottes. So wie er die erste Schöpfung durch sein machtvolles Wort erhält (Hebr 1,3), so auch die Kirche, seine neue Schöpfung. Dass Kirche zustandekommt, ist zwar verknüpft mit dem Akt des Glaubens. Es gibt für jedes einzelne Glied der Kirche ein Ereignis des Zum-Glauben-Kommens. Das, wohin der einzelne Gläubige aber durch dieses Ereignis hineingeführt wird, ist eine Wirklichkeit, die vor ihm und vor seinem Glaubensakt besteht. Dieses ununterbrochene Sein der Kirche (*ecclesia perpetuo mansura*, CA VII) ist die Trägerin ihrer Tätigkeiten.

Kirche ist also nicht erst in ihren Akten, auch nicht in dem Akt des Gottesdienstes. Gleichwohl ist der Akt des Gottesdienstes als eine Verdichtung des Seins der Kirche anzusehen. Dabei finden nicht alle Tätigkeiten, die hier in einer gewiß veränderbaren Aufzählung zusammengestellt wurden, in der Handlung statt, die man „Gottesdienst" nennt.

---

[40] So etwa die Apostel, Propheten, Lehrer, die in 1. Kor 12,28 als Personen genannt werden; dann folgen Nennungen von Tätigkeiten, wobei zuerst nur allgemein „Kräfte", δυνάμεις, genannt werden und dann die Tätigkeit der Heilungen so genannt wird, dass das Charisma zu Heilungen genannt wird. Die Unterscheidung in der Art der Benennung schließt aber nicht aus, dass, was hier nur als Tätigkeit genannt wird, auch Tätigkeit eines Amtes sein könnte, so z.B. sicherlich die Leitungen, κυβερνήσεις.

Das Besondere, durch das diese Handlung herausragt, ist, dass hier in einer zeitlich begrenzten Handlung das in Erscheinung tritt, was fortwährend, in Zeit und in Ewigkeit, die Verfaßtheit der Kirche ist. Christus spricht beständig mit der Kirche, seiner Braut[41]. In diesem Angesprochen-Werden existiert sie überhaupt erst. Er hat ihr Herz geöffnet, so dass auch sie beständig mit ihm spricht. Dies gilt nicht nur für die *ecclesia militans*, sondern erst recht für die *ecclesia triumphans* in der Ewigkeit. Die Kirche lebt zugleich in Zeit und Ewigkeit davon, dass das Lamm für sie geschlachtet wurde: Apk 5,6-10.

Dieses Verhältnis, in dem die Kirche lebt, wird in der besonderen gottesdienstlichen Handlung repräsentiert und für die einzelnen Glieder der Kirche, die sich an einem Ort versammeln, erfaßbar gemacht. Diese Handlung ist damit ein Abbild des ewigen Gottesdienstes, von dem Apk 4 und 5 berichten. In diesem zeitlich begrenzten Gottesdienst geschieht nämlich nichts anderes, „denn das unser lieber Herr selbs mit uns rede durch sein heiliges Wort, und wir widerumb mit jm reden durch Gebet und Lobgesang."[42] Das Herrenmahl ist sodann das Medium, durch welches die Kirche das Lamm empfängt, das für sie geschlachtet wurde. Dieser Gottesdienst, den man auch „liturgischen" Gottesdienst nennen kann, besteht somit aus zwei Elementen: dem Zwiegespräch zwischen Gott und der versammelten Gemeinde, und der Feier des Herrenmahles[43]. In diesem Gottesdienst wird der ewige Gottesdienst, den die *ecclesia triumphans* mit Gott feiert, repräsentiert und erfaßbar gemacht: das soll heißen: Gott redet zu Menschen, die der Zeit und der Unterschiedenheit des Raums unterworfen sind, mit der gleichen Gültigkeit und heilbringenden Kraft, wie er zu Menschen in der Ewigkeit redet, nur unter Berücksichtigung dieser besonderen Bedingungen: dass sie sich eine besondere Zeit zu diesem Gespräch nehmen müssen und dass sie sich verstreut an mehreren Orten versammeln.

Die einzelnen Glieder der *ecclesia militans* leben dabei durchaus in einem ständigem, sich in der Zeit erstreckenden Gottesdienst, einer λογικὴ λατρεία im Sinne von Röm 12,1. Das ganze Leben wird in den Dienst Gottes gestellt und ihm zur Ehre gelebt. Dieser Gottesdienst ist durchsetzt mit Zeiten des Gebets, sei es im Kämmerlein (Mt 6,6), sei es in einer Gemeinschaft außerhalb des besonderen Gottesdienstes (Mt 18,19f). Die Gläubigen können auch in ihren alltäglichen Beschäftigungen in einer beständigen Haltung des Gebets leben, worauf 1. Thess 5,17 hinweist.

Der besondere liturgische Gottesdienst spannt sich nun aus zwischen diesen zwei Polen: dem Gottesdienst der *ecclesia triumphans*, an dem er Anteil nimmt, und dem Gottesdienst der λογικὴ λατρεία, der das ganze Leben der Christen erfüllt. Er kann sich zwischen diesen beiden Polen bewegen und muss nur darauf achten, sich nicht zu sehr von einem von ihnen zu entfernen. Er soll etwas von der Herrlichkeit der Ewigkeit

---

[41] Vgl. Dei Verbum 8, DH 4211: „Deus ... sine intermissione cum dilecti Filli sui Sponsa colloquitur ...".

[42] Luther, Predigt vom 17. Sonntag nach Trinitatis (1544), WA 49, 588,16-18.

[43] Genau so wird der christliche Gottesdienst in der ältesten näheren Beschreibung charakterisiert, nämlich bei Justin, Apologia I, 66f; in Übereinstimmung damit SC 56. Man kann erwägen, ob der eine Teil imstande ist, den anderen zu vertreten, dass also im Wortgottesdienst die Zuwendung Gottes erfolgt, die in der Eucharistiefeier stattfindet, und in der Eucharistiefeier das Sprechen Gottes zu seiner Kirche und ihr Sprechen zu ihm, wie es im Wortgottesdienst geschieht. Die Fülle der Formen des Gottesdienstes hat man auf jeden Fall nur, wenn beides in einem Gottesdienst stattfindet.

vermitteln und er darf die Aufgaben des geistlichen Kampfes im täglichen Leben nicht aus dem Blick verlieren, sondern soll für sie stärken.

In dem besonderen liturgischen Gottesdienst treten die Christen aus ihren alltäglichen Beschäftigungen heraus, die sie mit den anderen Menschen in der Welt gemein haben. Sie treten aus ihrer Vereinzelung heraus. Sie treten auch aus den kleineren Gruppen heraus, in denen sie sich sonst sammeln mögen, um in einem größtmöglichen Umfang sich an einem Ort zu versammeln, der für sie eingerichtet ist. Sie bezeugen damit, dass sie nicht sich selbst genug sind, weder als einzelne, noch in ihren kleineren Kreisen, nicht einmal als die Ortsgemeinde, als die sie zusammentreten, sondern dass sie Gläubige sind in einer noch weiter umfassenden Einheit, nämlich der Einheit der *ecclesia universalis*. Hier erst sind sie im vollen Sinne des Wortes „ek-klesia": Herausgerufene. Durch den Glauben sind sie deren Glieder und jede Einschränkung auf eine kleinere Einheit wäre eine Beeinträchtigung ihres Glaubens.

Die regelmäßige sonntägliche gottesdienstliche Versammlung der Ortsgemeinde ist die Versammlung von Christen in dem größtmöglichen Umfang, der ihnen regulär möglich ist[44]. Sie hat darum, mehr als die Zusammenkünfte von Teilgruppen der Gemeinde, die Bestimmung, die Zugehörigkeit zu dieser umfassenden Einheit zum Ausdruck zu bringen. Die Möglichkeit, das zu tun, verdankt sich nicht der Initiative des einzelnen Gläubigen, sondern ist für ihn eingerichtet. Sie wird ihm gewährt. Sie ist konstituiert dadurch, dass ihm das Wort Gottes in der Bibellesung, in der Vergegenwärtigung durch die Predigt und die Teilhabe am Herrn im Herrenmahl gewährt werden. Es ist konsequent, dass ihm Wort und Sakrament durch einen Amtsträger gewährt werden, der für die Gesamtheit nicht nur der Ortsgemeinde, sondern der ganzen Kirche steht und seine Einsetzung möglichst einer übergeordneten Instanz verdankt[45].

In der Feier des Herrenmahles kommt dieses eigentümliche Merkmal der Katholizität des Gottesdienstes der Ortsgemeinde am stärksten zum Ausdruck. Die Gemeinde feiert dieses Sakrament mit *einem* Kelch und mit *einem* Brot. Die vielen, die diesen einen Kelch und dieses eine Brot empfangen, sind *eine* Gemeinschaft und *ein* Leib, aber dieser Leib ist nicht nur der Leib, der die Teilnehmer der jeweiligen Abendmahlsfeier vereint, sondern es ist zugleich der Leib, der die „vielen" vereint, aus denen die gesamte Kirche besteht (1. Kor 10,15-17). Der konkrete Akt der eucharistischen Feier ist also ein Hervortreten und eine Bekräftigung des Seins der *ecclesia universalis*, in der die vielen, nämlich alle Gläubigen, zu einer Einheit zusammengeschlossen sind. Im Gottesdienst, insbesondere in der Feier des Herrenmahles, verdichtet sich das Sein der Kirche.

---

[44] Diese „reguläre Möglichkeit" kann auch durch die konfessionelle Spaltung eingeschränkt sein.
[45] Ich stimme durchaus Schlink zu, wenn er sagt: „Denn Gebet und Anbetung, Zeugnis und Lehre, sowie das Bekenntnis als Konzentration dieser Aussagen haben ihren elementaren Ort in der Mitte des kirchlichen Lebens, nämlich in der gottesdienstlichen Versammlung.", Ökumenische Dogmatik, 558. Es muss nur gezeigt werden, was denn die „gottesdienstliche Versammlung" von den anderen Akten unterscheidet, in denen Christen beten und anbeten, Zeugnis geben, lehren oder sich belehren lassen und bekennen. Dieses Unterscheidende ist die ausdrückliche Zweckbestimmung des Gottesdienstes als Darstellung des Verhältnisses zu Gott, in dem Kirche existiert, in Verbindung mit der Darstellung der Anteilhabe der einzelnen Christen an der ecclesia universalis. Vgl. oben 3.5. die sich mit denjenigen hier überschneidenden Überlegungen.

7. DIE KIRCHE UND DIE WELT

7.1. Gegenüber und Ineinander. Die Ambivalenz ihres Verhältnisses

Wir haben oben (2.2.3.) den Begriff der Kirche entwickelt als einer Gemeinschaft von Menschen, die in ihrem einen Teil, der *ecclesia militans*, mitten in der Welt lebt. „Welt" soll hier heißen: die Gemeinschaft von Menschen in der vergänglichen und vergehenden Phase ihres Daseins, und zwar, insofern sie dem errettenden Glauben an Jesus Christus verschlossen sind. Man kann hinzufügen *„noch* verschlossen sind", denn es ist der Wille Gottes, alle Menschen zu diesem Glauben hinzuführen, und dies geschieht, „wo und wann" der Heilige Geist es gibt (CA V). Alle Menschen, auch die der „Welt", sind dabei Schöpfung Gottes. Die Kirche ist also so in der Welt, dass sie als neue Schöpfung sich in der alten Schöpfung befindet. Beide stehen einander gegenüber und zugleich ist die zweite in der ersten. Die Kirche nimmt Anteil an allem, worin die Welt Schöpfung, alte Schöpfung ist, sie ist auch, weil sie Gemeinschaft von Sündern – gerechtfertigten Sündern – ist, verstrickt in das Wesen der Welt als durch Sünde verkehrter Schöpfung. Zugleich aber überwindet und überragt sie durch die Rechtfertigung die Welt.

Im Blick auf die so bestimmte Welt ist die Kirche die Gemeinschaft derer, die das Heil durch den Glauben empfangen haben, und sie ist Heilsmittel: die Welt empfängt durch die Kirche das Heil. Die Aussage Joh 3,16, „So sehr hat Gott die Welt geliebt, dass er seinen einzigen Sohn gab, damit alle, die an ihn glauben, nicht verlorengehen, sondern das ewige Leben haben.", wird durch die Verkündigung der Kirche verwirklicht.

Das Verhältnis zwischen Kirche und Welt soll hier in seinen verschiedenen Aspekten durchdacht werden. Dabei werden auch bestimmte Gedanken nochmals durchlaufen, die bereits vorgetragen worden sind (6.3 – 6.4). Das Verhältnis der Kirche zur Welt ist also das eines Arztes – genauer: des Instrumentes oder des Gehilfen des eigentlichen Arztes: Christus – zu dem Patienten, den er heilen will. In der Kirche begegnet die Welt demjenigen, der sie zu ihren letzten Bestimmung als Schöpfung Gottes führen soll: nämlich dass sie Gott liebe, ihm diene und ihm gleichgestaltet werde. Insofern ist die Kirche für die Welt nichts Fremdes und auch umgekehrt die Welt für die Kirche nichts Fremdes.

Zugleich – ohne dass dies geschmälert wird – ist die Kirche aber der Welt fremd, denn die Welt weigert sich, von der Kirche sich heilen zu lassen. Für die Welt als Ganzes gilt, was Augustin von den Philosophen gesagt hat: sie sind wie Patienten, die nicht einsehen wollen, dass sie krank sind, und die darum den Arzt ablehnen[1]. Die Welt wird dadurch für die Kirche zu etwas, das sie überwinden muss, so wie Jesus Christus die Welt überwunden hat (Joh 16,33; 1. Joh 5,4).

---

[1] Augustin, De civitate Dei X, 29, Ausgabe hg. v. Bernhard Dombart u. Alfons Kalb. Stuttgart 1924 / Darmstadt 51981, Bd. 1, 451, 5–10, vgl. Tertullian, Apologeticum 17,6.

Dieses ambivalente Verhältnis von Kirche und Welt hat folgende Aspekte:
Die Menschen der Kirche stehen den Menschen der Welt gegenüber als solche, die aus derselben Schöpfung und derselben *massa perditionis* stammen (Röm 3,19; 11,32) und dieselbe Bestimmung haben: das Leben in Gottes Herrlichkeit. Dass die Menschen der Kirche die feste Zusage dieser Herrlichkeit erhalten haben und die anderen – noch – nicht, ist nicht ihr Verdienst, sondern die Gabe des Heiligen Geistes. Sie können nur in Demut diesen entscheidenden Vorsprung vor ihnen bekennen; dieselbe Zusage können auch die Menschen in der Welt empfangen, wenn Gott es will und ihnen den Glauben gibt. Die Kirche ist somit „die vorläufige Darstellung der ganzen in ihm [in Jesus Christus] gerechtfertigten Menschenwelt", wie dies Karl Barth im Leitsatz zu § 62, KD IV/1, gesagt hat. Dies gilt, auch wenn ein Teil dieser Menschenwelt ihre Bestimmung auf Dauer verfehlen sollte (Mt 22,14).

Die Kirche ist darum für die Welt die Erfüllung ihrer innersten Sehnsucht, der Sehnsucht ihrer *anima naturaliter christiana*. Sie will zur *ecclesia militans* und schließlich zur *ecclesia triumphans* werden. Die Welt kann diese Sehnsucht aber nur erfüllen, wenn sie aufhört, Welt zu sein, d.h. sich vor Gott zu verschließen. Sie muss dahin zurückkehren, nur noch Schöpfung zu sein, um ihre schöpfungsgemäße Bestimmung zu erfüllen. Das geschieht aber nur im Durchschreiten des Todes, jenseits dessen die Schöpfung als neue Schöpfung wieder ersteht (2. Kor 5,17; Röm 8,29). Die Erfüllung dieser schöpfungsgemäßen Sehnsucht der Welt liegt darum immer in einem „Jenseits", das von dem „Diesseits" auf radikalste Weise unterschieden ist: durch den Tod, der in der Bekehrung besteht, und durch den leiblichen Tod. Die Welt kann die Erfüllung dieser Sehnsucht nicht durch eigene Kraft erreichen – auch die Kirche kann es nicht –, es muss immer Gott selbst kommen, damit es geschieht.

7.2. Der Missbrauch, die Verfolgung und die Ignorierung der Kirche durch die Welt

Andererseits versperrt sich die Welt selbst die Erfüllung dieser Sehnsucht, weil sie sich von anderen Sehnsüchten treiben läßt, welche diese Sehnsucht verdrängen. Die Welt hat dann folgende Möglichkeiten, mit der Kirche umzugehen:
a) Die Kirche wird mißbraucht als Erfüllerin der falschen Sehnsüchte der Welt. Diese falschen Sehnsüchte kann man figürlich dargestellt finden in den drei Versuchungen Jesu (Mt 4,1-11 / Lk 4,1-13). Die Versuchung, Steine in Brot zu verwandeln, steht für die Idee, in der Schaffung irdischer Wohlfahrt die letztgültige und tragende Bestimmung des Menschengeschlechtes zu erfüllen. Die Versuchung, die Herrschaft über alle Reiche dieser Welt zu erlangen, steht für die Idee einer umfassenden politischen Ordnung, in der diese Bestimmung erfüllt sein soll. Die Versuchung, durch ein Wunder die Macht eines bewahrenden Gottes zur Anschauung zu bringen, steht für die Idee, in *Religion* die Erfüllung der menschlichen Bestimmung zu bieten. „Religion" soll hier heißen, dass die Welt versucht, in einem Hinausgreifen über sich selbst sich ihre eigene Bestimmung zu verleihen und zu erfüllen, ohne sie sich von ihrem Schöpfer schenken zu lassen. Die Zumutung des Satans ist, dass Jesus Gott versucht

und dass Gott dieser Versuchung erliegt (Lk 4,12). Er hätte sich damit der Welt und letztlich dem Teufel dienlich gemacht. Ein solcher „Gott" wäre der Gott der Religion der Welt.

Jesus Christus erliegt diesen Versuchungen nicht. Die Kirche kann aber, so Gott sie nicht bewahrt, diesen Versuchungen erliegen und tut es auch immer wieder. Die Kirche wird dann mißbraucht. Das, was sie zur Kirche macht, das Evangelium, wird dann umgeformt in die Heilsbotschaft einer allgemeinen irdischen Wohlfahrt; die geistliche Autorität der Kirche dient dann der noch tieferen Verankerung einer politischen Autorität, welche die übergreifende Autorität Gottes schmälert und zu ersetzen trachtet; die Kirche wird dann schließlich zu einer Verkörperung weltlicher Religion, welche die religiöse Sehnsucht der Welt zu stillen sucht, nicht aber die Sehnsucht, die Gott als Schöpfer in sie hineingelegt hat.

Die Welt kann versuchen, die Kirche zu verführen oder Druck auf sie auszuüben, damit sie sich ihr anpaßt. Sie hat aber noch zwei andere Möglichkeiten.

b) Die Kirche wird von der Welt verfolgt mit der Absicht, sie entweder auszulöschen oder zur Unterwerfung zu bringen. Die Verfolgung geschieht gerade dann, wenn die Kirche den Versuchungen der Welt gegenüber standhaft bleibt. Das ist das, wovon Jesus Joh 15,18-21 gesprochen hat, was in den Verfolgungen des alttestamentlichen Israel präfiguriert ist, in den ersten Jahrhunderten der Kirche nach der ersten Ankunft Christi ihr ein Prägemal für alle Zeiten aufgedrückt hat und in den Verfolgungen, welche die Apokalypse (Kap. 12-20) bezeugt, zum Höhepunkt und zum Abschluß kommt.

c) Die Kirche wird von der Welt ignoriert. Man kann dann von einem „postchristlichen" Zeitalter sprechen, welches das Christentum hinter sich habe, wenngleich es noch weiterexistieren darf, oder von einem „postsäkularen" Zeitalter, welches den Gegensatz zwischen Christentum und Säkularismus nicht mehr kenne, also verdrängt, dass das Christentum durch seine bloße Existenz schon vor die Entscheidung dafür oder dagegen stellt. Dieses Ignorieren kann verbunden sein mit der Maxime, Religion sei Privatsache. Diese Maxime widerspricht aber dem Wesen des Christentums zutiefst, denn es will, wie andere Religionen auch, den Menschen ganz erfüllen, also auch den Menschen in seiner der Gesellschaft zugewandten Seite, und damit die ganze Gesellschaft. Seine einzige Schranke ist dabei, dass es keinen Zwang ausüben darf. Will man aber dem Christentum verbieten, öffentlich zu werden, dann will man, dass das Christentum verschwinde. Das Gleiche ist der Fall, wenn man mit dem Christentum so umgehen möchte, als sei es eine Möglichkeit unter anderen, die der eine wählen mag, der andere nicht; ja, die auch mit anderen Möglichkeiten patchworkartig verbunden werden könnte. Denn das Christentum kennt nur die Entscheidung zwischen sich als der wahren Wahl, mit der man leben wird, und allem anderen als der falschen Wahl, mit der man untergehen wird. Versucht man, das Christentum als etwas anderes zu behandeln, dann will man das Christentum zum Verschwinden bringen. Die Möglichkeit c führt also wieder zu den Möglichkeiten a und b: die Welt will die Kirche zur Anpassung verführen oder sie verfolgt sie.

7.3. Die Kirche im Schema der Welt

Die Kirche muss diesen Versuchen der Welt widerstehen, sie in ihr Schema zu fügen (1. Kor 7,31, vgl. oben 2.9.). Andererseits gibt die Kirche der Welt etwas, das schon in der Diesseitigkeit der Welt wirksam wird, und zwar *neben* der Wirkung, welche die Kirche ausübt, wenn ihre Verkündigung Glauben findet. Dies sind Wirkungen, welche die Welt anerkennen kann, auch wenn sie noch an ihren Maßstäben festhält. Wir wollen nun noch den Blick auf diese Wirkungen richten.

Wir haben über einen wichtigen Teil dieser Wirkungen schon etwas gesagt, nämlich die diakonische Tätigkeit der Kirche und ihre Mitwirkung in Staat und Gesellschaft (6.3 – 6.4). Hier ist noch etwas weiter auszuholen. Es ist zunächst zu fragen, in welchem Verhältnis die Kirche zur Gesamtgesellschaft steht, wenn sie nicht nur diese Tätigkeiten, sondern auch ihre verkündigende und sich selbst auferbauende Tätigkeit vollzieht.

Eilert Herms hat einen Entwurf vorgelegt, wonach die christliche Kirche wie andere Religionen auch die Aufgabe hätte, der menschlichen Gesellschaft „zielwahlorientierende Gewißheiten" zu geben[2]. Diese Aufgabe sei zu unterscheiden von derjenigen, welche Gewißheit verschafft über die Regeln, die zu beachten sind, wenn eine Gesellschaft zwischen möglichen Wegen zu ihren Zielen zu wählen hat. Die Gruppe dieser beiden situationsdeutenden Aufgabenbereiche sei zu unterscheiden von zwei situationsgestaltenden Aufgabenbereichen, nämlich der Herrschaft – in dem Sinne, dass durch sie sichergestellt wird, dass in der Gesellschaft überhaupt Regeln befolgt werden – und der Ökonomie, welche sich um die „Gewinnung und Verteilung von Lebensmitteln durch technische und ökonomische Interaktionen" zu kümmern hat[3]. Das Ensemble dieser Aufgaben – die alle gleichursprünglich seien[4] –, bestehe darin, die grundsätzliche Aufgabe zu erfüllen, die mit dem menschlichen Dasein gegeben ist, nämlich „es als das gemeinschaftliche Dasein aller zu bestimmen – oder: zu gestalten –, und zwar durch eine Interaktion, die koordiniert ist, indem sie Regeln der Interaktion befolgt." Letztlich gehe es dabei um die Alternative, dass die Menschen entweder sich permanent gegenseitig stören oder ihre Interaktionen aufeinander abgestimmt sind[5].

Dieser Entwurf von Eilert Herms ist ein Beispiel für eine Bestimmung des Verhältnisses von Kirche und Gesamtgesellschaft, in welcher völlig die jenseitige Bestimmung der Kirche *und* der „Welt" aus dem Blick verloren wird[6]. Die Kirche ist in ihrer

---

[2] Eilert Herms, Kirche in der Zeit, in: ders., Kirche für die Welt. Lage und Aufgabe der evangelischen Kirchen im vereinigten Deutschland, Tübingen 1995, 231-317, hier 238. Er meint dabei „eine kategoriale Gewißheit über die Bestimmung des Menschen, seine Natur und seinen Ursprung. Eine solche kategoriale Gewißheit ist in allen Religionen und Weltanschauungen vorhanden und in deren Reflexionsgestalten, ihren Theologien und Philosophien.", ebd.
[3] Ebd., 237f, Zitat: 238.
[4] Ebd., 238f.
[5] Ebd., 236.
[6] Und dies, obwohl Herms ausdrücklich beansprucht, vom „Wirklichkeitsverständnis" des christlichen Glaubens auszugehen und sich gegen einen einfachen „Import" soziologischer Konzepte in die Ekklesiologie verwahrt. Er beruft sich dabei allerdings nur auf den ersten Artikel des Glaubensbekenntnisses und übersieht, dass dieses drei Artikel hat, welche immer im Zusammenhang miteinander stehen, und der Begriff „Kirche" im dritten Artikel steht: ebd., 234f. Herms bleibt letztlich

letztgültigen Bestimmung nicht dazu da, dieser vergänglichen und der Sünde unterworfenen Welt ein störungsfreies Zusammenleben zu ermöglichen und dabei mit Politik, technisch und sozial bestimmter Wissenschaft und Ökonomie zusammenzuwirken. Die Kirche besteht zu einem wesentlichen Teil aus der *ecclesia triumphans*, aus den Menschen, die bereits in der Anschauung Gottes leben und nicht mehr inmitten der diesseitigen Gesellschaft. Die Kirche weist mit ihren beiden Haupttätigkeiten, der missionarischen Verkündigung und ihrer Selbstauferbauung über das Diesseits hinaus. Die Gemeinschaft der Seligen, in welcher die Bitte Jesu Joh 17,21-23 sich erfüllt, ist wesentlich mehr als ein störungsfreies Zusammensein einer Vielzahl von Personen. Der Weg dorthin geht durch den Bruch der Bekehrung und des leiblichen Todes. Eine Ökonomie, die mit der Gewinnung und Verteilung von Lebensmitteln beschäftigt ist, hat für die Gemeinschaft der *ecclesia triumphans* nichts zu leisten.

7.4. Die innerweltlichen Wirkungen der Kirche in der Welt: Hebung der Moralität, Förderung der Wissenschaften und der Künste

7.4.1. Hebung der Moralität

Erst wenn dies klar gemacht ist, kann sinnvoll darüber nachgedacht werden, inwieweit die Kirche in der diesseiten Welt wirkt. Als *Erstes* ist zu sagen, dass die Kirche durch all ihre Tätigkeiten, nicht nur durch die Diakonie und durch das ausdrückliche Tragen von Mitverantwortung in Staat und Gesellschaft die *Moralität* einer Gesellschaft fördert. Sie tut das, wenn ihrer Verkündigung geglaubt wird und sie sich ausbreitet in einer Gesellschaft, aber auch dadurch bereits, dass Menschen sich durch die Tätigkei-

---

doch im Banne einer funktionalen soziologischen Bestimmung von Religion, deren Muster Niklas Luhmann sehr deutlich offenlegt: „Die Erkenntnisform, die funktionale Analyse erstrebt, ist entsprechend komplex: Religion löst das Problem x, aber sie löst es nicht so, wie b, c, d, usw. es lösen.", Niklas Luhmann, Funktion der Religion, Frankfurt am Main 1977; Ausgabe als Suhrkamp Taschenbuch, 3. Aufl. Frankfurt am Main 1992, 9. – Ein ganz anderes Beispiel für die Aufnahme soziologischer Denkformen in die christliche Ekklesiologie ist Dietrich Bonhoeffers nach wie vor nicht ausgeschöpfte Dissertation ‚Sanctorum Communio. Eine dogmatische Untersuchung zur Soziologie der Kirche' von 1930. Das wird gerade im Blick auf das Faktum der Sünde deutlich, die einen Bruch setzt zwischen der Kirche als bloß menschlicher Gemeinschaft betrachtet und der Kirche als der vom Heiligen Geist erfüllten Gemeinschaft: „So macht das Faktum der Schuld die Unmöglichkeit offenbar, den objektiven Geist der Gesamtperson der Kirche mit dem heiligen Geist zu identifizieren ..." (ebd., 145, Hervorhebung D.B.). Der „objektive Geist", der in der Kirche herrscht wie in einer anderen Gemeinschaft von Menschen und sie zu einer Kollektivperson macht, kann soziologisch beschrieben werden. Sünde und Vergebung sind hingegen theologische, d.h. in der Offenbarung gründende Begriffe. Man könnte im Sinne einer funktionalistischen Soziologie, so wie Luhman sie bestimmt, „Sünde" auch als ein Störung des Gemeinschaftslebens betrachten, unter einem bestimmten Gesichtswinkel, dem religiösen, betrachtet, „Vergebung" als eine religiöse Überwindung dieser Störung. Das aber tut Bonhoeffer nun nicht. Zur Diskussion des Verhältnisses von Soziologie, Dogmatik (Ekklesiologie) und Praktischer Theologie (Kirchentheorie) s. Martin Abraham, Evangelium und Kirchengestalt, 178-266; zur Kritik Luhmanns: ebd., 269-329.

ten der Kirche bewußt werden, dass sie Verantwortung für ihr Tun und Leben besitzen, und dass in konkreten Regeln – wie sie die Gebote Gottes vorschreiben – diese Verantwortung wahrzunehmen ist. Die Moralität einer Gesellschaft wird um so mehr gefördert, je mehr die Menschen Überzeugungen der kirchlichen Lehre teilen. So wird ihre Verantwortung ernster wahrgenommen werden, wenn sie sich bewußt werden, dass es einen Gott gibt, vor dem sie Rechenschaft geben müssen und nicht nur sich selbst verantwortlich sind. Das Leben ungeborener oder neugeborener Kinder wird geschützt werden genauso wie das alter, kranker und behinderter Menschen. Der Weg, sich dieser Menschen zu befreien durch ein vorgebliches Recht auf Selbsttötung, die andere vollstrecken, wird kategorisch ausgeschlossen werden. Die Ehe als Gemeinschaft von Mann und Frau wird durch Gesetze geschützt werden, die zugleich klarstellen, dass es keine anderen gleichwertigen Paargemeinschaften gibt, welche die Identität des Geschlechtes mißachten. Die ständige Versuchung, im gesellschaftlichen Leben die Rechte Schwächerer zu verletzen, wird stärker eingedämmt, die bedenkenlose Bereitschaft, Krieg zu führen, gezügelt werden usw.

Das alles geschieht, je mehr die ethischen Lehren der Kirche akzeptiert werden, ist aber nicht unbedingt davon abhängig, dass ihrer zentralen Lehre, dem Evangelium, geglaubt wird. Was dadurch entsteht, ist allerdings, was man durchaus eine „christliche Gesellschaft" nennen kann, eine Gesellschaft, die durch die ethischen Lehren der Kirche geprägt ist. Die Kirche drängt durch ihre Präsenz in der Welt auf eine solche Gesellschaft hin, gleichwie sie als zu ihrem Hauptziel zu der *ecclesia triumphans*, der Gemeinschaft der Seligen hinsteuert. Sie kann gar nicht anders, als so zu wirken. Ihr zu verbieten, das zu tun, hieße, zu wollen, dass sie verschwinde.

Dabei ist die „christliche Gesellschaft" kategorial unterschieden von der *ecclesia triumphans*. Sie ist nicht eine Gesellschaft, in der alle sich gegenseitig und alle Gott so lieben wie der Gott der Vater Gott den Sohn liebt und umgekehrt. Eine christliche Gesellschaft kommt nicht erst dadurch zustande, dass alle Menschen in ihr an das Evangelium glauben oder auch nur die Mehrheit von ihnen, sondern schon dadurch dadurch, dass eine kritische Masse in ihr, d.h. die Gruppe der Tonangebenden, die Kirche wertschätzt und ihre Lehre akzeptiert, soweit sie ethisch relevant ist. Und auch im besten Fall, auch wenn alle an das Evangelium glauben würden, wäre durch die verbleibende restliche Sünde diese Gesellschaft von der Gemeinschaft der Seligen unterschieden und ihre Moralität nicht vollkommen.

Das Drängen auf eine christliche Gesellschaft hin ist für die Kirche unvermeidlich; gleichwohl muss sie sich bewußt sein, dass zwei Gefahren dabei entstehen. Die erste ist die des Zwanges. Eine Gesellschaft hat immer die Neigung, eine bestimmte Weise zu denken und zu leben allen ihren Gliedern vorzuschreiben. Dies muss gar nicht erst durch die Androhung staatlicher Gewalt geschehen, sondern allein schon durch den seelischen Druck zur Gleichförmigkeit. Das gilt auch für eine „pluralistische" Gesellschaft. Sie hat die Neigung, allen den Pluralismus als Denk- und Lebensposition vorzuschreiben. Wird das Christentum von den meinungsbildenden Kräften einer Gesellschaft akzeptiert – wie das im römischen Reich seit 313 und dann in den europäischen Staaten bis mindestens ins 18. Jahrhundert der Fall war – dann gerät es selbst in die Lage, einen solchen Druck zur Gleichförmigkeit auszuüben, auch wenn es nicht von einem willfährigen Staat flankiert würde, der entschlossen ist, seine Gewaltmittel dafür einzusetzen. Einen solchen Zwang muss die Kirche aber nun ihrerseits ablehnen, denn in dem wesentlichen Stück ihrer Lehre, dem Evangelium, will sie nur den ungezwungenen Glauben und keine andere Motivation. Deswegen muss die Kirche selbst für Religionsfreiheit eintreten, während sie zugleich eine christliche Gesellschaft in ethischer Hinsicht bejahen muss. Die Kirche muss dann selbst eine Knechtsgestalt annehmen. Die darf in der Gesellschaft nicht als die Königin auftreten, die sie ist, sondern muss als eine Vereinigung, als eine Körperschaft sich einstufen lassen, der gegenüber es jedem freisteht, ob er ihr angehören will oder nicht, ohne dass er dafür in der Gesellschaft Schaden erleidet[7]. Sie muss sehr wohl glauben und bekennen, dass sie eine Königin ist: die Gemeinschaft, der Gott seinen Heilswillen anvertraut hat. Sie darf aber von einem Menschen nur erwarten, als solche behandelt zu werden und eine unvergleichliche Autorität zu haben, wenn er zum Glauben an Jesus Christus gelangt ist.

Die andere, verwandte Gefahr richtet sich gegen die Kirche selbst. Es ist die Gefahr eines scheinbaren Christentums[8]. Wenn die meinungsbildenden Elemente einer Gesellschaft zum überwiegenden Teil das Christentum als Ganzes akzeptieren, dann wird das zur Folge haben, dass alle Glieder einer Gesellschaft – klar abgegrenzte Minderheiten ausgeschlossen – zur Kirche gehören, dass sie getauft sind, und zwar schon als kleine Kinder aufgrund der Entscheidung ihrer Eltern, die sich dem Mehrheitsbrauch angepaßt haben, ohne dies als Zwang zu empfinden. Dies ist in Europa lange Zeit denn auch der Fall gewesen. Es ist aber klar, dass ein solches „Zur Kirche Gehören" nicht dasselbe ist wie „Glied der Kirche Sein aufgrund des Glaubens". Sehr viele, vielleicht die meisten dieser Getauften entwickeln oder bewahren den Glauben nicht, den die Kirche in ihrer Taufe stellvertretend für sie glaubt. Sie sind in einem *corpus permixtum* unter die wahren Glieder der Kirche als der Gemeinschaft der Glaubenden gemischt; sie sind allein Glieder der sichtbaren Versammlung der Kirche, der *ecclesia synthetica* (s.o. 2.2.1.).

Die Kirche soll sich hier dieser Gefahr bewußt sein, aber nicht versuchen, ihr von vornherein zu entgehen. Die Tendenz zu einer christlichen Gesellschaft mit vielen scheinbaren Christen ergibt sich von selbst durch die Gegenwart der Kirche in der Welt, solange sie nicht verfolgt oder konsequent ignoriert wird; auch wenn die Kirche sich nicht von der Welt verführen läßt und sich ihr anpaßt, ist es unvermeidlich, dass Menschen aus anderen Motiven in der Kirche sind als dem des Glaubens. Wir berühren hier das Problem der *Volkskirche*, dem wir uns später noch zuwenden wollen (21.). Die Kirche kann diesem Problem entgegenarbeiten in der Weise, wie sie es schon

---

[7] Genau dies hat Roger Williams, dem wesentliches Verdienst zufällt für die Ausbildung eines genuin christlichen Toleranzgedankens in der Neuzeit, von der Kirche gesagt: sie würde innerhalb des Staates etwas wie eine Vereinigung von Ärzten oder eine Handelsgesellschaft sein; deren innere Probleme, Spannungen, Zerwürfnisse, würden für den Bestand des Staates in keiner Weise bedrohlich sein: Roger Williams,The bloudy tenant of persecution [1644], hg. v. Samuel L. Caldwell, Providence, Rhode Island, 1847 (Publications of the Naragansett Club, 1st Series, Vol. III) = The Complete Writings of Roger Williams, New York 1963, Bd.3, 73, vgl. Sven Grosse, Konkurrierende Konzepte von Toleranz in der frühen Neuzeit, in: ders., Das Christentum an der Schwelle der Neuzeit. Drei Studien zur Bestimmung des gegenwärtigen Ortes des Christentums (Texte und Studien zum Protestantismus des 16. bis 18. Jahrhunderts 6), Kamen 2010, 51-96, hier 70-73.

[8] Luther, 1. Psalmenvorlesung (Dictata in Psalterium), Scholien zu Ps 68 Vulgata, 69 masor., WA 3, 416–422; BoA 5, 133-138 (dt. Übersetzung bei Aland, Luther Deutsch, Bd.1, 65-69), unter Verweis auf Bernhard von Clairvaux, Sermones in Cant. 33,16.

immer getan hat: mit der Bildung von *ecclesiolae in ecclesia* (s.o. 4.4.), in denen sich gläubige Menschen sammeln, um in deutlicherer Weise die Verkündigung des Evangeliums und die Sakramente zu empfangen und in konsequenterer Weise als Christen leben als dies in einer stark durchmischten Kirche der Fall ist. Aber auch diese *ecclesiolae* werden durchmischte Bereiche des Leibes der Kirche sein.

Die Kirche hebt, solange sie auf dem von ihrem Herrn gewiesenen Wege bleibt, die Moralität einer Gesellschaft, auch wenn sich viele in dieser Gesellschaft dem Glauben verschließen.

Diese These soll noch in bestimmte Richtungen hin beleuchtet werden.

Wenn die Kirche nicht auf dem Wege bleibt, den ihr Herr ihr weist, dann verkehrt sie ihre Kraft, die allgemeine Moralität zu fördern, auf die schlimmste Weise. Sie kann das tun, wenn sie eine starke Stellung in der Gesellschaft hat, diese Gesellschaft die Fassade einer entschiedenen Christlichkeit trägt, und Gewalt eingesetzt wird, um diese Christlichkeit in der ganzen Gesellschaft durchzusetzen. Die Kirche bleibt dann nicht auf dem Wege des Herrn, weil dieser allein dem Evangelium die Macht gegeben hat, die Gewissen zu gewinnen. Die Kirche kann aber auch so vom Wege abkommen, dass sie sich einer nicht-christlichen oder entchristlichten Gesellschaft anpaßt und nicht nur das Evangelium, sondern auch wesentliche ihrer ethischen Lehren preisgibt. Das Erste war vor der Säkularisierung der Fall, das Zweite ist im Zuge der Säkularisierung gekommen.

Es kann durchaus sein, dass eine Gesellschaft ohne den Glauben an Jesus Christus zeitweilig einen höheren Grad an Moralität gewinnt als durch das Wirken der Kirche. Allerdings befindet sich diese Moralität an der Oberfläche. Sie ist auch erkauft durch Einbußen an Moralität an anderen Stellen. Eine nicht-christliche Gesellschaft versucht sich gewisse Glanzseiten zu geben, durch die sie als besser geeignet scheint, die Moralität zu heben als die Kirche. So kann sie viel konsequenter gegen den Rassismus oder gegen die Folter vorgehen, als dies lange Zeit in christlich dominierten Gesellschaften der Fall war. Andererseits ist sie zugleich imstande, Abtreibung zuzulassen und massenhaft zu vollziehen.

Dass die Welt an bestimmten Stellen die Kirche an Moralität übertrifft, ist nur möglich durch die Schuld der Kirche, welche auf bestimmten Gebieten säumig oder verblendet gewesen ist. Es ist allerdings möglich auch dadurch, dass bestimmte moralische Erkenntnisse, welche das Christentum erlangt hat, von einer nicht-christlich dominierten Gesellschaft übernommen werden. Es kommt aber auch zustande dadurch, dass die Arbeit der Kirche eine langsamere ist, weil sie eine gründlichere ist: „Die Welt begnügt sich damit, die Oberfläche der Dinge in Ordnung zu bringen. Die Kirche macht es sich zum Ziel, das Herz gerade in seiner Tiefe zu erneuern. Sie setzt stets an der Wurzel an. Bei der Mehrzahl ihrer Kinder gelingt es ihr nicht, über den Anfang hinauszukommen; sie ist vielmehr ständig dabei, das Fundament neu zu legen. Sie befaßt sich mit dem Wesentlichen, weil es für das Ausschmückende und Anziehende Vorbedingung und Vorbereitung ist."[9]

---

[9] John Henry Newman, Vom Wesen der Universität. Ihr Bildungsziel in Gehalt und Gestalt, übers. v. Heinrich Bohlen, Mainz 1960 (John Henry Kardinal Newman, Ausgewählte Werke, hg. v. Matthias Laros u. Werner Becker 5), 210 (9. Vortrag, 8. Abschnitt)/engl. Originalausgabe: The Idea of a University, New impression, Westminster, Md., 1973.

Ich sagte soeben, dass die Kirche nicht beanspruchen dürfe, die zentrale Autorität für moralische und für andere Fragen in einer Gesellschaft zu sein, am Glauben an das Evangelium vorbei. Die Kirche muss aber damit rechnen, dass eine Gesellschaft ohne in ethischen Dingen auf die Kirche zu hören, nicht imstande ist, ein gewisses moralisches Niveau zu halten. Die Einsicht in das, was richtig ist zu tun, ist zwar auch ohne den Glauben an das Evangelium möglich. Diese Einsicht, noch mehr aber das Handeln nach dieser Einsicht, werden auf Dauer immer seltener zustande kommen ohne das Hören auf die Kirche und ihre Lehre. Es gibt zwar das Hervorholen bestimmter Glanzseiten, aber auf Kosten anderer Gebiete. Die Kirche muss wissen, dass sie ein Gebot hat, in Staat und Gesellschaft mitzuwirken. Sie hat eine Verantwortung auch für eine Gesellschaft, die sich dem Evangelium entzieht.

So wie die Kirche durch ihre Präsenz in der Welt eine gewisse Orientierung zu Gott als dem Guten hin bewirkt, auch wenn die Menschen in der Welt noch nicht dem Evangelium glauben, oder auch als Folge des Glaubens an das Evangelium, so bewirkt sie eine gewisse Ausrichtung auf Gott als den Wahren und als den Schönen inmitten der Zweideutigkeit und Bruchstückhaftigkeit der Welt.

7.4.2. Förderung der Wissenschaften

Als *zweite* Wirkung der Kirche in der Welt ist die Förderung der Wissenschaften zu nennen. Grund ist die Anregung zur Wahrheitsliebe. Der Glaube an das Evangelium eröffnet dem Menschen die zentralen Wahrheiten über sich. Von diesem Glauben erfüllt wird er beginnen, in allen Dingen seines Lebens nach Wahrheit zu forschen. Die gründlichste Weise der Erforschung der Wahrheit ist die Wissenschaft. Und auch Menschen, die nicht an das Evangelium glauben, werden, wenn die Kirche in einer Gesellschaft ein gewisses Maß an Beachtung und Wertschätzung erlangt hat, eine Hochschätzung dafür empfinden, dass überhaupt nach der Wahrheit gefragt wird, gleichgültig auf welchem Gebiet möglichen Wissens. Diese Hochschätzung wird wiederum ein Interesse am Treiben von Wissenschaft hervorbringen.

Wo hingegen eine Gesellschaft sich vor der Kundgabe der höchsten Wahrheit verschließt, wird ein träger Skeptizismus einsetzen; es werden andere Ziele als höher eingeschätzt als die Erkenntnis der Wahrheit durch die Wissenschaften. Oder die Wissenschaften werden ideologisiert: sie dienen dazu, etwas als Wahrheit vorzutäuschen, was nicht Wahrheit ist, um Interessen zu dienen, die außerhalb der Wahrheit liegen.

Auch hier kann sich ereignen, dass eine Gesellschaft, die sich vom Christentum abgewandt hat, für einige Zeit und auf bestimmten Gebieten einen größeren Wahrheitseifer und größere Erfolge in der Wissenschaft zeitigt als eine christlich dominierte Gesellschaft. Sie wird sogar auf einige Fälle verweisen können, in denen die Kirche als Hemmnis für die Wissenschaft auftrat, wie den Fall Galilei. Dennoch muss eine „post-christliche" Gesellschaft sich eingestehen, dass ihr Impuls, nach Erkenntnis der Wahrheit zu trachten und überhaupt die Welt für erkennbar zu halten, vom Christentum stammt. Und auch hier ist wieder zu bedenken, dass diese Triumphe nur von geringer Dauer sind. Das Interesse, die Wahrheit nicht wissen zu wollen, wird immer stärker werden.

7.4.3. Förderung der Künste

Die Lust an Gott als dem Schönen erwächst in Menschen, die zum Glauben an das Evangelium gekommen sind. Diese Lust treibt an zu einer eigenen Kreativität, deren Ziel es ist, Schönes hervorzubringen. Das ist das Ziel der Künste, sei es der Musik, der bildenden Künste einschließlich der Architektur, oder der schönen Literatur. Die *dritte* Wirkung der Kirche in der Welt ist die Förderung der Künste. Denn zu dieser kommt es dadurch, dass an erster Stelle Schönheit für achtenswert und begehrenswert gehalten wird, und nicht das Angenehme oder das Lustvolle an sich. Dies geschieht wiederum schon durch ein gewisses Maß an Achtung für die Kirche in der Gesellschaft und nicht unbedingt nur durch den Glauben. Wird aber das Schöne für achtenswert und begehrenswert gehalten, dann ist es auch ein wesentliches Ziel des künstlerischen Schaffens; dann wird künstlerische Kreativität angeregt, denn das Schaffen von Schönem ist das mächtigste Motiv, künstlerische Kreativität zu erwecken. Die Geschichte des christlich geprägten Europa kann dafür ein Zeugnis ablegen.

Auch hier sind wieder Gegenbeispiele möglich: einerseits Verhinderungen oder Zerstörungen von Kunst, die unter Anspruchnahme auf das Christentum geschahen, wie Bilderstürme, andererseits Verwirklichungen des Schönen in der Kunst ohne den christlichen Glauben, auch ohne den Respekt vor ihm. Man kann noch darüber hinausgehen: die Verwirklichung von künstlerischer Qualität nach einem Maßstab, der gegen eine Ästhetik des Schönen gerichtet ist. Bei allem, was hier noch zu sagen wäre: künstlerische Qualität wird letztlich nur verwirklicht durch eine Ästhetik des Schönen, die mittelbar abhängig ist von der Schönheit Gottes selbst. Diese Ästhetik läßt gewiß in der Geschichte eine lange Reihe von Varianten zu. Sie schließt auch das Häßliche in sich ein, so wie der Sieg Gottes in der Auferstehung die Schmach des Kreuzes in sich schließt. Die Schönheit menschlichen Kunstschaffens in dieser vergänglichen Welt ist eine ferne Wiederspiegelung der Schönheit, die Gott den Seligen in der Herrlichkeit offenbart.

7.4.4. Abschlussbetrachtung zu den innerweltlichen Wirkungen der Kirche

Das Gute, Wahre und Schöne sind Transzendentalien, die sich ineinander konvertieren lassen; sie sind Aspekte des einen Seins Gottes. Dementsprechend hängen das Wirken der Kirche in der weltlichen Gesellschaft, die Förderung der Moralität in derselben, die Förderung der Wissenschaften und der schönen Künste miteinander zusammen. So ist einer Auffassung zu widersprechen, wonach die verschiedenen „Potenzen" in der Gesellschaft, die man auch in wechselnder Weise bestimmen kann, sich zwar gegenseitig bedingen, aber doch von sich aus „höchst heterogen und nicht koordinierbar" seien – so Jacob Burckhardt in seinen ‚Weltgeschichtlichen Betrachtungen', wo er von drei Potenzen spricht, nämlich Staat, Religion und Kultur[10]. Den Staat definiert er dabei als „Ausdruck des politischen", die Religion als Ausdruck „des metaphysischen Bedürfnisses" des Menschen; Kultur hingegen sei „der Inbegriff alles dessen, was zur

---

[10] Jacob Burckhardt, Weltgeschichtliche Betrachtungen. Nach dem Oerischen Text hg. v. Werner Kaegi, Bern 1941, Kap.2, S.74.

Förderung des materiellen und als Ausdruck des geistig-sittlichen Lebens *spontan* zustande gekommen ist, alle Geselligkeit, alle Techniken, Künste, Dichtungen und Wissenschaften. Sie ist die Welt des Beweglichen, Freien, nicht notwendig Universalen, desjenigen, was keine Zwangsgeltung in Anspruch nimmt."[11] Es wird verkannt, dass die Religion – die Rede ist hier von der christlichen – gerade auch „spontan" wirksam ist, d.h. aus den Seelen der Menschen heraus und nicht nur von außen her, als Einflußnahme einer Institution, als eines objektiv geistigen Seienden. Die Kirche ist eben beides zugleich: sie ist Institution, etwas den einzelnen Menschen Vorgegebenes, und sie ist, was in den Seelen erwacht. So wirkt sie durch die erhöhte Aufmerksamkeit auf das Gute sich in der Weise aus, dass der Staat als guter und gerechter Staat, der einem Auftrag Gottes gehorcht, aufgebaut wird; sie wirkt sich durch den Eifer an der Wahrheit und zum Schönen, durch die Weckung der kreativen Kräfte im Menschen, die ihm als Ebenbild des Schöpfers gegeben sind, in der Kultur aus, und das alles hängt von Grund auf miteinander zusammen.

Das Gleiche ist nun zu dem schon oben erwähnten Entwurf von Herms zu sagen. Staat, Ökonomie, Religion und Wissenschaft verfolgen nicht gleichursprüngliche Aufgaben. Die Kirche, die *ecclesia militans*, ist den anderen dreien vorgeordnet, weil sie *in nuce*, im Keim, schon die neue Schöpfung ist. Im Staat geht es um ein verhülltes Gleichnis des königlichen Amtes Jesu Christi, in der Ökonomie um ein verhülltes Gleichnis der Ernährung durch das Brot des Lebens, die Eucharistie, in den Wissenschaften um die Suche nach der Wahrheit, die erst in der Herrlichkeit geschaut wird.

Die *ecclesia militans* bildet dabei Merkmale aus, welche eine Entsprechung zu der Kirche im Zustand der Herrlichkeit haben. Die Kirche in der Welt bedarf auch einer Leitung. Sie enthält in sich auch das Element des Politischen – nicht in Nachahmung der Welt, sondern in Nachahmung der *ecclesia triumphans*, die in verborgener Weise in ihr schon gegenwärtig ist. Sie hat mit der Theologie eine ihr eigentümliche Wissenschaft, die sie braucht, um den Weg zu ihrem Ziel zu finden. Sie benötigt also einen Stand von Lehrern, den Theologen (Eph 4,11), und ein Lehramt, wo doch eigentlich der Heilige Geist ihr Lehrer ist (Joh 14,26; 16,13). Sie braucht schließlich eine eigene Verwaltung der Versorgung mit den Gütern, die zum Lebensunterhalt in dieser Welt nötig sind, wie aus der Diskussion ersichtlich wird, die zur Errichtung des Diakonenamtes führte (Apg 6,1f). Sie ist innerhalb der Gesellschaft der Welt somit eine Gesellschaft im Kleinen. Darauf wird sie zurückgreifen können, wenn sie genötigt wird, eine *Parallelgesellschaft* innerhalb einer feindlichen Mehrheitsgesellschaft zu bilden.

Die Hebung der Moralität einer Gesellschaft, auch wenn sie zum größten Teil aus Ungläubigen besteht, die Förderung der Wahrheitserkenntnis durch die Wissenschaften, die Förderung einer Kunst, die auf das Schöne ausgerichtet ist – dies alles bringt die Kirche durch ihre Gegenwart und ihr Wirken in der Welt gewissermaßen unabsichtlich als Nebenwirkungen hervor. Diese Wirkungen sind Nebenwirkungen, denn die erste Absicht der Kirche ist die Verkündigung des Evangeliums. Man kann auch sagen, dass dies ihre einzige Absicht ist, denn was hier die sich selbst auferbauende Tätigkeit der Kirche genannt wurde, ist nur die Fortsetzung dieser ersten Tätigkeit für die Glieder der Kirche. Die Diakonie und die Mitwirkung der Kirche in Politik und

---

[11] Ebd., 74f. (Hervorhebung J. B.).

Gesellschaft ergeben sich für die *ecclesia militans* daraus, dass sie sich noch in der Welt befindet, die für sie etwas Vorletztes ist. Vorletztes darf aber nie an die Stelle von Letztem, also Wichtigstem treten.

Die Leistungen christlich geprägter Gesellschaften auf dem Gebiet der Moralität, der Wissenschaften und der Künste sind darum besonders groß, weil die Kirche ihr Ziel außerhalb dieser Welt hat. Die Welt ist gar nicht imstande, das an Gutem, an Wahrem, an Schönem zu fassen, wohin die Kirche strebt. Will man aber etwas erreichen, was innerhalb bestimmter Grenzen gar nicht zu erreichen ist, dann erreicht man innerhalb dieser Grenzen das Höchstmaß, das überhaupt erreichbar ist.

7.5. Die Kirche als Minderheit in der Welt

Das Ziel der Kirche liegt außerhalb der Möglichkeiten der Welt. Die Kirche würde ihre Bestimmung verfehlen, wenn sie nicht mehr zu diesem Ziel hin unterwegs ist und meinen würde, sie müsste und sie könnte sich vollständig innerhalb der Welt verwirklichen. Und doch ist es um die Kirche schlecht bestellt, wenn sie nicht imstande ist, sich fördernd auf die Moralität, die Wissenschaften und die Künste der Gesellschaft auszuwirken. Sie verrät dadurch, dass ihre eigene Kraft zu gering ist, dem Guten, Wahren und Schönen nachzueifern. Sie muss im Grunde wie eine Opposition sein, die stets ihr Schattenkabinett parat hat, um selber die Regierung übernehmen zu können[12], wohl wissend, dass ihr in dieser Welt die Regierung nur in einer Weise gelingen kann, die qualitativ hinter dem Zustand zurückbleibt, in den Jesus Christus sie *in statu gloriae* bringen wird.

Ein Winkelchristentum wäre also der falsche Weg. Das hat die Kirche gerade dann zu bedenken, wenn sie genötigt ist, eine *Parallelgesellschaft* aufzubauen. Von sich aus darf die Kirche nie eine Parallelgesellschaft sein wollen, sondern sie muss bejahen, dass aus ihr die Tendenz zu einer christlichen Gesamtgesellschaft hervorgeht. Wenn der dominierende Teil der Gesellschaft das Christentum aber zurückweist oder versucht, die Kirche zu verführen, dann muss die Kirche zu einer solchen Parallelgesellschaft werden, die gegenüber der Welt eine Kontrastgesellschaft ist. In einem gewissen Maße ist dies immer der Fall, weil die Welt nie ganz christlich werden wird. Es sind dann die *ecclesiolae*, in denen die Kirche in einer Weise, die noch einmal klarer ist, als das, was sie als Kirche an sich schon lebt, deutlich macht, dass ihr Weg ein anderer ist als der Weg der Welt. Im Fall der Zurückweisung und Verführung durch die Welt muss für die ganze Kirche klar sein, dass sie die Position einer Minderheit einnehmen muss. Minderheit zu sein, muss aber auch gelernt werden.

Eine Gefahr einer Minderheitenposition ist, dass alles verleugnet wird, was in der Mehrheitsgesellschaft geschieht. Das, was an Gutem, an Wahrheitserkenntnis, an Schönem in der Welt trotz der Sünde zustande kommt, wird nicht wahrgenommen oder die Kirche reduziert ihre eigenen Möglichkeiten. Dies geschieht etwa so, dass sie

---

[12] Das deutet sich gerade bei einem Tertullian an, wenn er inmitten der Zeit der Verfolgungen die Christen als bessere Staatsbürger empfiehlt, als die heidnischen Römer es sind: Apol. 30,1-36,1.

in ihrem eigenen Kreis zwar auf die Moralität ihrer Glieder achtet, aber ein Engagement in Staat und Gesellschaft ablehnt, auch wo es ihr noch offen stünde. Oder wenn sie das Trachten nach Erkenntnis – etwa zugunsten der Frömmigkeit und der Nächstenliebe – zurückdrängt und ihre Glieder nicht nur von den Wissenschaften an sich fernhält, sondern auch von ihrer eigenen Wissenschaft, der Theologie. Oder wenn sie nicht nur die schönen Künste in einer nicht-christlichen Gesellschaft verwirft, sondern auch jegliches kreative Trachten nach dem Schönen in ihrem eigenen Kreise unterdrückt. Wenn die Kirche dieser Gefahr erliegt, wird sie leicht auch in die entgegengesetzte Gefahr hineinschlittern: die der Anpassung an die Welt. Der Druck, den sie selbst unverständigerweise um ihrer Abgrenzung willen ausübt, wird dazu führen, dass einzelne ihrer Glieder – gerade auch die Begabteren – das Leben in der Kirche als Zwang empfinden. Sie werden ihre Augen vor den *particulae boni, veri et pulchri* in der Welt nicht mehr verschließen, diese werden ihnen als übergroß erscheinen, und sie werden, gerade auch um dieser willen, die Kirche verlassen und dies als Befreiung erleben. Dies kann schließlich mit ganzen Verbänden der Kirche selbst geschehen.

Die Kirche kann sich dieser beiden Gefahren erwehren, wenn sie immer wieder sich einschärft, wie umfassend ihre Bestimmung ist. Sie hilft sich in ihrer Minderheitenposition, wenn sie sich einen möglichst weiten Horizont schafft. Dies geschieht erstens dadurch, dass sie den Reichtum ihrer Vergangenheit sich bewußt macht, sowohl der Vergangenheit, in welcher sie bereits einmal bedrängte Minderheit war, als auch der Vergangenheit, in welcher sie die die gesamte Gesellschaft prägende Macht war.

Zweitens geschieht es dadurch, dass sie sich die Weite ihrer Erstreckung in der Gegenwart bewußt macht. Wenn die Kirche sich kongregationalistisch versteht und nicht katholisch im Sinne des Nicaenums, wird dieses Bewußtsein gehemmt. Hier stoßen wir auf Überlegungen, die in dem Teil über die Spaltungen der Kirche wieder aufgenommen werden sollen. Es gibt Spaltungen der Kirche, die nicht Abspaltungen in den Unglauben hinein sind, sondern Spaltungen innerhalb der wahren Kirche. Die Kirche gewinnt in einer Minderheitenposition an Kraft, wenn sie diese Spaltungen überwindet.

Drittens wehrt sich die Kirche in dieser Lage dadurch, dass sie offen in der Wahrnehmung ist, was nicht zu verwechseln ist mit einer „Offenheit", d.i. Beeinflußbarkeit in der Urteilsbildung. Sie muss wahrnehmen und anerkennen, was es an *particulae boni, veri et pulchri* in der Welt gibt. Sie kann das tun in dem ruhigen Bewußtsein, dass ihr der Glaube an den Gott geschenkt ist, von dem alles Gute, Wahre und Schöne ausgeht. Sie bedarf der Gabe der Unterscheidung der Geister, damit sie alles prüfe, das Gute aber behalte (1. Thess 5,17). Justin der Märtyrer hat mit seiner Lehre vom λόγος σπερματικός erhellt, welche Haltung die Kirche hier einzunehmen hat. Weil in jedem Menschen keimhaft, d.h. nur schwach entwickelt der Logos gegenwärtig ist – man kann auch sagen: ein Abbild des Logos existiert – bringen Menschen ohne Glauben wahre Erkenntnisse hervor, tun Gutes, schaffen Schönes. Weil ihnen der Glaube fehlt, verfehlen sie doch die Bestimmung, zu der Gott sie geschaffen hat. Die Kirche, die an den fleischgewordenen Logos glaubt, hat Anspruch auf alle diese gelungenen Erzeugnisse des heidnischen Geistes[13].

---

[13] Justin, II. Apologie 13.

TEIL II:
DAS AMT UND DIE ÄMTER IN DER KIRCHE

8. AMT, INSTITUTION, LEBEN DES AMTSTRÄGERS, AMTSGNADE

Die bisherigen Ausführungen über den Begriff der Kirche und seine Unterscheidungsmöglichkeiten, über die Stellung der Kirche im Heilsgeschehen, über die Prädikate der Kirche und ihre Tätigkeiten, schließlich über das Verhältnis der Kirche zur Welt haben uns immer wieder darauf geführt, dass Kirche nicht zu denken ist ohne das Amt.

Als eine erste Definition von „Amt" wurde in 6.6. gesagt: *„Ein Amt ist eine geistige Realität, die eine Beauftragung zu einer Tätigkeit für eine Gemeinschaft einschließt, deren Amt sie ist. Die Realität dieses Amtes geht der Amtsperson voraus. Für dieses Amt können bestimmte Personen in einer Abfolge hintereinander eingesetzt werden."* Das Wesen von Amt zeigt sich deutlich in Apg 1,15-26, dem Bericht von der Nachwahl des zwölften Apostels: solange das Amt der zwölf Apostel bestehen bleiben sollte, musste, wenn einer der Zwölf sein Amt verlassen hatte, jemand anders an seine Stelle treten (V. 25). Weil das Amt eine Beauftragung zu der Tätigkeit für eine Gemeinschaft einschließt, steht der Amtsträger *stellvertretend* für diese Gemeinschaft (6.9.). Er übt diese Tätigkeit nicht aus als Privatperson, sondern als Amtsperson. Nicht mehr seine eigenen, persönlichen, d.h. privaten Beziehungen dürfen von Gewicht sein für seine Amtstätigkeit, sondern die der Gemeinschaft. Die Inanspruchnahme für den Dienst an der Gemeinschaft betrifft im Fall der *kirchlichen* Amtsperson aber umgekehrt diese *ganze* Person, so dass sie nicht mehr unterscheiden kann zwischen einem öffentlichen, amtlichen und einem privaten Teil ihres Lebens. Es können und es sollen hier zwar durchaus noch Differenzierungen stattfinden, was die Öffentlichkeit der Lebensführung betrifft. Doch so wie der Glaube und die aus dem Glauben entspringende Liebe den ganzen Menschen in Anspruch nimmt (Dtn 6,5), so geschieht es auch im Dienst für die Gemeinschaft, welche durch den Glauben begründet wird, die Kirche.

Mit anderen Worten: Kirche ist auch *Institution*, und indem sie ein Amt hat, erweist sie sich als Institution. Sie ist etwas – nicht Unpersönliches – aber doch Personenübergreifendes, mehr noch: etwas, das auch jenseits des Personalen steht. Ich sage „auch", denn die Kirche ist, wie im I. Teil dieser Überlegungen gezeigt wurde, Vielheit von Personen und Gemeinschaft von Personen. Dieses Transpersonale zeigt sich auf verschiedenen Ebenen: schon die Ortsgemeinde ist Institution, denn sie bleibt bestehen, auch wenn ihre einzelnen Mitglieder kommen und gehen. Das Entsprechende ist beim Amt der Fall. Das Transpersonale der Institution besteht bei der Kirche im Übersteigen der Begrenztheit der Personen. Es ist aber nicht die letzte Wirklichkeit der Kirche – dies wäre eine schreckliche Vorstellung – sondern es mündet in die umfassende personale Wirklichkeit der Kirche ein, in der sie als Ganze Person ist: die Braut, die von ihrem Bräutigam, Jesus Christus, geliebt wird. Der Dienst, den der Amtsträger tut, den tut er für die Braut (*in favorem sponsae*) und stellvertretend für die Braut in der antwortenden Gegenliebe zu Jesus Christus. Er vollzieht dann in seinem amtlichen Tun die Liebe der Kirche zu Christus. Auf dieses personale Gegenüber von Bräutigam und Braut hin muss die Kirche als Institution durchsichtig gemacht werden. Es wird dann auch zu sagen sein, dass umgekehrt der Amtsträger stellvertretend für Jesus

Christus handelt und Christi Liebe zu seiner Braut in seinen Amtshandlungen vollzieht.

Amt ist also etwas, das im Gegenüber zur Gemeinde steht, wiewohl die Amtsperson aus nichts anderem als der Gemeinde stammen kann. Im Gegenüber zur Gemeinde vertritt die Amtsperson Jesus Christus; im Gegenüber zu Jesus Christus vertritt sie die Gemeinde[1].

Mit diesen Überlegungen wird angesprochen, dass es für die Amtsträger eine eigene *Ethik* geben muss. In ihren Aussagen über Gebote, über Tugenden, die gelebt, und Laster, die gemieden werden sollen, stimmt diese Ethik mit der für jeden beliebigen einzelnen Menschen überein. Die Laster, die nach 1. Kor 6,9f vom Reich Gottes ausschließen, schließen auch vom kirchlichen Amt aus. Die ethischen Bestimmungen der Pastoralbriefe[2], beruhen auf den ethischen Bestimmungen, wie sie für alle Christen gelten. Diese erhalten nur eine besondere Dringlichkeit dadurch, dass die Menschen nun ein bestimmtes Amt wahrnehmen sollten. Ihr Verhalten hat dann größeres Gewicht; es betrifft nicht nur ihre Familie, sondern die ganze Gemeinde (1. Tim 3,5); der Ruf der Gemeinde hängt davon ab (Tit 2,7f). Es ist darum auch angemessen, bei der Beauftragung eines Amtsträgers ihn eigens geloben zu lassen, dass er nach den Geboten Gottes leben und sein Amt führen will[3].

Das Leben des Amtsträgers wird dabei ein anderes sein als das der anderen Glieder der Kirche – vorausgesetzt, es handelt sich um ein Amt, das sein tätiges Leben im Wesentlichen ausfüllen soll. Wie oben (4.4.3.) ausgeführt, ist sonst der Glaube etwas, das dieser Lebenstätigkeit lediglich die Form aufprägt – alle Dinge sollen aus dem Glauben getan werden. Nun aber gibt der Glaube für den Amtsträger auch den Stoff seiner Lebensführung ab.

Für die Anforderungen im Dienst der Kirche braucht der Amtsträger in seiner besonderen Existenz dann auch eine besondere Gnade, eine *Amtsgnade*, die ihm helfen soll, seine Amtspflichten recht zu erfüllen. Sie ist also nicht zu verwechseln mit der Gnade, die er in der Ausübung seiner Tätigkeit, etwa der Verkündigung des Wortes, gibt, auch nicht mit der Gnade, durch die er selbst gerechtfertigt wird. Sie ist auch keine Gnade, die ihm einen höheren Grad an Heiligkeit verleiht als den anderen in der Kirche, die ohne Amt sind. Es ist lediglich die Gnade für sein rechtes Handeln im Amt. Diese Gnade wird, zumindest bei einem solchen Amt, wie es Timotheus gegeben wurde, als Gnadengabe gegeben, als χάρισμα, das durch die Handauflegung besonders bevollmächtigter Gemeindeglieder in dem Amtsträger ist. Es kann von diesem Amtsträger vernachlässigt werden. Er kann es aber zu neuem Leben entfachen, so wie eine glimmende Glut wieder zum Feuer entfacht wird (1. Tim 4,14; 2. Tim 1,6).

---

[1] Edmund Schlink nennt als die Relationen, in denen das Hirtenamt steht: a) das Gegenüber zur Kirche, b) die Hirten als Glieder der Kirche, c) der Dienst der Hirten in der Gemeinschaft der Kirche. Es kommt noch d) hinzu die Unterordnung der Hirten mit der Kirche unter die apostolische Autorität: Ökumenische Dogmatik, 611-613. a) – c) entsprechen den Relationen, in welchen das Amt des Apostels steht, vgl. ebd., 595f.

[2] 1. Tim 3,1-7 (Bischöfe); 3,8-13 (Diakone); 4,6 – 5,5; 5,21f; 6,11-14. 20; 2. Tim 2,1-7. 14-16. 22-25; 3,14; 4,1-4; Tit 2,7f (Timotheus und Titus in ihrem Amt), 1. Tim 5,6-12 (Witwenamt); 1. Tim 5,17-20; Tit 1,5-9; 3,8-11 (Älteste bzw. Bischöfe).

[3] So in dem Ordinationsformular Luthers von 1535, Typ H, WA 38, 425,9-22.

9. DIE VIELEN ÄMTER UND DAS EINE APOSTOLISCHE AMT. DIE ZWEI STRÖME DES KIRCHLICHEN WIRKENS

9.1. Die vielen Ämter und das eine apostolische Amt

Bis jetzt wurde nur im Allgemeinen vom „Amt" gesprochen. Es fragt sich nun, welche Ämter es in der Kirche gibt und ob man von einem zentralen Amt sprechen kann oder sprechen muss, welches dann mit Betonung *das* Amt genannt werden müsste.

Es ist wichtig, die Beantwortung dieser Frage von zwei Gesichtspunkten aus zu betrachten. Zum *einen* kann man die Ämter in der Kirche ableiten aus ihren wesentlichen *Tätigkeiten*. In 6.9. wurden diese bereits nach dieser Frage durchgegangen. Es zeigte sich, dass es bei allen Tätigkeiten der Kirche, abgesehen von der Rechtssprechung, denkbar ist, dass jeder einzelne Christ sich an diesen Tätigkeiten beteiligt; bei der Tätigkeit der Amtseinsetzung jedenfalls so, dass er durch seine Zustimmung mitwirkt. Wir könnten also von folgenden Ämtern der Kirche sprechen: dem des Missionars und des Taufenden (1), den Ämtern, die an der Erhaltung und Auferbauung der Kirche beteiligt sind (2), also der wiederholten Verkündigung des Wortes in der Gemeinde, der Leitung der Feier des Herrenmahles, dem Freisprechen von den Sünden, der Kirchenzucht, sodann (3) dem Amt der Diakonie als Leibsorge und dem Amt der Seelsorge, dem Amt des Lehrers (5), dem Amt derer, welche die Kirche leiten und darum auch mehr als approbierend an der Einsetzung in Ämter beteiligt sind (6), schließlich dem Amt der Rechtssprechung (7). Was als vierte Tätigkeit genannt wurde, die Mitwirkung in Staat und Gesellschaft, erfordert sinnvollerweise kein eigenes Amt in der Kirche, weil es um die Mitwirkung in einem anderen Bereich geht. Eine hervorgehobene Stellung haben hier entweder die Amtsträger des Staates oder die Leiter der Kirche.

Der *andere* Gesichtspunkt zur Beantwortung der Frage betrifft die *Amtsvollmacht*. Um ein Amt auszuüben, bedarf es einer rechtmäßigen Vollmacht. Betrachten wir die Kirche in der Zeit des Neuen Bundes, so ist anzusetzen bei der Vollmacht der Apostel. Diese ist wiederum keine andere als die Vollmacht, die sie von Jesus Christus empfangen haben – so wie auch die Amtsträger des Alten Bundes nur eine Vollmacht hatten, die vorauslaufend von Christus abgeleitet war.

Alles, was an Ämtern in der Kirche ausgeübt werden mag – die obige Liste mag dabei noch stärker unterteilt oder auch verlängert werden – hängt also davon ab, dass es in der Bevollmächtigung geschieht, die von den Aposteln stammt, also in apostolischer Vollmacht. Man kann zwar, zumindest als ein Modell, für die Gestaltung der gegenwärtigen Kirche auf Ämterlisten zurückgreifen wie Eph 4,11f[1]. Man greift aber

---

[1] Vgl. Calvin, Inst. IV, 3,4-9, der dann allerdings auch Betrachtungen darüber anstellt, welche dieser Ämter bleiben sollten und welche nicht. Auch Volf, Trinität und Gemeinschaft, 212-247, geht von neutestamentlichen Stellen über Ämter aus, ohne zu fragen, wie es mit der Vollmacht steht, aufgrund derer solche Aussagen gemacht werden.

zu kurz, wenn man meint, mit solchen Listen habe das Neue Testament der Kirche gesagt, welche Ämter sie haben solle. Denn es wird dabei verkannt, dass diese Aussagen oder Anweisungen von einem bestimmten Subjekt ausgesprochen werden: dem eines Trägers des apostolischen Amtes, hier also des Apostels Paulus. Dieses Amt hat also einen absoluten Vorrang vor den Ämtern, von denen er in einer bestimmten Situation der Kirche schreibt[2]. Wenn nun die Kirche sich in die volle Dauer der Geschichte erstrecken soll – *ecclesia perpetuo mansura*, CA VII –, dann muss auch, nachdem die Apostel entschlafen sind, ihre Vollmacht in der Kirche erhalten bleiben. Bei wem bleibt nun die apostolische Vollmacht? Das ist Grund, nach einem die Apostel überdauernden apostolischen Amt zu fragen.

Man könnte hier einen Einwand erheben, der sich aus den Ausführungen ergibt, die ich selber zum Thema der Apostolizität der Kirche (5.) gemacht habe. Demnach leitet Gott die Kirche in erster Linie durch die Heilige Schrift und er sorgt durch sie dafür, dass seine geliebte Braut ständig seine Stimme hört. Die Schrift ist zwar angewiesen auf Ausleger, aber sie kann sich den Gliedern der Kirche, die sie hören oder lesen, auch verständlich machen über alle denkbaren Ausleger hinweg und diese Ausleger dabei einer Korrektur unterziehen. Anders wäre es gar nicht überprüfbar, ob eine Auslegung die Bibel recht auslegt oder nicht. Es wird dabei auch deutlich, dass die Leitung der Kirche eine Leitung im Wesentlichen durch die Lehre ist, weil die Bibel selbst Verkündigung und Lehre enthält.

Man könnte also nun sagen, dass die Nachfolge der Apostel nicht durch Personen, wie etwa die Bischöfe, angetreten wurde, sondern durch die Bibel, so dass die apostolische Vollmacht auf sie überging. Ein Buch kann aber nicht in jeglicher Hinsicht der Nachfolger einer Person oder einer Gruppe von Personen sein. Beides, die Bibel und ein Kollegium von Bischöfen, haben etwas für die Funktion der Nachfolge zu bieten, was dem anderen fehlt. Die Bibel hat den Vorzug der Treue – ein relativer Vorzug, wenn man an die Notwendigkeit der Treue der Textüberlieferung denkt, aber doch faktisch ein hinreichend großer Vorzug[3]. Ein Bischof oder auch ein Kollegium von Bischöfen haben hingegen das Problem möglicher Untreue. Umgekehrt kann ein Buch nicht die Einschätzung einer bestimmten Situation vornehmen und entscheiden so wie die Apostel es in dieser Situation getan hätten. Die Bibel enthält nur die Prinzipien und ihre seinerzeitigen Anwendungen. Diese Prinzipien sind zumeist nur in einer Abstraktion aus den seinerzeitigen Anwendungen, den Darstellungen von Entscheidungen in konkreten Situationen der biblischen Zeit zu gewinnen –, nicht aber die Einschätzung einer später eingetretenen Situation. Diese Einschätzung und die Anwendung der Prinzipien auf die neue Situation kann aber nur eine Person leisten oder eine Gemeinschaft von Personen, die sich berät. Mit der „Situation" ist hier nicht nur eine Herausforderung für das Handeln, sondern auch für das Denken gemeint. Es geht nicht nur um ethische, sondern auch um dogmatische Entscheidungen.

Es ist nun klar, dass man beides für eine Nachfolge der Apostel braucht, in welcher die apostolische Vollmacht erhalten bleibt: eine konzentrierte Sammlung ihrer Ver-

---

[2] Vgl. Schlink, Ökumenische Dogmatik, 608: „Zugleich darf nicht vergessen werden, daß die Mannigfaltigkeit der in den paulinischen Gemeinden frei aufgebrochenen charismatischen Äußerungen und Dienste faktisch nicht ohne Leitung eines durch besondere Sendung Bevollmächtigten geblieben war, nämlich nicht ohne die Leitung des Apostels."

[3] Sven Grosse, Theologie des Kanons, 116-118.

kündigung und Lehre in schriftlicher Form (darin eingeschlossen eine Sammlung der Verkündigung und Lehre der Zeugen des auf Christus hinlaufenden Alten Bundes, die durch jene Sammlung zum Abschluß kommt) und eine Gruppe von Menschen, die an die Stelle der Apostel tritt. Die Bibel hat dabei den Vorrang: das Kollegium der Nachfolger der Apostel ist ihr gegenüber verantwortlich; es kann auch ein Geltendmachen der Autorität der Bibel an diesem Kollegium vorbei und in Kritik dieses Kollegiums geben. Das Kriterium dafür, dass die Kirche apostolisch ist, besteht darin, dass sie in Übereinstimmung mit der Lehre der Heiligen Schrift bleibt. Die Schrift ist das primäre Organ, durch das Gott die Kirche regiert.

Das Kollegium der Bischöfe ist aber auch nötig. Es ist das sekundäre Organ des Kirchenregiments Jesu Christi. Mit der apostolischen Vollmacht wird also auch eine Struktur erhalten, welche die Kirche zur Zeit der Apostel hatte, genauer: sie wird erhalten, indem sie zwiefältig wird. Die nachapostolische Kirche wird gestaltet durch die Weitergabe der apostolischen Vollmacht, die erstens, und zwar grundlegend, in der Autorität der Heiligen Schrift weiterbesteht, zweitens, notwendig aber auch in der Autorität eines Kollegiums von Menschen fortgesetzt wird, welches die Nachfolge des Kollegiums der Apostel antritt[4].

Es ist also als erstes festzuhalten: die Frage danach, welche Ämter es in der Kirche gibt und ob es ein zentrales Amt in der Kirche gibt, muss sowohl berücksichtigen, dass die Tätigkeiten der Kirche stattfinden, welche als ihr wesentlich erkannt wurden, als auch, dass es ein apostolisches Amt in der Kirche geben muss, auf welches – gemeinsam mit der Bibel – die Vollmacht der Apostel übergegangen ist. Eine erste Folgerung lautet: es gibt ein solches zentrales Amt; gerade dieses apostolische Amt muss das zentrale Amt in der Kirche sein.

Es fragt sich dann aber, welche Tätigkeiten dieses Amt auszuüben hat. Hier muss man zunächst einmal im Blick auf das Amt der Apostel selbst wahrnehmen, dass gar keine Verknüpfung mehrerer Tätigkeiten in diesem einen Amt stattfinden *muss*, wenngleich sie durchaus stattfinden *kann*. Der Apostel Paulus spricht 1. Kor 1,14-17 mit absichtlicher Nachlässigkeit davon, dass er in der Korinther Gemeinde die Tätigkeit des Taufens ausgeübt habe. Worauf er die Betonung legt, ist, dass er das Evangelium predigt. Es ist aber ein Predigen des Evangeliums, in dem er zugleich die Autorität beansprucht, so zu der Gemeinde zu sprechen, wie er es tut. Die Lehre legt die Regeln dar, nach welchen die Verkündigung und das Leben zu erfolgen haben (6.5.) So ist das Predigen der Apostel ein Predigen, das Lehrautorität hat. Das Amt der Apostel ist im Wesentlichen ein *Lehramt*, das die Verkündigung mit einschließt.

Als zweite Tätigkeit, die dem apostolischen Amt wesentlich ist, muss die *Amtseinsetzung* genannt werden. Dies aus folgenden Grunde und in folgender Hinsicht:

Das Amt des Apostels ist mit seiner Vollmacht immer etwas, das der Kirche gegenübersteht. Auf der einen Seite stehen die Vollmacht und der Bevollmächtigte, auf der anderen Seite diejenigen, gegenüber denen er Vollmacht hat. Die apostolische Vollmacht kann darum nur von denjenigen weitergegeben werden, die sie selbst haben. Letztlich stammt sie von Gott; er gibt sie nicht allen Gliedern der Kirche – so als

---

[4] Man vergleiche hiermit, in der Übereinstimmung, aber auch in der unterschiedlichen Entfaltung, die Aussage von Joseph Ratzinger, Interview in der Frankfurter Allgemeinen Zeitung, Nr. 221 vom 22.9.2000, 52, Sp.6.: „Das geschriebene Wort ersetzt nicht die lebendigen Zeugen, wie diese nicht an die Stelle des geschriebenen Wortes treten können."

hätte er alle zu einem Volk von Aposteln gemacht – sondern nur einer kleinen Auswahl. Wenn jemand in das zentrale, das apostolische Amt eingesetzt werden soll, ist es nötig, dass er die Vollmacht erhält, die nur diesem engeren Kreis von Menschen innerhalb der Kirche gegeben ist. Dies kann aber – wenn überhaupt Menschen an der Vollmachtsübertragung beteiligt sein sollen – nur so geschehen, dass eben diese Menschen, die bereits die apostolische Vollmacht haben, sie weitergeben. Bei der Handauflegung, durch welche Timotheus sein Amtscharisma erhält, geschieht also genau dies (1. Tim 4,14; 2. Tim 1,6).

Diese exklusive Vollmacht, die bei der Amtseinsetzung zum Tragen kommt, ist zu unterscheiden von Vollmachten, die der ganzen Kirche gegeben sind. Die ganze Kirche hat eine Salbung durch den Heiligen Geist, aufgrund derer „ihr es nicht nötig habt, dass euch jemand belehrt" (1. Joh 2,27, vgl. V.20), doch muss dies so verstanden werden, dass es nicht überflüssig ist, dass die Apostel die Kirche überhaupt belehren. Der Apostel kann und soll auch von der Kirche bzw. von einer konkreten Gemeinde überprüft werden, ob er sein Amt gemäß seiner Vollmacht ausübt. Der Apostel Paulus weist Gal 1,8f selbst darauf hin (vgl. 2. Kor 3,1-3).

Es ist auch möglich, dass andere als diejenigen, welche die apostolische Vollmacht haben, die Wahl vollziehen dessen, dem sie erteilt werden soll. In Apg 1,26 überlassen die Apostel es dem Fall eines Loses, wer in ihr Kollegium aufgenommen werden soll. Gemäß Apg 6,5f fand für das Amt der Diakone (also nicht das apostolische Amt) eine allgemeine Wahl statt, und die zwölf Apostel erteilten mit ihrer Handauflegung den Gewählten die Vollmacht und Gnade, die sie für ihr Amt brauchten. Daraus erhellt, dass die Vollmacht der untergeordneten Ämter auch aus der besonderen apostolischen Vollmacht stammt, wie man es auch an anderen Stellen in der Apostelgeschichte und in den Pastoralbriefen sehen kann (Apg 14,23; 20,28; 1. Tim 5,22)[5]. Um so mehr gilt dies vom apostolischen Amt selbst.

Wir sehen also, dass die Einsetzung eines Gliedes der Kirche in ein Amt durch das Zusammenwirken von mehreren Faktoren zustande kommt. Einer ist die Wahl, verbunden damit die Überprüfung der Tauglichkeit eines Kandidaten für ein Amt, ein anderer die Übertragung der Vollmacht für dieses Amt[6]. Als dritten Faktor kann man noch die Zustimmung zu der Wahl nennen, für den Fall, dass die Wahl von einem kleineren Kreis von Personen vollzogen wird. Die Mitwirkung der Träger des apostolischen Amtes *muss* nur für den zweiten Faktor grundlegend sein (und läßt hier noch die Beteiligung der Ältesten zu). Man muss darüber nachdenken, ob die beiden ande-

---

[5] Dass gemäß 1. Tim 4,14 die Ältesten als diejenigen genannt werden, welche Timotheus die Hand aufgelegt und das Amtscharisma übermittelt haben, ist in Zusammenschau mit 2. Tim 1,6 zu beurteilen. Demnach sind die Ältesten mitbeteiligt an der Einsetzung des Timotheus in sein Amt, das man am besten mit dem Amt eines Bischofs im späteren, heute üblichen Sinne des Wortes vergleichen sollte, da er für eine Vielzahl von Gemeinden zuständig ist. Deutlich genug ist bei diesem Zusammenwirken der Vorrang des Apostels.

[6] Luther unterscheidet auch zwei Vorgänge zur Einsetzung eines Amtsträgers in seiner Schrift ‚Daß eine christliche Versammlung oder Gemeinde Recht und Macht habe, alle Lehre zu urteilen und Lehrer zu berufen, ein- und abzusetzen. Grund und Ursache aus der Schrift' (1523): auf der einen Seite das Prüfen des Kandidaten und das Wählen, das er der Gemeinde zuspricht, auf der anderen Seite das Bestätigen durch einen Bischof. Hier unterschätzt er aber wohl doch, worum es sich handelt, s. WA 11, 414/BoA 2, 401,20-38. Es ist nicht bloß ein Bestätigen, sondern die Übertragung der Amtsgnade.

ren Faktoren, die Wahl und die Zustimmung, auch von den Trägern des apostolischen Amtes übernommen werden *können*.

Diese Überlegungen zur Übertragung der apostolischen Amtsvollmacht sollen zweierlei nicht ausschließen: Erstens garantiert diese Übertragung keineswegs, dass das Amt dann in rechter Weise ausgeübt wird. Es kann durchaus sein, dass das Amtscharisma eben nicht entfacht wird. Zweitens ist es Gott unbenommen, diese Vollmacht auch anders zu geben als durch die Hände von Menschen. Er kann auch vertikal von oben her Menschen diese Vollmacht geben, so wie er es als der erhöhte Herr schon bei Paulus getan hat (Gal 1,12.15f; Apg 9,15).

Die *dritte* Tätigkeit, die auf jeden Fall dem apostolischen Amt zueigen sein muss, ist die Rechtssprechung, jedenfalls in der letzten Instanz. Die Rechtssprechung kann, wie wir gesehen haben, nur von Amts wegen erfolgen. Das apostolische Amt hat aber die größte Vollmacht unter allen Ämtern der Kirche. Wenn es also eine Berufung gegen Rechtsentscheide der Kirche geben sollte und eine letzte Instanz, welche eine Entscheidung ausspricht, dann muss diese beim apostolischen Amt liegen. Das betrifft gerade auch die obersten Entscheidungen in der Lehre, die Dogmen (6.7.) Dass diese letzten Entscheidungen irren können, wurde auch bereits gesagt (6.8.). In einer weiteren Überlegung zum Lehramt werden wir fragen müssen, wie ein sicheres Gehen der Kirche auch bei einer solchen Fehlbarkeit ihrer höchsten Organe möglich ist (18.).

Wir resümieren: das apostolische Amt, das die Apostel innehatten und das auf das Kollegium ihrer Nachfolger übergegangen ist, muss notwendig drei Tätigkeiten ausüben: erstens das Lehren, zweitens das Einsetzen anderer Amtsträger, drittens die Rechtssprechung in der Kirche[7]. An allen drei Tätigkeiten beteiligt es andere Glieder der Kirche bzw. Träger anderer Ämter, denen nicht die apostolische Vollmacht gegeben ist (bei der dritten lediglich dies). Es übt diese Tätigkeiten so aus, dass das Grundlegende, das Richtungsweisende in diesen Tätigkeiten den Trägern dieses Amtes vorbehalten bleibt. Es ist möglich, aber nicht nötig, dass noch weitere kirchliche Tätigkeiten von diesem Amt ausgeübt werden.

Alle anderen Tätigkeiten der Kirche werden aber *kraft* der Vollmacht des apostolischen Amtes ausgeübt. Es wird hier deutlich, dass die rechte Ausübung einer Tätigkeit der Kirche nicht möglich ist alleine aufgrund einer Übereinstimmung mit der biblischen Lehre. Diese ist eine notwendige, aber keine hinreichende Bedingung für rechtes Handeln in der Kirche. Es ist eben auch ein rechtes Übereinstimmen der handelnden Personen der Kirche vonnöten. Für diese rechte Übereinstimmung ist aber eine Person bzw. ein Gremium von Personen notwendig; diese Aufgabe kann nicht von einem Buch übernommen werden. Hier sind die Träger des apostolischen Amtes gefragt. Hier geht es um die Leitung der Kirche durch sie. Wenn man diese Leitung mißachtet, dann tritt eine Art von Konkurrenz zwischen den beiden Instanzen der apostolischen Vollmacht ein, der Bibel, auf die sich ein Prediger berufen mag, und dem apostolischen Amt, von dem er keine Bevollmächtigung erhalten hat. Es wird schwere Störungen in der Kirche geben, es wird die Einheit der Kirche darunter leiden, die

---

[7] Der Sache nach entspricht dies der Lehre von LG 21 / DH 4154, 2. Abs.: „episcopali consecratione plenitudinem conferri sacramenti Ordinis … Episcopalis autem consecratio, cum munere sanctificandi, munera quoque confert docendi et regendi …". Das „munus sanctificandi" entspricht hier der Befugnis zur Amtseinsetzung, das „munus regendi" der Befugnis zur Rechtssprechung.

eine Einheit aus Liebe sein soll. Das apostolische Amt soll gerade dieser Liebeseinheit der Kirche dienen[8].

Ein anderer Fall ist es, wenn Glieder der Kirche gerade deswegen sich den Anordnungen der Träger des apostolischen Amtes nicht fügen, weil diese selber hartnäckig der biblischen Lehre widerstehen. In diesem Fall sind die Glieder der Kirche zu Notmaßnahmen gezwungen, damit die Kirche überhaupt erhalten bleibt[9]. Dies war gerade in der Reformationszeit der Fall und hat zu den Spaltungen geführt, die noch heute bestehen. Wir müssen sehen, wie es sich dann mit einer Wiederherstellung oder einer Neuschaffung eines Amtes verhält, das apostolische Autorität hat.

Alle anderen Tätigkeiten der Kirche werden *kraft* der Vollmacht des apostolischen Amtes ausgeübt. Das bedeutet nicht, dass dessen Träger alles unmittelbar zu regeln hätten. Sie können über Zwischeninstanzen ihren regelnden Einfluß ausüben. Es gilt hier, wie schon einmal gesagt: gut regieren, heißt wenig regieren.

Es ist nun noch zu fragen, ob es bei diesen anderen Tätigkeiten der Kirche gleichfalls Beschränkungen gibt, wonach nur Träger eines bestimmten Amtes – wenngleich nicht des apostolischen Amtes – diese Tätigkeiten ausüben dürfen. Dass, wer die Rechtsprechung der Kirche ausübt, eben damit auch ein Amt in der Kirche innehat, ist bereits gesagt worden (6.9.) Von der erhaltenden und aufbauenden Tätigkeit der Kirche wurde pauschal gesagt, dass hier sowohl jedes Glied der Kirche als auch Träger des Amtes, d.h. für andere stellvertretend Handelnde tätig sein können und müssen. Es wurde aber auch festgestellt, dass es bei den gemeinschaftlichen Zusammenkünften sich nahelegt, dass ein Amtsträger für die gesamte Gemeinde handeln muss, damit sie überhaupt als Ganzes handelt. Denn es können hier nicht Einzelne nur für sich auftreten und sich selbst ernähren. Gerade am Gegenstand des Herrenmahles wird dies deutlich (1. Kor 11,17-34).

Das Herrenmahl ist aber gerade das Sakrament der Einheit der Kirche. Das soll besagen: in der Zeichenhandlung dieses Sakramentes wird das Zusammenschließen vieler einzelner Wesen zu einem Leib bezeichnet und bekräftigend auch vollzogen (1. Kor 10,16f). Nicht nur diejenigen, die an einem Ort und zu einer Zeit aus dem Kelch trinken und von dem gesegneten Brot essen, sind dadurch untereinander eins, sondern sie sind es mit allen, die dies tun, gleich an welchem Ort und zu welcher Zeit. Aus diesem Grunde braucht es auch an dem Ort, an dem regelmäßig das Herrenmahl gefeiert wird, also in der Ortsgemeinde, einen Zuständigen oder eine Gruppe von Zuständigen innerhalb der Gemeinde, die dafür sorgen, dass diese Feier in der Einheit der Gemeinde und in der Einheit der Gemeinde mit der universalen Kirche stattfindet.

---

[8] Luther hat in seinem Großen Galaterbriefkommentar diese Gefahr aus dem Blickwinkel desjenigen beschrieben, der selber das Evangelium predigen will: „Neque enim satis est habere verbum et puram doctrinam, oportet etiam, ut vocatio certa sit, sine qua qui ingreditur, ad mactandum et perdendum venit. Numquam enim fortunat Deus laborem eorum qui non sunt vocati. Et quanquam quaedam salutaria afferant, tamen nihil aedificant." / „Es ist nicht genug, das Wort und die reine Lehre zu haben, es ist auch nötig, daß die Berufung gewiß sei, ohne die einer nur zum Verderben, ja zum Töten kommt. Niemals gibt Gott Glück zur Arbeit derer, die nicht berufen sind. Obwohl sie manches Segensvolle bringen, so bauen sie doch nicht die Gemeinde." WA 40/1, 62,21-25 / Übers. v. Kleinknecht, 30. Mit der „Berufung" meint er hier die mittelbare Berufung durch Menschen. Durch solche Berufungen gibt es Sukzessionen von den Aposteln bis ans Ende der Welt. Diese Sukzessionen sind also nicht durch die Zeit „unter dem Papsttum" unterbrochen: ebd., WA 40/1, 59,16-23.

[9] Luther, Daß eine christliche Versammlung …, WA 11, 410; 413 / BoA 2, 397,24-33; 400,36 – 401,9.

9. Die vielen Ämter und das eine apostolische Amt 135

Diese Zuständigen benötigen dazu eine einheitsstiftende Vollmacht, und diese Vollmacht kann keine andere sein als diejenige, die sie von den Trägern der apostolischen Vollmacht empfangen haben.

Ignatius von Antiochien sagt darum, dass nur die Eucharistiefeier zuverlässig sei, die unter dem Bischof vollzogen wird oder durch einen, dem er sie aufgetragen hat[10]. Der „Bischof" ist in der historischen Situation des Ignatius der Träger der apostolischen Vollmacht. Derjenige, der von ihm beauftragt ist, kann den Titel eines „Presbyters" haben oder anders heißen[11]. Worum es geht, ist die Unterordnung eines zentralen Verantwortlichen in einer Ortsgemeinde (oder einer Gruppe solcher Verantwortlicher) unter einen Träger der apostolischen Vollmacht. Nur dieser Verantwortliche kann dann in der Ortsgemeinde die Feier des Herrenmahls leiten, sofern dies „rechtmäßig" sein soll.

9.2. Die zwei Ströme kirchlichen Wirkens

Bei alledem ist aber dies zu bedenken: die *besonderen* Tätigkeiten der Träger des apostolischen Amtes und die *besondere* Tätigkeit des Vorstehers der Eucharistie in einer Ortsgemeinde sind nicht die Tätigkeiten, durch welche die Kirche gegründet wird. Der Apostel Paulus kann sich gegenüber der Gemeinde in Korinth „Vater" nennen, weil er sie durch seine Verkündigung des Evangeliums gezeugt hat (1. Kor 4,14f). Das ist eine Auszeichnung, die ein Missionar hat in Blick auf diejenigen, die durch ihn zum Glauben gekommen sind. In vielen anderen Fällen kommen Menschen nicht durch das Wirken *eines* Missionars zum Glauben. Es ist das Zusammenwirken vieler Menschen und oft nicht der Amtsträger[12].

Wir haben also hier die Unterscheidung zwischen *zwei Strömen kirchlichen Wirkens* vor uns. In dem einen Strom sind viele Glieder der Kirche, nicht nur die Amtsträger (geschweige die Vorsteher der Eucharistiefeiern und die Träger des apostolischen Amtes) tätig, um Menschen der Kirche zuzuführen und um die Kirche aufzubauen. In dem anderen Strom wirken die Träger des apostolischen Amtes und die Vorsteher der Eucharistiefeiern. Es ist nicht so, dass durch ihr Wirken überhaupt erst das Wirken des ersten Stromes zustande käme (das kann man nur von Gründungsmissionaren wie Paulus sagen, durch welche an bestimmten Orten der erste Strom erst zu fließen begann). Es ist auch nicht so, dass durch sie erst Heiligkeit in den ersten Strom käme – im

---

[10] „ἐκείνη βεβαία εὐχαριστία ἡγείσθω, ἡ ὑπὸ τὸν ἐπίσκοπον οὖσα ἢ ᾧ ἂν αὐτὸς ἐπιτρέψῃ." Brief an die Smyrnäer, 8,1 (Die Apostolischen Väter, griech.-dt., hg. v. Andreas Lindemann u. Henning Paulsen, Tübingen 1992, 230,17f), vgl. Brief an die Philadelphier, 4.

[11] Ignatius, der in seinen Briefen viel von den πρεσβύτεροι spricht, weist ihnen nicht diese Aufgabe zu. Dies ist eine spätere Nomenklatur, wie sie in ‚Lumen gentium' sich dokumentiert, so LG 28, DH 4153. Mit diesen Erörterungen ist noch nichts darüber ausgesagt, ob diese „presbyteriale" Tätigkeit eine priesterliche sei, wie LG 28 mit dem Begriff „pontificatus" und „honor sacerdotale" behauptet, und wie es sich mit dem Handeln „in persona Christi" (ebd.) in der eucharistischen Feier verhält.

[12] In 2. Tim 1,5 scheint Paulus nahezulegen, dass Timotheus durch seine Großmutter und seine Mutter zum Glauben geführt wurden. Es sind genügend Fälle für so etwas bekannt. Vgl. auch 1. Thess 1,8.

Sinne einer „Hierarchie" als eines sich verzweigenden Systems, in dem von einem „heiligen Anfang" aus, von „oben" her, Rechtfertigung und Heiligung über Zwischenstufen bis letztlich zu jedem einzelnen Empfänger käme. Dieser erste Strom entspringt vielmehr durch das Hören des Evangeliums, gleich durch wessen Reden oder Schreiben das Evangelium weitergegeben wird. Seine Quelle ist letztlich die Heilige Schrift, die noch vor dem apostolischen Amt die erste Instanz der apostolischen Vollmacht in der nachapostolischen Zeit ist. Die Aufgabe des zweiten Stroms ist vielmehr, Bevollmächtigung der Lehre, Bevollmächtigung der Amtsträger, Bevollmächtigung überhaupt des Wirkens der Glieder der Kirche, und Einheit, Zusammenwirken dieser Glieder zu geben. Durch das Wirken des zweiten Stromes wird dem Wirken des ersten Stromes eine bestimmte *Form* aufgeprägt: es empfängt Vollmacht, es erhält eine symphonische Einheit.

Es wäre auch denkbar, dass das Wirken des ersten Stromes ganz ohne das des zweiten stattfände. Es wäre aber dann anfällig für falsche Lehre, weil niemand da ist, der diese übergreifend für viele prüft und richtet. Es wäre anfällig für das Auftreten von Amtsträgern, die nur nach ihrer Willkür handeln – oder die selber von der Willkür ihrer Gemeinden abhängig sind, denn es ist niemand da, der diese Amtsträger in einem weiteren Horizont als dem der Ortsgemeinde prüft. Es wäre vor allem kein Zusammenwirken in den Gemeinden und zwischen den Gemeinden da, sondern nur noch Zerstrittenheit oder Beziehungslosigkeit.

Genau dies trifft zu einem guten Teil auf die Realität zu, und es ist eine Folge der Kirchenspaltungen, wie sie seit dem 5. Jahrhundert eingetreten sind und sich verfestigt haben. Es wird auch noch über den Mißbrauch des Amtes zu reden sein; *diese* Mißstände grassieren aber, wenn überhaupt kein Amt mit apostolischer Vollmacht anerkannt wird und kein zentrales, der Eucharistie vorstehendes Amt in der Ortsgemeinde. Es gilt, was Luther hier gesagt hat: „Niemals gibt Gott Glück zur Arbeit derer, die nicht berufen sind."[13] Die Berufung alleine auf die Heilige Schrift hilft, auch wenn man gemäß der Schrift predigen würde, nicht, diese Probleme zu bewältigen.

Es ist dann zwar schon noch „Kirche" da im Sinne von CA VII und ASm III,12, denn dazu genügt, dass das Evangelium zu Gehör kommt und geglaubt wird. Es wäre falsch, der Unterordnung unter die Amtsträger ein solches Gewicht zu geben, wie dies Cyprian und Calvin mit ihrem Verständnis des „extra ecclesiam nulla salus" getan haben. Diese Unterordnung hätte dann heilsentscheidendes Gewicht; sie käme dem Glauben an das Evangelium gleich oder würde mit ihm verschmelzen (s.o. 2.7.).

Andererseits wird man den Unterschied zwischen einer Kirche in einem solchen entblößten Zustand und einer Kirche, die in der Vollmacht des apostolischen Amtes lebt, nicht als den Unterschied zwischen *esse* und *bene esse* bezeichnen können[14], sondern als den zwischen einem Notzustand und dem Zustand der Gesundheit. Faktisch liegt der Zustand der Kirche zwischen beiden Extremwerten. Es gibt zwar zu einem großen Teil kirchliches Leben, das faktisch ohne Lehramt und ohne apostolische Vollmacht seiner Amtsträger, ohne einheitsstiftende Ämter sich vollzieht. Es gibt aber auch das Eingreifen Gottes, der, wo Gläubige den Trägern der apostolischen Vollmacht den Gehorsam entziehen, weil sie die Verkündigung des Evangeliums bekämpfen, auch

---

[13] Großer Galaterbriefkommentar, WA 40/1, 62,23f.
[14] So Volf, Trinität und Gemeinschaft, 143.

außerhalb der horizontalen Linie einer apostolischen Vollmacht von neuem diese Vollmacht schafft (s.u. 10.1.). Es gibt nicht nur kongregationalistische Splitter, sondern zumindest Konfessionskirchen, die unter sich eine gewisse Verbindlichkeit schaffen. Diese Notmaßnahmen dürfen aber nicht Gewöhnung werden. Es muss die Aufgabe der Christen sein, unter allen Gläubigen eine solche Einheit von Gott zu erbeten und mit Gottes Hilfe zu erreichen, dass sie Trägern der apostolischen Vollmacht in der gesamten Kirche gestattet, über die wahre Lehre zu entscheiden, den Trägern der Ämter die Amtsgnade zu spenden und die Einheit in den Gemeinden und zwischen den Gemeinden zu bewahren und zu kräftigen.

Die Aussage in CA VII, „Zur wahren Einheit der Kirche genügt es, übereinzustimmen in der Lehre des Evangeliums und der Verwaltung der Sakramente."[15], ist somit nach zwei Richtungen hin zu verstehen. Es kann erstens heißen, dass durch die rechte Verkündigung des Evangeliums, mit oder ohne apostolische Vollmacht, überhaupt Kirche da ist und darum von *einer* Kirche gesprochen werden kann. Wo das Evangelium nicht da ist, da ist auch nicht Kirche. Es muss aber zweitens auch so verstanden werden: das Evangelium kann nicht verkündet werden ohne Menschen, die dies tun. Für die Verkündigung des Evangeliums ist ein Amt eingesetzt, das Predigtamt (CA V). In der Aussage von CA VII über die Bedingungen der Einheit der Kirche ist also das Predigtamt impliziert. Im Regelfall muss aber der Träger dieses Predigtamtes aufgrund einer gültigen Ordnung in dieses eingesetzt sein (CA XIV). Diese Ordnung besteht darin, dass er bevollmächtigt wird, dieses Amt auszuüben. Er kann aber nur bevollmächtigt werden durch jemanden, der die Vollmacht dazu hat, der also in der apostolischen Vollmacht steht. Das apostolische Amt ist hiermit, wenn die Kirche in einem gesunden Zustand sein soll, für das Predigtamt vorauszusetzen und ist über das Predigtamt wiederum impliziert in den Bedingungen für die Einheit der Kirche. Die Kirche ist zwar zu definieren über das Wort und den Glauben an das Wort, wie dies die reformatorischen Bekenntnisse tun. Das Wort bringt aber das Amt mit sich. Unmittelbar und unweigerlich das Predigtamt, und als Bedingung für das rechte Sein der Kirche das apostolische Amt.

Wir sehen nun auch, dass sich in der Kirche zwei Gruppen von Menschen gegenüber stehen: diejenige ohne die apostolische Vollmacht und diejenigen, die sie empfangen haben. Sie sind beide aufeinander angewiesen. In welcher Weise die erste auf die zweite Gruppe angewiesen ist, wurde bereits gesagt. Auch die zweite ist auf die erste angewiesen. Denn ohne diese ist sie überflüssig. Ihre eigentümliche Aufgabe ist es lediglich, deren Tätigkeiten Vollmacht, Maß und Ordnung zu geben.

Es ist dann aber auch sinnvoll, dass die Glieder dieser beiden Gruppen, damit sie sich nicht gegenseitig entfremden, so weit wie möglich zusammenwirken, so dass ihre Tätigkeitsfelder sich teilweise überdecken. Dafür gibt das Neue Testament selbst Beispiele. Der Apostel Paulus nimmt nicht nur seine besondere apostolische Vollmacht wahr, sondern er tut das, was andere auch tun, die diese Vollmacht nicht haben: er predigt das Evangelium (1. Kor 1,17)[16]. Das apostolische Amt schließt auf jeden Fall das Predigtamt in sich sein.

---

[15] „Et ad veram unitatem ecclesiae satis est consentire de doctrina evangelii et de administratione sacramentorum.", BSLK, 61,6-9.

[16] Luther erklärt: „Darumb wem das predig ampt auffgelegt wirt, dem wirt das hohist ampt auffgelegt ynn der Christenheyt ...", Daß eine christliche Versammlung ..., WA 11, 415/BoA 2, 403,1f. Das

Andererseits überträgt Paulus die apostolische Vollmacht nicht alleine – wiewohl er das könnte –, sondern er tut es gemeinsam mit den Ältesten einer Gemeinde, die ihm gegenüber untergeordnet sind und diese Vollmacht nicht haben (1. Tim 4,14; 2. Tim 1,6). Der Träger des apostolischen Amtes gewährt also Trägern anderer Ämter eine Anteilhabe an der Befugnis, diese Vollmacht zu übertragen.

---

ist richtig, wenn man nur auf den ersten Strom kirchlichen Wirkens blickt. Es darf aber nicht übersehen werden, dass ein Apostel wie Paulus noch mehr ist als ein Prediger des Evangeliums. Auch ein Bischof, wenn „Bischof" einer heißen soll, der die Vollmacht eines Apostels empfangen hat, ist mehr als ein Prediger des Evangeliums. Zumindest einen Hinweis darauf, dass das Bischofsamt von dem des amtlichen Predigers unterschieden werden muss, gibt CA XXVIII, wenn es dort heißt, dass Pfarrleute und Christen den Bischöfen Gehorsam schuldig seien: BSLK, 124,5-7. In der Vorrede zum ‚Unterricht der Visitatoren' (1528) spricht Luther selbst vom Visitieren als Amtsaufgabe eines Apostels bzw. eines Bischofs. Der Visitierende bzw. der diesen Beauftragende steht aber über dem Visitierten: WA 26, 195-202.

10. DEFINITIONEN DER ÄMTER

10.1. Das Amt des Bischofs

Ich habe hier bislang von den „Trägern des apostolischen Amtes" gesprochen. In der Geschichte hat es dafür verschiedene Bezeichnungen gegeben. Wenn im Neuen Testament von ἐπίσκοπος die Rede ist, so handelt es sich nicht um einen Träger des apostolischen Amtes, sondern um jemand, der den Aposteln nicht nur untergeordnet ist, sondern auch nicht ihre Vollmacht empfängt (z.B. Tit 1,5-9, dort gleichbedeutend mit dem πρεσβύτερος). Timotheus und Titus sind hingegen von Paulus in das Amt eingeführt worden, das seine Vollmacht hat (1. Tim 1,12 vgl. 1,18; 2. Tim 1,6-14; Tit 1,5 usw.). Ihr Amt erhält dort keinen Namen; es ist aber das, was später das Amt des *Bischofs* genannt wurde. Ein Bischof in diesem Sinne ist ein Träger der apostolischen Vollmacht, die darin besteht, dass er in Letztinstanz über die Wahrheit der Lehre entscheidet, in Ämter einsetzt – sei es in das Bischofsamt, sei es in untergeordnete Ämter – und in Letztinstanz Recht spricht.

Der Ausdruck „in Letztinstanz" bedarf aber noch der Erläuterung. Denn ein Bischof ist nie allein. Genauso wie die Apostel befindet er sich in einem Kollegium. Diese Letztinstanz nimmt er also nur in der Gemeinsamkeit des Kollegiums wahr. Amtseinsetzung neuer Bischöfe kann er auch nur in Abstimmung mit den anderen Bischöfen vollziehen. Einsetzung in untergeordnete Ämter kann er nur in einem Bereich vornehmen, der ihm allein zugewiesen ist. Es ist naheliegend, diese Amtsbereiche der Bischöfe räumlich voneinander zu trennen, wiewohl man sich auch ein anderes Kriterium der Trennung vorstellen kann, so z.B., dass ein Bischof nur für bestimmte Gruppen von Menschen zuständig ist, wie Missionare, Soldaten usw. Innerhalb seines Bereichs hat ein Bischof für sich allein auch das letzte Wort in Lehr- und Rechtsfragen; wenn aber eine Sache ein Gewicht bekommt über seinen Bereich hinaus, muss sie im ganzen Kollegium entschieden werden.

Zur Verdeutlichung der bisherigen Ausführungen, aber auch um den lutherischen Standpunkt klar zu machen, sei darauf verwiesen, dass im Deutschen Reich in der Reformationszeit Landesfürsten in einem wesentlichen Aspekt diese bischöfliche Vollmacht übernommen haben, nämlich dort, wo es um die Einsetzung von Visitatoren ging. Es geht hier um die Befugnis, den geistlichen Zustand von Gemeinden zu überprüfen und ihn zu bessern. Diese Tätigkeiten gehören sowohl zur übergeordneten Vollmacht in der Lehre als auch in der Rechtssprechung; letztlich muss auch die Vollmacht in der Amtseinsetzung dazu gehören, denn dies gehört wesentlich zur Sorge um das Wohl einer Gemeinde. Luther nennt die Visitation ein Werk Christi selbst und der Apostel, bzw. ihrer „Jünger", d.h. ihrer Stellvertreter, und weist darauf hin, dass das Amt der Bischöfe und Erzbischöfe daraus hervorgegangen ist. „Weil unser keiner dazu berufen war" – und kein Bischof die Reformation unterstützte –, müsse das „Amt der Liebe" in dieser Notsituation walten. Dies bedeute, dass der sächsische Kurfürst die Aufgabe übernimmt, Visitatoren einzusetzen und durch sie in seinem Wirkungsbereich sich der Gemeinden anzunehmen. Dies geschehe „durch Gottes Wohlgefallen"[1].

Wenn man dies bejaht, dann nimmt man wahr, dass hier eine durch Gott begründete neue Erteilung apostolischer Vollmacht stattfand, die nicht darauf angewiesen ist, von Menschenhand weitergegeben zu werden. An die Stelle eines Bischofs tritt ein Kollegium, das aus dem Landesfürsten besteht, welcher die Berufungsvollmacht hat, aus Lehrern der Theologie und aus Predigern, sowie aus den Gelehrten des kirchlichen Rechtes, so dass sie gemeinsam die Tätigkeiten eines Bischofs in der übergeordneten Vollmacht in Lehre, Rechtssprechung und Amtseinsetzung ausüben können. Die personale Letztentscheidung hatte dabei der Fürst als Notbischof. Dieses Bischofsamt ist „von oben", d.h. vom Ganzen der Kirche her konzipiert, denn die lutherische Reformation galt der Kirche als ganzer, und ihr Ziel war nicht lediglich die Errichtung einer sächsischen, deutschen oder nordeuropäischen Regionalkirche[2]. Die Zielsetzung der lutherischen Reformation war, sich darum zu kümmern, dass in der Kirche, wie sie durch CA VII definiert ist, also in der *ganzen* Kirche, in der rechten Weise das Evangelium gepredigt und die Sakramente gespendet werden. So weit der Lauf der Geschichte es ihr gestattete, hat sie in bestimmten Gebieten diese Zielsetzung verwirklicht, zumindest so, dass sie Kirchenordnungen in ihrem Sinne geschaffen hat, teils indem sich Bischöfe der Reformation anschlossen, wie in Schweden, teils indem sich

---

[1] Luther, Vorrede zu: Unterricht der Visitatoren an die Pfarrherrn im Kurfürstentum zu Sachsen (1528), WA 26, 195-199, Zitate: 195,11 („iünger"); 197,16f („weil unser keiner dazu beruffen"); 197,20 ("zur liebe ampt"); 197,29 – 198,1 („durch Gottes wolgefallen") / Ausgewählte Schriften Bd.5, 84; 86f. In ‚Daß eine christliche Versammlung ...' von 1523 sagt Luther noch, dass eine kleine Stadtgemeinde wie die von Leisnig dieses Recht übernehmen solle. Er scheint also einen kongregationalistischen Standpunkt zu vertreten. Möglicherweise redete er jedoch so, weil sich 1523 noch nicht die Möglichkeit bot, dass der Landesfürst als Notbischof eintritt, 1528 aber schon. In beiden Fällen, in einer Stadtgemeinde und in einem Landesfürstentum, ging es um das „Amt der Liebe", das eingreifen muss, wenn die bisherige Kirchenleitung versagt. Luther war um der Katholizität der Kirche willen bestrebt, dieses Amt möglichst weit ausgreifend wirken zu lassen. Er zog darum die Wahrnehmung dieses Amtes durch einen Territorialfürsten der durch einen Stadtrat vor, sobald die Fürsten dazu bereit waren. Luther sagt ausdrücklich, die Aufrichtung dieses Kirchenregiments geschehe „durch Gottes Wohlgefallen". Zu der Begründung des übergemeindlichen Bischofsamtes s. auch Dorothea Wendebourg, Die Reformation in Deutschland und das bischöfliche Amt [Erstveröffentlichung: 1997], in: dies., Die eine Christenheit auf Erden. Aufsätze zur Kirchen- und Ökumenegeschichte, Tübingen 2000, 195-224, hier 198-205. Die Begründung aufgrund der Katholizität der Kirche hat Gewicht unabhängig davon, ob man das Amt des Bischofs als Ausgliederung von Funktionen des Amts des Pfarrers betrachtet oder nicht.

Es ist somit Joseph Ratzinger zu widersprechen, der meint, „Luther konnte unmöglich in den sich bildenden, den Fürsten unterstehenden Landeskirchen die Kirche sehen: das waren äußere Hilfskonstruktionen, die man brauchte, aber doch nicht die Kirche im geistlichen Sinn.", Interview in der Frankfurter Allgemeinen Zeitung, Nr. 221 vom 22.9.2000, 51, Sp.2, ähnlich in ‚Luther und die Einheit der Kirchen', JRGS 8/2, 949, und in ‚Prognosen für die Zukunft des Ökumenismus' (1976), JRGS 8/2, (717-730) 722. Anschließend spricht er in diesem Interview von diesen Kirchen als „in historischen Zufälligkeiten erwachsenen Bildungen". Vom reformatorischen Standpunkt aus war diese „Hilfskonstruktion" ein Eingreifen Gottes, der in seiner providentia specialis sich seiner Kirche in ihrer Not annimmt, und kein historischer Zufall. Wenn das Zweite Vatikanische Konzil erklärt, der Heilige Geist würde sich nicht weigern, die von Rom getrennten „kirchlichen Gemeinschaften" als Mittel des Heils zu gebrauchen (UR 2, DH 4189, 3. Abs.), dann ist auch von römischer Seite zugestanden, dass hier Gott in besonderer und bevollmächtigender Weise wirkt.

[2] So sagt Luther auch, dass mit der Einrichtung eines Amtes der Visitation in Kursachsen den anderen deutschen Fürsten ein Beispiel zur Nachahmung gegeben sei, s. die vorhergehende Anm.

Landesfürsten als Notbischöfe zur Verfügung stellten, wie in Deutschland, oder auch, indem unter Abbruch einer Kette der Amtseinsetzungen neue Bischöfe eingesetzt wurden, wie in Dänemark.

Wenn das Zweite Vatikanische Konzil eingesteht, „der Geist Christi weigert sich nicht, sie [die von Rom getrennten Kirchen und kirchlichen Gemeinschaften] als Mittel des Heiles zu gebrauchen"[3], dann wird nicht nur das Amt derer anerkannt, die in diesen Gemeinschaften das Evangelium predigen, sondern auch das Amt derer, die diese in dieses Amt einsetzen. Ein solches Amt muss aber als bischöfliches Amt bezeichnet werden, das zu seinem Handeln auch die dazu nötige Gnade erhalten hat. Aus diesem Grunde muss gesagt werden, dass die Ordinationen in den Kirchen der Augsburgischen Konfession nicht in einer „presbyteralen" Sukzession stehen, sondern in einer episkopalen Sukzession, nämlich teils in einer Sukzession, die über den Einsatz der Reformation zurückgeht, teils in einer Sukzession, die aufgrund des Handelns Gottes neu einsetzt[4].

10.2. Das Amt des Pfarrers

Ein Bischof, wie er oben definiert wurde, kann seine Befugnisse für ein kleines Gebiet und eine kleine Zahl von Menschen haben, wie etwa eine einzelne Ortsgemeinde, oder für ein großes Gebiet und eine Vielzahl von Ortsgemeinden. Entscheidend ist, dass er die besondere apostolische Vollmacht empfangen hat. Die Bischöfe bilden dadurch ein Kollegium, welches als Ganzes für das Ganze der Kirche verantwortlich ist[5]. Die Kontinuität der apostolischen Vollmacht im Bischofsamt läßt sich auch so denken, dass ein Kollegium für eine Gemeinde oder ein bestimmtes Gebiet diese Vollmacht wahrnimmt[6].

---

[3] „Iis enim Spiritus Christi uti non renuit tamquam salutis mediis ...", UR 3, DH 4189, 3. Abs.
[4] Apostolizität der Kirche, Nr. 267, wird behauptet, eine „presbyterale Ordination" sei nach lutherischer Lehre möglich, wenngleich die episkopale Ordination der Normalfall ist. Eine Ordination in das Amt desjenigen, der die Gemeinde durch Predigt und Spendung des Herrenmahls leitet, kann aber nur stattfinden in dem faktischen Anspruch, dass der Ordinierende ein episkopales Amt bekleidet. Das hängt gewiß ab von der Definition, die man diesem Amt gibt. In Nr. 263-265 wird argumentiert, dass das „eine" Amt, das als Amt des Presbyters verstanden wird, so ausdifferenziert werden müsse, dass es auch die Variante eines übergemeindlichen Amtes gibt, welche dann das episkopale Amt genannt wird. Demgegenüber denke ich, dass beide Ämter unterschieden werden müssen. Das Wesen des Amtes ist vom Ganzen der Kirche her und von der Seite des Ermächtigenden her zu denken. Darum gibt es erstens ein episkopales Amt und zweitens ein von ihm abhängiges Amt in der Ortsgemeinde, welches man das presbyterale Amt nennen mag.
[5] Yves Congar ist durchaus zuzustimmen, wenn er sagt: Es hat „die Gesamtheit oder das Kollegium der Bischöfe, wie das Apostelkollegium, die Fülle der Autorität über die Gesamtkirche" – wenn man von der übergeordneten Autorität der Schrift absieht und wenn man nicht, wie Congar hier, gleich den Anspruch auf Unfehlbarkeit folgen läßt. Desgleichen: „Die Nachfolge (im Amt) ist eine Nachfolge von Kollegium zu Kollegium, von einer fest strukturierten Gruppe zu einer konstituierten Gruppe. Deshalb ist jeder Bischof, immer auf der Ebene des Dienst- oder Hirtenamtes, Nachfolger der Apostel", Mysterium salutis IV/1, 547 (Hervorhebungen Y. C.)
[6] Dies könnte man erwägen für den Fall, dass in manchen Gemeinden der frühen Kirche auf die Apostel nicht sofort der Monepiskopat gefolgt sein sollte, s. dazu Sven Grosse, Theologie des Ka-

Von diesem Bischof, der als einziger eine Gemeinde an erster Stelle leitet und über sich keinen Amtsträger in der gesamten Kirche hat, sagt Ignatius, dass er die Eucharistiefeier auch durch einen Beauftragen leiten könne (Smyrn. 8,1). Das Amt dieses Beauftragen kann später als das eines Presbyters bezeichnet werden (LG 28), man kann es auch das des *Pfarrers* nennen, weil dieses Wort von παροικία / *parochia* abgeleitet ist. Ein Pfarrer vertritt nämlich den Bischof innerhalb des Bereichs, für den dieser Bischof zuständig ist und in den Aufgaben, die der Bischof für diesen Bereich wahrzunehmen hat, die er aber delegieren kann. Wenn ein Bischof für seine Aufgaben innerhalb einer Ortsgemeinde Entlastung braucht oder wenn er für mehrere Ortsgemeinden zuständig ist, dann braucht er in dieser Ortsgemeinde oder für die jeweiligen Ortsgemeinden solche Stellvertreter. Es läßt sich aber, wie beim Bischofsamt, denken, dass der Wirkungsbereich eines Pfarrers nicht nur räumlich definiert ist.

Unter den Aufgaben des Pfarrers sind als erstes die Predigt und die Leitung des Herrenmahls zu nennen. Das erste gehört zu den wesentlichen, wenngleich nicht zu den eigentümlichen Aufgaben eines Bischofs. Das zweite ist um der Einheit in der Gemeinde *und* um der Einheit der Gemeinde mit der Kirche willen ein exklusives Amt in der Gemeinde.

Das „Predigtamt" / „ministerium ecclesiasticum", von dem CA V spricht, wird dort als ein Amt bestimmt nicht nur zu predigen, sondern auch das „Sakrament" zu geben, womit *„die* Sakramente" gemeint sind, also Taufe und Abendmahl[7]. Dieses Amt deckt sich sowohl mit dem Amt des Bischofs als auch mit dem Pfarramt. Es deckt sich zum Teil auch mit dem Amt des Predigers oder eines Taufenden, das nicht bloß von dem Träger des Pfarramtes wahrgenommen werden muss und gleichwohl „Amt" ist, wie es hier definiert wurde.

Luther spricht in ‚Von den Konziliis und Kirchen' von den ersten vier *nota ecclesiae* (predigen, taufen, das Sakrament des Altars reichen, das Amt der Schlüssel versehen) und sagt dann: „ ... der Haufen in seiner Gesamtheit kann das [die Ausübung dieser Tätigkeiten] nicht tun, sondern sie müssen es einem anbefehlen oder anbefohlen sein lassen. Was wollte sonst werden, wenn jeder reden oder die Sakramente reichen und keiner dem anderen weichen sollte."[8] Die Ausübung dieser Tätigkeiten in einer Gemeinde bedarf also der Ordnung, und darum ist als fünfte *nota* die Einsetzung eines Dieners der Kirche vonnöten. Luther nennt als solche Diener der Kirche „Bischöfe, Pfarrer oder Prediger"[9]. An erster Stelle wird Ordnung gestiftet durch die Einsetzung des Bischofs, an zweiter Stelle durch die des Pfarrers, der vom Bischof für eine Gemeinde eingesetzt wird, an dritter Stelle aber auch durch die Einsetzung von jedem, der in der Gemeinde predigt oder tauft. Diese anderen Prediger oder Taufenden in einer Gemeinde müssen nach einer gewissen Ordnung in ihr Amt eingesetzt werden,

---

nons, 24, Anm. 33. Aus dem Vorsitzenden eines Kollegiums von Episkopen (oder Presbytern) könnte dann der Monepiskopos geworden sein, von dem Ignatius spricht. Entsprechendes war im landesfürstlichen Kirchenregiment der Fall, wo der Landesfürst auch nicht alle Aufgaben eines Bischofs für sich beanspruchte; vielmehr waren diese in einem Kollegium verteilt, s.o.

[7] Das geht aus der lateinischen Fassung („sacramenta") hervor, BSLK, 58,5.

[8] „Denn der hauffe gantz kan solchs nicht thun, sondern müssens einem befelhen oder lassen befolhen sein. Was wolt sonst werden, wenn ein jglicher reden oder reichen wolt, und keiner dem andern weichen.", Von den Konziliis und Kirchen (1539), III. Teil, zur fünften nota ecclesiae, WA 50, 633,5-8.

[9] „Bisschove, Pfarrher oder Prediger", WA 50, 633,1.

damit der Friede in der Gemeinde erhalten bleibt. Auf die Einhaltung dieser Ordnung zu achten ist eine wesentliche Aufgabe des Pfarrers. Was die Aufsicht auf die Lehre, die Einsetzung ins Amt, die Rechtssprechung betrifft, hat der Pfarrer auf der Ebene der Gemeinde ähnliche Aufgaben wie der Bischof für seinen Geltungsbereich.

11. IST DAS KIRCHLICHE AMT DAS AMT EINES PREDIGERS ODER EINES PRIESTERS?

Lumen gentium 28 nennt, was hier „Pfarrer" genannt wird, die „presbyteri", was in der deutschen Übersetzung mit „Priester" bezeichnet wird. Dies ist indes verwirrend, denn beide Begriffe gehören voneinander unterschieden, während es gerade das Anliegen von ‚Lumen gentium' ist, die Presbyter als Priester im Sinne der lateinischen Ausdrücke „sacerdos" und „pontifex" zu bezeichnen[1]. Ein Priester ist nämlich einer, der ein Opfer darbringt, und die Eucharistiefeier wird in der Lehrtradition, in der das Zweite Vatikanum steht, als Opfer, und zwar als Sühnopfer verstanden. Diese priesterliche Würde haben gemäß LG 28 die Bischöfe; von den „presbyteri" wird dann gesagt, dass sie „nicht die höchste Stufe der priesterlichen Weihe" haben („pontificatus apicem hon habeant"). Sie „hängen" darum „in der Ausübung ihrer Gewalt von den Bischöfen ab", sind aber gerade deswegen „mit ihnen in der priesterlichen Würde verbunden." („sacerdotali honore coniuncti sunt")[2]. Als das Wichtigste ihres Amtes wird nun gerade dieser priesterliche Dienst im Darbringen der Eucharistie als eines Sühnopfers verstanden: „Am meisten üben sie ihr heiliges Amt in der eucharistischen Feier oder Versammlung aus, wobei sie in der Person Christi handeln ... und das einzige Opfer des neuen Bundes, das Opfer Christi nämlich ... im Meßopfer ... vergegenwärtigen und zuwenden [repraesentant et applicant]."[3] Dem wird eine Reihe weiterer Aufgaben hinzugefügt: „die Verkündigung des Evangeliums", der „Hirtendienst": „sie verkünden allen das Wort Gottes"[4].

Es ist klar, dass wenn die Definition des „Presbyter"-Amtes von der Ausübung der eucharistischen Opferfeier gewonnen wird, die „Presbyter" dazu nur imstande sind durch Teilhabe an der bischöflichen Amtsvollmacht, und dass alle anderen Tätigkeiten an diese grundlegende nur angeknüpft werden.

Diesem Entwurf ist der reformatorische indes entgegengesetzt. Luther schreibt in dem Kapitel über den „ordo" in ‚De captivitate babylonica ecclesiae': „daß der, der das Wort Gottes *nicht* predigt, wozu er doch von der christlichen Kirche berufen ist, keinesfalls Priester [sacerdos] ist, und daß das Sakrament der Weihe nichts anderes sein kann, als ein ein Ritus, einen *Prediger* [concionator] in der Kirche zu erwählen."[5] Dabei beruft er sich darauf, dass Mal 2,7 als Aufgabe des Priesters genannt wird, die Lehre zu bewahren.

---

[1] Es ist diese Tradition der Identifikation von „presbyterus" und „sacerdos" gewesen, die als Übersetzung des lateinischen Wortes „sacerdos" bzw. des griechischen ἱερεύς im Deutschen das Wort „Priester" und in anderen europäischen Sprachen ähnliche Worte aus „presbyter" hat entstehen lassen.

[2] „Presbyteri, quamvis pontificatus apicem non habeant et in exercenda sua potestate ab Episcopis pendeant, cum eis tamen sacerdotali honore coniuncti sunt ..." LThK, 2. Aufl., Erg.bd. 1, 248 / DH 4153.

[3] „Suum verum munus sacrum maxime exercent in eucharistico cultu vel synaxi, qua in persona Christi agentes ... et unicum sacrificium Novi Testamenti, Christi scilicet ... in sacrificio Missae ... repraesentant et applicant.", ebd.

[4] „ad Evangelium praedicandum fidelesque pascendos", „omnibus verbum divinum annuntiant", ebd.

[5] „Ex quibus fit, ut is, qui non praedicat uerbum, ad hoc ipsum per Ecclesiam uocatus, nequaquam sit sacerdos, Et sacramentum ordinis aliud esse non possit, quam ritus quidam eligendi Concionatoris in Ecclesia.", WA 6, 564 / BoA 1, 501,34-37.

Luthers Position ergibt sich folgerichtig daraus, dass er die Auffassung, das Herrenmahl sei ein Sühnopfer, verwirft. Es ist vielmehr eine besondere Gestalt von Gottes Verheißung, die durch den Glauben die Sünden tilgt[6]. Diese zentrale Lehre Luthers hat tiefgreifende Auswirkungen auf die Auffassung vom kirchlichen Amt, d.h. vom Amt des Pfarrers. Obgleich er hier noch vom „sacerdos" spricht, bestimmt er dieses Amt nicht vom Opfer her, sondern von der Predigt der Verheißung Gottes, also des Evangeliums bzw. von der Lehre her. Weil das Opfer Christi am Kreuz ein Opfer ist, das völlig genügt, die Sünden der Welt hinwegzunehmen, kann die Feier des Herrenmahls kein Sühnopfer sein, das neben diesem Opfer steht[7]. Das kirchliche Amt, d.h. das Amt derjenigen, die das Recht haben, die Eucharistiefeier zu leiten, also Bischöfe und Pfarrer, besteht nicht darin, zu opfern, sondern den Tod des Herrn zu verkündigen (1. Kor 11,26, vgl. 1,17). Auf diese Weise wird das einmalige Opfer Christi geehrt.

Robert Spaemann hat am Rande seines sehr einsichtsreichen Vortrags ‚Die Existenz des Priesters: eine Provokation in der modernen Welt' diese Umdeutung der Eucharistie und die damit verbundene Umdeutung des kirchlichen Amtes durch die Reformation angegriffen und gemeint, es sei nötig, ein Weihepriestertum zu haben, welches ein Opfer darbringt, damit das Bewußtsein vom Opfertod Christi in der Kirche wach bleibe[8]. Spaemanns Überlegungen sind bedenkenswert, um den Sinn der Bestimmung des kirchlichen Amtes als Priesteramt zu würdigen, wenngleich er zweierlei völlig übersieht:

Erstens, dass der Gedanke des Opfertodes Christi gewiß nicht dann schwindet, wenn man diesen in der Predigt verkündet und dies zur Hauptaufgabe des kirchlichen Amtes erklärt. Das Schwinden des Gedankens an den Opfertod Christi ist kein Merkmal reformatorischer Frömmigkeit, sondern ist Abfall von der Reformation – auch wenn man diesen Abfall „Neuprotestantismus" nennen mag. Zweitens, dass man einer tödlichen Gefahr für den Glauben an den Opfertod Christi ausgesetzt ist, wenn man lehrt, die Kirche würde Gott ein Sühnopfer darbringen und diese Darbringung zur Hauptaufgabe des kirchlichen Amtes erklärt.

Man muss vielmehr sagen, dass die Erkenntnis des einmaligen Opfers Christi von zwei Seiten her bedroht sein kann: von der einen, dass man das Opfer Christi in der Kirche verschweigt und auch nicht versucht, in der Selbsthingabe des eigenen Lebens (Röm 12,1) nachzuahmen, von der anderen, dass man in der Kirche *zuviel* vom eigenen Opfer, insbesondere vom eigenen Sühnopfer, spricht. Dazu kann auch gehören, dass man das kirchliche Amt in erster Linie als das eines Priesters, d.h. eines Opfer Darbringenden bestimmt.

---

[6] Ebd., WA 6, 522-524 / BoA 1, 454-456. Dazu Sven Grosse, Der junge Luther und die Mystik, in: Gottes Nähe unmittelbar erfahren. Mystik im Mittelalter und bei Martin Luther, hg. v. Berndt Hamm u. Volker Leppin, Tübingen 2007 (Spätmittelalter und Reformation. Neue Reihe 36), 187-235, hier 234, bei Anm. 153.

[7] Vgl. CA XXIV; ASm II,2.

[8] „Das Merkwürdige ist vielmehr, daß der Opfergedanke genau in dem gleichen Maße verschwindet, wie der Begriff des Weihepriestertums verschwindet. Und so ist es ja auch im Protestantismus gekommen. In dem Augenblick, wo man das Weihepriestertum leugnete, ließ man nicht etwa die Gemeinde das Opfer darbringen, sondern man schaffte es überhaupt ab. Zunächst mit der Betonung des einmaligen Opfertodes Jesu. Aber folgte daraus eine Stärkung des Gedankens an das Opfer Christi? Weit gefehlt. Der Gedanke des Opfertodes verschwand dann auch."; Robert Spaemann, Die Existenz des Priesters: eine Provokation in der modernen Welt, in: Internationale katholische Zeitschrift 9 (1980), 481-500, hier 478.

Im Gegenüber der Bestimmung des Amtes des Pfarrers als Priester durch das Vatikanum II und der Bestimmung als Prediger durch die Reformatoren kann man indes versuchen, zwei mögliche legitime Typen dieses Amtes herauszuarbeiten. Dazu muss aber der Gefahr gewehrt werden, welche die Reformatoren an dem Gedanken eines Weihepriestertums wahrnehmen.

Das tridentinische Konzil, an welches diese Passagen in ‚Lumen gentium' anknüpfen, versucht sich der Kritik der Reformatoren zu erwehren und betont darum, dass „die Opfergabe", durch welche die Sünden vergeben werden, „ein und dieselbe" sei: „derselbe, der sich selbst damals am Kreuz opferte, opfert jetzt durch den Dienst der Priester; allein die Weise des Opferns ist verschieden." Es spricht in der Lehrerklärung über das Meßopfer von 1562 von dem Empfangen der Früchte des Kreuzesopfers Christi durch die Glaubenden, unterscheidet aber dann doch zwischen zweierlei Opfer: jenem, das blutig, und diesem, das unblutig ist[9]. Eine solche Formulierung verfällt aber noch immer einer Kritik, wie sie Calvin bereits vorgetragen hatte. Denn es wird in der Erklärung des Tridentinums doch nur von der Identität eines Opfers gesprochen, das mehrmals stattfindet, das also in mehreren unterscheidbaren Akten stattfindet, von denen der erste ein blutiger, die folgenden aber unblutige sind. Das Opfer Christi ist aber nach dem biblischen Zeugnis ein für allemal geschehen[10]. Auch eine subtilere Form der römischen Position lehnt Calvin ab, nämlich, dass es sich beim Meßopfer nicht um eine Wiederholung, sondern um eine Anwendung („applicatio") des einmaligen Kreuzesopfers handle. Dieses ist nämlich nicht darauf angewiesen, erst durch ein weiteres Opfer Gültigkeit zu erlangen[11]. „Die Art und Weise, wie uns das Opfer am Kreuz rechtmäßig zugeeignet wird [applicatur], besteht ... darin, daß es uns zum Genießen zuteil gegeben wird und wir es in wahrem Glauben annehmen."[12]

Der Begriff „applicare" wird zusammen mit „repraesentare" auch in dem oben zitierten Passus aus LG 28 benutzt. Er muss aber nicht, wie Calvin es tat, in der Weise

---

[9] „Una enim eademque est hostia, idem nunc offerens sacerdotum ministerio, qui se ipsum tunc in cruce obstulit, sola offerendi ratione diversa.", „Cuius quidem oblationis (cruentae, inquam) fructus per hanc incruentam uberrime percipiuntur ..." / „Denn die Opfergabe ist ein und dieselbe; derselbe, der sich selbst damals am Kreuze opferte, opfert ich jetzt durch den Dienst der Priester; allein die Weise des Opferns ist verschieden.", „Die Früchte des Opfers nun (nämlich des blutigen) werden überreich durch dieses unblutige (Opfer) empfangen ...", DH 1743, 1. u. 2. Abs.

[10] Calvin referiert die gegnerische Position als „non varia esse nec diversa sacrificia, sed unum idem saepius repeti." und entgegnet darauf: „tota enim disputatione contendit Apostolus non modo nulla alia esse sacrificia, sed unum illud semel oblatum fuisse, nec amplius iterandum." / „es handle sich nämlich nicht um vielfältige und verschiedene Opfer, sondern es werden vielmehr eines und dasselbe häufig wiederholt.", „Denn der Apostel behauptet in der ganzen Auseinandersetzung, daß es nicht nur kein anderes Opfer gibt, sondern daß auch jenes eine Opfer einmal dargebracht worden ist und nicht mehr wiederholt werden soll.", Inst. IV, 18,3, Op. sel. 5, 420,27f. 29-31, vgl. Hebr 9,28; 10, 10.12.14.

[11] „Subtiliores occultiore etiamnum rima effugiunt, non repetitionem esse, sed applicationem"; „neque enim hac lege se obtulit Christus, ut novis quotidie oblationibus ratum fieret suum sacrificium." / „Spitzfindigere Leute ziehen sich mit einer noch dunkleren Ausflucht aus der Sache heraus. Sie sagen, es handele sich hier nicht um eine Wiederholung, sondern eine Zueignung (des Opfers)"; „Denn als Christus sich einmal zum Opfer darbrachte, da geschah das nicht mit der Bestimmung, daß dies sein Opfer Tag für Tag durch neue Opfer Gültigkeit erlangte", ebd., Op. sel. 5, 420,31f. 33-35. (Hervorhebung S.G.)

[12] „Haec (inquam) ratio est qua nobis rite applicatur crucis sacrificium, dum fruendum nobis communicatur et nos vera fide recipimus." , ebd., Op. sel. 5, 420,39 – 421,2.

verstanden werden, dass die Opferhandlung des menschlichen Priesters das Opfer Christi erst gültig mache („ratum fieret"). Er kann genauso verstanden werden, wie ihn Calvin für seine eigene Position gebrauchte: dass das Opfer Christi in der gläubigen Teilnahme an der Opferhandlung des menschlichen Priesters genossen wird. Diese ist dann lediglich eine besondere Form der Vermittlung. Diese besondere Form der Vermittlung unterscheidet sich von derjenigen, wie sie Luther auffaßte dadurch, dass sie eben eine *Opferhandlung* ist, diese aber ein *Wortgeschehen*. Es stehen sich damit zwei Typen von Herrenmahl oder Eucharistie gegenüber, die beide legitim sind: die eine ist eine Opferhandlung, die andere ist eine besondere Gestalt von Gottes Verheißung, wie sie der Gemeinde sonst in der Predigt zugesprochen wird, in einer anderen Gestalt auch einzelnen Menschen in der Taufe. Der Leib und das Blut Christi sind in diesem besonderen Wortgeschehen gegenwärtig und sie werden dem glaubenden Menschen zueigen, und zwar erstens als Pfand für die Gewißheit der Verheißung, zweitens aber auch als die verheißene Sache selbst: Christus, der sich der Sünde, dem Tod und allen Übeln entgegenstellt[13].

Nun ist noch zu klären, in welchem Verhältnis die Opferhandlung des Priesters zu dem einmaligen Opfer Christi steht. Das „repraesentare" muss zuerst so verstanden werden, dass in der Opferhandlung des Priesters ein Zugang zur Ewigkeit Gottes geschaffen wird, in welcher das Opfer Christi der Zeit entrückt existiert. Es heißt dann soviel wie „den Opfertod Christi gegenwärtig setzen" oder ihn „in unsere Gegenwart hineinführen". In diesem Sinne verbinden auch die Wortverkündigung und auch das Herrenmahl als Wortverkündigung aufgefaßt die Gegenwart der feiernden Gemeinde mit der Gegenwart des Kreuzesopfers. In der Opferhandlung des Priesters wird diese Vermittlung aber durch eine Handlung geschaffen, die der vermittelten Handlung *ähnlich* ist. Sie ist eben selbst Opferhandlung. Das „repraesentare" hat hier den Sinn einer Vertretung aufgrund der Ähnlichkeit. In diesem, aber nur in diesem Sinne verstanden kann das Herrenmahl als Opfer aufgefaßt werden und zugleich die Einmaligkeit der Opferhandlung, die Jesus Christus am Kreuz vollzog, unangetastet bleiben[14]. Es ist dann aber auch notwendig, dass in den eucharistischen Gebeten dies für die Gemeinde klar zum Ausdruck gebracht wird.

---

[13] „Siquidem propterea a Christo jubeor edere et bibere, ut [sacramentum] meum sit, mihique utilitatem afferat veluti certum pignus et arrabo, imo potius res ipsa, quam pro peccatis meis, morte et omnibus malis ille opposuit et oppignoravit." / „darümb heißet er [Christus] mich essen und trinken, daß es [das Sakrament] mein sei und mir nütze als ein gewiß Pfand und Zeichen, ja eben dasselbige Gut, so fur mich gesetzt ist wieder meine Sunde, Tod und alle Unglück.", Großer Katechismus, BSLK, 712,6-10.

[14] Der amerikanische reformierte Theologe George Hunsinger hat die Identität nicht nur des Opfernden und des Opfers, sondern auch der Opferhandlung in numerischer Einheit im Kreuzesopfer und in der Eucharistie behauptet – ja, dieselbe Handlung sei auch das messianische Festmahl des Eschatons: The Eucharist and Ecumenism, New York 2008, 143-145; 156; 166, vgl. 184-186. Desgleichen erklärt auch der Bericht Das Herrenmahl. Bericht der Gemeinsamen Römisch-katholischen/Evangelisch-lutherischen Kommission (1978), in: Dokumente wachsender Übereinstimmung, Bd. 1: Sämtliche Bericht und Konsenstexte interkonfessioneller Gespräche auf Weltebene 1931-1982, hg. v. Harding Meyer, Hans Jörg Urban u. Lukas Vischer, Paderborn/Frankfurt/Main 1983, 271-295, § 56: „Dieses Opfer kann weder fortgesetzt noch wiederholt, noch ersetzt, noch ergänzt werden; wohl aber kann und soll es je neu in der Mitte der Gemeinde wirksam werden." Damit ist genau erfaßt, worum es gehen muss, wenn man die Eucharistie ein Sühnopfer nennen will. Es muss dann aber auch begründet werden, wie diese Identität bestehen kann. Ich versuche dies hier zu skizzieren.

Mit diesen zwei verschiedenen Arten von Handlungen stehen sich nun auch zwei Typen von Amtsträgern gegenüber: der eine ist ein Priester wegen der Opferhandlung, der andere ein Prediger[15]. Der Prediger spricht die Einsetzungsworte des Herrenmahls (1. Kor 11,23-25 par), weil er Verkündiger des Wortes ist; das Wort ist aber grundlegend das Wort der Heiligen Schrift, aus der er hier rezitiert. Indem er spricht, spricht Christus selbst, so wie in den Worten der Propheten Gott spricht: „So spricht der Herr." Der Priester spricht auch *in persona Christi*; dies hat aber bei ihm die Bedeutung, dass er, indem er diese Worte spricht, Christus ähnlich ist und ihm verähnlicht wird. Dieser ist Priester – der eine, wahre Hohepriester – und darum ist er selber auch Priester.

Der biblische Typos des Predigers ist also der Prophet[16]. Beide sind Menschen, durch die Gott sein Wort spricht; bei den Predigern so, dass sie nicht nur die Bibel auslegen, sondern dabei die versammelte Gemeinde so anreden, dass Gott durch die Auslegung des Bibelwortes zu der Gemeinde redet. Die Erfahrung, die der Prediger macht, wenn Gott so durch ihn und in ihm wirkt, ist die des eigenen Ungenügens. Die Lippen des Propheten müssen mit glühender Kohle berührt und gereinigt werden, damit er Gottes Wort sprechen kann (Jes 6,5-8), auch wenn er von seiner Gemeinde abgelehnt wird und bitterstes Leid erfährt, kann er es doch nicht lassen, das Wort Gottes zu predigen (Jer 20,7-9); er muss Gottes Wort in sich hineinessen (Hes 2,8 – 3,3, vgl. Apk 10,9f); er ist mit seinem eigenen Heil Gott verantwortlich für die Gemeinde, für die zu predigen er den Auftrag hat (Hes 3,17-19).

Der biblische Typos des Priesters des Neuen Bundes ist Jesus Christus selbst, als der wahre Hohepriester. Dieser opfert nicht eine Gabe, die von ihm unterschieden ist, sondern sich selbst (Hebr 7,27); er vergießt sein eigenes Blut (Hebr 9,12-14). Er macht sich die Not seines Volkes zu eigen; sein Leiden ist das Leiden seines Volkes, das er trägt, und dessen Bitten und Flehen werden zu seinem Bitten und Flehen, das er Gott darbringt (Hebr 5,2. 7f, vgl. 4,15).

Von beiden Existenzformen, der als Prophet und der als Priester, nimmt keine den Menschen, dem dieses Amt aufgetragen ist, weniger in Anspruch als die andere. Nur ist beim Propheten eine gewisse Distanz gesetzt: zwischen sich und dem Wort Gottes, das er zu verkünden hat, auch wenn er sich dagegen sträubt[17]. Er ißt es zwar in sich hinein; dennoch bleibt es von ihm unterschieden. Der Prophet hat alles für das Wort

---

[15] Balthasar entwickelt seine Gedanken über priesterliche Spiritualität zu einem wesentlichen Teil an den Figuren des Petrus und des Paulus, ohne das spezifisch Priesterliche zu berücksichtigen, das bei ihnen auch nicht zu finden ist, s. 1. Kor 1,17: Der Apostel hat zu predigen und seine Leitungsvollmacht auszuüben; vom Dienst in der Leitung des Herrenmahls durch die Apostel ist nirgends in der Bibel die Rede. Vgl. Hans Urs von Balthasar, Amt und Existenz, in: ders., Die Wahrheit ist symphonisch, Einsiedeln 1972, 116-130, sowie in: ders., Priesterliche Spiritualität, 2. Aufl., Freiburg/ Br. 2008, 67-84.

[16] Calvin setzt in Inst. IV, 3,4f in der Auslegung von Eph 4,11f das Amt des Lehrers (doctor), welcher die Heilige Schrift auszulegen hat, in eine Entsprechung zu dem des Propheten: heute sei der Lehrer das, was in der biblischen Zeit der Prophet war; der Unterschied liege darin, dass den Propheten auf unmittelbare Weise eine Offenbarung zuteil geworden ist. Diese Entsprechung ist bei dem Prediger noch größer, weil bei ihm noch die Anrede an die Gemeinde hinzukommt, in welcher er dem Propheten gleicht.

[17] Man könnte dagegen einwenden, dass wie das Priestertum im hohepriesterlichen Amt Christi sein Urbild hat, so das Amt des Predigers bzw. Propheten im prophetischen Amt Christi und somit auch hier die Ähnlichkeit und nicht die Distanz vorherrschen müsste. Doch kann man bei Jesus Christus über den Begriff des Propheten noch hinaussteigen: er ist nicht nur Prophet, er ist das Wort selbst.

zu geben. Der Priester hingegen gibt sich selbst, und das ist bereits sein Dienst. Der Prophet gewährt das Wort; der Priester bietet sich selbst als die Gabe dar. Eine Distanz, wie sie zwischen dem Propheten und dem Wort, für das er da ist, noch besteht, ist hier aufgehoben. Dies gilt im strengen Sinne gewiß nur für Jesus Christus als dem einzigen wahren Hohenpriester. Eben darin ist er von den Priestern des Alten Bundes unterschieden. Wenn es nun aber von Jesus Christus unterschiedene Priester des Neuen Bundes geben soll, „nach der Ordnung Melchisedeks", dann muss in gewisser Weise für sie das Gleiche gelten. Sie haben im Herrenmahl als Opferhandlung sich selbst zeichenhaft darzubringen, so wie Jesus Christus die Wirklichkeit dieser Selbstdarbringung ist. In dieser zeichenhaften Selbstdarbringung des menschlichen Priesters wird die wirkliche Selbstdarbringung Jesu Christi appliziert, d.h. vermittelt.

Die zeichenhafte Selbstdarbringung des Priesters steht damit zwischen der Selbstdarbringung, durch die alle Menschen erlöst werden, und dem Selbstopfer der Gläubigen, in denen sie ihr Leben Gott hingeben (Röm 12,1). Durch das tätige Mitfeiern der Eucharistie sollen gemäß der Konstitution ‚Sacrosanctum Concilium' die Gläubigen durch den Priester und gemeinsam mit dem Priester sich als Opfergabe darbringen und lernen, nicht nur in der sakramentalen Feier, sondern auch in ihrem eigenen Leben sich darzubringen[18].

Die Feier der Eucharistie wird damit zu etwas Paradoxem: von der einen Seite ist sie, recht verstanden, Gegenwärtigwerden und Zuwendung des einen Opfers Christi, in dem er, er allein, für alle Menschen gestorben ist. Von der anderen Seite ist sie nach der Lehre der römischen Kirche ein Opfer, das die Kirche – und konkret: die feiernde Gemeinde durch den Priester – Gott darbringt. Dies ist dann und nur dann eine legitime Möglichkeit, wenn man das Opfer, das vergegenwärtigt wird – das Kreuzesopfer Christi – und die Opferhandlung, durch die dieses Opfer vergegenwärtigt wird – die so verstandene Feier des Herrenmahles – voneinander unterscheidet. Dieses zweite kann nur stattfinden, weil das erste schon stattgefunden hat und voll gültig ist[19]. Die-

---

Demgegenüber bleibt es beim menschlichen Prophetentum bei der Distanz zwischen dem Propheten und dem Wort, das er sagen muss.

[18] „... christifideles ... sacram actionem conscie, pie et actuose participent, ... immaculatam hostiam, non tantum per sacerdotis manus, sed etiam una cum ipso offerente, seipsos offerre discant, et de die in diem consummentur, Christo Mediatore, in unitatem cum Deo ..." / „...daß die Christgläubigen ... an der heiligen Handlung bewußt, fromm und tätig teilnehmen ... die makellose Opfergabe nicht allein durch die Hände des Priesters, sondern auch gemeinsam mt ihm darbringen. Dadurch sollen sie lernen, sich selbst darzubringen und durch Christus, den Mittler, von Tag zu Tag zu immer vollerer Einheit mit Gott ...", SC 48, DH 4048.

[19] Auch dies müsste in den eucharistischen Hochgebeten unmißverständlich der Gemeinde zum Ausdruck gebracht werden, was aber oft genug nicht der Fall ist. Im Zweiten Hochgebet heißt es: „wir ... bringen dir so das Brot des Lebens und den Kelch des Heiles dar." (486) Im Ersten Hochgebet wird immerhin hinzugefügt: „So bringen wir aus den Gaben, die du uns geschenkt hast, dir ... die reine, heilige und makellose Opfergabe dar: das Brot des Lebens und den Kelch des ewigen Heiles." (474), ähnlich im Vierten Hochgebet: „Sieh her auf die Opfergabe, die du selber deiner Kirche bereitet hast, ..." (508). Im Dritten Hochgebet wird schließlich gesagt: „Schau gütig auf die Gabe deiner Kirche. Denn sie stellt dir das Lamm vor Augen, das geopfert wurde ..." (496). (Hervorhebungen S.G.), Angabe nach: Messbuch für die Bistümer des deutsches Sprachgebietes, Einsiedeln u.a. 1975. Diese Opfergabe der Kirche weist in eine umgekehrte Richtung wie das „Nehmt ..." und das „für euch" der Einsetzungsworte. Wie sich beide Opfergaben zueinander verhalten, die Gottes für uns, die der Kirche für Gott, bleibt in diesen Gebeten offen. Otto Weber hat an der Meßopferlehre des Tridentinischen Konzils kritisiert: „Beabsichtigt war in Trient nicht die Mißach-

ses zweite ist dann ein Akt der Danksagung (*eucharistia*), in dem die Kirche auf die Erlösung durch das Kreuzesopfer antwortet, ein Element in der *Heiligung* der Gemeinde, in welcher sie Christus gleichgestaltet wird (Röm 8,29; 2. Kor 3,18).

Das Selbstopfer in der Darbringung des eigenen Lebens, die Gleichgestaltung mit Jesus Christus, finden nun allerdings auch statt, wenn man das Herrenmahl nicht als Opfer betrachtet, sondern als einen besonderen Akt der Wortverkündigung. In diesem Akt ist es das vom Prediger als Verheißung ausgesprochene Einsetzungswort und nicht die Zeichenhandlung des Priesters, wodurch die Gemeinde erstens den Leib und das Blut Christi empfängt und zweitens sich im Dankopfer dem Herrn hingibt (Hebr 13,15)[20], um ausgehend davon ihr Leben von Tag zu Tag hingeben zu lernen.

Resümieren wir: im Dienst des Predigers ist nach dem Typus des prophetischen Amtes eine *Distanz* gesetzt zwischen dem Prediger und dem Wort, das er darbietet – so sehr auch das Wort im Prediger sein muss und ihn durchformen muss. Im Dienst des Priesters wird hingegen die *Verähnlichung* betont, in welcher der Priester kraft seines Amtes und trotz all seiner Gebrechlichkeit Christus ähnlich ist, und er und durch ihn die Gemeinde Christus verähnlicht werden. Beides hat ein jeweils unterschiedliches Ethos des kirchlichen Amtes zur Folge, ein unterschiedliches Gepräge des Gottesdienstes und des Lebens der Gemeinde.

Die beiden Typen des Herrenmahles bzw. des kirchlichen Amtes schließen einander aber nicht aus. Das eine wie das andere ist christlich legitim, wenn man es richtig auffaßt und diese Auffassung im Gottesdienst deutlich mitteilt. Die Voraussetzung für die Christusverähnlichung ist dabei gerade die Distanz zu Christus. Denn wir müssen erst einmal unserer Distanz zu Christus bewußt werden – wir als seine Feinde aufgrund unserer Sünde, er aber, der uns über alle Maßen Liebende, in seiner Versöhnung – damit wir überhaupt erst gerechtfertigt werden. Christus starb für uns, als wir noch seine Feinde waren (Röm 5,6-10). Erst nachdem sich uns Christus ähnlich gemacht hat, indem er für uns zur Sünde wurde (2. Kor 5,21), können wir überhaupt erst an-

---

tung des Opfers Christi. Aber beabsichtigt war die Hineinnahme des Werkes Christi in das Werk der Kirche.", Anm. 98 zu Frage 80 des Heidelberger Katechismus, hg. v. Otto Weber, Hamburg 1963, 84 (Hervorhebungen O.W.). Man müsste und man könnte vom römischen Standpunkt her von einer Hineinnahme des Werkes der Kirche in das Werk Christi sprechen. Dies müsste aber der Gemeinde dann deutlich gesagt werden. Ein Beispiel, das in diese Richtung geht, ist das neuere „Schweizer" Hochgebet, das so formuliert: „Wir feiern das Opfer Christi, das er uns anvertraut hat. Er hat sich für uns hingegeben und schenkt uns Anteil an seinem Leib und Blut. Wir bitten dich: Schau gütig auf die Gabe deiner Kirche ...", Messbuch für die Bistümer des deutsches Sprachgebietes. Hochgebet für Messen für besondere Anliegen, Freiburg/Br. u.a. 2005, 43 (Hochgebet IV in dieser Sammlung. Sie geht zurück auf Entwürfe, die erstmals 1974 für die Schweizer Synode approbiert wurden.)

[20] Vgl. ApolCA XXIV, BSLK, 354,25-37; 356,14-28: in diesem Sinne könne die Messe ein Opfer genannt werden. Luther sagt sogar über das Priestertum aller Gläubigen, das er das innerliche und geistliche nennt und das sich in der Hingabe des eigenen Leibes opfert, in scharfer Abgrenzung von dem äußerlichen Priestertum, das „opffert Christum widderumb mit grewlicher verkerung": „dises lesst yhm [sich] genügen, das Christus eyn mal geopffert ist, und opffert sich mit yhm und ynn yhn, ym selben und gleychen opffer.", Fastenpostille von 1525, Predigt über Röm 12,1ff, WA 17/II, 6,23-25. Von diesem Gedanken ausgehend könnte man allerdings auch die Abendmahlsfeier als Opfer auffassen, so wie das hier für den römischen Standpunkt skizziert wurde: sie ist dann eine Zeichenhandlung, die zwischen dem Opfer Christi und dem Selbstopfer der Gläubigen vermittelt. Sie beeinträchtigt jenes genauso wenig wie dieses es beeinträchtigt, wenn in ihr die Gläubigen „sich mit ihm und in ihm, im selben und gleichen Opfer" darbringen.

fangen, Christus ähnlich zu werden[21]. Der zweite Schritt – der die Deutung des Herrenmahles als Opfer und des kirchlichen Amtes als eines priesterlichen zuläßt – kann erst erfolgen, wenn der erste Schritt gemacht ist. Die Reformation hat mit ihrer Sensibilität für die Rechtfertigung allein aus Gnaden auch die Betonung auf das Herrenmahl als Wortgeschehen und auf den das Herrenmahl Reichenden als Prediger gelegt. Die römisch-katholische Kirche und die Ostkirchen, die in diesem Punkte ihr gleich sind, betonen hingegen den zweiten Schritt und damit auch das Herrenmahl als Opfer und das Amt, das es reicht, als priesterliches Amt. Man steht damit in Gefahr, die Notwendigkeit des ersten Schrittes zu verschleiern, zu vergessen und gar schließlich zu meinen, er sei nicht notwendig, jedenfalls nicht in dem Ernst, wie die Reformatoren ihn anmahnten. Man hat damit aber auch die Möglichkeit, vor der Gefahr zu bewahren, die eintritt, wenn die Lehre von der Rechtfertigung isoliert wird und abstrakt wird. Denn die natürliche Folge der Rechtfertigung ist die Christusverähnlichung (Röm 8,29f).

Es soll hier noch angedeutet werden, welche Folgen die konfessionell unterschiedlichen Auffassungen vom Herrenmahl und von dem Amt, das mit ihm betraut ist, für die Prägung des Gottesdienstes und für das Leben des Amtsträgers haben. Zu denken ist daran, dass nach römisch-katholischer Auffassung die Eucharistiefeier der zentrale Teil des Gottesdienstes ist. Die Eucharistie ist der primäre Ort der Gegenwart Christi im Gottesdienst[22]. Aufschlußreich ist hier die Bemerkung Semmelroths, der als Aufgabenstellung formuliert, man müsse das Verhältnis von Sakramenten und Wortverkündigung so durchdenken, dass „die von der kirchlichen Glaubensverkündigung den Sakramenten zugeschriebene Gnadenwirksamkeit auch auf die Wortverkündigung übergreift"[23]. Ausgangspunkt einer solchen Überlegung ist eben die Gnadenwirksamkeit der Sakramente, nicht die der Wortverkündigung. Zu dieser Ausgangsposition paßt die Regel, wonach nur der Priester in der Messe aus den Evangelien vorlesen und über sie predigen darf. Die Wahl, aus der Schrift vorzulesen und zu predigen, ist beschränkt, wenn man nicht Priester ist. Das Amt des Predigers ist dem des Priesters nachgeordnet. Umgekehrt kann in einem reformationskirchlichen Gottesdienst das Abendmahl fehlen, und doch ist er eine Handlung, wo Gott zu der versammelten Gemeinde spricht und ihr seine Gnade spendet.

---

[21] „[homo] similisque fiat Christo, qui similis prior factus est ei.", Luther, Operationes in psalmos, WA 5, 272,15f. Vgl. die Unterscheidung zwischen Christus als donum und als exemplum: Großer Galaterkommentar 1531/1535, zu Gal 5,7f, WA 40/II, 42,25-28, vgl. 42,1-4. Er muss zuerst als Gabe empfangen sein, bevor man überhaupt damit anfangen darf, ihn als Vorbild nachzuahmen.

[22] Siehe die Reihenfolge, in welche ‚Sacrosanctum Concilium' die Weisen der Gegenwart Christi in der Liturgie bringt: 1. in der Eucharistie: im Priester, wenn er die Eucharistie feiert, und besonders in den eucharistischen Elementen, 2. gemäß seiner Kraft in den Sakramenten im Allgemeinen, 3. im Wort, wenn die Bibel verlesen wird, 4. unter den Gläubigen, wenn sie beten: SC 7/DH 4007, 1. Abs. Die Predigt wird hier nicht einmal erwähnt. – Dei Verbum 21 sagt allerdings: „Die Kirche hat die Heiligen Schriften immer verehrt wie den Herrenleib selbst, weil sie, vor allem in der heiligen Liturgie, vom Tisch des Wortes Gottes wie des Leibes Christi ohne Unterlaß das Brot des Lebens nimmt und den Gläubigen reicht." Aber auch diese Formulierung ist aufschlußreich: die Metapher „Tisch des Wortes" wird von Seiten der Eucharistie her gewählt.

[23] Semmelroth, Die Kirche als Sakrament des Heils, 353.

Exkurs zum Zölibat

Der *Zölibat* ist den Priestern vorgeschrieben, die in der römisch-katholischen Kirche amtieren, soweit sie den lateinischen Ritus praktizieren. Das bedeutet die Einfügung einer Lebensregel, die bestimmten Kommunitäten bzw. den Orden, als einer Art der *ecclesiolae in ecclesia*, eigentümlich ist, in das allgemeine Leben der Gemeinden (4.4.2.). In den Ostkirchen, in den unierten Kirchen der römisch-katholischen Kirche, in den Reformationskirchen gibt es den Zölibat als allgemeine Regel nicht. Die Kirche, die ihr Leben und ihre Ordnungen im Neuen Testament bezeugt, kannte ihn als Regel für das kirchliche Amt gleichfalls nicht (1. Kor 9,5; 1. Tim 3,2). Diese Einfügung macht Sinn, um das Zeichen, das durch diese Lebensregel gesetzt wird, in der ganzen Kirche zu verbreiten, es in den gewöhnlichen Gemeinden präsent zu machen und nicht auf die *ecclesiolae* zu beschränken. Die *ganze* pilgernde Kirche hat die Bestimmung, im Stand der *ecclesia triumphans* so zu leben wie die Engel: in der völligen Hingabe zu Jesus Christus. Diese Hingabe läßt sich sehr gut mit dem Dienst im kirchlichen Amt vereinbaren so wie auch mit dem Dienst der Caritas. Dies trifft zu, sowohl wenn man das kirchliche Amt als Dienst des Wortes und wenn man es als priesterlichen Dienst auffaßt.

Die Alternative zum Zölibat besteht darin, dass der Amtsträger mit seiner Frau und mit seinen Kindern vom Dienst beansprucht wird. Das hat seine eigenen Herausforderungen und seine Gefahren so wie die zölibatäre Existenz auch. Die Chance ist diese, in der natürlichen Ordnung der Familie die Gemeinschaft der Liebe zu leben, die durch das Evangelium erzeugt wird, und darin den Gläubigen in den Gemeinden ein Beispiel zu geben, die meistens auch verheiratet sind oder bereit sind, sich zu verheiraten.

Die Möglichkeit des Zölibats legt sich für den Priester noch etwas näher als für den Prediger, denn das Eigentümliche des Priesters liegt in der Christusverähnlichung. Das alles sind aber nur relative Zuordnungen. Das geht schon daraus hervor, dass die Ostkirchen und die unierten Kirchen, welche das kirchliche Amt auch als das eines Priesters auffassen, keine allgemeine Verpflichtung zum Zölibat haben. Das Recht zu einer allgemeinen Verpflichtung ist von CA XXIII mit guten Gründen zurückgewiesen worden. Die Möglichkeit der zölibatären Leweise sollte, wenn die Gabe dazu gegeben ist (Mt 19,11f), für dieses Amt aber durchaus ergriffen werden. Eine solche Gabe ist auch eine Berufung. Aber auch hier sollte, wie in den Kommunitäten, der Zölibat in einer Gemeinschaft gelebt werden, sei es mit anderen Pfarrern, sei es mit Gliedern der Gemeinde, die dieses Amt nicht haben. Der Zölibat ist eine Berufung nicht zum Allein-Sein, sondern in eine besondere, nur durch die Gnade geschaffene Form von Gemeinschaft.

12. DIE AMTSGNADE UND DER *CHARACTER INDELEBILIS*

Es ist noch einmal zu bedenken, dass für jedes Amt eine Amtsgnade erforderlich ist und für das apostolische Amt eine besondere Gnade, mit der die apostolische Vollmacht mitgeteilt wird. Die Frage erhebt sich, ob die Einsetzung in das Amt des Bischofs oder auch des Pfarrers ein unauslöschliches Siegel, einen *character indelebilis* verleiht, der nicht mehr rückgängig zu machen ist. Der in das Amt Eingesetzte würde dann bleiben, was er durch die Einsetzung geworden ist. Die Amtseinsetzung würde ihn nämlich nicht nur mit einer bestimmten Tätigkeit beauftragen. Sie würde auch das Wesen der Person verändern, die beauftragt wird, und diese Veränderung würde bleiben, auch wenn ihm die Befugnis entzogen wird, das Amt auszuüben[1].

An dieser Position ist zunächst dieses richtig, dass eine Gnadengabe, ein χάρισμα (1. Tim 4,14; 2. Tim 1,6) immer die Person des Empfangenden betrifft und nicht bloß die Tätigkeit, die er ausübt oder ausüben soll. Die Tätigkeit geht aus dem Sein der Person hervor, und diese wird begnadet. Die Dienste des Bischofs, des Pfarrers, überhaupt aller Amtsträger in der Kirche dürfen nicht funktionalistisch verstanden werden, d.h. in Abtrennung der Funktion von der Person. Andererseits erhält die Person die Amtsgnade *in Blick* auf die Tätigkeit, mit der sie beauftragt wird. Ein Amtscharisma zu verleihen, das dann nicht ausgeübt wird, ist ein widersinniger Akt.

Nun ist zu fragen, ob Gott diese Gnade nicht wieder nehmen kann. Er kann es, aber dies müsste dann ein Akt sein, welcher der Begnadung genau entgegengesetzt ist, d.h. eine Verwerfung[2]. Solange nicht eine solche Verwerfung stattfindet, ist es angemessen, zwischen einer Beendigung der Amtstätigkeit zu unterscheiden – die auch als Sanktion für Vergehen im Akt verhängt werden mag –, und einem Verlust des Amtscharismas. Das Zweite ist nicht notwendig mit dem ersten gegeben. Wenn eine Person nach einer Unterbrechung wieder die gleiche Amtstätigkeit aufnimmt, ist es nicht nötig, ihr von neuem durch die Handauflegung das Amtscharisma zu verleihen, denn sie hat es noch.

Man kann nun erwägen, dass eine bestimmte Amtstätigkeit von vornherein so aufgetragen wird, dass sie nur für eine begrenzte Zeit, vielleicht auch nur für einen bestimmten Ort, also eine bestimmte Gemeinde ausgeübt werden soll. Dies ist grundsätzlich denkbar, und in dieser Weise kann man Lehrvikare beauftragen. Aber auch für eine solche begrenzte Tätigkeit ist eine Amtsgnade vonnöten, und diese prägt die Person und läßt sich nicht so eingrenzen wie diese Tätigkeit.

Bei einem Amt wie dem des Bischofs oder auch des Pfarrers ist eine solche Eingrenzung aber nun überhaupt nicht sinnvoll. Das Amt des Bischofs, mit dem Paulus dem Timotheus die apostolische Vollmacht verleiht, führt in einen Kampf, der bis ans Ende des Lebens zu kämpfen ist (vgl. 2. Tim 4,7 mit 1. Tim 1,18; 6,12); die Amtsgnade, an die Paulus ihn erinnert (1. Tim 4,14; 2. Tim 1,6), ist genau für diesen Kampf gegeben.

---

[1] So die Lehre des Konzils von Trient, De sacramento ordinis 4, DH 1767, 1. Abs.
[2] Und auch hier ist noch zu bedenken, dass die Würde, die dem König Saul durch seine Salbung verliehen worden war, auch noch geachtet werden musste, nachdem ihm das Königtum genommen worden war: 1. Sam 15,28; 16,14; 24,7; 26,9.

Das Amt ist also ein auf Lebenszeit gegebenes³. Es nimmt das ganze Leben des Beauftragten in Beschlag. Das Gleiche muss für das Amt des Pfarrers gelten, denn er soll den Bischof innerhalb einer Gemeinde vertreten. Als Personen haben sie ihr Amtscharisma vor der ganzen Kirche, *coram tota ecclesia*, erhalten⁴; nur ihre Tätigkeit ist auf bestimmte Orte – ein Bistum, eine Gemeinde – begrenzt. Wechseln sie Bistum oder Gemeinde, dann ist ihr Auftrag neu zu bestimmen, nicht aber ein neues Charisma zu geben.

Luther übersieht in seiner Kritik der Lehre vom *character indelebilis* in seinen frühen reformatorischen polemischen Schriften den Unterschied zwischen der Taufgnade und der Amtsgnade, die doch auch in der Bibel bezeugt ist. Sodann legt er den Akzent zu sehr auf die Tätigkeit, die der Amtsträger ausüben soll und übersieht, dass diese Tätigkeit mit einem Sein der Person verbunden sein muss⁵. Sein Anliegen war dabei durchaus berechtigt: beide, die Träger des apostolischen Amtes und die anderen Glieder der Kirche, sind durch die Taufe miteinander vereint, sie sind beide „Laien", d.h. Glieder des λαός, des Volkes Gottes. Einer klerikalen Arroganz und Tyrannei, einem Mißbrauch der Amtsbefugnisse ist zu wehren. Man muss nur sehen, wodurch genau dies geschehen soll. Auch in den lutherischen Kirchen kann es eine klerikale Arroganz geben, die sich darauf beruft, durch die Ordination von den anderen Gliedern der Kirche abgehoben zu sein. Durch die Leugnung des *character indelebilis* kann man diese Gefahr also nicht von Grund auf unterbinden. Eine an der Reformation orientierte Lehre vom kirchlichen Amt muss angesichts des Gewichtes der biblischen Argumentation des tridentinischen Dekretes⁶ erklären, dass der „ritus eligendi"⁷ nicht nur eine Beauftragung, sondern die Mitteilung einer gnadenhaften Amtsvoll-

---

³ Im Grunde können darum nur schwere dauerhafte Krankheit oder zu befürchtende Altersschwäche berechtigen, die Ausübung dieses Amtes aufzugeben, so wie dies 2013 auch der Papst Benedikt XVI. getan hat. Das Ergreifen einer anderen Tätigkeit darf im Grunde nicht infrage kommen, denn keine Tätigkeit in der Kirche ist höher zu achten als die eines Bischofs – von Tätigkeiten außerhalb der Kirche ganz zu schweigen. Ein weiterer berechtigter Grund für die Beendigung der Amtstätigkeit könnte nur noch die Amtsenthebung als Sanktion für den Amtsmißbrauch sein.

⁴ Die „vielen Zeugen", 1. Tim 6,12, stehen stellvertretend für die ganze Kirche. Die lebenslange und ortsunabhängige Berufung wird für den lutherischen Standpunkt auch bekräftigt Apostolizität der Kirche, Nr. 261.

⁵ An den christlichen Adel deutscher Nation, WA 6, 408f/BoA 1, 367,11 – 368,29; De captivitate babylonica, WA 6, 563f/BoA 1, 501,5-37, etwa: „quo clerici et laici plus discernerentur quam coelum et terra, ad incredibilem baptismalis gratiae iniuriam" / „wodurch Klerincher und Laien mehr voneinander unterschieden werden als Himmel und Erde, was ein unglaubliches Unrecht gegen die Gnade der Taufe darstellt", WA 6, 563/BoA 1, 501,8-10; „Dan was auß der tauff krochen ist/das mag sich rumen/das es schon priester, Bischoff vnd Bapst geweyhet sey/ob wol nit einem yglichen zympt/solch ampt zu vben.", WA 6, 408/BoA 1, 367,33-35; Luther vergleicht die Bischofsweihe, sie sei „gleich als wen tzehen bruder/kuniges kinder, gleich erben/einen erweleten/das erb fur sie zuregieren/sie were yhe alle kunige vnd gleicher gewalt/vnd doch einen zuregieren befolen wirt.", WA 6, 407, BoA 1, 367,14-16. Daraus folgt: „Drumb solt ein priester stand nit anders sein in der Christenheit/dan als ein amptman:/weil er am ampt ist/geht er vohr/wo ehr abgesetzt/ist ehr ein bawr odder burger wie die andern. ... das leye/priester/fursten/bischoff ... keynen andern vnterscheyd/ym grund warlich haben/den des ampts odder wercks halben/vnnd nit des stands halbenn/dan sie sein alle geystlichs stands, warhafftig priester ...", WA 6, 408/BoA 1, 368,1-12.

⁶ DH 1766 mit Verweis auf 2.Tim 1,6f; 1. Tim 4,14.

⁷ De captivitate, WA 6, 564/BoA 1, 501,36f

macht ist⁸. Der späte Luther hat das richtig gestellt, wie an seinem Ordinationsformular von 1535 zu sehen ist. Dort unterscheidet Luther die Heiligung aller Kreatur (1. Tim 4,4f) und die Heiligung aller Christen durch das Wort und das Sakrament der Taufe von einer „anderen Heiligung ... zu dem heiligen und göttlichen Amt, durch welches durch euch [die Ordinanden] viele geheiligt und dem Herrn als Opfer dargebracht werden sollen durch euer Wort und Werk."⁹

---

[8] Melanchthon erklärt, die Ordination könne ein Sakrament genannt werden, wenn das Amt als Amt der Predigt und nicht des Opfers verstanden würde: ApolCA XIII,10, BSLK, 293,42ff. Ein engerer Sakramentsbegriff, wie ihn die Wittenberger Reformatoren sonst vertreten haben, wird dabei jedoch überschritten, denn die Empfänger der Ordination erhalten durch diese nicht die rechtfertigende Gnade. Es geht hier um die Mitteilung einer anderen Gnade: um die Gnade, die dazu dient, dass Menschen zur Predigt des rechtfertigenden Wortes bevollmächtigt werden.

[9] „sed iam altera sanctificatione vocemini ad sanctum et divinum ministerium, quo per vos multi alii sanctificentur et domino lucrifiant verbo et opere vestro.", Typ H, WA 38, 424,25 – 425,5. Vgl. Calvin, Inst. IV, 3,16 von der Handauflegung: „Quare Apostoli per manuum impositionem eum se Deo offerre significabant, quem initiabant in ministerium." / „Die Apostel deuteten also durch die Handauflegung an, daß sie den, den sie in sein Amt einwiesen, Gott zum Opfer brachten." Dann ist von den äußeren Gnaden des Heiligen Geistes i.S. von Apg 19,6 die Rede und wird so fortgefahren: „Sic pastores et doctores, sic diaconos consecrabant." / „In dieser Weise haben sie die Hirten und Lehrer, aber auch die Diakonen (zu ihrem Amt) geheiligt.", Op. sel. 5, 56,29 – 57,6. Dies impliziert eine Gabe des Heiligen Geistes an die Ordinanden in Verbindung mit der Handauflegung. Des weiteren s. Wolfgang Stein, Das kirchliche Amt bei Luther, Wiesbaden 1974 (Veröffentlichungen des Instituts für Europäische Geschichte Mainz 73).

13. ZUR FRAGE DER ORDINATION DER FRAUEN

Es geht hier um die Einsetzung von Frauen in das Amt, welches als das kirchliche Amt im engeren Sinne bezeichnet wird, d.h. das Amt des Bischofs und des Pfarrers. Wir haben nun nicht mit der Frage zu tun, wer beteiligt ist an der Auswahl und der Bevollmächtigung der Träger dieses Amtes, sondern mit der Frage, wer geeignet ist, dieses Amt übertragen zu bekommen.

Aufgrund der Einführung der Ordination von Frauen ins Pfarr- und Bischofsamt in den landeskirchlich organisierten lutherischen und reformierten Kirchen Europas seit den 1950er Jahren, in den ähnlich ausgerichteten lutherischen und reformierten Kirchen der USA und in der anglikanischen Kirche – nicht allerdings in den streng bekenntnisgebundenen Zusammenschlüssen von Reformationskirchen oder in den strenger evangelikalen Kirchen – zählt die Frauenordination zu den Dingen, welche diese Kirchen von der römisch-katholischen und den Ostkirchen, aber auch von den konservativen, d.h. bewahrenden Reformationskirchen und evangelikalen Kirchen trennen[1]. Es soll hier überlegt werden, ob die Einführung der Frauenordination als eine – spät gezogene – Konsequenz der reformatorischen Einsichten in das Wesen der Kirche zu betrachten ist. Als erste Beobachtung muss allerdings festgestellt werden, dass die Reformatoren sich klar gegen die Frauenordination geäußert haben[2].

Bei der Erwägung der Frage ist zunächst zu bedenken, was oben über die zwei „Ströme" kirchlichen Wirkens gesagt worden ist. Der erste Strom ist die Gesamtheit von Tätigkeiten, die der Heilige Geist durch das Wort Gottes – also grundlegend der Heiligen Schrift – in den Gliedern der Kirche erzeugt, der zweite Strom sind die Tätigkeiten, welche die Träger des apostolischen Amtes, in erster Linie die Bischöfe, in zweiter Linie die Pfarrer, in der Kraft des Geistes nach dem Wort Gottes ausüben. Sie bringen dadurch in den ersten Strom Bevollmächtigung und Ordnung.

Es geht bei der Frage der Frauenordination präzise darum, ob Frauen auch Handelnde in diesem zweiten Strom sein dürfen. Es ist klar, dass sich einem diese Frage nur dann stellt, wenn man erkannt hat, dass die Vollmachten, die den Gläubigen durch die Taufe gegeben sind, nicht die Vollmacht einschließen, das kirchliche Amt in Anspruch nehmen zu dürfen[3].

---

[1] „Die Frauenordination stellt mithin das größte Hindernis für eine Verständigung in der Amtsfrage dar.", Friederike Nüssel/Dorothea Sattler, Einführung in die ökumenische Theologie, Darmstadt 2008, 101.

[2] Luther, Von den Konziliis und Kirchen (1539), WA 50, 633, sowie: De abroganda missa privata (1521), WA 8, 424f/dt. Fassung: 497f; Von Schleichern und Winkelpredigern (1532), WA 30/III, 524; Predigt vom 10. Juni 1522, WA 10/III, 171. Vgl. Calvin: das Diakonenamt ist als einziges von den im Neuen Testament genannten öffentlichen Ämtern auch für Frauen vorgesehen; Calvin identifiziert das Amt der weiblichen Diakone mit dem der Witwen (1. Tim 5,10): Inst. IV, 3,9.

[3] Hier zutreffend die Erklärung der römischen Glaubenskongregation, ‚Inter insigniores' von 1976, VI., DH 4603, 2. Abs.. Es ist dieser Erklärung auch zuzustimmen, wenn sie argumentiert, dass Gal 3,28, „Hier [in Christus] ... ist nicht Mann noch Frau." die Gotteskindschaft betrifft, nicht aber das kirchliche Amt: DH 4603, 1. Abs.. Das hier von der Glaubenskongregation zurecht abgelehnte Verständnis von Gal 3,28 ist indes das Hauptargument für Wolfhart Pannenbergs Votum für die Frauenordination: Systematische Theologie, Bd. 3, 425f. Andere Argumente von ihm sind: Paulus widerspreche mit 1. Kor 11,7 der Aussage Gen 1,26f von der Gottebenbildlichkeit beider Geschlech-

In einem ersten Schritt der Beantwortung dieser Frage ist wahrzunehmen, dass hier Körperliches und Seelisches, Schöpfungsordnung und Erlösungsordnung, Anthropologie und Ekklesiologie miteinander verknüpft sind. Es geht letztlich darum, *was* erlöst wird durch die Erlösung, an deren Vollzug die Kirche mit dem Evangelium beteiligt ist, ob es die Schöpfung ist, so wie sie Gott geordnet hat, oder etwas anderes: „Das Evangelium aber hebt dies natürliche Recht nicht auf, sondern bestätigt es als Gottes Ordnung und Schöpfung."[4]

Mann-Sein und Frau-Sein ist nicht etwas lediglich auf den Körper beschränktes, sondern die körperlichen Eigentümlichkeiten haben ihre Entsprechung im Seelischen, ja, so wie die Seele dem Körper als seine Form vorgeordnet ist, muss man sagen, dass der Körper männlich oder weiblich ist, *weil* die Seele dies ist. Wohl gibt es für die konkrete Ausgestaltung der seelischen Seite des Mann- und Frau-Seins eine Reihe von Möglichkeiten, die dem Lauf der Geschichte und der Eigenart der verschiedenen menschlichen Kulturen unterworfen sind, doch gibt es zugleich etwas Gleichbleibendes, das durch alle wechselnden Umstände hindurch jeweils dem Mann oder der Frau zuzusprechen ist[5].

Dieses Gleichbleibende wird in Gen 2,18-23 bestimmt als eine Zuordnung der Frau zum Mann, die nicht umkehrbar ist: sie ist geschaffen, um ihm Gehilfin zu sein. Die Ordnungen, die Gott gemäß Gen 3,14-19 über die gefallene Schöpfung erläßt, enthalten ein Element der Bewahrung der ursprünglichen, makellosen Schöpfung, und ein Element der Bestrafung, so auch Gen 3,16b. Man kann erwarten, dass durch die Erlösung das Element der Bestrafung aufgehoben oder zumindest zum Verschwinden bestimmt wird, nicht aber das Element der Bewahrung der Schöpfung. Anders zu denken wäre markionitisch. In welcher Weise diese bewahrte Schöpfung nun in die Ordnung der Gnade gehoben wird, zeigen die Aussagen des Neuen Testaments.

Das Verhältnis der körperlich-seelischen geschlechtlichen Identität des Mannes und der Frau steht gemäß dem Neuen Testament in einer Analogie zu dem Verhältnis zwischen Christus und dem Mann wie auch dem Verhältnis zwischen Gott Vater und Gott Sohn: Gott ist das Haupt Christi, Christus ist das Haupt des Mannes, der Mann ist das Haupt der Frau (1. Kor 11,3). Diese Analogie kann auch so bestimmt werden: Wie Christus zur Kirche steht, so steht der Mann zur Frau (Eph 5,22-33). Daraus ergibt sich: „Nicht er [der Mann], sondern s i e [die Frau] ist der Typus aller derer, die in ihm [Christus] ihr Haupt haben, die durch die Taufe und durch den heiligen Geist in die Gemeinschaft mit ihm berufen, als sein Volk versammelt sind. Ein höherer,

---

ter – hier wird man sagen müssen: beide biblischen Aussagen sind so zu interpretieren, dass sie einander nicht widersprechen, aber nicht, dass die eine zugunsten der anderen fallen müsse; Röm 16,7 sei von einer Apostolin Junia die Rede – das kann gerne zugestanden werden; daraus geht aber nicht hervor, dass sie die apostolische Vollmacht hatte wie Paulus und die anderen Apostel. Um das Amt, das unmittelbar oder in Vertretung diese Vollmacht hat, das kirchliche Amt des Bischofs oder des Pfarrers, geht es aber hier.

[4] „... das Evangelion aber solch natürlich recht nicht auffhebt, sondern bestetigt als Gottes ordnung und geschepffe.", Luther, Von den Konziliis und Kirchen, WA 50, 633,23f / Ausgewählte Schriften, Bd. 5, 195.

[5] „Sex" entspricht also „gender", und „gender" hat bestimmte Konstanten und ist nicht in jeglicher Hinsicht durch menschliche Willkür formbar. Siehe dazu Manfred Spreng / Harald Seubert, Vergewaltigung der menschlichen Identität. Über die Irrtümer der Gender-Ideologie, Ansbach / München 2012.

besserer Ort als der, den sie im Verhältnis zum Manne einnimmt, kann im Verhältnis zu Jesus Christus für sie alle nicht in Frage kommen."[6] Die Frau ist damit aber auch Typus für Jesus Christus im Verhältnis zu seinem Vater, woraus folgt: „Die Christin könnte die ihr als Frau zukommende Würde nicht grundsätzlicher verkennen und verleugnen, als wenn sie aus der Kephalē-Struktur ihres Verhältnisses zum Manne heraustreten und in Ehe und Kirche an den gleichen Ort treten wollte, an dem der Mann steht."[7]

Eph 5,22-33 zeigt, dass durch die erlösende Gnade auch die Schöpfungsordnung sich wandelt. Ging es dort darum, dass der Mann nicht allein sei (Gen 2,18), und findet das Gehilfin-Sein der Frau ihre Vollendung im Sich-Finden der geschlechtlichen Vereinigung, so dass sie ein Leib mit dem Mann ist (Gen 2,23f)[8], so geht es jetzt um eine Sorge des Mannes um die Frau, die sich vollendet in einem Gleichnis zu der Hingabe Christi für die Kirche als seinen Leib, die er durch seinen Opfertod erlöst hat. Das Sein der Frau findet dementsprechend seine Vollendung darin, dass sie im Umgang mit dem Mann ein Gleichnis wird für die Kirche, die sich von Christus erlösen und zu seinem Leib machen läßt. Sie ordnet sich dem Mann unter als diejenige, die sich durch seine Hingabe beschenken läßt.

Von den beiden neutestamentlichen Stellen zur Frage des kirchlichen Amtes der Frau argumentiert 1. Tim 2,11-14 mit der Schöpfungsordnung: Adam wurde zuerst erschaffen; Adam hätte die Verantwortung übernehmen müssen, das Gebot Gottes gegen den Verführer zu verteidigen. Dass Eva dies übernahm – und Adam dies hinnahm –, ist also ein Beispiel für die Übertretung der Schöpfungsordnung, und damit begann schon der Fall: sie musste der Versuchung erliegen. Dies ist ein Beispiel, das mahnt, der Frau keine Leitungsverantwortung in der Gemeinde zu geben.

Die Frage, die hier und in 1. Kor 14,34-36 behandelt wird, betrifft das leitende Amt in der Gemeinde. Was hier gesagt wird, gilt erst recht für das übergeordnete bischöfliche Amt. Das „Reden" von 1. Kor 14,34 ist im Sinne des Lehrens und Leitens (αὐθεντεῖν) von 1. Tim 2,12 zu verstehen[9]. Dieses Amt ist, wenn es der Frau verschlossen bleibt, nun nicht ein bloßes Zeichen für die Unterordnung der Frau wie das Tragen einer Kopfbedeckung in 1. Kor 11,2-16, das sich im Wandel der Zeiten und Kulturen ändern mag, wenn nur das geachtet bleibt, wofür es Zeichen ist, nämlich für die Unterordnung der Frau unter den Mann. Denn das kirchliche Amt besteht ja gerade darin, „an Christi statt" zu reden (2. Kor 5,21[10]), und zwar in der Weise, dass die Lehre verantwortet und die Gemeinde geleitet wird. Das Verhältnis Christi zur Kirche und das Verhältnis des Mannes zur Frau stehen in Analogie zueinander. Beide Verhältnisse sind dabei *real* miteinander verknüpft, nämlich dort, wo sich Jesus Christus durch Menschen vertreten läßt, um sein Amt als König, Priester und Prophet für die Kirche

---

[6] Karl Barth, KD III/4 (1951), 194f. Dementsprechend wird die Kirche nicht nur in Eph 5, sondern schon vom Alten Testament her die Braut genannt. In dieser Hinsicht ist auch Maria ein passendes Realsymbol für die Kirche im Verhältnis zu Christus.

[7] Peter Brunner, Das Hirtenamt und die Frau, in: ders., Pro Ecclesia, Gesammelte Aufsätze zur dogmatischen Theologie, Bd.1, 3. Aufl., Fürth/Bayern 1990, 310-338, hier 332.

[8] Eph 5,31 ersetzt σάρξ von Gen 2,24 mit Bedacht durch σῶμα.

[9] Ansonsten wäre es ein Widerspruch zu dem Reden der Frau in 1. Kor 11,5. Dieses ist ein Beten oder ein prophetisches Reden.

[10] Vgl. ApolCA VII, 48, BSLK, 246,20-22, in der negativen Formulierung: „Impii doctores ... non funguntur persona Christi ...".

wahrzunehmen. Diese Vertretung besteht gerade im kirchlichen Amt. Durch dieses Amt, durch sein Lehren und sein Ordnen, wird die Hingabe Christi für die Kirche als seinen Leib der Kirche mitgeteilt. Die Überordnung Christi über die Kirche, sein „Haupt-Sein", wird von ihm so gelebt, dass er sich für seine Kirche hingibt.

Die Überordnung Christi über die Kirche wird also *realisiert* dadurch, dass Männer ihn im kirchlichen Amt vertreten. Dabei ist es ein wesentliches Element dieser Realisierung, dass dies *Männer* und nicht Frauen sind. Umgekehrt ist es ein wesentliches Element der Unterordnung der Kirche unter Christus, dass Frauen dieses Amt nicht für sich in Anspruch nehmen. Von der Seite der Unterordnung der Frau unter den Mann her betrachtet: es ist ein wesentliches Element der Unterordnung der Frau unter den Mann, dass sie das apostolische Amt nicht für sich in Anspruch nimmt; es ist ein wesentliches Element der Überordnung des Mannes über die Frau, dass für ihn und nur für ihn dieses Amt infrage kommt[11].

Man wird hier übrigens nicht argumentieren können, dass Frauen schon darum Jesus Christus repräsentieren können, weil sie teilhaben an dem gemeinsamen Priestertum aller Gläubigen[12]. Über das gemeinsame oder allgemeine Priestertum aller Gläubigen wird noch zu reden sein. Es ist jetzt nur dieses zu sagen: Kraft dieses Priestertums kann ein Mensch vor Gott treten und für andere bitten. Außerdem kann er sich als Opfer Gott hingeben, das Gott angenehm ist. Er repräsentiert aber dabei nicht Jesus Christus vor den anderen Gläubigen.

Die Regel von 1. Kor 14,34-36 und 1. Tim 2,11-14 betrifft nicht das prophetische Reden von Frauen; das Amt dessen, der nur Prophet ist, ist ein anderes als das apostolische Amt. Das Neue Testament bezeugt das Wirken von weiblichen Propheten (Apg 21,9; 1. Kor 11,5). Die Berufung von Frauen in die Prophetie gehört zu der Eigenart des prophetischen Amtes, sich nicht in die anderen Ämter einordnen zu lassen, die von Menschen übertragen werden können (6.6.).

Eine Ausnahme von der Regelung für das apostolische Amt ist nur denkbar, wenn es an begabten Männern fehlt, die dieses Amt übernehmen könnten[13]. Solche Notzeiten können durch Verfolgungen oder durch die Einbeziehung von Männern einschließlich der Pfarrer in den Kriegsdienst zustande kommen. Sie gehen aber vorüber. Wenn sie vorübergegangen sind, muss man zu der regulären Ordnung zurückkehren.

---

[11] Die hier vorgetragene Begründung der Exklusivität des kirchliches Amtes für den Mann schließt sich Peter Brunner, Das Hirtenamt und die Frau, an, sowie Werner Neuer, Mann und Frau in christlicher Sicht, (Erstauflage: 1981), 4. Aufl. Gießen 1988, Exkurs 5: Die theologische Unhaltbarkeit des Frauenpfarramtes, 161-167. Die Begründungen durch das päpstliche Lehramt (Paul VI. und Johannes Paul II.), DH 4590-4606; 4840; 4980-4983; 5040-5041, ziehen vor allem das Faktum heran, dass Christus nur Männer zu Aposteln berufen hat, sowie dass die Männlichkeit der Priester der Männlichkeit Christi entsprechen muss (DH 4599-4602). Diese Begründung macht erst Sinn, wenn die Analogielehre von Eph 5 und 1. Kor 11 ihr zugrunde gelegt wird. Siehe auch Manfred Hauke, Die Problematik um das Frauenpriestertum vor dem Hintergrund der Schöpfungs- und Erlösungsordnung, Paderborn 1982 (Konfessionskundliche und kontroverstheologische Studien 46).

[12] Wie dies Bernd Oberdorfer tut, Die Frauenordination in der lutherischen Kirche, in: Nikolaou, Theodor (Hg.), Die Stellung der Frau in der Kirche und die Frage der Frauenordination, St. Ottilien 2002, = Orthodoxes Forum 16, Heft 2 (2002), 213-220, hier 217.

[13] Vgl. Luther, WA 8, 424,30f: „Ita mulieres Paulus prohibet loqui, non simpliciter, sed in Ecclesia, nempe ubi sunt viri potentes loqui, ..." / „So verbietet Paulus den Frauen nicht schlechthin zu reden, sondern in der Kirche, wohlverstanden dort, wo Männer sind, die zu reden verstehen ...".

Was für das apostolische Amt des Bischofs hier vorgesehen ist, gilt auch für den Pfarrer, weil er die Vollmachten eines Bischofs für eine einzelnen Gemeinde ausübt. Es gilt also nicht für die anderen Ämter in der Gemeinde wie das des Diakons. Es lassen sich auch Überschneidungsbereiche denken, so wie Paulus Presbyter an der Übertragung der apostolischen Vollmacht an Timotheus beteiligt hat, obgleich sie selbst diese Vollmacht nicht besaßen (1. Tim 4,14; 2. Tim 1,6). In gleicher Weise können auch Frauen predigen, wenn deutlich bleibt, dass die Verantwortung für diese Predigt bei dem Pfarrer in der Gemeinde liegt, der ein Mann sein muss. Hier ist die Unterscheidung der Geister vonnöten, um beurteilen zu können, ob eine schleichende In-Besitz-Nahme des kirchlichen Amtes durch Frauen stattfindet oder ein vom Heiligen Geist gewirktes Mitwirken von Frauen in der Gemeinde unter der Leitung des männlichen Pfarrers. In gewisser Weise können auch Frauen an der Lehre beteiligt sein, dann nämlich, wenn es sich um das nicht-autoritative Lehren handelt, das einfach der Liebe zur Wahrheitssuche und der Bereitschaft, die gefundene Wahrheit mitzuteilen, entspringt (6.5.).[14]

Hier und an anderen Stellen ist das kirchliche Wirken von Frauen das sprechendste Beispiel für das Wirken des „ersten Stromes", das in das Wirken des zweiten Stromes hinein verwoben sein muss. Das Wirken des zweiten Stromes steht in der Gefahr, leblos zu werden und Leben abzutöten, wenn es nicht dem Leben Raum gewährt, das der Heilige Geist unter allen Gläubigen hervorbringt. Das Wirken des ersten Stromes ist bedroht davon, ein Raum menschlicher Willkür zu werden, wenn es nicht die bevollmächtigende und ordnende Kraft des zweiten Stromes anerkennt.

Das legitime Wirken von Frauen in den Diensten der Kirche fällt dann in den Bereich dessen, was Edith Stein die „Frauenberufe" genannt hat. Es gibt, abgesehen von dem natürlichen Beruf der Frau als Ehefrau und Mutter, eine Reihe von Berufen, die ganz oder überwiegend Frauen zuzuordnen sind, weil sie dem Wesen der Frau entsprechen; es gibt zudem einen neutralen Bereich, der für beide Geschlechter in gleicher Weise

---

[14] Peter Brunner nennt als Tätigkeiten, die Männern reserviert sein müssen: „1. Die Predigt in der zum Gottesdienst versammelten Ekklesia. 2. Die Leitung dieses Gottesdienstes. 3. Die Verwaltung des Altarsakramentes in diesem Gottesdienst. 4. Die Entscheidung über Zulassen zum Abendmahl, die Verhängung und Aufhebung der Exkommunikation. 5. Die Spendung der Absolution im Beichtgottesdienst. 6. Die Vornahme der Konfirmationen und Ordinationen. 7. Das Wächteramt über die helfenden Dienste und Diener in der örtlichen Ekklesia, die Episkop . 8. Die Ausübung des oberhirtlichen Bischofsamtes.", als Tätigkeiten, in denen auch Frauen wirken können: „1. Die christliche Unterweisung des Katecheten, also Katechumenen- und Konfirmandenunterricht, überhaupt alle Unterweisung in Gruppen von Gemeindegliedern, auch die unterweisende Einführung in das Verständnis der Schrift, die in der Form von Bibelstunden erfolgt. 2. Vollzug von Taufen, über deren Zulassung durch den Hirten der Gemeinde entschieden ist, und Austeilung des Kelches im Abendmahl. 3. Hausbesuche und Krankenbesuche und die damit verbundene Seelsorge, überhaupt Einzelseelsorge, auch in Krankenhäusern und Gefängnissen. 4. Andachten in Häusern wie Freizeithäusern, Krankenhäusern, Anstalten der Inneren Mission, Gefängnissen. 5. Mitwirkung bei der Ausbildung von anderen amtlichen Dienern und Dienerinnen in der Kirche wie Katecheten und Katechetinnen, Gemeindehelfern und Gemeindehelferinnen, Diakonen und Diakonissen. 6. Mitarbeit an der Erhaltung der rechten Lehre durch theologische Forschung.", Brunner, Das Hirtenamt und die Frau, 337f. Vgl. gegenüber Brunner an einigen Stellen präzisierend Werner Neuer: „ ... daß in allen gemischten christlichen Gruppen und Kreisen die Hauptstellung des Mannes darin zum Ausdruck kommen soll, daß Männer die Führungs- und Leitungsaufgabe übernehmen.", Neuer, Mann und Frau in christlicher Sicht, 165, im Ganzen: Exkurs 5: Die theologische Unhaltbarkeit des Frauenpfarramtes, 161-167.

infrage kommt, aber so, dass Frauen dort etwas einbringen, was Männer nicht können und umgekehrt[15]. Wird aber das Pfarramt auch mit Frauen besetzt, so hat dies zur Folge, dass der Pfarrberuf mehr und mehr zum Frauenberuf wird[16]. Es zeigt sich, dass dieser Beruf nicht zu den neutralen Berufen gehört; er ist ausschließlich dem Mann zuzuordnen.

Fazit: Die Frauenordination steht nicht auf dem Boden reformatorischer Theologie, sondern gehört zum Projekt eines diesseitigen „Neuen Menschen", das mit der Säkularisation einhergeht. Sie bringt die Frau nicht in Rechte, die ihr zustehen, sondern verzerrt die Berufung der Frau, wie sie aufgrund der Schöpfungs- und Erlösungsordnung besteht.

---

[15] Das Ethos der Frauenberufe, in: dies., Die Frau. Ihre Aufgabe nach Natur und Gnade, Löwen/Freiburg 1959 (Edith Steins Werke 5), 16-29. Unter den spezifischen Frauenberufen nennt Edith Stein diejenigen, „bei denen es sich um Pflege, Erziehung, Fürsorge und einfühlendes Verstehen handelt", sowie „in der Wissenschaft die Zweige, die mit dem Konkreten, Lebendig-Persönlichen zu tun haben, d.h. die Geisteswissenschaften ...", ebd., 22.

[16] Es „sprechen viele Indizien dafür, dass der Beruf des evangelischen Pfarrers zunehmend zu einem Frauenberuf wird." So Friedrich Wilhelm Graf über die deutschen evangelischen Landeskirchen, der hier von einer „Feminisierung" spricht: Kirchendämmerung. Wie die Kirchen unser Vertrauen verspielen. (Erstausgabe 2011) 2., durchges. Auflage München 2011, 105.

14. DAS AMT DES DIAKONS UND DIE ANDEREN ÄMTER IN DER GEMEINDE

Lumen gentium 28 erklärt, das kirchliche Amt sei in drei Ordnungen unterteilt, die in absteigender Reihenfolge als die Ämter des Bischofs, des Presbyters und des Diakons vorgestellt werden[1]. In LG 29 wird eine Reihe von Tätigkeiten benannt, mit denen der Diakon betraut ist[2]. Wenn als das *proprium* dieses Amtes die Liebestätigkeit (*caritas*) aufgefaßt wird, dann stimmt diese Definition im wesentlichen Punkt überein mit einer solchen, wie sie etwa Calvin gibt (Inst. IV, 3,9), wonach die Diakone mit der Fürsorge für die Armen beauftragt sind. Es macht dann aber keinen Sinn, das Amt des Diakons als dritte und unterste Stufe eines dreistufigen Amtes zu bezeichnen. Denn die Fürsorge für Arme und Kranke betrifft die zeitlichen Dinge, die wesentlichen Aufgaben des Bischofs und des Pfarrers bzw. „Presbyters" die ewigen Dinge. Der Zusammenhang des Diakonenamtes mit den beiden ersten Ämtern ist also nicht so groß, dass diese Zusammenordnung gerechtfertigt wäre. Nimmt man aber die Reihe weiterer Tätigkeiten zum Begriff des Diakonenamtes hinzu, die in LG 29 genannt werden, so sind es vorwiegend besondere Varianten des Dienstes der Wortverkündigung, die nicht unbedingt in *einem* Amt gebündelt sein müssen.

Das Bischofsamt hat den Auftrag, der Katholizität und Einheit der gesamten Kirche zu dienen: es braucht ein Amt, dessen Träger gemeinsam die apostolische Vollmacht für die gesamte Kirche wahrnehmen. Das Pfarramt hat den Auftrag, für eine Ortsgemeinde – oder einen ähnlich überschaubaren gesonderten Bereich – die apostolische Vollmacht im Auftrag des Bischofs wahrzunehmen. In dieser Ausrichtung auf die Gesamtkirche und auf die Ortsgemeinde hin genügt die Zweiheit dieser Ämter; ein drittes darüber hinaus braucht es nicht. Darum ist es nicht sinnvoll, von einem „dreistufigen Amt" zu sprechen; wenn, dann von einem „zweistufigen Amt".

Das Dilemma des Konzeptes eines dreistufigen Amtes, wie es ‚Lumen gentium' vorlegt, zeigt sich auch darin, dass das Amt des Diakons zum einen als Vorstufe zum

---

[1] „[episcopi], qui munus ministeriis sui, vario gradu, variis subiectis in Ecclesia legitime tradiderunt. Sic ministerium ecclesiasticum divinitus institutum diversis ordinibus exercetur ab illis qui iam ab antiquo Episcopi, Presbyteri, Diaconi vocantur.", LG 28/DH 4153. Das gesamte ministerium gehört also den Bischöfen, die aber zu dessen Ausübung die Presbyter und die Diakone jeweils auf ihrer Stufe beteiligen. Vgl. LG 20/DH 4144, 3. Abs.

[2] „… in der Diakonie der Liturgie, des Wortes und der Liebestätigkeit in Gemeinschaft mit dem Bischof und seinem Presbyterium. Sache des Diakons ist es, je nach Weisung der zuständigen Autorität, feierlich die Taufe zu spenden, die Eucharistie zu verwahren und auszuteilen, der Eheschließung im Namen der Kirche zu assistieren und sie zu segnen, die Wegzehrung den Sterbenden zu überbringen, vor den Gläubigen die Heilige Schrift zu lesen, das Volk zu lehren und zu ermahnen, dem Gottesdienst und dem Gebet der Gläubigen vorzustehen, Sakramentalien zu spenden und den Beerdigungsritus zu leiten." / „in diaconia liturgiae, verbi et caritatis Populo Dei, in communione cum Episcopo eiusque presbyterio, inserviunt. Diaconi est, prout ei a competenti auctoritate assignatum fuerit, solemniter baptismum administrare, Eucharistiam servare et distribuere, matrimonio Ecclesiae nomine adsistere et benedicere, Viaticum moribundis deferre, fidelibus sacram legere Scripturam, populum instruere et exhortari, fidelium cultui et orationi praesidere, sacramentalia ministrare, ritui funeris ac sepulturae praeesse."

Amt des Presbyters/Priesters aufgefaßt werden kann, zum anderen als „ständiger Diakon", der diese Reihe von Tätigkeiten ausüben kann (LG 29/DH 4155, 2. Abs.).

Neben dem Pfarramt gibt es nun in der Ortsgemeinde eine Vielzahl möglicher Ämter – die Liste der Tätigkeiten des Diakons in LG 29 bietet nur ein Beispiel dafür. Weitere Beispiele bieten Listen wie Röm 12,6-8; 1. Kor 12,4-10 oder Eph 4,11f. Zum Teil werden hier nur Tätigkeiten genannt oder es werden Charismen genannt, bestimmte Tätigkeiten auszuüben. Daraus können Ämter werden – Stellen, in die Menschen gelangen, um diese Tätigkeiten auszuüben. Das kann so sein, muss aber nicht. Man kann in solche Ämter dann einsetzen – nur in das Amt des Propheten kann man nicht einsetzen. Dies ist dem unmittelbaren Eingreifen Gottes vorbehalten (6.6.).

Man kann bestimmte Tätigkeiten auch in einem Amt bündeln, so wie es LG 29 beim Diakonenamt tut. Auch das muss aber nicht so sein; es ist nach der Zweckmäßigkeit zu ordnen. Auch das Pfarramt muss keine weitere Tätigkeit enthalten als die, mit dem Sprechen der Einsetzungsworte in der Feier des Heiligen Abendmahls dieser Feier vorzustehen und so die Einheit der Ortsgemeinde zu verbürgen und ihre Einheit mit der gesamten Kirche, die Aufsicht über die Lehre und die anderen Ämter in der Gemeinde wahrzunehmen und zu predigen. Das Letzte ist aber keine eigentümliche Aufgabe des Pfarrers; dies können auch andere in der Gemeinde tun (1. Kor 14,26: „Wenn ihr zusammenkommt, so hat ein jeder ... eine Lehre"), auch das Taufen ist es nicht (1. Kor 1,14-17). Auch das Freisprechen von den Sünden muss nicht für das Pfarramt reserviert sein[3]. Die Aufgabe des Pfarrers ist lediglich, in dieser Vielfalt von Tätigkeiten, die der Heilige Geist wirkt, Ordnung zu bringen, so wie es Paulus mit seinen Ausführungen 1. Kor 12-14 kraft seiner apostolischen Vollmacht getan hat. Das Amt des Pfarrers bringt nur zum Teil diese Tätigkeiten und Charismen in der Gemeinde hervor, vielleicht nicht einmal das; er soll nicht alle für sich in Anspruch nehmen, er soll nicht einmal alle abhängig machen von seinen Regelungen. Er soll nur für die Harmonie zwischen diesen Tätigkeiten und Charismen sorgen[4].

---

[3] Die Vollmacht, dies zu tun, wird in Mt 18,18 der ganzen Gemeinde zugesprochen, so wie in Joh 20,23 den Jüngern (wohl einem weiteren Kreis als den elf Aposteln) und Mt 16,18 dem Apostel Petrus. Man wird darum nicht von einer exklusiven Vollmacht sprechen dürfen.

[4] „[Pastores sacri] ... a Christo non esse institutos, ut totam missionem salvificam Ecclesiae versus mundum in se solos suscipiant, sed praeclarum munus suum esse ita pascere fideles eorumque ministrationes et charismata ita recognoscere, ut cuncti suo modo ad commune opus unanimiter cooperentur" [folgt Eph 4,15f], LG 30.

15. DIE KOLLEGIALITÄT DER AMTSTRÄGER UND DIE FRAGE DER WAHLVOLLMACHT

Die einschlägigen Stellen des Neuen Testaments sprechen immer von einer Vielheit von Trägern eines Amtes in der Gemeinde: es gibt mehrere Presbyter bzw. Episkopen (Apg 14,23; 20,17. 28; Phil 1,1; 1. Tim 5,17; Tit 1,5. 7). Daran zeigt sich ein Merkmal des Amtes: es kann nur in Kollegialität ausgeübt werden. Dies gilt nun auf allen Ebenen der Kirche, also auf der übergemeindlichen Ebene genauso wie in der Ortsgemeinde. In einem erweiterten Sinne muss man von „Kollegialität" aber auch sprechen im Zusammenwirken der Träger verschiedener Ämtern. Dies gilt schließlich auch für das Zusammenspiel zwischen den Amtsträgern überhaupt und allen Gliedern der Kirche.

Calvin, der kein gemeindeübergreifendes Amt kennt, hat für die gegebene Ortsgemeinde vier wesentliche Ämter bestimmt (Inst. IV, 3,4-9), nämlich die Hirten (*pastores*), die Lehrer (*doctores*), die Leiter (*gubernatores*) und die Diakone (*diaconi*). Die *gubernatores* nennt er auch „Älteste" (*seniores*), die er aber von den *presbyteri* unterscheidet, welche er mit den *pastores* bzw. den *episcopi* oder *ministri* identifiziert[1]. Diese *gubernatores* bilden dabei ein Kollegium, das Calvin einen „Senat" nennt[2]. In der Gemeinde wirken nun diese vier Ämter zusammen, die durchaus verschiedener Beschaffenheit sind, teilweise aber in ihren Aufgabenbereichen sich decken. Die Hirten haben in Entsprechung zu den Aposteln die Aufgabe der Wortverkündigung und der Sakramentenverwaltung, der Leitung, der Lehre und der Kirchenzucht. Die Lehrer haben nur die Aufgabe der Lehre, die Leiter nur die Aufgabe der Kirchenzucht. Die Diakone kümmern sich um die Armen, sei es, indem sie die Almosen verwalten, sei es, indem sie unmittelbar für die Armen sorgen. Die ersten beiden habe also den Dienst am Wort (Inst. IV, 3,8), die beiden nachfolgenden nicht. Die Hirten haben die größte Fülle von Vollmachten, sie üben aber zwei von ihnen – die Lehre und die Kirchenzucht – mit Trägern anderer Ämter zusammen aus.

Es ist klar, dass die Hirten innerhalb einer Ortsgemeinde die Letztinstanz sind. Sie sind das, was in der hier entwickelten Terminologie die Pfarrer genannt wurden. Dennoch teilen sie einen Teil der Wahrnehmung ihrer Kompetenz mit Trägern anderer Ämter. Calvins Auslegung und Auswertung der neutestamentlichen Ämterstellen ist zwar ein gutes stückweit kontingent, hat aber an diesem Punkt eine bleibend gültige Aussage des Neuen Testaments erfaßt. In der Tat haben die Lehrer von Eph 4,11 einen Aufgabenbereich innerhalb desjenigen der Hirten und in der Tat bilden mehrere Träger des gleichen Amtes auf derselben Ebene ein Kollegium. Es findet also eine Aufteilung der verschiedenen Tätigkeiten der Kirche unter verschiedene Ämter und unter mehrere Personen statt. Mit dieser Aufgabenteilung ist aber auch eine Einschränkung

---

[1] Inst. IV, 3, 8f. Für die Identifizierung von Episkopen und Presbytern beruft sich Calvin zu Recht auf Tit 1,5 und Apg 20,17. 28. Die Ämter der Hirten und der Lehrer entnimmt er Eph 4,11. Diese Ämter bleiben, während die Apostel und der Propheten der biblischen Zeit angehörten; sie können zwar wieder auftreten, aber nur kairoshaft. Die gubernatores sind die κυβερνήσεις von 1. Kor 12,28, das Amt der Diakone entwickelt er aus Röm 12,7f.

[2] „Habuit igitur ab initio unaquaeaque Ecclesia suum Senatum, conscriptum ex viris piis, gravibus et sanctis ...", Inst. IV, 3,8, Op. sel. 5, 50,25f..

der *Macht* verbunden. Der Hirte könnte zwar die Letztinstanz gegenüber allen Trägern anderer Ämter in der Gemeinde beanspruchen, aber er übt seine Vollmacht gemeinsam mit diesen anderen aus. Wenn es nun mehrere Hirten in der Gemeinde geben sollte – worauf die Apostelgeschichte und die Paulusbriefe ebenfalls hinweisen –, dann ist es nötig, dass sie untereinander zu einem Konsens kommen.

Die Frage der Letztinstanz soll nochmals aufgegriffen werden, wenn es um die höchste Ebene, die der gesamten streitenden Kirche geht: dies ist das Thema des Papstamtes (17.-18.). Hier wollen wir uns zunächst einer anderen Frage zuwenden, die ebenfalls die Teilung und Kontrolle der Macht der Amtsträger betrifft: die Frage, *wer den Amtsträger wählt*.

Das Tridentinum hat erklärt, bei der Weihe von Bischöfen, Priestern usw. sei die Zustimmung oder Autorität des Volkes oder einer weltlichen Macht, in der Weise, dass ohne sie die Weihe nicht gültig wäre, nicht erforderlich. Vielmehr sei der Anspruch auf diese Dienste – wie die eines Bischofs – unberechtigt, der sich allein auf eine Berufung durch das Volk oder eine weltliche Macht gründet[3]. Calvin vertritt demgegenüber die Position, dass der Träger des kirchlichen Amtes (der Hirte) von der gesamten Gemeinde zu wählen sei (Inst. IV, 3,15). Er begründet dies mit seinem Verständnis vom χειροτονεῖν in Apg 14,23 – was aber nicht stichhaltig ist[4] –, mit der Gegenwart der ganzen damaligen Gemeinde bei der Nachwahl des zwölften Apostels (Apg 1,15ff) und mit der Wahl der Diakone (Apg 6,2-7) und verweist auf den 67. Brief Cyprians[5]. Cyprian vertritt jedoch an entscheidenden Punkten nicht genau die Position Calvins und seine Auslegung der einschlägigen Bibelstellen vermeidet Unschärfen, die Calvin hat.

Denn dieser Brief spricht in Abschnitt 4 nicht einfach von einer Wahl des Bischofs durch die Gemeinde, der eben dadurch Bischof würde, sondern nur von der Gegenwart der Gemeinde („plebe praesente") bei der Amtseinsetzung, von ihrer Mitwirkung („adsistentis populi") und, konkreter noch, davon, dass die Amtseinsetzung durch die Gemeinde *geprüft* wird. Zu dem Zwecke der *Prüfung* geschieht eine Abstimmung: „et sit ordinatio iusta et legitima quae omnium suffragio et iudicio fuerit examinata."[6]

---

[3] De sacramento ordinis, cap.4, DH 1769.

[4] Calvin legt χειροτονήσαντες so aus, als hätten die Gemeindemitglieder mit ihren Händen abgestimmt, und demgemäß hätten Paulus und Barnabas die Presbyter ausgewählt. Die Stelle muss aber so verstanden werden, dass Paulus und Barnabas die Auswählenden waren, vgl. Bauer, Walter, Griechisch-deutsches Wörterbuch zu den Schriften des Neuen Testaments und der frühen christlichen Literatur, 6., völlig neu bear. Aufl, hg. v. Kurt und Barbara Aland, Berlin/New York 1988, zu χειροτονέω. Es sind hier die Anwendungen dieses Wortes zu unterscheiden, wo es um die Auswahl für eine Reise geht. Dies ist auch eine Art von Bevollmächtigung – der Reisende ist ein Vertreter derjenigen, von denen er zur Reise entsandt wird. Doch handelt es sich hier nicht in eine Einsetzung in ein Amt: 2. Kor 8,19 (vgl. die Aussendung mit Handauflegung Apg 13,1-3); in den Briefen des Ignatius: Philad. 10,1; Smyrn. 11,2; Polyc. 7,2. Vgl. aber auch Did. 15,1, wo die Gemeinde angewiesen wird: „Χειροτονήσατε οὖν ἑαυτοῖς ἐπισκόπους καὶ διακόνους ...". Es wird hier offengelassen, wer für Handauflegung und Bevollmächtigung zuständig ist.

[5] Für die Gegenposition, dass ein Einziger das Recht der Auswahl habe, nennt Calvin Tit 1,5 und 1. Tim 5,22 als Argumente. Er meint jedoch, diese Stellen seien im Sinne derjenigen zu verstehen, die er für seine Position aufbietet. Calvin nennt noch eine mittlere Position, dass die Amtsgenossen („collegae") oder die Ältesten („seniores" – also wohl die gubernatores) das Wahlrecht hätten, geht aber nicht mehr weiter auf sie ein.

[6] Cyprian, ep. 67, c.IV, CSEL 3/2, 738,13-16/CC 3C, 453,82-84. Die vorangegangenen Zitate ebd., CSEL 3/2, 738,4. 12f/CC 3C 452,73. 80.

Von dort her versteht Cyprian auch Apg 1,15ff und 6,2-7. Die Übertragung des Bischofsamtes findet dann durch die Handauflegung statt[7].

Es ist somit deutlich auseinander zu halten die Kreierung eines Trägers des kirchlichen Amtes und die Auswahl desjenigen, der dieses Amt erhält. Die *Kreierung* findet durch den Heiligen Geist statt, der durch Menschen wirkt, die bereits die Amtsgnade erhalten haben. Die Art und Weise, wie dies geschieht, ist die Handauflegung. Dass die Übereinstimmung dieser Kreierenden mit den anderen, welche diese Gnade haben, möglichst gegeben sein sollte, wurde oben schon gesagt (5.), desgleichen, dass die Spaltungen zwischen Teilen der Kirche für diese kollegiale Übereinstimmung ein Problem darstellen (3.5.). Etwas anderes ist die *Auswahl* dessen, der zum Träger dieses Amtes werden soll. Bei den Fällen, von denen das Neue Testament und Cyprian berichten, handelt es sich um Amtsträger in einer Gemeinde, und hier wirkt die Gemeinde mit, indem sie die Eignung der Kandidaten prüft[8]. Es wird dabei offen gelassen, wer die Kandidaten zusammenstellt. Dies kann die Gemeinde sein, dies können aber auch die Bischöfe sein, welche den Kandidaten zum Träger des Amtes machen.

Die Gemeinde handelt hier aufgrund ihrer Vollmacht, die Wahrheit der Lehre und die anderen Qualitäten zu prüfen, die für die Eignung zum Amt wesentlich sind, eine Vollmacht, die in Gal 1,8; 2. Kor 3,1-3, sowie Joh 10,3-6.14f, 1. Joh 2,20f. 27 angedeutet wird, und von der noch die Rede sein muss (der *sensus fidelium*).

Wenn es nicht um ein Amt in einer Ortsgemeinde geht, sondern um ein übergemeindliches Amt – das des Bischofs –, dann müsste man sich an der Stelle der Gemeinde ein Gremium denken, das alle Gläubigen repräsentiert, für die dieses Amt zuständig ist, und zwar so, dass nicht nur Pfarrer, sondern auch Christen, die in ihrer Gemeinde kein Amt haben oder jedenfalls nicht das Pfarramt, in diesem Gremium vertreten sind.

Das Entscheidende ist, dass an *allen* Punkten Gott wirkt: bei der Zusammenstellung der Kandidaten, bei der Prüfung derselben, bei der Mitteilung der nötigen Amtsgnade. Wenn an einem Punkt die Zusammenwirkenden versagen, wird jemand ins Amt eingesetzt, der zu nichts taugt: es könnten nur unfähige Kandidaten zusammengestellt werden, und es ist schwierig zu entscheiden, ob es dann besser ist, niemanden im Amt zu haben oder den am wenigsten schlechten zu nehmen (vorausgesetzt, dass es nicht möglich ist, nach neuen, geeigneten Kandidaten zu verlangen). Es könnte auch das Urteilsvermögen der Gemeinde versagen wie auch das Urteilsvermögen anderer, welche die Kandidaten zu prüfen hätten. Es könnte schließlich zwar die Amtsgnade übertragen werden, aber wenn dieses Charisma von ihm nicht entfacht wird (2. Tim 1,6), dann ist auch dies umsonst. Die Zusicherung der Amtsgnade durch eine feste Verheißung Gottes ist also keine unfehlbare Gewähr dafür, dass die Gemeinde den Hirten erhält, den sie nach Gottes Willen haben soll.

---

[7] Ep. 67, c.V. Cyprian sagt hier nicht ausdrücklich, wer diese vornimmt. Es können aber nicht alle Gemeindeglieder gewesen sein; da er hier und in ep. 55, c.VIII von der Gegenwart anderer Bischöfe spricht, ist es naheliegend, anzunehmen, dass diese die Handauflegung vornahmen.

[8] Luther beruft sich für seine Position in dieser Frage – die mit der Calvins übereinstimmt – auch auf die Notwendigkeit einer Prüfung durch diejenigen, welche die Kandidaten kennen, also die Gemeinde: Dass eine christliche Versammlung ..., WA 11, 414/BoA 2, 401,24-30. Das ist ein Argument, das Cyprian übrigens ep. 67, C.V dagegen wendet, dass ein unrechtmäßiger Prätendent für ein Bischofsamt sich an Rom gewendet hat: dort ist man zu weit weg, um den Fall beurteilen zu können. Luther übersieht allerdings – wie bereits gesagt –, dass diese Billigung durch die Gemeinde nicht dasselbe ist wie eine Berufung durch die Gemeinde.

Ich resümiere: Durch alle drei Akte und alle agierenden Personenkreise, die vorbereitend oder unmittelbar an einer Ordination beteiligt sind (Auswahl der Kandidaten, Prüfung, Mitteilung des Charismas), kann und will Gott handeln. Keiner hat dem anderen etwas voraus, jeder ist darauf angewiesen, dass die anderen recht handeln, dass also Gott dort handelt. Alle sind auf *Gott* angewiesen; zugleich handelt es sich aber hier um ein Zusammenwirken von *Menschen*. Hier ist aber jeder Personenkreis von den anderen abhängig. Es findet also auch hier eine Einschränkung, ja eine Verteilung der *Macht* statt. Kein Personenkreis in der Kirche, weder die Bischöfe, noch die Gemeinden, noch sonst wer soll ausschließlich die Macht haben und behaupten dürfen, dass durch ihn allein Gott handeln würde.

Dies ist eine Ordnung, die man nicht demokratisch nennen sollte, denn sie enthält ein demokratisches und ein aristokratisches Element (ob auch ein monarchisches Element Sinn macht, soll erörtert werden, wenn es um das Papsttum geht). Dies gilt aber auch nur vordergründig, denn es geht darum, dass *Gott* hier seine Macht ausübt, sei es durch die Gemeindeversammlung, sei es durch die Bischöfe oder durch irgendjemand sonst noch. Es ist auch durch keines dieser Elemente gewährleistet, dass die Kirche in rechter Weise gestaltet wird – also dass Gott in ihr wirkt. Das demokratische Element kann genauso versagen wie das aristokratische. Man kann sogar umgekehrt erwägen, dass Gott die Kirche auch recht führen kann, wenn nur eines der beiden Elemente bestimmend wird – wenn also der Kreis der Bischöfe alleine alle für die Amtseinsetzung erforderlichen Akte ausübt, unter faktischer Ignorierung des Volkes, das nur nachträglich seine Zustimmung äußern darf und nichts mehr an dem Ergebnis ändern kann (wie das Tridentinum es gewollt hat) – oder umgekehrt, wenn das Volk über alles bestimmt und die Amtsträger nur auf die Ordentlichkeit des Wahlganges zu achten haben (wie Calvin sich dies vorstellt). In beiden Fällen läge eine Verzerrung der Ordnung vor, die Gott für die Kirche gewollt hat. Wir haben aber auch noch darüber nachzudenken, wie Gott mit solchen Verzerrungen umgeht, um trotzdem seine Kirche recht zu leiten.

16. LAIEN UND KLERIKER, ALLGEMEINES UND BESONDERES PRIESTERTUM, MARIANISCHES UND PETRINISCHES PRINZIP

16.1. Laien und Kleriker, allgemeines und besonderes Priestertum

Wir sehen, dass sowohl in der Ekklesiologie der römischen Kirche – sei es im Tridentinum, sei es aber auch im Zweiten Vatikum – und in der Ekklesiologie der großen Reformatoren sich zwei Personenkreise gegenüber stehen. Luther kann sagen: „Denn obgleich wir alle gleichermaßen Priester sind, so könnten wir doch nicht alle dienen oder verwalten und predigen."[1] Es stehen sich also Priester auf der einen Seite und „ministri" – Diener des Wortes – auf der anderen Seite gegenüber. Das Tridentinum hat nur von einem besonderen Stand der Priester (*sacerdotes*) gesprochen und abgelehnt, dass alle Christen unterschiedslos Priester des Neuen Bundes seien.[2] Lumen gentium 10 hingegen greift wie Luther auf biblische Aussagen wie Apk 1,6; 5,9f zurück und spricht von dem Priestertum aller Getauften, unterscheidet aber dann: „Das gemeinsame Priestertum der Gläubigen aber und das Priestertum des Dienstes, das heißt das hierarchische Priestertum, unterscheiden sich zwar dem Wesen und nicht bloß dem Grade nach. ... Der Amtspriester nämlich bildet kraft seiner heiligen Gewalt, die er innehat, das priesterliche Volk heran und leitet es; ... die Gläubigen hingegen wirken kraft ihres königlichen Priestertums an der eucharistischen Darbringung mit und üben ihr Priestertum aus im Empfang der Sakramente, im Gebet, in der Danksagung, im Zeugnis eines heiligen Lebens, durch Selbstverleugnung und tätige Liebe."[3]

---

[1] „Denn ob wir wol alle gleych priester seyn / ßo kunden wir doch nit alle dienen odder schaffen vnd predigen. Alßo sagt S. Paulus 1. Cor. 4. Wir wollen nichts mehr von den leuthen gehalten seyn / denn Christus diener / vnd schaffner des Euangelii.", Von der Freiheit eines Christenmenschen, § 17, BoA 2, 18,30-33 / WA 7, 28,33-37. In der lat. Fassung: „Scriptura enim sancta nihil discernit inter eos, nisi quod ministros, servos, oeconomos appellat ... Nam etsi verum est, nos omnes aequaliter sacerdotes esse, non tamen possumus nec, si possemus, debemus omnes publice servire et docere. Sic Paulus 1. Cor 4. Sic nos existimet homo, sicut ministros Christi et dispensatores mysteriorum dei.", WA 7, 58,16-22. Vgl. De captivitate: „Quare omnes sumus sacerdotes, quotquot Christiani sumus. Sacerdotes vero quos vocamus ministri sunt ex nobis electi ...", WA 6, 564,11f / BoA 1, 501,28-30.

[2] De sacramento ordinis, cap. 1; 4, DH 1764; 1767, 2. Abs. Dass bei Luther die Gesamtheit der Gläubigen Priester sind, die ministri als solche aber nicht Priester genannt werden, während umgekehrt nach dem Tridentinum die ministri Priester sind, die Gesamtheit der Gläubigen aber nicht Priester genannt werden, liegt daran, dass das kirchliche Amt von Luther als Predigtamt bestimmt wird, vom Tridentinum aber als Amt eines Sühnopferpriesters. Das ändert aber nichts an der Scheidung zweier Teile der Gläubigen, die sowohl von Luther als auch vom Tridentinum gelehrt wird.

[3] „Sacerdotium autem commune fidelium et sacerdotium ministeriale seu hierarchicum, licet essentia et non gradu tantum differant, ad invicem tamen ordinantur; unum enim et alterum suo peculiari modo de uno Christi sacerdotio participant. Sacerdos quidem ministerialis, potestate sacra qua gaudet, populum sacerdotalem efformat ac regit, sacrificium eucharisticum in persona Christi conficit illudque nomine totius populi Deo offert; fideles vero, vi regalis sui sacerdotii, in oblationem

Diejenigen, die nur an diesem „Priestertum der Gläubigen" teilhaben, nicht aber „sacerdotes ministeriales" sind, werden in der römisch-katholischen Kirche „Laien" genannt. Diese werden in Lumen gentium 31 so definiert: „Unter der Bezeichnung Laien sind hier alle Christgläubigen verstanden mit Ausnahme der Glieder des Weihestandes und des in der Kirche anerkannten Ordensstandes ..."[4]. Diese Definition deutet schon das Problem an, denn der Begriff ist von λαός genommen, er meint also *jeden*, der zum Volk Gottes gehört[5]. Hans Urs von Balthasar hat demgegenüber richtig gestellt „... daß der Laienstand in der Welt sich (theologisch) zum Priester- und Rätestand nicht wie ein drittes Spezifiziertes verhält, sondern wie das Allgemeine zu dem durch differenzierende Merkmale Besonderten."[6]. Wenn wir diese Begriffe aufgreifen und von Laien und Klerikern sprechen, dann ist zuallererst festzuhalten, dass beide Kirche sind, dass es nicht zwei Kirchen gibt, eine höhere und eine niedere. So hat Balthasar sich auch dagegen gewandt, „daß die hierarchisch-sakramentale Struktur der Kirche die eigentliche oder formelle Kirche sei, während die von der Hierarchie regierten und die Sakramente entgegennehmenden ‚Schafe' nur als ‚materielles' Moment zur Kirche gehören."[7]

Derjenige, der in einem besonderen Amt Priester ist, muss also selber Gläubiger sein – also Hörer des Wortes –, er muss selber die Sakramente empfangen, selber beten und danksagen, selber das Zeugnis eines heiligen Lebens bieten. Alles, was für die Kirche gilt, für jeden ihrer Glieder, muss auch für den Kleriker gelten, sonst dürfte er gar nicht Kleriker sein.

Luther deutet das königliche Priestertum von Ex 19,6; 1. Petr 2,9; Apk 1,6; 5,10 derart, dass König-Sein heißt, dass alle Dinge in der Welt einem gehören (1. Kor 3,21f) und einem zum Besten dienen müssen (Röm 8,28) – auch wenn einem alles genommen wird und man Verfolgung und Tod erleidet –, und Priester-Sein heißt, vor Gott treten und ihn für andere bitten zu dürfen in der Aussicht auf Erhörung: „Durch sein Königreich ist er [der Glaubende] aller Dinge mächtig, durch sein Priestertum ist er Gottes mächtig." (Ps 145,19)[8]. Luther wählt hier aus den Eigenschaften des Priestertums nicht das Opfer, sondern das Recht zur Fürbitte (Röm 8,34; Hebr 9,24). Die Ausführungen vom ‚Lumen gentium' stimmen damit überein, wenn dort (LG 34) von dem Gebet der Laien gesprochen wird, in dem sie am Priesteramt Christi teilhaben; dies wird dort auch mit dem Gedanken des geistlichen Opfers im Sinne von 1. Petr 2,5 verbunden, in welchem das ganze Leben Gott hingegeben wird[9]. Das Priestertum der Laien wird ergänzt durch ihre Teilhabe am prophetischen Amt Christi, wodurch

---

Eucharistiae concurrunt, illudque in sacramentis suscipiendis, in oratione et gratiarum actione, testimonio vitae sanctae, abnegatione et actuosa caritate exercent.", DH 4126.
[4] Nomine laicorum hic intelleguntur omnes christifideles praeter membra ordinis sacri et status religiosi in Ecclesia sanciti", DH 4157, 1. Abs.
[5] Der Sprachgebrauch geht auf den 1. Clemensbrief (40,5) zurück, wo in Blick auf das Alte Testament zwischen den Rechten des Hohenpriesters, des einfachen Priesters und des λαϊκός unterschieden wird. Hier ist das Problem also auch schon vorhanden.
[6] Balthasar, Christlicher Stand, 266.
[7] Balthasar, Wer ist die Kirche?, 164.
[8] Luther, Von der Freiheit, § 15f; „durch sein künigreych ist er aller ding mechtig / durch sein priesterthum ist er gottis mechtig" (§ 16), WA 7, 28 / BoA 2, 18,10f.
[9] Das Selbstopfer der Gläubigen wird von Luther als Tun des allgemeinen Priestertums genannt in der Fastenpostille von 1525, Predigt über Röm 12,1ff, WA 17/II, 6,11-25.

sie Zeugen sind und den Glaubenssinn, den „sensus fidei" erhalten. Dadurch werden die Laien „gültige Verkündiger des Glaubens ..., wenn sie mit dem Leben aus dem Glauben ... das Bekenntnis des Glaubens verbinden." Sie üben „durch das Zeugnis des Lebens und das Wort" eine Evangelisation aus (LG 35). „Der Apostolat der Laien ist Teilnahme an der Heilssendung der Kirche selbst." (LG 33)[10]. Hier wird also auch den Laien das Recht zur heilsschaffenden Wortverkündigung zugesprochen.

Es ist nun der Meinung zu widersprechen, ein besonderer Kleriker- oder Pfarrerstand käme zustande dadurch, dass die Gesamtheit der Gläubigen ihre Rechte oder die Ausübung ihrer Rechte als Priester an einen engeren Kreis von Personen delegiert[11]. Es gibt vielmehr kein Christ-Sein ohne diese Rechte und die Ausübung dieser Rechte des allgemeinen Priestertums: ohne für andere zu beten und ohne das eigene Leben Gott als Opfer hinzugeben. Anders verhält es sich mit dem Recht, das Luther in der Schrift an den christlichen Adel in dem Gleichnis von den zehn Königskindern ausdrückt, die alle das Recht haben, König zu werden, sich aber darauf verständigen, dass nur einer König wird und dieses Recht ausübt. Luther versteht in diesem Sinne die Weihe eines Bischofs; entsprechend müsste von der Einsetzung eines Pfarrers die Rede sein[12]. Diese These habe ich oben (12.) in Übereinstimmung mit dem späten Luther einer Revision unterzogen. Die Gotteskindschaft, die durch den Glauben erworben und durch die Taufe bekräftigt wird, ist zwar eine wesentliche Voraussetzung dafür, Bischof oder Pfarrer zu werden. Dazu ist aber noch eine besondere Amtsgnade vonnöten, so dass man nicht sagen kann, im Amt des Bischofs oder des Pfarrers würde lediglich eine geistliche Vollmacht ausgeübt, die man schon durch den Glauben und die Taufe hat. Also findet auch an dieser Stelle keine Delegierung statt. Man kann hier höchstens von Delegation sprechen in dem Sinne, dass die Laien eine Zustimmung erteilt haben, dass die für das Amt Ausersehenen dieses Amt ausüben sollen. Diese Zustimmung besteht in der billigenden Prüfung der Eignung des Kandidaten. Sie vollzieht sich aber auf jeden Fall im Zusammenwirken mit denjenigen, welche die Amtsgnade haben und durch die Handauflegung weiterreichen.

Christen außerhalb des kirchlichen Amtes und im kirchlichen Amt haben in einem unterschiedlichen Umfang geistliche Vollmachten; was sie aber haben, sollen sie auf jeden Fall ausüben, sie dürfen nie darauf verzichten. Auf der Grundlage gemeinsamer Rechte besteht also ein unvermeidbarer Unterschied zwischen Laien und Klerikern[13]. Der Pfarrer ist „anders", um es mit dem Titel eines Werkes von Manfred Josuttis zu sagen. Dieser Unterschied läßt sich bestimmen durch unterschiedliche Rechte und unterschiedliche Pflichten.

---

[10] „ita laici evadunt validi praecones fidei ..., si cum vita ex fide professionem fidei inhaesitanter coniungunt. Haec evangelizatio, nuntium Christi scilicet et testimonio vitae et verbo prolatum ...", LG 35/DH 4161, 2. Abs.; „Apostolatus autem laicorum est participatio ipsius salvificae missionis Ecclesiae ...", LG 33/DH 4159, 2. Abs.

[11] Aus diesem Grunde ist auch der Formulierung von LG 10, „Sacerdotium autem commune fidelium et sacerdotium ministeriale ... essentia et non gradu tantum differant" zuzustimmen.

[12] WA 6, 407/BoA 1, 367,11-16.

[13] Es wurde bereits oben (4.4.3.) erklärt, dass der Begriff „Stand" zu stark ist, um für diese Unterscheidung gebraucht zu werden. Dennoch sind es zwei Teile der Kirche, die einander gegenübergestellt und aufeinander bezogen sind. In dieses Gegenüber paßt aber kein Drittes, wie es der „Ordensstand" oder „Rätestand" sein würde. Auch aus diesem Grund kann ich mich der Dreiheit nicht anschließen, die LG 31 und Balthasar, Christlicher Stand, vertreten.

Die Bischöfe, und mit ihnen verbunden die Pfarrer, haben auf ihrer jeweiligen Ebene in der Kirche das Recht der Letztentscheidung in der Lehre, in der Rechtsprechung und in der Einsetzung in die Ämter. Bei den Bischöfen ist dies das Recht, die apostolische Vollmacht weiterzugeben, d.h. einen Pfarrer oder gemeinsam mit anderen Bischöfen einen Bischof einzusetzen.

Die Pflicht der Bischöfe und Pfarrer, ja aller Amtsträger, was ihr Amt betrifft, ist der *Dienst* für die Kirche auf der Ebene, für die sie zuständig sind. Die Reihenfolge, wer wem gehört, lautet, von unten nach oben aufsteigend: die Kleriker – die Laien – Christus – Gott Vater (1. Kor 3,21-23; vgl. 1. Kor 4,9; 2. Kor 11,20f; 13,9). Aus diesem Grunde verbietet sich für die Bezeichnung des Klerus der Begriff „Hierarchie" im Sinne einer Ordnung des Herrschens (ἄρχειν)[14]. Der Klerus hat lediglich ein Mehr an Vollmachten gegenüber denen, die *nur* Laien sind, und er hat dieses Mehr, damit Jesus Christus seine Herrschaft über die Kirche ausüben kann. Wenn, dann kann man davon sprechen, dass der Klerus diese Herrschaft Christi vermitteln muss und in *dieser* Weise auch „herrscht". Das ist für ihn aber Dienst, ein Dienst, der sowohl Jesus Christus als auch der Kirche, also den einzelnen Gläubigen gilt (2. Kor 4,5). In der Tat – und das darf nicht übersehen werden – ist die Kirche auf diesen Dienst angewiesen. Dieser Dienst ist zudem mit Vollmacht, d.h. auch mit Autorität versehen (2. Kor 10,8; 13,10; 1. Kor 4,21). Der Gemeinde Dienen und über sie Herrschen sind also in paradoxer Weise miteinander verbunden.

Aus diesem Grunde hat Christus auch gesagt, dass der größte unter den Jüngern der Diener sein soll, in Analogie zu seinem eigenen Dienen (Mt 20,25-28 par), und deswegen hat er auch ausdrücklich verboten, dass Glieder der Kirche mit Titeln wie „Lehrer" oder „Vater" angeredet werden. Die Jünger sollen sich nur Brüder nennen (Mt 23,8-11). Paulus hat gleichwohl gegenüber der Gemeinde von Korinth sich „Vater" genannt. Dies kann er aber nur aufgrund eines Zeugens „in Christus Jesus durch das Evangelium" (1. Kor 4,14f). Auch hier gibt es eine paradoxe Einheit zwischen dem Vater-Sein und dem Bruder-(also nicht Vater-)Sein. Wenn ein Mensch dazu dient, das Evangelium so weiterzugeben, dass ein anderer Mensch Jesus Christus annimmt und dadurch zum Kind Gottes wird (Joh 1,12) und Gott nun somit zum Vater hat, dann wird er ihm in einer analogen Weise zum „Vater". Dies muss keineswegs ein Amtsträger sein. Der Träger des apostolischen Amtes hat aber die Vollmacht, die Kirche zu erbauen (2. Kor 10,8), und so nimmt er gegenüber denen, die dieses Amt nicht haben, in analoger Weise die Stelle eines Vaters ein, auch wenn er nicht die Autorität des Missionars gegenüber den durch ihn Bekehrten haben sollte. Er ist dann zwar nicht wie ein zeugender, aber doch wie ein nährender und ein fürsorgender Vater. Die Verwendung des Titels „Vater", die in der römisch-katholischen Kirche und den Ostkirchen unter

---

[14] Joseph Ratzinger, Salz der Erde. Christentum und katholische Kirche im 21. Jahrhundert. Ein Gespräch mit Peter Seewald, München 1996, 203f, will den Begriff auch nicht so verstanden haben, sondern versteht die ἀρχή als Anfang, nämlich als die Quelle, von wo aus Heiligkeit und Gnade der Kirche zugeführt werden. Aber auch das kann man, will man nicht nur von Christus sprechen, nur noch von den Aposteln sagen. Sehr viele Christen haben den rechtfertigenden Glauben nicht von den Trägern des kirchlichen Amtes empfangen, sondern von anderen Laien. Balthasar sagt durchaus treffend, unter Verweis auf Mt 23,8-12: „Was als eine hierarchische Ordnung der Stände erscheinen kann, wird wie überblendet von der gemeinsamen kirchlichen Gnade, der alle Ämter und Sendungen zu dienen haben ...": Christlicher Stand, 295.

Klerikern durchaus üblich ist, kann darum statthaft sein, aber im Grunde nur, wenn der andere Teil dieser Paradoxie gegenwärtig ist. Der „Vater" muss zugleich „Diener" sein und er ist immer auch und zuerst dem Nur-Laien gegenüber Bruder (Mt 23,8)[15].

Diejenigen, die nur Glieder des auserwählten Volkes, „Laien", sind, haben durch den Heiligen Geist, den sie empfangen haben, die Möglichkeit, eine Vielzahl von Charismen zu entwickeln. Diese Charismen befähigen sie zu Diensten in der Gemeinde, oder sie unterstützen natürliche Befähigungen zu Diensten in der Gemeinde. Dieses Dienen in der Gemeinde kann in ein Amt führen. Man kann tatsächlich sagen: „Die ‚Ämter' sind eine besondere Spezies von Charismen."[16]

Wenn es aber um das Amt in der apostolischen Vollmacht geht – was hier das kirchliche Amt im engeren Sinne genannt wurde, das Amt des Bischofs und von ihm abgeleitet, des Pfarrers – dann ist dies kein Charisma wie die anderen, die der Heilige Geist unter den Gläubigen verteilt, wo und wann er will (1. Kor 12,11). Denn diese Vollmacht ist der Grund, auf dem überhaupt erst Kirche wird. Im Gegenüber zu dem Amt, das diese Vollmacht hat und dadurch Christus vertritt, wird überhaupt erst Kirche (2. Kor 5,20) und dadurch wird in einer qualitativ anderen Weise Kirche gebaut als durch die übrigen Charismen (2. Kor 10,8). Aus diesem Grund kann eben nicht gesagt werden: „Die Ordination ist ... eine öffentliche Rezeption eines von Gott gegebenen ... Charismas"[17], weil hier das Charisma des apostolischen Amtes als auf einer Ebene mit den anderen Charismen betrachtet wird, die doch die apostolische Vollmacht voraussetzen, durch die erst der Geist wirksam wird. Das Charisma des apostolischen Amtes gehört also *nicht* zu den Vollmachten, welche die Laien haben.

Zu diesen Vollmachten gehört hingegen sehr wohl, zu prüfen, ob man es überhaupt mit apostolischer Vollmacht zu tun hat. Denn dies ist die Voraussetzung dafür, dass die apostolische Vollmacht überhaupt erst anerkannt werden und zur Geltung kommen kann. Das Zweite Vatikanische Konzil hat mit dem Begriff des „sensus fidei" diese Vollmacht der Laien angedeutet, aber doch nicht ihren wahren Umfang erkannt. Aufgrund dieser Vollmacht sind die Laien erst imstande, die Stimme des wahren Hirten von der Stimme eines Fremden, d.h. also auch eines falschen Hirten zu unterscheiden (Joh 10,4f). Diese Vollmacht der Prüfung bezieht sich auch darauf, zu prüfen, ob einer, der mit apostolischer Vollmacht ausgestattet wurde, auch den rechten Gebrauch von ihr macht. Der Ausruf des Apostels Paulus, Gal 1,7-9, dass wer ein anderes Evangelium predigt als das, das er den Gemeinden gepredigt hat, verflucht ist, *auch wenn er selbst es täte*, macht nur Sinn, wenn die Gemeinden diese Fähigkeit haben. Durch die im Glauben aufgenommene Predigt des Evangeliums wird also eine Fähigkeit zugesprochen, welche die Menschen zuvor nicht hatten, die nun grundlegend ist für alle anderen Fähigkeiten, die sich Menschen durch den Glauben erwerben mögen. Es

---

[15] LG 32 / DH 4158 4. Abs.: „Laici igitur sicut ex divina dignatione fratrem habent Christum qui cum sit Dominus omnium, venit tamen non ministrari sed ministrare, ita etiam fratres habent eos, qui in sacro ministerio positi ...". Dem ist im Ergebnis zuzustimmen, wenngleich die Herleitung nicht die grundlegende sein darf. Denn die Träger des kirchlichen Amtes sind nicht in erster Linie darum den Laien Brüder, weil eine Analogie zwischen ihrem Dem-Laien-Bruder-Sein und dem Bruder-Sein des Herrn besteht, sondern weil sie als Glieder des λαός erst einmal durch den Glauben Kinder Gottes sind, bevor sie das Amt erhalten.

[16] Volf, Trinität und Gemeinschaft, 236.
[17] Ebd., 239.

ist die Fähigkeit, das Evangelium zu identifizieren, darum auch an ihm festhalten zu können und darum auch die Predigt eines Amtsträgers, und zwar auch des Trägers des apostolischen Amtes prüfen zu können, ob er tatsächlich das Evangelium predigt. Aus diesem Grunde sagt Paulus, dass die Gemeinde das Schreiben sei, durch das er selbst in seinem apostolischen Dienst beglaubigt ist (2. Kor 3,1-3). Ohne diese nicht nur einmalige, sondern dauernde Beglaubigung könnte er nicht seinen Dienst ausüben[18]. Aufgrund dieser Vollmacht muss die Gemeinde auch herangezogen werden, wenn es um die Prüfung der Kandidaten für das Amt in der Gemeinde geht. Es wird also für die Pfarrer in den Gemeinden eine doppelte Aufsicht, eine ἐπισκοπή, ausgeübt: nicht nur von Seiten des Bischofs, sondern auch von Seiten der Gemeinde.

Dieses Recht der Gemeinde ist nun wiederum mit einer Pflicht verbunden, Diese Pflicht besteht, ganz wie es Lumen gentium 37 sagt, darin, den Hirten, also den Trägern des kirchlichen Amtes, zu *gehorchen* in allem, was sie aufgrund des Rechtes ihres Amtes tun[19]. Das Amt kann gar nicht das sein, was es ist, wenn ihm nicht diese Anerkennung gewährt wird. Es handelt sich beim Amt darum, dass Gott selbst durch den Menschen, der das kirchliche Amt bekleidet, handelt: dass er durch ihn spricht, wenn es um die Lehre geht, nach der die Kirche glauben und leben soll, dass er durch ihn Recht spricht und durch ihn einem neuen Amtsträger seine Vollmacht gibt. Calvin hat für die Anerkennung des Amtes drei Argumente hervorgebracht: (1) weil wir dadurch die Liebe Gottes zu uns Menschen erfahren, da es ein *Mensch* ist, den Gott für ein Amt erwählt, (2) weil es eine sehr gute Übung der Demut ist, einem Menschen zu gehorchen und nicht unmittelbar Gott, (3) weil durch das Amt die Gläubigen in der Einheit eines Leibes zusammengehalten werden[20]. Wie also auf Seiten der Kleriker eine paradoxe Einheit besteht, darin, dass sie die Kirche sowohl leiten als auch ihr dienen, so gibt es auch auf Seiten der Laien eine paradoxe Einheit: sie empfangen den Dienst der Kleriker – und lassen sich infolgedessen mit Gottes Sohn, Gott selbst beschenken (Röm 8,32) und erhalten alle Vollmachten, die daraus entspringen – und sie haben den Klerikern zu gehorchen. CA XXVIII hat demgemäß festgestellt, dass Pfarrer und Kirchen den Bischöfen Gehorsam schuldig seien und zugleich bekannt, dass dieser Gehorsam dort aufhört, wo sie nicht mehr das Evangelium lehren, was festzustellen durchaus in der Kompetenz der ihnen Untergeordneten liegt[21].

Das Gegenüber von Klerikern und Laien mit seiner doppelten paradoxen Einheit von Herr-Sein und Dienen kann sich zu der einen und zu der anderen Seite neigen und dadurch aus dem Gefüge geraten. Es gibt die Despotie des Klerus, es gibt auch die Korruption des Klerus. Er kann in der Gesellschaft bestimmte Menschen, die zu keiner Verantwortung bereit sind, aufgrund seiner Privilegierung anziehen: ein Berufsstand, der von der Erwerbsarbeit anderer ernährt wird (Num 18,20-24). Es gibt von

---

[18] Wenn Paulus an anderer Stelle, 1. Kor 4,3, erklärt, dass er sich nicht darum kümmere, dass die Gemeinde ihn richte, dann meint er nicht die Prüfung der apostolischen Vollmacht, sondern Vorwürfe, dass Taten, die er in seiner Amtsführung getan hat, nicht der von ihm beanspruchten Würde des Amtes entsprechen. Das ergibt sich hinreichend klar aus dem Kontext, z.B. schon V. 3b. Balthasar bejaht zwar das Recht der Gemeinde, der Autorität gegenüber eine kritische Funktion auszuüben, vermeidet es aber, dies für den kritischen Punkt der Lehre zuzugestehen: Amt und Existenz, in: Priesterliche Spiritualität, 77-84.
[19] DH 4163, 2. Abs.
[20] Inst. IV, 3,1f, Op. sel. 5, 43,1 – 44,29.
[21] BSLK, 124,5-22.

alters her die Versuchung, diesen privilegierten Status zu mißbrauchen (1. Sam 2,12-18, vgl. 2,27-23; 4,11-22). Über die Versuchung, der Kirche eine Lehre zu geben, die nicht dem Evangelium entspricht, wird noch zu reden sein. Es gibt aber auch eine Mißachtung und eine Ausnützung des Klerus durch die Laien. Wer in einem solchen Maße sich als Diener anderen zur Verfügung stellt, kann auch von ihnen mißbraucht werden. Gerade wo eine Ekklesiologie das Gewicht der Gemeinde gegenüber den Amtsträgern zu sehr fördert, kann das geschehen.

Das Gegenüber von Kleriker und Laien läßt sich dabei nicht auflösen. Man kann zwar Kleriker kritisieren und amtsentheben, die mit ihren Vollmachten nicht richtig umgehen; ein prinzipieller Antiklerikalismus richtet sich aber gegen das Wesen der Kirche selbst. Auch Laienvertretungen kann es geben, um den Anliegen der Laien bei den Amtsträgern Gehör zu verschaffen. Man soll von ihnen aber nicht erwarten, dass durch sie *institutionell* das Problem gelöst würde. Denn als Vertreter der Laien stellen sie selbst eine Führungsschicht dar. Diese steht in der Gefahr, sich genau so von den Laien zu entfremden, wie das bei den Klerikern geschehen kann. Zudem würde sie eine Konkurrenz zu der Führungsschicht der Kleriker werden. Die führenden Laien werden dann klerikalisiert. Die einzige Lösung ist diese, dass Kleriker und Laien das tun, wozu sie von Gott gerufen sind: dass jene in Demut ihren Dienst tun, und das heißt: leiten; dass diese in Demut von ihnen den Dienst annehmen, den sie als Kinder Gottes erwarten dürfen, und darum auch die Träger des Amtes ehren, und ihnen, wenn sie das Evangelium lehren, Folge leisten.

16.2. Marianisches und petrinisches Prinzip

Hans Urs von Balthasar hat das Verhältnis zwischen Klerikern und Laien bestimmt durch das Gegenüber, aber besser noch: Zusammenwirken, Ineinanderwirken von *petrinischem und marianischem Prinzip*. Er entwickelt diese Prinzipien durch eine typologische Auslegung der Aussagen der Heiligen Schrift über die wichtigsten Personen, die Jesus während seiner ersten Parusie umgaben: „Die im Neuen Testament erzählte Geschichte ist als solche spirituell und theologisch ... In konkret-inkarnierten Episoden wird die wesentliche Theologie des Verhältnisses zwischen Gott und Welt – nunmehr konkretisiert als Verhältnis Christus und Kirche – anschaulich der Glaubensbetrachtung vorgestellt: die spätere Theologie mag daraus geltende Sätze ableiten, die sich aber nie weit vom konkreten evangelischen Ursprung entfernen dürfen, falls sie nicht abstrakt und damit untheologisch werden wollen. Wie Christus selbst, sind auch Maria, Petrus, Paulus, Johannes nicht so sehr sittliche ‚Vorbilder' ... als Prägestempel (‚typos' ...) für die Gestalt der Kirche durch die Geschichte hindurch."[22] Diese Grundkonstellation von Jesus umgebenden Personen hat also auch eine ekklesiologische Bedeutung. So wahr die Kirche der Leib Christi ist, kann diese Grundkonstellation vom Leben Jesu auf das Leben der Kirche übertragen werden. Was als etwas

---

[22] Der antirömische Affekt. Wie läßt sich das Papsttum in der Gesamtkirche integrieren?, Freiburg/Br. 1974, 125.

Einmaliges im Leben Jesu geschah, wird somit als ein Muster angesehen, nach dem sich Dinge in der Geschichte der Kirche wiederholen, so dass auch von Strukturen der Geschichte der Kirche und von Wesenszügen der Kirche aufgrund dieser Personenkonstellationen gesprochen werden kann.

Balthasar konzentriert sich dabei auf die Gestalten des Petrus und der Maria. Er verbindet mit der Gestalt des Petrus „die hierarchisch-sakramentale Struktur der Kirche"[23]. Der erste Aspekt des Petrinischen ist das „Erwähltsein ins Amt"[24], wobei Balthasar primär an das Papstamt denkt, von dort ausgehend aber auch an das bischöfliche und das priesterliche Amt[25].

Maria ist hingegen charakterisiert durch die Hinnahme der Ankündigung ihrer Aufgabe in der Heilsgeschichte (Lk 1,38)[26]. Weil diese Aufgabe aber an einer zentralen Stelle steht, nämlich der Fleischwerdung des göttlichen Wortes, hat sie und die in ihr personifizierte Haltung von Christen in ihrem Stand in gewisser Hinsicht eine größere Bedeutung als das in Petrus personifizierte Prinzip: „Denn nicht nur geht das marianische Jawort der Inkarnation des Hauptes der Kirche und damit ihrer Glieder zeitlich voraus, während die Ernennung der Zwölf und Petri an ihrer Spitze ein einzelner, wenn auch gewichtiger nachfolgender Akt Jesu ist: sondern auch qualitativ wird die Form des marianischen geschehenlassenden Glaubens zur innerlich dargebotenen bestimmenden Form alles Seins und Gehabens innerhalb der Catholica, während die Katholizität der Hirtensorge Petri zwar in ihrem Gegenstand umfassend, aber in ihrer spezifischen Einmaligkeit nicht mitteilbar ist."[27] In gewisser Weise hat das Marianische also einen Vorrang gegenüber dem Petrinischen, andererseits stellt Balthasar völlig klar, dass die marianische Haltung gegenüber dem Amt, welches das Hauptelement des Petrinischen ist, darin besteht, dass dieses Amt anerkannt wird in der gleichen Weise, wie Maria mit ihrem *Fiat* die Ankündigung der Menschwerdung des göttlichen Wortes in ihrem Leib anerkannt hat. Balthasar sagt, dass „die umgreifende marianische Universalität, die ausdrücklich keine amtliche ist, sondern, wie alles, auch das Amtliche in der Kirche ‚geschehen läßt' und somit ‚freigibt' ..."[28].

In einer anderen Variante seiner Überlegungen sagt Balthasar, dass die Einheit der Kirche – so dass von *einer* realen Person gesprochen werden kann – durch das Ineinandergreifen zweier Komponenten zustande kommt: durch den „objektiven Geist" auf der einen, den „subjektiven Geist" auf der anderen Seite. Unter dem objektiven Geist versteht er die Struktur der Kirche, also die Amtsstruktur der Kirche[29]. Diese gipfelt nach seiner Auffassung im Amt des Petrus, welches vom Papst bekleidet wird. Diesem objektiven Geist müsse aber ein subjektiver Geist entsprechen, welcher nicht der des Petrus sein könne, nicht nur weil Petrus Sünder ist (wofür man das Versagen Petri, Mt 26,69-75 nennen könnte), sondern weil Jesus Christus selbst die Kirche in

---

[23] Wer ist die Kirche?, 164. Die Verknüpfung dieses Begriffes mit der Gestalt Petri wird 168 vollzogen.
[24] Der antirömische Affekt, 128, vgl. 132.
[25] Ebd., 171, Anm. 66.
[26] Die Berufung auf diese Stelle beispielsweise Balthasar, Unser Auftrag. Bericht und Entwurf, Einsiedeln 1984, 104.
[27] Der antirömische Affekt, 171.
[28] Ebd., 171. Der Satz geht so weiter: „dennoch die amtliche petrinische Universalität, die ja nun gerade ‚zusammenhalten' und ‚verwalten' muß und insofern nicht ‚freigeben' darf, mitformt."
[29] „Wenn der Gehalt der kirchlichen Strukturen für die Kirche selber ‚objektiver Geist' ist ...", ebd., 167.

sich faßt, wenn er selber sie dem Vater gegenüber vertritt und als Opfer dargebracht wird. Der subjektive Geist ist also der Geist Christi. Jesus Christus werde aber doch in reiner Weise abgebildet in seiner Mutter, die so wie er reine Hingabe dem Vater gegenüber ist[30]. Diese Hingabe Mariens ist wiederum Vorbild für die *anima ecclesiastica* des einzelnen Christen, einer Geistesbeschaffenheit, in der alles Etwas-für-sich-Behalten zurückgedrängt wird zugunsten eines immer größeren Einswerdens mit dem Herrn Jesus Christus[31].

Balthasar findet sich hier in Übereinstimmung mit der Verknüpfung von Mariologie und Ekklesiologie, wie sie das mariologische Schlußkapitel von ‚Lumen gentium' bildet: Maria ist demnach nicht nur ein Glied, sondern auch das Urbild der Kirche. Dazu wird ein Gedanke des Ambrosius von Mailand herangezogen: „Die Gottesmutter ist, wie schon der heilige Ambrosius lehrte, das Urbild der Kirche, nämlich in Bezug auf den Glauben, die Liebe und die vollkommene Einheit mit Christus."[32]

Um die Stellungnahme mit dieser Variation von Balthasars Gedanken zu beginnen: Die Verwendung Hegelscher Begriffe in der Gegenüberstellung von objektivem Geist – als Ämterstruktur – und subjektivem Geist – als Gehorsam und Hingabe an Gott den Vater – bedarf noch eines Umbaus. Das Gegenüber der gläubigen Hingabe des menschlichen Subjekts ist das *Wort* Gottes, das geglaubt wird. Das Amt kommt erst ins Spiel, weil das Wort eines Verkündigers, das Sakrament, das *verbum visibile*, eines menschlichen Spenders bedarf. Christus selbst schließt mit seiner Hingabe an den Vater in der Tat die Kirche in sich ein. Er steht für die Kirche. Diese Hingabe wird aber auf *jedes* einzelne Glied der Kirche übertragen, und zwar durch den Glauben. Durch den Glauben wird jeder Glaubende eins mit Christus, auch wenn er selbst noch ein Sünder ist, d.h. den Geist der Selbstzentriertheit in sich hat. Es ist darum *nicht nötig*, davon zu sprechen, dass Maria Urbild einer seelischen Haltung sein *müsse*, in welcher die Seele mit Christus eins ist. Balthasar setzt dabei die Sündlosigkeit Mariens, ihre „unbefleckte Empfängnis" voraus, die indes im Widerspruch zum biblischen Zeugnis steht (Röm 3,19 und andere Stellen). Es ist allerdings *möglich*, in Maria und ihrem Jawort (Lk 1,38) eine Figur, einen *typus* zu sehen für den Glauben, durch den jeder Mensch mit Jesus Christus eins werden kann. Es ist indes nicht so einfach, diesen *typus* als *Urbild* des Glaubens zu sehen, weil Maria selbst in der horizontalen Linie der Geschichte steht und eine Vielzahl von Glaubenszeugen voraussetzt, wie z.B. Abraham. Wohl findet in ihrer Person die direkte Begegnung mit Gott statt, in der

---

[30] Balthasar, Wer ist die Kirche?, 164-174. Balthasar führt diesen Gedankengang so ein: „Und doch – und gerade deshalb – muß diese Identität [von amtlichem Priester, der das Opfer fordert und darbringt, und Opfer] in der Kirche selbst abgebildet werden, denn der Herr will seine Kirche nicht als ein einziges offenkundiges Versagen sich gegenüberstehen sehen, sondern als eine herrliche, seiner würdige Braut. Hier interveniert notwendig das marianische Prinzip in der Kirche. Maria ist jene Subjektivität, die in ihrer weiblichen und empfangenden Weise der männlichen Subjektivität Christi durch die Gnade Gottes und die Überschattung eines Geistes zu entsprechen vermag.", ebd., 168.

[31] Ebd., 174-176. Hier wird konsequenterweise auch Gal 2,20 zitiert.

[32] „Deipara est Ecclesiae typus, ut iam docebat S. Ambrosius, in ordine scilicet fidei, caritatis et perfectae cum Christo unionis.", LG 63, DH 4178, 4. Abs. Ambrosius: Expositio evangelii secundum Lucam II 7 (PL 15,1555). „Typus" läßt sich allerdings auch noch anders übersetzen als mit „Urbild" – so versteht es allerdings ‚Lumen gentium' –, nämlich einfach mit τύπος, figura, vgl. beispielsweise 1. Kor 10,6.

Weise, dass er in ihr Menschheit annimmt, und in dieser Hinsicht vollzieht sie die dichteste Begegnung zwischen einem Menschen und Gott. Die geschichtliche Dimension, in welcher Maria aber gerade nicht am Anfang steht, darf darüber nicht verdrängt werden.

Als ein *typus* des Glaubens der Gläubigen, die nicht Amtsträger sind, erhellt aber die Gestalt Mariens das Verhältnis zwischen diesen und den Trägern des *ministerium ecclesiasticum*. Es wird dabei auch deutlich, dass sie nicht lediglich rezeptiv oder teilnehmend sich zu den Aktionen der Amtsträger verhalten. Das tun sie auch; aber durch an An-sich-Geschehen-Lassen des göttlichen Wortes werden die Laien in einer unüberbietbaren Weise aktiv und kreativ. Der Heilige Geist beschenkt sie mit einer Fülle von Charismen, durch welche das Leben der Gemeinden überreich wird. Diese Fülle kann in *ecclesiolae in ecclesia* wie den Laienbewegungen, den „neuen Gemeinschaften" innerhalb der römisch-katholischem Kirche[33] oder in den Bewegungen und Kommunitäten der Reformationskirchen gesammelt werden, um für die gesamte Kirche fruchtbar zu sein. Hier ist auch der Ort, an dem Frauen so wie Maria selbst ihre Gaben in der Kirche entfalten und einbringen können. Das alles würde geschehen mit einer völligen Achtung vor dem, was den Trägern des kirchlichen Amtes vorbehalten ist.

Balthasars Typologie ist ein Gesichtspunkt dessen, was ich hier die zwei Ströme des kirchlichen Wirkens genannt habe. Der erste Strom nährt sich aus der Heiligen Schrift kraft des Heiligen Geistes, der zweite besteht im Wirken des kirchlichen Amtes. Entfernt sich der erste Strom von dem zweiten, so gewinnen in der Kirche Willkür, Unordnung und Zügellosigkeit Raum. Dominiert der zweite Strom zu sehr den ersten, so lähmt er dessen eigene Dynamik und die Kirche wird überkontrolliert und steril.

Deutlich wird schließlich: es gibt keine Einheit der Kirche ohne die *anima ecclesiastica* ihrer Glieder. Abgesehen von allem, was über das Amt oder die Ämter der Kirche, über das Wirken von Wort und Sakrament usw. als Faktoren der Einheit zu sagen ist: es gibt keine Einheit, kein Eins-Sein der Kirche ohne eine solche Seelenhaltung ihrer Glieder, dass sie sich selbst überschreiten, dass sie über sich selbst hinaustreten, so dass aus den Vielen ein Leib wird. Für eine solche Seelenhaltung ist Maria ein motivierendes Beispiel.

---

[33] Zu diesen s. Joseph Ratzinger, Kirchliche Bewegungen und neue Gemeinschaften. Unterscheidungen und Kriterien, München 2007.

17. DAS PAPSTAMT UND DIE FRAGE EINER ZENTRALEN LEITUNG DER GESAMTKIRCHE

Bislang haben wir nur Ämter betrachtet, für die es wesentlich war, dass sie von mehreren gleichzeitig, also in Kollegialität, ausgeübt werden können. Bischof oder Pfarrer oder Diakon usw. ist man nie alleine, sondern mit anderen gemeinsam. Ich habe dabei auch festgestellt, dass es ein aristokratisches Element in der Kirche gibt: der Kreis derer, welche die besondere apostolische Vollmacht empfangen haben und ausüben, und ein demokratisches Element: die Gemeinschaft aller Gläubigen mit ihren Vollmachten. Nun geht es darum zu erwägen, ob es auch ein Amt in der Kirche geben kann – oder sogar geben soll –, das jeweils nur mit einer Person für die ganze Kirche besetzt werden kann und das ein monarchisches Element für die Kirche darstellen würde. Es ist bekannt, dass der Bischof von Rom den Anspruch erhebt, als Papst dieses zu sein. Der Anspruch dieses Amtes ist es, für die *ganze* Kirche Leitung zu haben.

Ich war bei den Überlegungen über die Einheit der Kirche zu dem Ergebnis gekommen, dass diese Einheit im realen Sinne besteht (3.1.). So wie Miroslav Volf aus der ontologischen Fundierung seines Kongregationalismus – dass es keine reale Einheit gebe –, zu der kirchenrechtlichen Folgerung kommt, dass es auch keine Ämter geben könne, die oberhalb der Ebene der Ortsgemeinde stehen und für das Ganze aller Ortsgemeinden sprechen würden, so ist von dem hier vertretenen Standpunkt aus zu folgern, dass es vielmehr ein zentrales Organ für die *ecclesia militans universalis* geben muss. Das Bischofsamt ist so beschaffen, dass es aus dem Ganzen der diesseitigen Kirche sich durch dessen Unterteilung in Bischofskirchen ergibt. Die einzelne Bischofskirche ist dann eine Vermittlung zwischen diesem Ganzen und der Ortsgemeinde (3.5.; 10.1.). Die Frage ist nun, ob dieses zentrale Organ in einem Zusammenwirken der Bischöfe besteht oder in lediglich einer Person.

Um nur die letzten und wichtigsten Lehrerklärungen der römisch-katholischen Kirche zu diesem Thema zu nennen: Der Papst Pius IX. hat mit Zustimmung des Ersten Vatikanischen Konzils (DH 3073) als von Gott offenbartes Dogma erklärt: „Wenn der Römische Bischof ‚ex cathedra' spricht, das heißt, wenn er in Ausübung seines Amtes als Hirte und Lehrer aller Christen kraft seiner höchsten Apostolischen Autorität entscheidet, daß eine Glaubens- oder Sittenlehre von der gesamten Kirche festzuhalten ist, dann besitzt er mittels des ihm im seligen Petrus verheißenen göttlichen Beistands jene Unfehlbarkeit, mit der der göttliche Erlöser seine Kirche bei der Definition der Glaubens- oder Sittenlehre ausgestattet sehen wollte und daher sind solche Definitionen des Römischen Bischofs aus sich, nicht aber aufgrund der Zustimmung der Kirche unabänderlich."[1]

---

[1] „Romanum Pontificem, cum ex cathedra loquitur, id est, cum omnium Christianorum pastoris et doctoris munere fungens pro suprema sua Apostolica auctoritate doctrinam de fide vel moribus ab universa Ecclesia tenendam definit, per assistentiam divinam ipsi in beato Petro promissam, ea infallibilitate pollere, qua divinus Redemptor Ecclesiam suam in definienda doctrina de fide vel moribus instructam esse voluit; ideoque eiusmodi Romani Pontificis definitiones ex sese, non autem ex consensu Ecclesiae, irreformabiles esse.", Dogmatische Konstitution ‚Pastor Aeternus', Kap. 4, DH 3074. Es folgt das Anathema für die Bestreiter dieses Dogmas (DH 3075).

17. Papstamt und die Frage einer zentralen Leitung

Dieser Erklärung zum Lehrprimat wurde folgende zum Jurisdiktionsprimat zur Seite gestellt:

„Wir lehren demnach und erklären, daß die Römische Kirche auf Anordnung des Herrn den Vorrang der ordentlichen Vollmacht über alle anderen innehat, und daß diese Jurisdiktionsvollmacht des Römischen Bischofs, die wahrhaft bischöflich ist, unmittelbar ist: ihr gegenüber sind die Hirten und Gläubigen jeglichen Ritus und Ranges – sowohl einzeln für sich als auch alle zugleich – zu hierarchischer Unterordnung und wahrem Gehorsam verpflichtet, nicht nur in Angelegenheiten, die den Glauben und die Sitten, sondern auch in solchen, die die Disziplin und Leitung der auf dem ganzen Erdkreis verbreiteten Kirche betreffen, so daß durch Wahrung der Einheit sowohl der Gemeinschaft als auch desselben Glaubensbekenntnisses mit dem Römischen Bischof die Kirche Christi eine Herde unter einem obersten Hirten sei (vgl. Joh 10,16)."[2]

Das Zweite Vatikanische Konzil hat diese Dogmen festgehalten und in seine Lehre von der Kirche aufgenommen. Nach der ersten, vorläufigen Definition von Kirche in Lumen gentium 2, „Die aber an Christus glauben, beschloß er [Gott der Vater] in der heiligen Kirche zusammen ..."[3], heißt es, schon etwas enger, sie sei eine „mit hierarchischen Organen ausgestattete Gesellschaft"[4] und schließlich: „Diese Kirche, in dieser Welt als Gesellschaft verfaßt und geordnet, ist verwirklicht [subsistit] in der katholischen Kirche, die vom Nachfolger Petri und von den Bischöfen in Gemeinschaft mit ihm geleitet wird."[5] Diejenigen Menschen „werden der Gemeinschaft der Kirche voll eingegliedert, die ... in ihrem sichtbaren Verband mit Christus, der sie durch den Papst und die Bischöfe leitet, verbunden sind"[6]. Die Formulierung „vom Nachfolger Petri und von den Bischöfen in Gemeinschaft mit ihm" wird dann näher so bestimmt, dass die Gewalt („potestas"), welche die Bischöfe ausüben, „nur unter Zustimmung des Bischofs von Rom ausgeübt werden" kann[7].

Joseph Ratzinger hat, sich in die Sicht der Ostkirchen hineinversetzend, von dieser Primatskonzeption gesagt: „Die westliche Kirche erscheint in solcher Sicht nicht mehr als ein Gefüge bischöflich geleiteter Ortskirchen, die in ihrer kollegialen Einheit auf

---

[2] „Docemus proinde et declaramus, Ecclesiam Romanam, disponente Domino, super omnes alias ordinariae potestatis obtinere principatum, et hanc Romani Pontificis iurisdictionis potestatem, quae vere episcopalis est, immediatam esse: erga quam cuiuscumque ritus et dignitatis pastores atque fideles, tam seorsum singuli quam simul omnes, officio hierarchicae subordinationis veraeque oboedientiae obstringuntur, non solum in rebus, quae ad fidem et mores, sed etiam in iis, quae ad disciplinam et regimen Ecclesiae per totum orbem diffusae pertinent; ita ut, custodita cum Romano Pontifice tam communionis quam eiusdem fidei professionis unitate, Ecclesia Christi sit unus grex sub uno summo pastore (cf. Jo 10,16).", Pastor Aeternus, Kap. 3, DH 3060.

[3] „Credentes autem in Christo convocare statuit in sancta Ecclesia ...", DH 4102, 2. Abs.

[4] „Societas ... organis hierarchicis instructa", LG 8, DH 4118, 1. Abs.

[5] „Haec Ecclesia, in hoc mundo ut societas constituta et ordinata, subsisti in Ecclesia catholica, a successore Petri et Episcopis in eius communione gubernata.", LG 8, DH 4119, 2. Abs.

[6] „Illi plene Ecclesiae societati incorporantur, qui Spiritum Christi habentes, integram eius ordinationem omniaque media salutis in ea institua accipiunt, et in eiusdem compage visibili cum Christo, eam per Summum Pontificem atque Episcopos regente, iunguntur", LG 14, DH 4137, 1. Abs.

[7] „quae quidem potestas nonnisi consentiente Romano Pontifice exerceri potest.", LG 22, DH 4146, 2. Abs. Ausdrücklich bekräftigt werden die Lehren des Vatikanum I über den Primat des Papstes in LG 18, DH 4142, 2. Abs.

die Gemeinschaft der zwölf Apostel zurückweisen; sie erscheint als ein zentralistisch organisierter Monolith ..."[8]

Die Bischöfe haben ihre Gewalt nur von dem Papst, welcher die Fülle der Amtsgewalt hat[9]. Auch aus der Sicht der episkopal verfaßten Reformationskirchen wird man so urteilen müssen.

Ich will zunächst einmal fragen, mit welchen Argumenten man versuchen könnte, diese Primatskonzeption zu begründen. Man kann dazu anknüpfen an die Argumentation, die ich hier (9.) für die Bewahrung der Vollmacht der Apostel in einem generationenübergreifenden Amt, dem Bischofsamt, gebracht habe. Diese Vollmacht muss und soll für die Kirche bestehen bleiben; sie bleibt bestehen, nicht nur indem sie (a) eingeht in die Heiligen Schriften, die sie dadurch, in den neutestamentlichen Schriften, zu einem definitiven Abschluß bringt, sondern auch, wenngleich untergeordnet, (b) dadurch, dass die Amtsstruktur im Wesentlichen bewahrt bleibt[10], welche durch die einmaligen, nicht-generationenübergreifenden Ämter der Apostel gegeben war. Eine Argumentation pro römisches Papsttum müsste also nachweisen, dass diese Struktur auch ein monarchisches Element hatte, und zwar dass Petrus und nur er oder die Bischöfe von Rom als seine Nachfolger dieses monarchische Amt innehatten[11].

Für dieses monarchische Amt wird nun vorgebracht, dass einer der zwölf Apostel, eben Petrus, Jesus als Messias bekannt hat und daraufhin von Jesus „Fels" genannt wurde, in dem Sinne, dass Jesus auf ihn seine Kirche bauen werde, die von den Pforten des Hades nicht überwunden werden würde, und er von ihm die Schlüssel des Himmelreiches erhalten würde (Mt 16,16-18). Hinzugefügt wird der Auftrag Jesu, dass Petrus seine Schafe weiden solle (Joh 21,15-17). Dies ist die Schriftargumentation der Konstitution ‚Pastor aeternus' von 1870[12].

Dieser erste Schritt kann nun zugestanden werden, bis auf die Schlüsselgewalt. Denn sie wird auch den Aposteln in ihrer Gesamtheit (Joh 20,23) und in der Gemeindeordnung Mt 18,18 der gesamten Gemeinde zugesprochen. Ein Vorrang des Wortes an Petrus – dass nur ihm die Fülle dieser Vollmacht zugesprochen sei und sie bei den Aposteln und in den Gemeinden nur von der seinen abgeleitet sei – läßt sich nicht erkennen. Mit dem Wort vom Weiden wird hingegen Petrus tatsächlich eine Stellung zugewiesen, die über die der anderen Apostel hinausgeht, so wie Jesus ihn auch fragt, ob er ihn *mehr* liebe als die anderen (Joh 21,15).

---

[8] Joseph Ratzinger, Prognosen für die Zukunft des Ökumenismus, in: ders., Gesammelte Schriften, hg. v. Gerhard Ludwig Müller, Bd.8/2: Kirche – Zeichen unter den Völkern. Schriften zur Ekklesiologie und Ökumene, Freiburg/Br. 2010, 717-730, hier 719. [Erstveröffentlichung in: Ökumenisches Forum. Grazer Hefte für konkrete Ökumene 1 (1977), 31-41.]

[9] Dies die Formulierung in dem Anathema, das den Bestreitern des Jurisdiktionsprimats angedroht wird: „Wer deshalb sagt, der Römische Bischof ... habe ... nicht ... die ganze Fülle dieser höchsten Vollmacht [plenitudo potestatis] ... der sei mit dem Anathema belegt.", DH 3064.

[10] „Im Wesentlichen bewahrt" soll dabei heißen, dass es nicht auf die Zahl der Amtsträger ankommt. In der Situation von Apg 1,15-26 kam es zwar noch darauf an, dass es zwölf Leiter gibt. In der Folgezeit kommt es nur noch darauf an, dass es überhaupt ein Kollegium von Leitern gibt.

[11] Für das Folgende siehe die sehr sorgfältige Argumentation von Oscar Cullmann, Petrus. Jünger – Apostel – Märtyrer. Das historische und das theologische Petrusproblem. 2., umgearb. und ergänzte Aufl., Zürich/Stuttgart 1960 (Erstauflage: 1952), 244-271.

[12] Kap.1, DH 3054.

Folgen wir nun den neutestamentlichen Zeugnissen für die Zeit nach der Himmelfahrt des Herrn, so sehen wir in Apg 1,13-12,17 tatsächlich eine leitende Rolle des Petrus. Es geht jedoch daraus, wie er diese Leiterschaft gestaltete, hervor, dass er keinesfalls eine so weitgehende Vollmacht gehabt hätte, wie der Papst sie sich als Nachfolger des Petrus zuschreibt[13]. Nachdem Petrus Jerusalem verlassen hatte (Apg 12,17), wird er nur noch selten erwähnt, und wenn, dann befindet er sich nicht mehr in der Stellung eines Leiters, sei es der Gemeinde von Jerusalem, sei es der Gesamtheit der Gemeinden. Auf dem Apostelkonzil von Jerusalem erscheint er nicht als solcher. Er gibt lediglich einen Diskussionsbeitrag ab, mit welchem er die Position des Paulus unterstützt (Apg 15,7-12). Das abschließende Votum, das dann auch die Beschlußvorlage enthält, die angenommen wird, ist das des Jakobus, des Bruders des Herrn (Apg 15,13-21, vgl. V. 23-29). Man kann annehmen, dass Jakobus mittlerweile der Leiter der Gemeinde von Jerusalem war, wofür auch Apg 21,18-26 spricht. Dass er Leiter der Gesamtheit der Gemeinden geworden ist, läßt sich dadurch jedoch nicht belegen[14]. Auf jeden Fall ist Petrus es nicht mehr. Dies zeigt sich auch deutlich daran, wie Paulus den Konflikt in Korinth zwischen der Petrus- („Kephas"-)Partei, der Paulus-Partei und der Apollos-Partei löst. Wäre Petrus zu diesem Zeitpunkt noch Leiter der gesamten Kirche, dann hätte Paulus sagen müssen, dass die Anhänger der Paulus- und der Apollos-Partei sich der Petrus-Partei anschließen müssten. Aber das sagt er gerade nicht. Er weist jedem dieser Missionare seinen Anteil am Werke für die korinthische Gemeinde zu und unterstellt sie der Gemeinde (1. Kor 1,10-17; 3,4-10; 3,21-4,1; vgl. 4,6-15).

Der zweite *Schritt* dieser Überlegungen hat also dieses Resultat: Es gab eine monarchische Leitung der Kirche, aber nur in der Zeit, in welcher Jerusalem die einzige Gemeinde war bzw. es andere Gemeinden nur noch in der Region um Jerusalem gab, so dass sich von Jerusalem aus per Visitation eine Aufsicht über diese Gemeinden ausüben ließ (Apg 8,14-25; 9,32-11,18)[15]. Von den Gemeinden in Damaskus und Antiochien wird nicht berichtet, dass sie von Jerusalem aus visitiert wurden. Das Verhalten der Gemeinde von Antiochien, wie es in Apg 15 dargestellt wird, zeigt nicht eine Unterordnung unter Jerusalem, sondern eine Verpflichtung, wichtige Dinge im Einvernehmen mit Jerusalem zu regeln. Sobald also die Kirche aus mehreren zentralen Gemeinden bestand, gab es für sie keine zentrale Leitung durch eine Person mehr, sondern nur eine konziliare Leitung durch die Leiter der einzelnen für ihre Region zentralen Gemeinden bzw. deren Vertreter. Es gibt dann also das monarchische Element in der Weise, dass von einem Konzil bzw. von einer Übereinstimmung der zentralen Gemeinden, die auf eine andere Weise als durch ein Konzil zustande kommt, für die gesamte Kirche Leitung ausgeübt wird. Das monarchische Organ – wenn man es so nennen will – ist also nicht mit einer Person, sondern einem Kollegium von

---

[13] Siehe nur Apg 11,1-18: Die Entscheidungen des Gemeindeleiters können angegriffen werden; er reagiert darauf nicht mit einem Verweis auf seinen Primat, sondern mit einer Argumentation.
[14] Dies ist die Annahme von Oscar Cullmann, der sich dazu auf Gal 2,12 beruft: Cullmann, Petrus, 257f. Doch läßt sich das Verhalten des Petrus in Gal 2,12 damit erklären, dass er eine zu große Rücksichtnahme auf Jakobus und seine Anhänger hatte; man muss nicht annehmen, dass er ihm unterstellt gewesen sei.
[15] Luther führt diese Reisen des Petrus auch als Beispiele für die Ausübung des Visitationsrechtes in der apostolischen Zeit aus: Unterricht der Visitatoren, WA 26, 195.

Personen besetzt. Es ist von nun an im Grunde von einer aristokratischen Struktur der Leitung der Gesamtkirche zu sprechen. Das monarchische Amt, das Petrus in Jerusalem innehatte, war gewissermaßen die damalige Gestalt eines Bischofsamtes, das durch eine einzige Person ausgeübt wird, ein Monepiskopat also. Bei Petrus geschah dies in der besonderen Konstellation, da auch andere Apostel in ein und derselben Zentralgemeinde waren, so dass geregelt sein musste, wer von ihnen der gemeinsame Sprecher war.

Des weiteren geht aus diesen Beobachtungen hervor, dass Person und Amt, und zwar das monarchische Amt, voneinander ablösbar sind: Petrus hört auf, Leiter der Gemeinde in Jerusalem zu sein. Er wird stattdessen Missionar (Gal 2,7f). Es ist also möglich, dass der Inhaber des monarchischen Amtes nicht durch Tod, auch nicht durch Rücktritt und Rückzug von allen Ämtern, sondern durch den Wechsel in ein anderes Amt dieses Amt verläßt. Als Missionar wird Petrus Aufsicht über eine Vielzahl vom Gemeinden ausgeübt haben, so wie Paulus, aber eben nicht so, dass er den Primat über Paulus hatte, wie sich aus den genannten Stellen in 1. Kor 1-4 ergibt.

Ein dritter Schritt von Überlegungen betrifft nun die Verbindung von Petrus mit Rom. Die Konstitution ‚Pastor aeternus' erklärt von Petrus: „Er lebt, hat den Vorsitz und übt das Richteramt aus bis auf diese Zeit und immer in seinen Nachfolgern, den Bischöfen des heiligen Römischen Stuhles, der von ihm selbst gegründet und durch sein Blut geheiligt wurde."[16]

Mit diesem Satz wird (a) eine ununterbrochene Fortdauer der monarchischen, mit *einer* Person an der Spitze besetzten Struktur der Gesamtkirche behauptet und (b) die Konkretisierung dieser Fortdauer im Amt der Bischöfe von Rom, die als Nachfolger des Petrus in diesem Amt betrachtet werden. Von a kann aber keine Rede sein, wie wir soeben gesehen haben. Von den neutestamentlichen Schriften ist diese Aussage nicht gedeckt. Die Aussage b könnte nur getroffen werden, wenn die Aussage a wahr ist. Sie ist aber auch für sich genommen ebenfalls vom Neuen Testament nicht gedeckt. Es müsste ausdrücklich die Verknüpfung von Petrus mit der Gemeinde von Rom und ihrem monarchischen Leitungsamt im Neuen Testament behauptet werden oder sich logisch zwingend ergeben. Das ist aber nicht der Fall.

Nun könnte man noch ins Feld führen, dass der spätere Verlauf der Kirchengeschichte diese Verknüpfung von Petrus mit dem Amt des Bischofs von Rom hergestellt oder vielmehr herausgestellt hätte. Die Bischöfe von Rom fingen einmal an, sich als diejenigen zu betrachten, in denen Petrus weiterlebt und die Leitung der Gesamtkirche wahrnimmt[17]. Sie trugen damit einer Realität Rechnung, die ohne Unterbrechung von Petrus an bestand. Auch wenn man die Voraussetzung einräumt, dass eine solche Legitimierung aus der Kirchengeschichte unter Absehung von der Bibel Gültigkeit hätte, so

---

[16] „qui ad hoc usque tempus et semper in suis successoribus, episcopis sanctae Romanae Sedis, ab ipso fundatae eiusque consecratae sanguine vivit et praesidet et iudicium exercet.", Kap. 2, DH 3056.

[17] Cullmann, Petrus, 267, nennt hier als ersten Kallist (217/22) oder Stephan I. (254/57). Die Konstitution ‚Pastor aeternus' zitiert in dem zuletzt angegebenen Satz (DH 3056) eine Rede des päpstlichen Legaten auf dem Konzil von Ephesus 431. Balthasar, Der antirömische Affekt, 67, Anm. 23, räumt ein, dass erst im 3. Jh. die Päpste Mt 16,18 auf ihren Primat hin ausgelegt hätten, und entgegnet darauf: „Man möchte sagen: um so besser, wenn er ohne theologische Schriftbeweise faktisch bestehen und organisch wachsen konnte." Darauf ist zu sagen, dass Balthasar hier eine petitio principii vollzieht: Er bleibt einen Beweis für dieses faktische Bestehen des Primates schuldig und setzt als Begründung, was er zu beweisen hätte.

hätte (a) diese Realität sich ohne Unterbrechung in den Quellen bezeugen müssen – wir sehen aber vielmehr schon im Neuen Testament Quellen für eine andere, eine konziliare Ordnung der Gesamtkirche –, und (b), es hätte der Bischof von Rom von diesem Zeitpunkt an von allen Gliedkirchen der Gesamtkirche für diesen Anspruch Billigung empfangen müssen. Das ist aber nicht der Fall. Cyprians beredter Einspruch ist bekannt[18], und die Ostkirchen haben nie den Anspruch des Bischofs von Rom anerkannt, dass der Apostel Petrus in ihnen fortlebend seine Leitung über die Gesamtkirche ausüben würde[19]. Der Anspruch des Bischofs von Rom bedarf der Rechtfertigung durch anderen Zeugen; er kann nicht als Begründung seiner selbst genommen werden. Auf diese *petitio principii* hat Cullmann deutlich genug hingewiesen[20].

Es bleibt also nur übrig, die Schlußfolgerung zu ziehen, dass das Fels-Sein des Petrus, seine Position, die dazu dient, dass Jesus Christus seine Kirche auf ihn baut, die für alle Zeit Bestand haben wird, *nicht* in dem Sinne zu verstehen ist, dass dieses Fels-Sein in einem Amt generationenübergreifend weiter existiert. Es muss vielmehr als ein einmaliges Fels-Sein verstanden werden, das an die Person des Petrus gebunden ist und auf keinen Nachfolger übertragbar ist. Es hat eine tragende Bedeutung für den gesamten auf ihn folgenden Lauf der Kirche genauso wie die einmalige erste Parusie Jesu eine solche tragende Bedeutung hat (Eph 2,20-22)[21].

Resümieren wir nun den positiven Ertrag dieser Überlegungen. Es *gibt* ein zentrales Element für die Leitung der Kirche. Insofern es *ein* solches Element ist, hat es immer einen monarchischen Charakter. Dieses Element bestand aber aus einem Amt, das nur von *einer* Person bekleidet wurde, nur für die Zeit, in welcher die Kirche nur in einer zentralen Ortsgemeinde existierte, der von Jerusalem. Anschließend wurde dieses Amt von einem *Kollegium* ausgeübt. Ein Beispiel dafür ist das Apostelkonzil von Jerusalem, in dessen Dekret ein Kollegium, nämlich die Apostel und die Presbyter von Jerusalem den Heidenchristen etwas auferlegen (ἐπιτίθεσθαι, Apg 15,28), das aber unter Beteiligung von deren Delegierten, Paulus und Barnabas, die an der Diskussion teilgenommen haben und das Dekret gemeinsam mit den Delegierten von

---

[18] Cyprian, Protokoll der Synode von Karthago vom 1. September 256 (Sententiae Episcoporum 87), „neque enim quisquam nostrorum episcopum se episcoporum constituit aut tyrannico terrore ad obsequendi necessitatem collegas suos adigit, quando habeat omnis episcopus pro licentia libertatis et potestatis suae arbitrium proprium tamque iudicari ab alio non possit, quam nec ipse possit alterum iudicare, sed expectemus universi iudicium Domini nostri Iesu Christi, qui unus et solus habet potestatem et praeponendi nos in ecclesiae suae gubernatione et de actu nostro iudicandi." CSEL 3/1, 436,3-10 / CC 3E, 7, 21-29 / „Denn unter uns ist keiner, der sich als Bischof der Bischöfe aufstellt oder seine Amtsgenossen durch tyrannischen Schrecken zu unbedingtem Gehorsam zwingt, da ja jeder Bischof kraft der Selbständigkeit seiner Freiheit und Macht seine Meinung hat und ebensowenig, wie er selbst einen anderen zu richten vermag, von einem anderen gerichtet werden kann. Wollen wir vielmehr den Richterspruch unseres Herrn Jesu Christi abwarten, der einzig und allein die Macht hat, uns in der Leitung seiner Kirche an die Spitze zu stellen und über unser Tun zu richten!" / BKV2 34, 354.

[19] Darauf beruft sich auch Luther, ASm II,4, BSLK 428,20-429,7.

[20] Cullmann, Petrus, 268f.

[21] „Insofern Petrus Fels ist, ist er es im temporalen Sinne der Fundamentlegung als Apostel. Auf dem Grunde der Apostel will Christus seine Kirche in jeder Generation aufbauen, und unter ihnen ist Petrus der wichtigste.", Cullmann, Petrus, 271. Vgl. ebd., 269, wo Cullmann die Zeit der Kirche von der Heilsgeschichte unterscheidet. Das Messias-Bekenntnis des Petrus und seine Leitung der Jerusalemer Gemeinde gehören zur Heilsgeschichte und zur apostolischen Offenbarungszeit und nicht (lediglich) zur Zeit der Kirche.

Jerusalem ausrichten (V. 25-27)[22]. Es handelt sich also nicht um ein Generalkonzil, aber doch um ein Zusammenwirken mehrerer Gemeinden. Die späteren Generalkonzilien der Alten Kirche, angefangen mit Nicaea 325, haben ein solches Zusammenwirken von allen Gemeinden der Kirche, vertreten durch ihre Bischöfe, angestrebt. Eine andere Form der gemeinsamen Leitung ergibt sich aus dem Suchen nach einer Abstimmung mit anderen Leitern, wie es in den Ausführungen des Paulus über sein Zusammenwirken mit anderen Missionaren in 1. Kor 4 oder Röm 15,20-22 sich bekundet. Diese Übereinstimmung kann auch in wechselseitigen Korrespondenzen zustande kommen.

Diese Struktur der Kirche entspricht dem, was im Laufe dieser Überlegungen bereits festgestellt wurde: es gibt als höchste Vollmacht, die in der Kirche Menschen gegeben wird, die apostolische Vollmacht. Diese hat aber niemals eine Person für sich allein, sondern es hat sie immer eine Vielzahl von Personen. Diese Personen – zuerst die Apostel, dann die Bischöfe – sollen aber nicht nebeneinander ihr Amt ausüben, nur jeder für sich, sondern auch gemeinsam, nämlich dann, wenn Dinge, die für alle in der Lehre und in der Rechtsprechung von Gewicht sind, geregelt werden müssen.

„Darum kann die Kirche nimmermehr besser regiert und erhalten werden, als daß wir alle unter einem Haupt Christus leben und die Bischöfe alle gleich nach dem Amt – ob sie wohl ungleich nach Gaben [sind] – fleißig zusammenhalten in einträchtiger Lehre, Glauben, Sakramenten, Gebeten und Werken der Liebe etc. Wie St. Hieronymus schreibt, daß die Priester zu Alexandria sämtlich und insgemein die Kirche regierten, wie die Apostel auch getan [haben] und hernach alle Bischöfe in der ganzen Christenheit, bis der Papst seinen Kopf über alle erhob."[23]

Es ist dabei aber zu bemerken, dass ein solches gemeinsames zentrales Leitungsamt keine solche Konstanz hat wie das Bischofsamt oder das Pfarramt. Es hat Konzilien und Korrespondenzen unter Bischöfen gegeben immer nur aus gegebenem Fall.

Es ist nun nicht ausgeschlossen, dass dieses zentrale Leitungsamt in gewisser Weise auch wieder von einer Person wahrgenommen würde, wie zur Zeit des Petrus, bevor er von Jerusalem als Missionar wegging. Dass die Besetzung dieses Amtes mit nur einer Person ein Ende nahm, hatte damals als plausiblen Grund die Ausdehnung der Kirche – und die Berufung des Petrus für eine andere Aufgabe. Dass eine solche monarchische

---

[22] Paulus erklärt aus seiner Sicht, Gal 2,6, dass diejenigen in der Gemeinde von Jerusalem, welche das Ansehen hatten, Säulen zu sein (vgl. V. 9), ihm nichts auferlegten. Man kann darum das Dekret des Apostelkonzils nicht einfach als Beleg für Unterordnung der anderen Gemeinden unter die Gemeinde von Jerusalem mit ihren Säulen ansehen.

[23] „Darumb kann die Kirche nimmermehr baß regiert und erhalten werden, denn daß wir alle unter einem Häupt Christo leben und die Bischofe alle gleich nach dem Ampt (ob sie wohl ungleich nach den Gaben) fleißig zusammen halten in einträchtiger Lehre, glauben [und] Sakramenten, Gebeten und Werken der Liebe etc. Wie S. Hieron. Schreibt, daß die Priester zu Alexandria sämptlich und ingemein die Kirchen regierten, wie die Apostel auch getan und hernach alle Bischofe in der ganzen Christenheit, bis der Bapst seinen Kopf uber alle erhub.", Luther, ASm II,4, BSLK, 430,5-15. Spätestens an dieser Stelle wird deutlich, dass nicht zutrifft, was Joseph Ratzinger von Luther äußert: „Der Kirchenbegriff zieht sich einerseits in die Gemeinde zurück und verweist andererseits auf die nur Gott bekannte Gemeinschaft der Glaubenden zu allen Zeiten. Die Großkirche als solche aber ist nicht mehr Träger eines positiv bedeutsamen theologischen Gehalts. Die kirchliche Organisation wird nun aus dem politischen Bereich entliehen, weil sie als geistlich belangvolle Größe ohnedies nicht existiert." Prognosen für die Zukunft des Ökumenismus, 721f. Luther ging es sehr wohl um ein geistlich begründetes Regiment für die Gesamtkirche.

Besetzung des zentralen Leitungsamtes wieder zustande käme, hätte abermals – vordergründig betrachtet – pragmatische Gründe. Sie könnten gerade darin bestehen, dass die Kirche eine so große Ausdehnung erhalten hat, dass auch eine Bündelung der Stimmen, in denen die Kirche redet, in *einer* Stimme für die Kirche gut wäre. Es ist klar, dass diese Bündelung in einer Stimme nicht die Vollmacht aufheben würde, welche die anderen Glieder der Kirche haben, die in apostolischer Vollmacht für die Kirche Verantwortung wahrnehmen. Keinesfalls könnte es so sein, wie Lumen gentium 22 lehrt, dass die Bischöfe nur unter Zustimmung dieses Obersten ihre Vollmacht hätten. Luther erwägt auch an der Stelle in den ‚Schmalkaldischen Artikeln', welche der soeben genannten vorausgeht, dass ein einziger – er denkt an den Papst, wenn er seinen Anspruch nicht *iure divino* erheben würde – die Kirche lenken könnte.

Er sagt dazu: „Dennoch wäre damit der Christenheit nichts geholfen, und es würden viel mehr Rotten [Sekten] werden als zuvor. Denn weil man solchem Haupt nicht aus Gottes Befehl untertan sein müsste, sondern aus menschlichem guten Willen, würde es gar leicht und bald verachtet, zuletzt kein Glied behalten, müßte auch nicht immerdar zu Rom oder einem anderen Ort sein, sondern wo und in welcher Kirche Gott einen solchen Mann gegeben hätte, der tüchtig dazu wäre. O das wollte ein weitläufiges, wüstes Wesen [eine umständliche, ungeordnete Sache] werden."[24]

Dieser Einwand ist folgendermaßen zu kommentieren: (1) Es zeigt sich daran, dass ein solches Amt nicht allein aufgrund einer Vereinbarung lediglich von Menschen – *iure humano* in diesem Sinne verstanden – einen tauglichen Dienst verrichten kann. Andererseits kann es keinen Anspruch aufgrund eines *ius divinum* geben, denn das Neue Testament hat, wie wir gesehen haben, solches nicht gelehrt. *Ius humanum* innerhalb des Kirchenrechts kann aber doch auch heißen, dass hier wie im Dekret des Apostelkonzils (s.o. 6.7.) der Heilige Geist spricht, zusammen mit Menschen, die er erfüllt hat, dass sein Spruch aber nur für eine bestimmte Zeit aufgrund bestimmter Umstände Gültigkeit hat. Es gibt also einen Mittelbegriff zwischen *ius divinum* und *ius humanum* im engeren Sinne, etwas, das sehr wohl von Gott befohlen ist, aber nur für eine bestimmte Zeit und aufgrund besonderer Umstände[25]. (2) Als zweiten Punkt in seinem Einwand bringt Luther die Weitläufigkeit der Aufgaben eines solchen monarchischen Leiters vor. Das war wohl auch der Grund dafür, dass Petrus sein monarchisches Amt aufgab. Die Umstände können aber auch so sein, dass es Mittel gibt – etwa aufgrund der technischen Fortschritte in Transport und Kommunikation – dass bei allen Schwierigkeiten die weitläufigen Aufgaben in der Kirche in einer solchen

---

[24] „Dennoch wäre damit der Christenheit nichts geholfen, und wurden viel mehr Rotten werden denn zuvor; denn weil man solchem Häupt nicht mußte untertan sein aus Gottes Befehl, sondern aus menschlichem guten Willen, wurde es gar leichtlich und bald veracht, zuletzt kein Gelied behalten, mußte auch nicht immerdar zu Rom oder anderm Ort sein, sondern wo und in welcher Kirchen Gott einen solchen Mann hätte gegeben, der tuchtig dazu wäre. O das wollt ein weitläuftig, wust' Wesen werden.", ASm II, 4, BSLK, 429,21-430,4.

[25] Vgl. Melanchthons Sondervotum zu den Schmalkaldische Artikeln: „vom Papst aber halte ich, falls er das Evangelium zulassen wollte, daß ihm um des Friedens und der gemeinsamen Einheit willen mit denjenigen Christen, die auch unter ihm sind und künftig sein möchten, seine Superiorität über die Bischöfe, die er iure humano hat, auch von uns zuzulassen sei." / „De pontificice autem statuo, si evangelium admitteret, posse ei propter pacem et communem tranquillitatem christianorum, qui jam sub ipso et in posterum sub ipso erunt, superioritatem in episcopos, quam alioqui habet jure humano, etiam a nobis permitti.", BSLK, 463,13; 464,13-16.

Weise überschaubar sind, so dass ein monarchisches Amt für seinen Zweck tauglich wäre.

Es können also nun folgende Bedingungen für ein monarchisches, d.h. von nur einer Person gleichzeitig besetztes Leitungsamt für die Gesamtkirche genannt werden: (1) Es müsste so sein, dass es Gott gefällt, aufgrund bestimmter Umstände seine Kirche wieder so zu führen. (2) Dies würde dann auch zumindest allen in der Kirche, die apostolische Vollmacht haben und sich vom Heiligen Geist belehren lassen, einsichtig sein. Dieser Leiter der Kirche würde die Kollegialität, in welcher die Kirche ansonsten geleitet wird, dadurch ergänzen, dass er für sie alle spricht und dadurch die Einheit der Kirche deutlich macht[26].

Petrus würde für ein solches Amt ein *Typos* sein. Die Berufung des römischen Papsttums auf Petrus kann dabei die *particula veri* aufweisen, dass es Entsprechungen zwischen der Figur des Petrus und dem Charakter des Papsttums gibt, wie u.a. Schelling auf sie verwiesen hat[27]. Wenn man die Reichweite einer typologischen Auslegung richtig einschätzt, kann man sie durchaus anwenden. Sie gibt dann eine Orientierungshilfe für die Deutung der Kirchengeschichte. Man kann dann auf den oben (16.2.) schon erwähnten Gedanken Hans Urs von Balthasars zurückgreifen, die Gestalten, die Jesus während seiner ersten Parusie umgaben, seien als *typoi* aufzufassen, die über ihre eigene geschichtliche Gegenwart hinaus für die Kirche im Lauf ihrer Geschichte Bedeutung haben. Diese typologische Verknüpfung des römischen Papsttums mit Petrus hat dann freilich nicht den Anspruch eines *ius divinum*. Durch Typologie lassen sich keine verbindlichen Dogmen gewinnen: „Figura nihil probat"[28]. Auf die typologische Deutung der Kirchengeschichte, wie sie Schelling und Balthasar ausgeführt haben, will ich im III. Teil dieser Überlegungen zurückkommen, wenn es um die Spaltungen der Kirche geht.

---

[26] Als ein solches Zeichen für die Einheit des Episkopates hat auch Cyprian die Stellung Petri und den Stuhl Petri im Rom verstanden: unit. eccl. 4; ep. 59,14. – Joseph Ratzinger hat für den Primat des römischen Papstes in der Weise argumentiert, dass dessen Zeugnisstruktur die Kollegialität der Bischöfe als Ausdruck der Wir-Struktur des Glaubens notwendig ergänzen müsste. Diese Argumentation verfehlt ihr Ziel, weil die Verpflichtung jedes einzelnen Gläubigen zum Zeugnis nicht ersetzt werden kann durch die Zeugenschaft eines Einzigen. Hinzukommen muss der Gedanke, dass es sinnvoll sein kann, dass einer kraft seines Amtes für alle spricht, so wie es Petrus in Apg 1-11 getan hat. Dies muss aber nicht den ganzen Lauf der Kirchengeschichte hindurch der Fall sein. Joseph Ratzinger, Der Primat des Papstes und die Einheit des Gottesvolkes, in: ders., Gesammelte Schriften, hg. v. Gerhard Ludwig Müller, Bd.8/1: Kirche – Zeichen unter den Völkern. Schriften zur Ekklesiologie und Ökumene, Freiburg/Br. 2010, 660-675. [Erstveröffentlichung in: ders., Dienst an der Einheit. Zum Wesen und Auftrag des Petrusamtes, Düsseldorf 1978, 165-179.].

[27] Friedrich Wilhelm Joseph von Schelling, Philosophie der Offenbarung, 2. Teil, 36. u. 37. Vorlesung, in: ders., Sämmtliche Werke, Abt.II, Bd.4, Stuttgart/Augsburg 1858, 312; 324.

[28] Luther, WA 44, 109,9 (Genesis-Vorlesung 1535-45, zu Gen 32,29-32); WA.TR 6, 308,13-15 (Nr. 6989). Vgl. „allegoriae nihil probant", WA 42, 539,10f (Genesis-Vorlesung 1535-45, zu Gen 14,18); auch schon WA 2, 224,20 (Resolutio Lutherana super propositione XIII. de potestate papae 1519). Vgl. Thomas von Aquin: „cum omnes sensus fundentur super unum, scilicet litteralem: ex quo solo potest trahi argumentum ...", S.Th. I, q.1, a.10, ad 1. Thomas verweist auf Augustin, Epist. 93 Ad Vincentinum Donatistam, c. 8, 24, MPL 33, 334.

18. DIE INSTANZEN DES LEHRAMTES UND DIE FRAGE DER UNFEHLBARKEIT DER KIRCHE

Als eigentümliche Aufgaben, für welche die apostolische Vollmacht gegeben wird, habe ich die verbindliche Lehre genannt, die Rechtsprechung in jeweils letzter Instanz, die Einsetzung eines anderen Amtsträgers und die Leitung der Abendmahlsfeier durch das Sprechen der Einsetzungsworte. Das stärkste Gewicht hat dabei die Lehre. Alle Fragen, die im Umkreis des Amtes angesprochen wurden, bündeln sich, wenn es um das Lehramt geht. Ihm sollen nun diese abschließenden Überlegungen gewidmet sein.

Das Grundsätzlichste, was die Bibel zum Thema Lehramt sagt, sind die Aussagen Jesu, Mt 23,10: „Ihr sollt euch nicht Lehrer nennen lassen, denn nur einer ist euer Lehrer: Christus.", und die Aussagen des Apostels Johannes, 1. Joh 2,27: „Ihr habt es nicht nötig, dass euch jemand belehrt; vielmehr, wie euch seine [Jesu] Salbung über alles belehrt, so ist's wahr ... und wie sie euch belehrt hat, dabei bleibt." (vgl. V. 20f). Dass es gleichwohl Lehrer gibt, die zwischen Christus und den einzelnen Christen, die hier angesprochen sind, stehen, muss sich in das einordnen lassen, was mit diesen beiden Grundaussagen gesetzt ist.

Die Lehrer der Kirche sind nun diese:
(I.) die Heilige Schrift: Jesus Christus und der Heilige Geist, den er als Salbung verleiht, lehren durch die Heilige Schrift. Darum sind die beiden oben genannten Grundaussagen selbst Aussagen der Schrift.
(II.) die Apostel, die Bischöfe, die Pfarrer, andere Lehrer, die als solche keine apostolische Vollmacht haben, wie die an theologischen Schulen.

Die Lehre der Apostel geht dabei essenziell mit dem Entschlafen der Apostel in die Heilige Schrift ein. Die Lehre der Bischöfe und der anderen Lehrer ist und bleibt hingegen an die Heilige Schrift gebunden. Umgekehrt ist die Schrift etwas, was verstanden, was darum ausgelegt werden muss. Kirchliche Lehre ist somit Schriftauslegung. Wer kommt nun infrage, die Schrift auszulegen?

Luther erklärt: „Mit einem zweifachen Urteil müssen die Geister erforscht und geprüft werden: zunächst durch ein inneres, womit durch den Heiligen Geist oder durch eine außerordentliche Gabe Gottes jeder beliebige für sich und sein Heil allein erleuchtet aufs gewisseste die Dogmen und Ansichten aller beurteilt und unterscheidet, wie gesagt ist 1. Kor 2,15: ‚Der geistliche [Mensch] richtet alles und wird von niemandem gerichtet.' Dieses bezieht sich auf den Glauben und ist für jeden beliebigen Christen auch als Privatperson notwendig. ... Aber dieses Urteil nützt keinem andern; ... Deswegen ist das andere Urteil ein äußeres, mit dem wir nicht nur für uns selber, sondern auch für andere und um des Heiles anderer willen auf das gewisseste die Geister und die Dogmen aller beurteilen. Dieses Urteil gehört zum öffentlichen Dienst am Wort und zum äußerlichen Amt und geht am meisten die Führer und Verkündiger des Wortes an. Und wir bedienen uns seiner, wenn wir die Schwachen im Glauben stärken und die Gegner widerlegen."[1]

---

[1] „... duplici iudicio spiritus esse explorandos seu probandos, Vno interiori, quo per spiritum sanctum uel donum Dei singulare, quilibet pro se suaque solius salute illustratus certissime iudicat et

Luther verknüpft dabei das innere Urteil mit der inneren, das äußere mit der äußeren Klarheit der Schrift. Die innere Klarheit der Schrift ist durch den Heiligen Geist gegeben, der dem Herzen Erkenntnis gibt; die äußere Klarheit ist in den Dienst des Wortes gesetzt. Die äußere Klarheit der Schrift besteht darum, weil in der Schrift als dem Wort Gottes Christus offenbart ist. Die Sache der Schrift, Christus, ist darum hell; es gibt nur eine relative und überwindbare Dunkelheit, die darin besteht, dass manche der Worte, die von dieser Sache reden, dunkel sind.[2]

Was Luther das innere Urteil nennt, ist das Belehrt-Sein der Christen durch die Salbung, d.h. durch die Gabe des Heiligen Geistes. Dieses Belehrt-Sein ist notwendig, um überhaupt das Heil zu erlangen. Ein Mensch darf sich niemals daran genügen lassen, dass ein anderer das Lehramt im Sinne des äußeren Urteils für ihn ausübt und er es anerkennt. Er würde auf diese Weise das Heil verwirken. Ohne die innerliche Erleuchtung des Herzens durch den Heiligen Geist kann er Christus als sein Heil nicht empfangen.

Dieses innere Urteil ist aber für sich genommen nicht imstande, eine *Verbundenheit* der Christen zustande zubringen.Es ist nur reflexiv, d.h. rückbezüglich auf den Urteilenden selbst tauglich. Es beurteilt zwar in gewisser Weise das, was andere sagen, aber das, was es dabei hervorbringt, kann es nicht in einer hinreichenden Weise anderen kommunizieren. Gelänge es ihm, dann wäre es bereits in den Bereich des äußeren Urteils hinübergetreten. Außerdem kann es in gewisser Weise getrübt sein bei Christen, die *schwach* sind. Luther spricht davon und kann sich auf Paulus berufen, der beispielsweise die Korinther als schwach, nämlich als unmündige Milchkinder ansprach (1. Kor 3,1-3) und die Galater als unverständig (Gal 3,1, vgl. 4,19!), obgleich er sie doch für Heilige, für Brüder und für Kirchen hält (1. Kor 1,1f; Gal 1,2). Das innere Urteil ist also anfechtbar und verführbar. Es ist auch durch nichts gesichert, dass irgendein Christ sich von einer solchen Anfechtbarkeit und Verführbarkeit ausnehmen könnte.

Darum muss das innere Urteil mit dem äußeren verknüpft sein, also der Glaubenssinn des einzelnen Christen mit einem transpersonalen Lehramt. Dieses Lehramt ist überhaupt möglich, weil der Glaube mit dem Wort mitgeteilt wird (Röm 10,17) und nicht einfach in einer inneren Erleuchtung besteht. Mit dem Wort ist also die Möglichkeit gegeben, von einem Gewissen zum anderen sprechen zu können.

Dieses transpersonale Lehramt muss nun sowohl respektieren, dass Christus im strengen Sinne der einzige Lehrer ist und dass die Gewissen der Gläubigen bereits durch den Heiligen Geist belehrt sind, der mit der Erstverkündigung des Wortes zu ihnen kam (1. Joh 2,24.27; Gal 1,8; 3,2). Wie ich oben erklärt habe, ist dieses Lehramt nicht überflüssig (9.). Es bewahrt den einzelnen Christen in der Verbundenheit mit

---

discernit omnium dogmata et sensus, de quo dicitur 1. Corint. 2 : Spiritualis omnia iudicat et a nemine iudicatur. Haec ad fidem pertinet et necessaria est cuilibet etiam priuato Christiano. Hanc superius appellauimus interiorem claritatem scripturae sanctae. ... Sed hoc iudicium nulli alteri prodest, ... Ideo alterum est iudicium externum, quo non modo pro nobis ipsis, sed et pro aliis et propter aliorum salutem, certissime iudicamus spiritus et dogmata omnium. Hoc iudicium est publici ministerii in uerbo et officii externi et maxime pertinet ad duces et praecones uerbi; Quo utimur, dum infirmos in fide roboramus et aduersarios confutamus. Hoc supra uocauimus externam scripturae sanctae claritatem.", De servo arbitrio, WA 18, 653 / BoA 3, 141,32-142,20.

[2] WA 18, 609, vgl. 606 / BoA 3, 103,9-22 vgl. 100,34-102,2.

den anderen, durch die er überhaupt zum Gläubigen wurde, und stärkt ihn in seiner Schwachheit. Es kann ihm dabei durchaus etwas mitteilen, was er zuvor nicht wußte. Paulus schreibt an die Römer, dass er in seinem Brief sie „erinnert" hätte (Röm 15,15) – dieses Erinnern ist eine Anamnesis, die das enthüllt und entwickelt, was durch die Gnade schon in das Herz des einzelnen Gläubigen gelegt ist.

Wie das Lehramt auf die Vollmacht des gläubigen Gewissens Rücksicht nehmen muss, so muss auch dieses in einer bestimmten Weise beschaffen sein, damit es überhaupt ansprechbar ist für ein Lehramt und bereit ist, sich von ihm belehren zu lassen. Das Gewissen des Gläubigen ist etwas Individuelles. Es darf aber nicht individualistisch sein. Es muss, gerade weil es *gläubig* ist, Christus in sich bergen: Gal 2,20. In Christus ist aber die Unterschiedenheit zwischen Individuen aufgehoben. Alle sind ein Leib (Röm 12,5 usw.; Gal 3,26-28). Die christliche Seele ist darum eine *kirchliche* Seele, eine *anima ecclesiastica*, die Balthasar am Beispiel Marias treffend charakterisiert hat: „Ihre Person ist in Glaube, Liebe, Hoffnung so geschmeidig in der Hand des Schöpfers geworden, daß er sie aus einem vereinzelten privaten Bewußtsein weiten kann zu einem kirchlichen Bewußtsein, zu dem, was seit Origenes und Ambrosius die alte Theologie anima ecclesiastica zu nennen pflegt."[3]

Ein Lehramt, wenn es rechtgeleitet spricht, ist darum für die christliche Seele nicht etwas Fremdes. Sein Spruch ist ihm keine Fremdbestimmung. Dieser Spruch kann im Akt des Hörens die Zustimmung im Glaubenden wecken, der aufgrund dessen, was er schon weiß, zustimmen kann. Er kann aber auch in dem Fall eines Noch-nicht-Verstehens, Noch-nicht-zustimmen-Könnens Vertrauen wecken. Es ist möglich, dass in bestimmten Dingen des Glaubens, die über das hinausgehen, was der Gläubige erfaßt hat, wenn er überhaupt glaubt[4], der Gläubige sich dem Träger des Lehramtes anvertraut, so dass dieser stellvertretend für ihn lehrt, auch wenn diese Lehre aus eigener Einsicht und Überzeugung (noch) nicht mitgetragen werden kann (Phil 3,15f). Auf diese Weise ist es überhaupt erst möglich, dass einer – der Träger des Lehramtes – für andere sprechen kann. Damit der Einzelne sich so dem Lehramt anvertraut, ist es aber auch nötig, dass dessen Träger sich Vertrauen erwirbt und sich vertrauenswürdig verhält. Wo Träger des Lehramtes – beispielsweise die Bischöfe von Rom mit ihrem Primatsanspruch, man könnte aber auch andere Beispiele nennen – durch die Ausübung ihres Lehramtes dieses Vertrauen verwirkt haben, können sie auch nicht erwarten, dass Gläubige sich durch sie vertreten lassen.

Mit diesen Überlegungen ist auch schon die äußerste Grenze dessen erreicht, zu dem der einzelne Gläubige sich anderen überlassen darf. Es ist ihm um Christi willen verboten, sich in eine totale Abhängigkeit von einem Lehramt zu begeben. Verboten ist also eine solche Regel, wie Ignatius von Loyola sie in seinen Exerzitien formuliert: „Wir müssen, um in allem das Rechte zu treffen, immer festhalten: ich glaube, daß das Weiße, das ich sehe, schwarz ist, wenn die Hierarchische Kirche es so definiert. Denn wir glauben, daß zwischen Christus Unserem Herrn, dem Bräutigam, und der Braut,

---

[3] Balthasar, Wer ist die Kirche?, 174, vgl. Ratzinger, Luther und die Einheit der Kirchen. Nachwort, JRGS 8/2, 961.
[4] Luther nennt hier, um die „Sache" der Schrift, Christus, zu explizieren: „Christum filium Dei factum hominem, Esse Deum trinum et unum, Christum pro nobis passum et regnaturum aeternaliter", WA 18, 606 / BoA 3, 101,26-28. Man kann sich fragen, ob man diesen Bereich noch weiter reduzieren kann.

der Kirche, der gleiche Geist waltet, der uns zum Heil unserer Seele leitet und lenkt, weil durch denselben Geist Unseres Herrn, der die Zehn Gebote erließ, auch Unsere Heilige Mutter, die Kirche gelenkt und regiert wird."[5]

Sich in eine solche totale Abhängigkeit vom Lehramt zu begeben, ist dem Gläubigen um Christi willen verboten und nicht wegen einer Selbstbehauptung seines Fleisches. Denn er wäre nicht gläubig, wenn Christus und der Heilige Geist nicht schon in ihm wohnen und in einem gewissen Grade selber erleuchten würden. Diese Erleuchtung geht auf jeden Fall darüber hinaus, dass er sich total einem anderen Menschen anvertrauen müsste, auch wenn dieser ein Lehramt in der Kirche innehat. Es bleibt also immer ein gewisses Vermögen, durch welches der Glaubende prüfen kann, ob das Lehramt überhaupt rechtgeleitet ist.

Lumen gentium 12 hat erklärt: „Die Gesamtheit der Gläubigen, welche die Salbung von dem Heiligen haben (vgl. 1 Joh 2, 20.27), kann im Glauben nicht irren. Und diese ihre besondere Eigenschaft macht sie durch den übernatürlichen Glaubenssinn des ganzen Volkes dann kund, wenn sie ‚von den Bischöfen bis zu den letzten gläubigen Laien' ihre allgemeine Übereinstimmung in Sachen des Glaubens und der Sitten äußert. Durch jenen Glaubenssinn nämlich, der vom Geist der Wahrheit geweckt und genährt wird, hält das Gottesvolk unter der Leitung des heiligen Lehramtes, in dessen treuer Gefolgschaft es nicht mehr das Wort von Menschen, sondern wirklich das Wort Gottes empfängt (vgl. 1 Thess 2,13), den einmal den Heiligen übergebenen Glauben (vgl. Jud 3) unverlierbar fest. Durch ihn dringt es mit rechtem Urteil immer tiefer in den Glauben ein und wendet ihn im Leben voller an."

Hier wird dieses Urteilsvermögen der Christen in den Blick gefaßt. Allerdings wird erstens davon abgeblendet, dass das, was die Gesamtheit hat, auch jeder Einzelne für sich haben muss (denn eine Gesamtheit ist aus Einzelnen zusammengesetzt), und zweitens wird dieser *sensus fidei* abhängig gemacht von der Leitung durch das Lehramt. Die Gläubigen haben aber ihr eigenes Urteilsvermögen auch im Gegenüber, auch im prüfenden Gegenüber, zum Lehramt und nicht nur, wenn sie sich von ihm leiten lassen. Der Gedanke eines *sensus fidei* oder *sensus fidelium* würde aber verdorben, wenn der Einzelne nur noch das für das eigene Glaubensurteil hält, was er sich vom Lehramt hat einprägen lassen.

Für die Bildung des eigenen Urteilsvermögens des einzelnen Christen ist es darum das Beste, wenn es sich in der unmittelbaren Begegnung mit dem Lehramt der Heiligen Schrift schulen läßt, weil dieses die Quelle ist, und alle Dekrete des ihr untergeordneten Lehramtes, wenn es denn rechtgeleitet ist, sich aus dieser Quelle speisen[6].

---

[5] Ignatius von Loyola, Die Exerzitien, übertr. von Hans Urs von Balthasar, 10. Aufl. Einsiedeln 1990, § 365 (Regel 13 um das wahre Fühlen zu erlangen, das wir in der diensttuenden Kirche haben sollen), Ausgabe übertr. v. Balthasar, 93. Eine verwandte Haltung spricht aus dem Brief der Katharina von Siena an die Herren von Florenz vom April 1376: „Selbst wenn die Hirten und der irdische Christus [der Papst] fleischgewordene Teufel wären statt eines gütigen Vaters, wir müßten ihm uns unterwerfen und gehorchen, nicht seinetwegen, sondern Gottes wegen. Denn Christus will, daß wir seinem Stellvertreter [dem Papst] gehorchen.", Katharina von Siena, Politische Briefe, übertr. u. eingef. v. Ferdinand Strobel, Einsiedeln/Köln 1943 (Menschen der Kirche 5), 145.

[6] Luther, Von den Konziliis und Kirchen, WA 50, 519,32 – 520,10. Er beruft sich dabei auf Bernhard von Clairvaux, zieht also einen Traditionsbeweis dafür heran, dass man der Quelle gegenüber der Tradition den Vorzug geben muss.

18. Die Instanzen des Lehramtes und die Frage der Unfehlbarkeit der Kirche

Die Einsichten, zu denen der einzelne Christ, aber auch der Träger des Lehramtes in der Auslegung der Bibel kommen, müssen aber miteinander übereinstimmend sein. Denn die Wahrheit kennt zwar wohl verschiedene Zugänge, die zu verschiedenen Formulierungen und Akzentsetzungen führen, je nachdem von welcher geschichtlichen Ausgangslage man zu ihr gelangt. Sie kennt aber in sich keine Widersprüche. Aus diesem Grunde muss das Verständnis der Bibel, also die kirchliche Lehre, etwas Widerspruchsfreies sein und deswegen ist sie wiederum ein Band der Einheit der Christen. Es geht mithin darum, dass in der Kirche eine Übereinstimmung, ein *Konsens* für ihre Lehre gefunden wird.

Die Konsensbildung in der Kirche hat verschiedene Instanzen und diese haben eine Stufung. Diese Stufung entspricht der Gliederung der Kirche. Wir wollen diese Stufenfolge zunächst von *unten nach oben* durchgehen. Ausgangspunkt ist die Urteilsbildung des einzelnen Gewissens. Wenn ein einzelner Christ mit anderen zu einem Konsens kommen will, dann ist der Raum, in dem sie sich befinden, zunächst derjenige der Ortsgemeinde. Besteht in einer Ortsgemeinde ein Konsens, dann muss man mit anderen Ortsgemeinden in eine Übereinstimmung kommen. Der gemeinsame Raum ist für sie der einer Bischofskirche. Diese können nun wiederum auf der Ebene der Gesamtkirche zu einem Konsens kommen. Der Abschluß der Konsensbildung ist eine Aufgabe des Lehramtes auf der jeweiligen Stufe. Ist auf der Ebene der Gemeinde ein Konsens erreicht, dann erhält er Gültigkeit durch das, was der Pfarrer bzw. das Kollegium der Pfarrer lehrt. Für eine Bischofskirche ist es der Bischof, für die Gesamtkirche ein Konzil oder eine Korrespondenz unter Bischöfen. Angesichts der Spaltung der Kirche sind es die Übereinkünfte durch die Vertreter der verschiedenen Konfessionskirchen.

Jede dieser Instanzen ist nun berechtigt, etwas für wahr zu halten, auch wenn die nächsthöhere noch nicht zugestimmt hat: der einzelne Christ also noch vor dem Pfarrer, der Pfarrer vor dem Bischof, der Bischof vor dem Konzil. Falls man auf Widerspruch stößt, soll man sich darin zurückhalten, sein Wahrheitsverständnis als das allgemeingültige zu vertreten. Man soll im Gespräch nach einem Konsens suchen, indem man auf die anderen Standpunkte hört und für die eigenen Argumente in Anschlag bringt. Man darf und soll dabei durchaus an dem eigenen Standpunkt festhalten, noch vor dem Spruch der nächsthöheren Instanz. Man soll diesen Standpunkt aber nicht mit Verbindlichkeit lehren. Auf der untersten Stufe kommt das verbindliche Lehren ohnehin nicht infrage. Mit *Verbindlichkeit* lehren ist nie Sache eines Christen, der nicht in einem Lehramt steht. Wenn ein Christ aber als Pfarrer ein Lehramt innehat, soll er in einer strittigen Angelegenheit mit einem verbindlichen Lehren warten, bis der Bischof seine Entscheidung getroffen hat. Das Gleiche gilt für einen Bischof bei einem Lehrstreit auf der Ebene der Bischofskirchen: er kann seinen Standpunkt für den wahren halten, soll ihn aber nicht mit Verbindlichkeit lehren, bevor die Gesamtkirche zu einer Entscheidung gekommen ist. Wenn dann etwas gelehrt wird, steht der Lehrende für das Ganze dessen, was er zu vertreten hat: Ortsgemeinde, Bischofskirche, Gesamtkirche.

Eine Konsensbildung ist nun auch von *oben nach unten* möglich. Ein Konzil oder Kirchenleitungen, die etwas miteinander vereinbaren, ein Bischof, ein Pfarrer sind befugt, etwas als Lehre für ihren Verantwortungsbereich vorzutragen, ohne in jedem Fall eine Konsensbildung auf der Ebene unter ihnen abgewartet zu haben. Das apostolische Charisma, das den Bischöfen übertragen ist und an dem auch die Pfarrer eines Bischofs teilhaben, befähigt sie dazu, so wie auch die Apostel lehren konnten ohne abzuwarten, ob man in den Gemeinden ebenfalls schon zu derselben Einsicht gelangt ist.

Die Träger der Lehramtes müssen aber dann sich darum kümmern, dass diese Lehre von den Christen in ihrem Zuständigkeitsbereich angenommen wird. Sie dürfen sich dabei nicht damit begnügen, von ihnen Zustimmung zu erwarten, *nur* weil sie in ihrem Amt gesprochen haben. Eben hier liegt eine problematische Stelle der Konstitution ‚Pastor aeternus': „ex sese, non autem ex consensu Ecclesiae" seien die Lehrentscheidungen des römischen Bischofs *ex cathedra* unveränderlich und unfehlbar[7]. Problematisch ist nicht, dass eine Lehrentscheidung auf der höchsten Ebene zustande kommen kann, ohne dass zuvor ein ganzer Konsensbildungsprozeß von unten nach oben sich vollzogen hat. Die Apostel handelten, wie gesagt, nicht anders. Aber zurückzuweisen ist, dass die Zustimmung der unteren Ebenen alleine deswegen erwartet wird – und dies mit Androhung des Anathemas! – weil diese bestimmte Instanz gesprochen hat, die auf der höchsten Ebene zu stehen beansprucht. Denn hier wird die geistliche Kompetenz zur Urteilsbildung mißachtet, die jedem von Christus durch den Glauben zugeeignet worden ist. Die Träger des Lehramtes auf der jeweils höheren Ebene müssen vielmehr mit Geduld und Respekt diese Kompetenz fördern, so dass die Glieder auf der nächst unteren Stufe *aus eigener Einsicht* zu einer Zustimmung ihrer Beschlüsse gelangen.

Man wird nun fragen dürfen, ob irgendeine dieser Instanzen – der einzelne Christ, der Pfarrer, der Bischof, die für das Ganze der Kirche unmittelbar Verantwortlichen – als solche eine Garantie hat, die Wahrheit zu finden. Das von mir hier hypothetisch angenommene Amt des Papstes hat eine solche Garantie nicht. Aber auch die anderen Instanzen haben sie nicht. Sie alle können irren. Als Beispiel, an dem man dies vergleichsweise leicht erkennen kann, sei hier der arianische Streit des 4. Jahrhunderts genannt. Während Irenaeus noch sagen konnte, dass alle Bischöfe die Wahrheit festhalten, welche die Apostel ihnen überliefert hatten[8], versagten viele, wenngleich nicht alle Bischöfe in dieser Krise des arianischen Streites –, desgleichen Gemeinden und einzelne Gläubige. Auch der Papst – man denke an Liberius – hat eine Zeit lang darin versagt[9]. Desgleichen gab es Konzilien, welche den Entschluß des Konzils von Nicaea aufhoben. Im Rückblick sind die Christen sich darüber einig, dass das Nicaenum wahr ist. Daraus folgt aber, dass ein guter Teil der damaligen Amtsträger geirrt hat. Es ist der spätere Konsens der Kirche, der im Nachhinein entscheidet, welche Bischöfe die Wahrheit lehrten, welche nicht, welche Konzilien die wahren und somit die verbindlichen waren und welche nicht, wann der Papst Liberius recht lehrte und wann nicht.

Man wird nun fragen, wodurch die Kirche weiß, dass eine bestimmte Lehre, z.B. das Nicaenum, dass der Sohn mit dem Vater gleichen Wesens sei, wahr ist. Man könnte darauf folgende Antworten geben: a) dadurch, dass die Kirche die Bibel befragt und an ihrem Maßstab dies erkennt, b) dadurch, dass man sagt, dass alle mittlerweile noch bestehenden christlichen Konfessionskirchen, soweit sie sich zum Nicaenum

---

[7] Pastor aeternus, Kap. 4, DH 3074.
[8] Adv. haer. III, 3,1.
[9] Wolfgang Bienert, Art. Liberius, RGG, 4. Aufl., 5(2002), 324f.

äußern, dieses anerkennen (die Unitarier, die auch beanspruchen, christlich zu sein, sind damit ausgeschlossen). Diese Antworten sind beide möglich. Es genügt aber schon die Antwort c), dass in der wahren Kirche nach einer Phase der kontroversen Diskussion, in welcher die Wahrheit für viele verdunkelt war, eine Evidenz von der Wahrheit des Nicaenums entstanden ist. „Evidenz" soll sagen: es handelt sich um eine Einsicht, die sich nicht auf die Entscheidung einer bestimmten Instanz zurückführen läßt, die auch keinen biblischen Argumentationsgang braucht und auch nicht auf einen Vergleich der Lehren der verschiedenen Konfessionskirchen angewiesen ist. Die Verheißung Jesu Joh 16,13, der Heilige Geist werde die Kirche in aller Wahrheit führen[10], ist offenbar auch so zu verstehen, dass Gott der Kirche immer wieder eine solche Evidenz schenkt.

Wir sehen, dass jede der Instanzen der kirchlichen Konsensbildung irren kann. Es kann aber auch jede das Ihre für diese Konsensbildung beitragen. Die eine Instanz darf keine der anderen ausschließen. Luther hat sich in seinem Auftritt vor dem Reichstag von Worms 1521 auf das Recht und die Verpflichtung des christlichen Gewissens berufen. Zur anderen Seite hin war er bereit, ein Gesamtkirchenregiment als den besten Weg für die Kirche anzuerkennen (Schmalkaldische Artikel II,4). Es kann von der geschichtlichen Situation abhängen, in welcher die Kirche steht, welche der vier Instanzen sie besser leitet als die anderen. Es kann Situationen geben, in welchen die Urteilskraft der Einzelnen ohne Amtsbefugnis die Wahrheit erkennt und festhält, während die Bischöfe der Unwahrheit nachgeben. Es kann umgekehrt Situationen geben, in denen die Bischöfe – und möglicherweise auch nur der Bischof von Rom – die Wahrheit erkennen und die große Zahl der Gläubigen ohne sie von der Wahrheit weggetrieben würde, so dass sie dankbar sein müssen, sich ihr anvertrauen zu können – was sicherlich ohne einen gewissen Rest der eigenen Urteilskraft nicht gehen würde.

Aus der Irrtumsfähigkeit der Instanzen muss noch ein weiterer Schluß gezogen werden. Es kann im Verlaufe einer Konsensbildung Widerspruch, Streit und Irrtum geben. In dieser Phase der Dunkelheit sind diejenigen, welche die Wahrheit erkannt haben, verpflichtet, an ihr festzuhalten und sie zu lehren, auch wenn die Mehrheit der Kirche gegen sie steht. Dies gilt bei einem Konsensbildungsprozeß von unten wie bei einem von oben. Der Respekt vor der höheren Ebene, der bei jenem geboten ist, die Geduld, zu der bei diesem die Verpflichtung besteht, haben hier ihre Grenze. Athanasius tat recht daran, am ὁμοούσιος festzuhalten, auch als er in der Minderheit war, als er abgesetzt war, als andere Konzilien sich gegen das Nicaenum wandten, als der Papst Liberius dies ebenfalls tat. Es gibt solche Konflikte mit dem übergeordneten Lehramt – die Reformation ist auch ein solcher.

Die urbildhafte Konstellation ist dabei die Verwerfung Jesu durch den Hohen Rat, seine Ablehnung durch die große Menge, die Verleugnung durch die Jünger, einschließlich des Petrus (auf den das römische Lehramt sich hier nur schlecht berufen kann). Nur Maria und andere Frauen und der Jünger Johannes bleiben ihm treu. Die Bedrohung und Abweisung der Propheten des Alten Bundes sind weitere beredte Beispiele, desgleichen die Konfrontation der Petrus mit dem Hohen Rat, der obersten Lehrinstanz des Alten Bundesvolkes, die von Petrus durchaus an sich noch anerkannt

---

[10] Nicht bloß „in alle Wahrheit". Es gibt für beide Lesarten Zeugen unter den wichtigen Handschriften.

wurde, Apg 5,17-42[11]. Petrus beruft sich nicht darauf, dass er im Neuen Bund nun an die Stelle des Hohenpriesters getreten sei, sondern er sagt: „Man muß Gott mehr gehorchen als den Menschen." (Apg 5,29). Daraus ergibt sich auch die Position von CA XXVIII, das Bischofsamt zur Lehraufsicht durchaus anzuerkennen, ihm aber zu widersprechen, wenn es gegen das Wort Gottes urteilt.

Mit all diesen Erwägungen haben wir über die Frage der *Unfehlbarkeit* der Kirche nachgedacht. Die Unfehlbarkeit der Kirche ist keine Eigenschaft, die der Kirche gehört, sondern sie ist ein Ergebnis der Treue Gottes: „Sind wir untreu, so ist er getreu, denn er kann sich selbst nicht verleugnen.", 2. Tim 2,13. Die Unfehlbarkeit der Kirche ist, genau betrachtet, die unbeirrbare Treue Gottes, in welcher er an der Kirche festhält, obgleich sie von sich aus immer vom Weg der Wahrheit abkommen würde, und dafür sorgt, dass sie auf diesem Weg bleibt oder auf ihn zurückkommt. Er sorgt dadurch dafür, dass er Menschen bestellt, die allezeit der Kirche seine Wahrheit sagen. Gott tut das aber nicht unter Garantie durch die Instanzen, die er in der Kirche mit der Erkenntnis der Wahrheit der Lehre beauftragt hat – weder durch ein Konzil, noch durch die Bischöfe noch durch den Bischof von Rom alleine noch durch das einzelne christliche Gewissen. Es gibt Phasen der Dunkelheit auf dem Weg der Kirche, in denen nur eine angefeindete Minderheit die Wahrheit erkennt, an ihr festhält und durch sie sich von Gott führen läßt. Der andere, größere Teil der Kirche hört dabei aber nicht auf, Kirche zu sein, solange er grundsätzlich das Mittel anerkennt, durch das Gott seine Wahrheit mitteilt, nämlich die Heilige Schrift. Gott schenkt der ganzen Kirche aber auch immer wieder eine Evidenz, durch welche sie die Wahrheit erkennt.

Wer repräsentiert nun die Kirche im Fall eines Dissenses, so dass gesagt werden kann: die Kirche spricht hier? Falls kein Dissens besteht, sind es die jeweiligen Instanzen des Lehramtes, die anstelle der Kirche sprechen. Im Fall eines Dissenses ist es aber gerade die Minderheit, die um der Wahrheit willen sich dem irrigen Spruch des Lehramtes verweigert, welche für die Kirche spricht. Sie ist dann die Braut, die ihrem Bräutigam antwortet und seinem Ruf folgt und die sich vom Geist der Wahrheit leiten läßt. Die Wortführer dieser Minderheit haben etwas Prophetisches an sich, auch wenn sie eines der regulären, durch Menschen verliehenen Ämter der Kirche bekleiden. Jesaja war zwar Priester, Athanasius Bischof, Luther war ebenfalls Priester und Lehrer der Heiligen Schrift. Aber die Aufgabe, die sie wahrnahmen im Widerstand gegen die Mehrheit der Träger des Lehramtes war die eines Propheten.

Doch auch die irrende Mehrheit ist im Fall eines Dissenses noch Kirche. Die Bedingung dafür ist oben genannt worden: dass sie noch an der Entscheidungsgrundlage festhält, der Bibel. Auch in ihrem Irren ist dieser Teil der Kirche noch Kirche. Dieses Irren gehört zu ihrem Sündigen und anders, als es Pius XII. in ‚Mystici corporis' lehrte, sündigt auch die Kirche und nicht nur ihre Glieder. Bei dem Hohenpriester Kaiphas sehen wir, dass sein Sündigen und Irren und die Ausübung seiner lehramtlichen Vollmacht ineins fallen: er spricht, weil er Hoherpriester ist, die Wahrheit aus – im Grunde das zentrale Dogma des Christentums – aber er versteht sie falsch, so dass sie in seinem Verständnis ein Irrtum ist. Wer sie richtig versteht, ist der Evangelist Johannes, der zu der unterdrückten Minderheit gehört, die der Wahrheit treu bleibt (Joh 11,49-52). Auch der verleugnende Petrus repräsentiert die irrende Kirche. Gerade

---

[11] Auch Paulus erkennt den Hohenpriester noch an: Apg 23,5.

18. Die Instanzen des Lehramtes und die Frage der Unfehlbarkeit der Kirche

deswegen sucht Jesus nach der Auferstehung das Gespräch mit ihm. Er will, dass er sich bekehrt (Lk 22,32b) und dass er wieder eingesetzt wird als Leiter der Kirche (Joh 21,15-17)[12].

Nun könnte man gegen diese Darlegungen einwenden, dass dadurch der Desorientierung, der Rechtlosigkeit und der Zersplitterung der Kirche freier Lauf gegeben würde. Wenn dagegen die Wahrheit immer mit einer klaren, rechtlich verbürgten Ordnung verbunden ist, blieben sowohl die Einheit der Kirche als auch ihr Bleiben oder Geführt-Werden in der Wahrheit bewahrt. Darum müsse es auch eine Letztentscheidungsinstanz in einer einzigen Person geben: dem römischen Papst[13].

Dagegen ist zu sagen, dass dadurch so, wie der Mensch ist, nur der Schein einer klaren Ordnung entstünde. Sobald es auch nur *einen* Gegenpapst gibt, hat man zwei Personen, die gleichzeitig beanspruchen, das letzte Wort in der Kirche sprechen zu dürfen. Außerdem unterliegt diese Konzeption einer *petitio principii*: sie setzt das voraus, was sie beweisen will. Sie will beweisen, dass nur eine monarchische Verfassung des Lehramtes die Einheit der Kirche bewirken kann. Aber sie setzt voraus, dass es schon die Einmütigkeit gibt, die darin besteht, dass alle in der Kirche den Spruch dieser Instanz anerkennen und richtig interpretieren. Darüber hinaus wird die Möglichkeit übersehen, dass viele dieses monarchische Lehramt zwar in formaler Weise anerkennen – durch ihre rechtliche Zugehörigkeit zu der vom Papst geleiteten Kirchengemeinschaft –, dass sie seine Lehrentscheidungen aber faktisch ignorieren. Genau dies ist gerade heute zu einem sehr großen Teil der Fall. Gerade die fortgeschrittene Säkularisierung mit ihrem Toleranzbegriff erlaubt dies. Der Vorschlag einer Lösung durch ein monarchisches Lehramt suggeriert zwar, dass er auskäme ohne die Entscheidung des einzelnen Subjektes und ohne die Interpretation, die das Subjekt ausübt: anstelle dass viele zu einer Entscheidung kommen müssen, was wahr ist, und anstelle der vielen Interpretationen, wie die Schrift zu verstehen sei, stehe nun der Spruch eines einzelnen, und dieser sei wahr aufgrund der Einrichtung einer *assistentia specialis Spiritus Sancti*. Diese Objektivität ist aber nur ein Schein. Denn es ist eine Entscheidung des Subjekts, sich dem Papsttum unterzuordnen, und die Sprüche des Papstes müssen auch interpretiert werden. Das monarchische Konzept empfiehlt sich, wenn eine gewisse Müdigkeit entstanden ist, die daran zweifeln läßt, dass die Glieder der Kirche durch den *sensus fidei* zu einem Konsens in der Wahrheit gelangen. Aus dieser Müdigkeit und Skepsis entsteht, wie bei Erasmus, eine Bereitschaft zur Unterordnung. Nur wenn man es für ausgeschlossen hält, dass die Glieder der Kirche eine eigene Einsicht in die Wahrheit der Heiligen Schrift erlangen, kann man überhaupt erwägen, dass ein solcher unbedingt anzuerkennender Schiedsspruch des Papstes das Richtige wäre.

Vor allem aber ist zu sagen: Gott hat eine *solche* monarchische Ordnung für die Kirche nicht vorgesehen. Er hat vielmehr eine Ordnung für sie vorgesehen, die in einem viel höheren Maße offene Störungen zuläßt, darum aber auch die Kirche an *ihn* als ihren *einzigen* Monarchen verweist und sie in einem viel höheren Maße an sein erbarmendes Eingreifen bindet.

---

[12] Weil Petrus aufgrund seiner Verleugnung nicht für die ganze Kirche sprechen kann, redet ihn Jesus hier nicht mit „Petrus", sondern mit „Simon" an.
[13] Joseph Ratzinger wirbt für den römischen Primat damit, dass das Christentum eine Letztentscheidungsinstanz brauche: Salz der Erde, 194.

TEIL III:
DIE GEFÄHRDUNGEN DER KIRCHE UND IHRE ÜBERWINDUNG

Wenn in diesem dritten und letzten Teil der Überlegungen von den Gefährdungen der Kirche die Rede sein soll, dann muss etwas vorausgeschickt werden. Gefährdungen setzen voraus, dass das Schwächen hat, das gefährdet ist. Die Kirche hat in der Tat Schwächen. Darum ist sie auch gefährdet. Sie hat aber auch Stärken. Sie ist nicht nur schwach und krank. Sie ist auch stark und gesund. Sie ist gerade in der Weise stark und gesund, dass sie Menschen stark und gesund macht, die schwach und krank sind. Sie macht aus Sündern Gerechte und beschenkt sie mit Gottes Heil. Sie tut dies, weil sie der Leib Christi ist, sein Werkzeug, durch das er all dies tut.

Die Stärke und Gesundheit der Kirche ist immer größer als ihre Schwäche und Krankheit, gerade weil die Kraft Christi in den Schwachen mächtig ist, d.h. in denen, die ihre Schwäche einsehen und Christus um Hilfe anflehen (2. Kor 12,9). Sorgen über die Gefährdungen der Kirche dürfen also nie mehr Gewicht erhalten als die Zuversicht, dass die Kirche in der Kraft Christi stark und gesund ist, trotz ihrer Schwächen und Krankheiten. Die Kirche erweist sich im Kampf gegen diese Gefahren immer wieder als *ecclesia semper reformanda*[1]. Das heißt: Sie erliegt immer wieder diesen Gefahren und wird von Gott aus ihnen errettet. Wie weit sie ihnen erliegen kann und dabei immer noch überhaupt Kirche bleibt, darüber wird noch nachzudenken sein (s. 23.) Solange sie aber noch Kirche bleibt, solange besteht die Hoffnng, dass sie reformiert wird. „Reformiert" ist dabei im ursprünglichen Sinne des Wortes zu verstehen: sie gewinnt ihre ursprüngliche Gestalt zurück. Mit der ursprünglichen Gestalt ist aber nicht die Gestalt gemeint, welche die Kirche in einer früheren, vermeintlich oder tatsächlich besseren Zeit hatte. Die Kirche als *ecclesia militans* ist Gottes neue Schöpfung innerhalb der alten Schöpfung mit ihrer Zeit und ist darum bereit, im Wandel der Zeiten mitzugehen. Sie darf nur nicht sich auf einen solchen Wandel einlassen, der ihr Wesen zerstören würde. Die *reformatio* ist dann aber nicht die Rückkehr in eine frühere Zeit der Kirche, sondern ein Wiedergewinnen der Prägung durch die Form, welche die Kirche zur Kirche macht. Diese Form ist aber das Wort Gottes. So wie die Kirche eine Kreatur des Wortes ist, so ist die „ursprüngliche Gestalt" der Kirche die

---

[1] Über die Herkunft dieser Formel wird gestritten, so Michael Bush, Calvin and the Reformanda Sayings, in: Herman J. Selderhuis (Hg.), Calvinus sacrarum literarum interpres. Papers of the International Congress on Calvin Research, Göttingen 2008, 285-299, und Theodor Mahlmann, „Ecclesia semper reformanda". Eine historische Aufklärung. Neue Bearbeitung, in: Hermeneutica sacra. Studien zur Auslegung der Heiligen Schrift im 16. und 17. Jahrhundert. Bengt Hägglund zum 90. Geburtstag, hg. v. Torbjörn Johansson, Robert Kolb u. Johann Anselm Steiger, Berlin 2010 (Historia Hermeneutica. Series Studia 9), 381-442, die an verschiedene Theologen des 17. Jahrhunderts denken. Ich zitiere hier nur die Formulierung dieser Formel bei Karl Barth, Die Botschaft von der Freien Gnade Gottes, in: Theologische Studien 24 (1947), 19: „Aber die Kirche wird nicht auf das vertrauen, was sie mit sich bringt: nicht auf die Originalität, nicht auf die latente Erwecklichkeit ihres kirchlichen Seins und Tuns und auch nicht auf das Aufstehen jener freien Christen – sie wird, wenn es um ihre Freiheit geht, immer nur auf diese Botschaft selber vertrauen. Von ihr her das Recht, von ihr her die Pflicht, von ihr her die Freiheit der Kirche, als Kirche in der Welt zu existieren, als ecclesia semper reformanda: ganz anspruchslos, aber auch allen christlichen und unchristlichen Dämonen gegenüber ganz furchtlos."

Gestalt, die sie je mehr gewinnt, desto mehr sie sich vom Wort Gottes gestalten läßt. Frühere Zeiten der Kirche, in denen dies geschah, können und sollen dabei sehr wohl der Kirche in der Not ihrer jeweiligen Gegenwart ein Exempel sein. Gute Exempel sollen nachgeahmt werden in dem Bewußtsein, dass dadurch nicht das Exempel wiederholt wird, sondern in einer kreativen Weise die Aufgabe der Gegenwart bewältigt wird.

Dass es der Kirche auf irgendeinem Gebiet auf Dauer gelingen könnte, nicht einer Gefahr zu erliegen und damit reformbedürftig zu sein, ist eine Täuschung. Die Geschichte der Kirche verläuft auch nach dem Kommen Christi so wie die Geschichte Israels zur Zeit der Richter charakterisiert wird (Ri 2,6-23): als ein beständiger Wechsel zwischen einem errettenden Eingreifen Gottes, der Reformatoren erweckt, und dem Abfall von Gott und diesen Reformationen.

Besteht die Hauptaufgabe der Kirche darin, Heilswerkzeug zu sein, dann muss ihre am schwersten wiegende Gefährdung darin liegen, dass sie nicht mehr dazu taugt, das Heil zu vermitteln (Mt 5,13). Betrachten wir die wesentlichen Tätigkeiten der Kirche (6.), dann handelt es sich um Störungen der rufenden (missionarischen) und der nährenden Tätigkeit der Kirche. Dies kann verbunden sein mit einer Störung ihrer Lehrtätigkeit: wenn nicht mehr wahr, sondern falsch gelehrt wird. Lehre, wie sie hier definiert wurde, ist die Regulierung der Verkündigung. Eine falsche Lehre wird letztlich immer die Verkündigung schädigen. Hier stehen die Auswirkungen der Häresie vor uns, d.h. einer durchgehenden Verfälschung der gesamten kirchlichen Lehre, aber auch die Gefahr, die von einzelnen Lehrirrtümern ausgehen kann, die im Gesamtzusammenhang der Lehre andere Lehrstücke verändern und sich zur Häresie entwickeln kann. Die Häresie ist darum die größte Gefährdung der Kirche.

Es kann aber auch die Lehre rein sein, das Leben der Kirche, also auch ihre Verkündigung hingegen kalt (Apk 2,1-7, das Sendschreiben an die Gemeinde von Ephesus). Was der Kirche dann fehlt, ist die Liebe. Die Liebe ist aber das, was eigentlich in der Kirche das rufende und das nährende Element ist.

19. SYSTEMATIK DER GEFÄHRDUNGEN DER KIRCHE

Man kann verschiedene Systematiken der Gefährdungen und Krankheiten der Kirche entwerfen. John Henry Newman entwickelt sie in dem Vorwort zu der dritten Auflage seines Werkes ‚The via media of the Anglican Church'[1] daraus, dass der Kirche, in Entsprechung zu Christus[2], drei Ämter anvertraut sind: das prophetische, das priesterliche und das königliche Amt. Jedes von ihnen hat einen besonderen Mittelpunkt seiner Handlungen; diese haben jeweils ein leitendes Prinzip und bedienen sich eines ihnen eigentümlichen Instrumentes. Das prophetische Amt ist das Lehramt. Das Geschäft des Lehramtes ist die Theologie, ihr leitendes Prinzip ist die Wahrheit, und ihr Handlungsort sind die theologischen Schulen. Ihr Instrument ist die Vernunft. Das priesterliche Amt wird im Kultus ausgeübt. Es hat als Zentrum seines Handelns den Hirten und seine Herde, die Gemeinde. Ihr leitendes Prinzip sind Frömmigkeit und Erbauung, ihr Instrument die emotionale Natur des Menschen. Das königliche Amt der Kirche hat schließlich als eigentümliches Zentrum seiner Handlungen das Papsttum und die Kurie. Es übt Herrschaft aus, deren leitendes Prinzip ist darauf zu achten, was förderlich ist (1. Kor 10,23), und ihre Instrumente sind Befehl und Zwang. Newman verknüpft dabei die drei Ämter mit den vier Prädikaten der Kirche. Das priesterliche Amt, bzw. das Christentum als Religion, entspricht der Heiligkeit der Kirche; das prophetische Amt, bzw. das Christentum als Trägerin der Lehre, der Apostolizität der Kirche; das königliche Amt, bzw. das Christentum als politische Macht, der Einheit und Katholizität der Kirche.

So wie der Mensch ist, sagt Newman, hat aber jedes dieser Instrumente eine besondere Neigung zum Schlechten. Wenn das Instrument also nicht richtig gemeistert wird von denjenigen, die das jeweilige Amt ausüben, dann gerät die Kirche in Gefahr. Der Gebrauch der Vernunft hat eine Neigung zum Rationalismus, die Frömmigkeit als Leistung der emotionalen, religiösen Natur des Menschen neigt zu Aberglaube und Schwärmerei. Macht schließlich droht zu Geltungssucht und Tyrannei zu führen[3].

---

[1] Ausgabe hg. v. H. D. Weidner, 10-57. Während das Werk unter dem Titel ‚Lectures on the Prophetical Office of the Church', 1837 erstveröffentlicht, noch in die anglokatholische Phase Newmans fällt, gehört dieses Vorwort zur dritten Auflage 1877 seiner römisch-katholischen Phase an.

[2] Calvin, Inst. II,15.

[3] Newman nennt zuerst, durchaus erklärungsbedürftig, das Geschäft des prophetischen Amtes eine Philosophie, setzt aber später dann immer den Begriff Theologie ein: „Christianity, then is at once a philosophy, a political power and a religious rite. As a religion, it is Holy, as a philosophy, it is Apostolic; as a political power, it is imperial, that is, One and Catholic." Er fährt dann fort: „As a religion, its special centre of action is pastor and flock; as a philosophy, the Schools; as a rule, the Papacy and its Curia." Es folgt dann: „Truth is the guiding principle of theology and theological inquiries; devotion and edification, of worship, and of government, expedience. The instrument of theology is reasoning; of worship, our emotional nature; of rule, command and coercion. Further, in man as he is, reasoning tends to rationalism; devotion to superstition and enthusiasm, and power to ambition and tyranny.", The via media of the Anglican Church, 1836, 3. Aufl. 1877 mit neuem Vorwort. Ausgabe hg. v. H. D. Weidner, Oxford 1990, Preface § 4, S. 25. Übersetzung (ab § 2): John Henry Newman, Die Einheit der Kirche und die Mannigfaltigkeit ihrer Ämter. Übertr. v. Karlheinz Schmidthüs, Freiburg/Br. 1938 (Zeugen des Wortes 3).

Diese Verknüpfungen Newmans können in verschiedene Richtungen hin ausgedeutet werden. Es ist offensichtlich eine Verzerrung der Heiligkeit der Kirche, eine Verdrehung in das Menschlich-Fleischliche, wenn die Frömmigkeit eine Neigung zu Aberglaube und Schwärmerei erhält. Sie ist dann auch nicht mehr an der Heiligkeit Gottes ausgerichtet. Es ist eine Verzerrung des Lehrhaften an der Kirche, wenn die Vernunft, die zum Lehren dient, übermächtig wird und zum Rationalismus neigt. Es ist eine Perversion der Einheit und Katholizität der Kirche, wenn die Leitung der Kirche versucht, sie mit dem Mittel menschlicher Macht aufzurichten. Die Einheit, die dadurch aufgerichtet wird, ist dann nicht mehr die Einheit, die sie in Gott hat.

Hier müssen auch die Mittel des königlichen Amtes schärfer betrachtet werden, die Newman nennt: „Befehl und Zwang". Es kann sich, wie oben schon zur Kirchenzucht und zur rechtsprechenden Tätigkeit der Kirche gesagt wurde, nur um den Zwang handeln, den die einleuchtende Wahrheit und das Vertrauen in die Wahrhaftigkeit Gottes auf das Gewissen ausüben. Alle anderen Mittel sind etwas Fleischliches, das von Gott wegführt. Es zeigt sich hier, dass das königliche Amt an das prophetische gebunden sein muss. Wenn etwas anderes den Gliedern der Kirche zu gehorchen geboten wird als das, was die Wahrheit ihnen selbst gebietet oder zumindest ein Vertrauen, das sie von Gott auf die Leiter der Kirche übertragen können, dann liegt ein Mißbrauch der Leitungsgewalt der Kirche vor. Auch die Vorstellungen von Heiligkeit, an welchen sich die Frömmigkeit der Kirche ausrichtet, müssen nach dem Maßstab der Wahrheit gebildet sein.

Newman diagnostiziert eine Reihe von Gefährdungen und Schwächen der Kirche als Probleme im Zusammenspiel der drei Ämter. Er sieht dabei auch eine Gefährdung des prophetischen Amtes, konkreter: der Theologie, wenn sie isoliert wird: „Die Theologie kann nicht immer ihren eigenen Weg gehen. Sie ist zu hart, zu intellektuell, zu genau, um immer passend zu sein oder um immer Mitgefühl zu haben. Manchmal hat sie einen Konflikt oder eine Niederlage, oder sie hat einem Burgfrieden oder einem Kompromiß zuzustimmen als Ergebnis der rivalisierenden Macht des religiösen Gefühls oder der kirchlichen Interessen."[4]

Dieser Gedanke Newmans ist allerdings genauso delikat wie suggestiv. Denn er legt nahe, die Wahrheit zugunsten des „religiösen Gefühls" oder der „kirchlichen Interessen" zurückzuhalten. Die Beispiele, die er selbst im Folgenden gibt, illustrieren gerade, wie schädlich das in allen Bereichen ist – nicht nur für die Wahrheit, sondern auch für das wahre, d.h. wahrhaft christliche religiöse Gefühl und für die wahren Interessen der Kirche. Was er mit dem „zu hart, zu intellektuell, zu genau" andeutet, ist freilich eine Grenze der Theologie, wenn man sie nur als Lehre im engeren Sinne versteht. Größer als die abstrakte Wahrheit ist noch die Liebe, und sie nötigt nicht der Wahrheit, wohl aber dem Umgang mit der Wahrheit Zugeständnisse ab, wie es der Apostel ausführt (1. Kor 10,23-11,1; Röm 14,1-15,3; vgl. Phil 4,5). Dass das recht ist, sieht gerade die Wahrheit. Das Prädikat der Apostolizität der Kirche, d.h. ihre Bindung an das apostolische Evangelium, also an die Mitteilung der Liebe Gottes, hat Vorrang vor den Prädikaten der Heiligkeit und der Einheit bzw. Katholizität. Diese Prädikate können

---

[4] „Yet theology cannot always have its own way; it is too hard, too intellectual, too exact, to be always equitable, or to be always compassionate; and it sometimes has a conflict or overthrow, or has to consent to a truce or a compromise, in consequence of the rival force of religious sentiment or ecclesiastical interests;", The via media of the Anglican Church, Preface § 8, S. 30.

nur dann als Kriterien des Handelns der Kirche dienen, wenn erkannt wird, was sie in Wahrheit sind. Die Wahrheit auszusprechen ist aber die Aufgabe des Lehramtes der Kirche.

Aus Newmans Entwurf ergibt sich aber noch ein weiterer Hinweis. Er selbst ordnet die drei Ämter verschiedenen Lebensbereichen der Kirche zu: den theologischen Schulen, den Gemeinden mit ihren Gottesdiensten und anderen Übungen der Frömmigkeit, den Leitungsorganen der Kirche, unter denen er zentral das Papsttum mit der Kurie nennt. In der römisch-katholischen Kirche, auf welche sich Newman bezieht, sind aber diese drei Ämter in ihren obersten Spitzen vereinigt, zunächst auf der Ebene der Bischöfe, dann schließlich auf der obersten Ebene, in der Person des Papstes. Das beschwört eine weitere Gefährdung der Kirche herauf. Denn es fehlt dann an dem Gegengewicht, das jedes der drei Ämter dadurch erhält, dass es in einem anderen Lebensbereich, mit einer – zumindest überwiegend – anderen Gruppe von Personen vertreten ist. Das königliche Amt wird dann – zumeist – in der Person des Papstes, aber auch schon in der der Bischöfe auch stärkeres Gewicht haben als das Lehramt oder als die Frömmigkeit.

Man kann zwei Lösungswege angesichts dieses Problems aufsuchen. Der erste ist, dass jeder Bischof sich darum bemüht, in erster Linie der Wahrheit des Evangeliums zu folgen und darum nicht nur in der Sphäre der abstrakten Wahrheit, sondern auch in der Sphäre der Heiligkeit zu leben sucht und zugleich sein ordnendes, leitendes Handeln in einer solchen Weise ganz vom Evangelium bestimmen läßt, dass sein Wirklichkeitssinn geschärft wird und die Klugheit ihm sagt, was er zu beachten hat, um dem Evangelium unter den gegebenen Umständen zu einer möglichst weiten und tiefen Wirkung zu verhelfen.

Der zweite, durchaus ergänzende Lösungsweg besteht darin, dass diese drei Lebensbereiche, von denen Newman spricht, gar nicht völlig vom kirchenleitenden Amt reguliert werden, sondern in einem gewissen Maße ihre Eigenständigkeit bewahren. So können Übergewichtungen des einen Elementes durch Gegengewichte der beiden anderen ausgeglichen werden. Wichtig ist dabei, dass die Vertreter jedes dieser Lebensbereiche sich nicht von den anderen ausschließen. Die Theologen müssen im Dienst der Frömmigkeit stehen, dadurch dass sie am Leben der Gemeinden teilnehmen, sei es als Prediger, sei es als Hörer. Sie dürfen sich nicht scheuen, auch an einer sehr schlichten Frömmigkeit Anteil zu nehmen. Sie müssen zudem an der Leitung der Kirche mitbeteiligt werden dadurch, dass die Leiter sie um ihren Rat bitten und sie vertraut machen mit den Umständen, die beachtet werden müssen, wenn man ihren Rat versucht, in die Wirklichkeit umzusetzen. Die Bischöfe müssen, wie oben schon gesagt, an den beiden anderen Sphären teilhaben. Die Gemeinden müssen, soweit dies in weiteren Kreisen möglich ist, sich auch ein theologisches Urteil bilden. Sie dürfen nicht bloß Ort der Übung der Frömmigkeit sein, sondern auch Teilhaber an der Verantwortung für die Leitung der Kirche, welche die Bischöfe nicht ausschließlich für sich reklamieren dürfen.

Hans Urs von Balthasar hat von einem anderen Ausgangspunkt eine Enzyklopädie der Gefährdungen der Kirche entwickelt. Er setzt an bei der typologischen Betrachtung der Gestalten, die Jesus umgeben. So findet er folgende Gruppierung[5]:

---

5 Balthasar, Der antirömische Affekt, 255.

Jakobus: Tradition, Gesetz

Petrus: +   Johannes:
Hirtenamt   die „bleibende" Liebe

Paulus: Freiheit im Heiligen Geist

Die Gefahren, die entstehen, wenn die Elemente, die in diesen apostolischen Gestalten beschlossen liegen, verabsolutiert werden, sind diese[6]:

> Positivismus (exegetischer, kirchengeschichtlicher, theologischer)

Kirche als   Gnostizismus,
Organisation,   +   Pneumatismus,
Verwaltung   Liebe als „Erfahrung"

> Rationalismus (das die Tiefen Gottes durchforschende Pneuma wird menschliche Vernunft; Dogmatizismus)

Man sieht, wie hier Typen von den Gefährdungen nach dem Muster Newmans wiederkehren. Das losgelöste petrinische Prinzip entspricht der Perversion des königlichen Amtes bei Newman, das losgelöste paulinische Prinzip der Perversion des Lehramtes, das losgelöste johanneische Prinzip der Perversion der Frömmigkeit. Zudem gibt es die Gefahr eines losgelösten jakobäischen Prinzips.

Wichtiger noch als diese Gruppierung von vier Aposteln ist für Balthasar indes die Gegenüberstellung Maria – Petrus, von welcher schon die Rede war. Auch hier kann Balthasar eine Gefährdung durch Vereinseitigung diagnostizieren: „Es ist wichtig, zu wissen, dass weder Maria noch Petrus die einzigen Repräsentanten und Realsymbole der kirchlichen Einheit sind; Johannes hat geradezu die vermittelnde Rolle, die verhindert, dass die Kirche in zwei getrennte Teile auseinanderbirst (wie sie schon Tertullian vor seinen Augen zerfallen sah). Nur versteht er sich in seinem ‚Dienst der Mitte' einzig im Zurücktreten. Er ‚bleibt', aber im Hintergrund, mit keinem Priveleg der Unsterblichkeit ausgezeichnet ([Joh] 21,33)."[7]

Balthasar weist also hier dem johanneischen Prinzip die Aufgabe der Vermittlung zu. Die Gefährdung des petrinischen Elementes – er denkt dabei konkret an das Papsttum – beschreibt er so: „Natürlich muß auch Petrus immer wieder lernen und sich dabei nicht einsam an der Idee seines Amtes orientieren (was ihn leicht zu einer Überbewertung desselben verführen könnte), sondern ebenso am umgreifenden Ganzen der Kirche, das sich konkret im Kräftespiel der Hauptsendungen, am Gesetz ihrer ‚Statik' äußert."[8] Die Gefährdung des marianischen Elementes deutet Balthasar an, wenn er Tertullian erwähnt: eine Kirche, in welcher „Heiligkeit" ein größeres Gewicht erhält als das Amt. Es handelt sich hier um die donatistische Fehlauffassung von Kir-

---

[6] Ebd., 257.
[7] Ebd., 186.
[8] Ebd., 259.

che. Balthasars persönlicher Beitrag zu einer Überwindung dieser doppelten Gefährdung bestand in der Gründung der Johannesgemeinschaft. Hier soll sowohl Teilhabe am Priestertum – vertreten im Priesterzweig der Gemeinschaft – stattfinden, als auch „die marianische Seite der kirchlichen Verfügbarkeit ... ans Licht ... gestellt" werden[9]. Balthasars Überlegungen fügen sich an die hier oben schon zu Newman geäußerten an. Die Sphären der Heiligkeit und des königlichen Amtes müssen sich durchdringen. Ich verweise hier auf die Ausführungen über die Kollegialität der Amtsträger und über Laien und Kleriker, allgemeines und besonderes Priestertum (15. und 16.).

Im weiteren Fortgang dieser Überlegungen will ich mich auf drei Gefahren oder Übel der Kirche konzentrieren. Diese sind (1) die Verweltlichung der Kirche, (2) die Tyrannei in der Kirche und (3) die Spaltungen in der Kirche. Die Auswahl ergibt sich dadurch, dass ich das erste und das dritte dieser drei Übel als diejenigen ansehe, die in der gegenwärtigen Kirche, vor allem in der westlichen Welt, die vorherrschenden sind. Die Tyrannei ist keineswegs ein überwundenes oder bedeutungsloses Übel, wird aber aus diesem Grunde hier herangezogen, weil die meisten bestehenden Spaltungen in der Kirche vor allem auf eine Tyrannis in der Vergangenheit der Kirche zurückzuführen sind. Besonders die Abwendung der Reformationskirchen von der Leitung der Kirche durch das Papsttum – die von anderen aus den Reformationskirchen entstandenen Kirchen übernommen wurden –, als auch die erhärtete Abgrenzung der Ostkirchen von der römischen Kirche haben ihren stärksten Grund in dem Führungsanspruch des Papsttums, der als Tyrannis von ihnen abgelehnt wurde. Seit dem Zweiten Vatikanischen Konzil tritt das Papsttum diesen Kirchen mit einer brüderlichen Geste entgegen, allerdings ohne sich von seinem Führungsanspruch loszusagen, der gerade im Ersten Vatikanischen Konzil die stärkste Bekräftigung erfahren hatte. Wenn es also darum geht, zu überlegen, wie die Spaltungen in der Kirche überwunden werden können, so muss zunächst das entgegengesetzte Übel betrachtet werden, das diese Spaltungen hervorgerufen hat, nämlich ein Forcieren der Einheit der Kirche, das in der Art der Vorstellung von dieser Einheit, in der Ablösung des einheitsstiftenden Elementes der Kirche von dem wahrheitsstiftenden und in der Wahl der Mittel sich vom Evangelium gelöst hat. Das Trachten nach der Überwindung der Spaltungen der Kirche muss stets im Auge behalten, dass dieses Übel nicht das einzige der Kirche ist und dass es auch ein entgegengesetztes Übel gibt.

---

[9] Balthasar, Unser Auftrag, 106f.

20. RELIGIÖSE UND SÄKULARISTISCHE VERWELTLICHUNG DER KIRCHE

Die Verweltlichung der Kirche besteht darin, dass sie den doppelten Hauptauftrag vergißt, der sie erst begründet: Menschen in sich zu rufen, damit sie errettet werden und zu ernähren, damit sie wachsen. Vergißt die Kirche diesen Auftrag, dann wird sie den Menschen gleich, die nicht Kirche sind. Dann wird sie der Welt gleich (Röm 12,2). Sie erliegt dann der Versuchung der Welt, von der oben (7.2.) die Rede war: Das Evangelium wird umgeformt in die Heilsbotschaft einer allgemeinen irdischen Wohlfahrt; die geistliche Autorität der Kirche dient der noch tieferen Verankerung einer politischen Autorität, welche die übergreifende Autorität Gottes schmälert und zu ersetzen trachtet; die Kirche wird zu einer Verkörperung weltlicher Religion, welche die religiöse Sehnsucht der Welt zu stillen sucht, nicht aber die Sehnsucht, die Gott als Schöpfer in sie hineingelegt hat.

Diese Verweltlichung kann eine sehr glatte Außenseite haben: man sieht dann eben nichts als – fast – nur irdische Wohlfahrt, gleichmäßig verteilt, als einen starken und frommen Staat und als sehr viel Frömmigkeit, die alle Lebensbereiche durchdringt. Hinter dieser Fassade kann sich allerdings eine nicht nur geistliche, sondern auch moralische Korruption ausbreiten. Von einer solchen Korruption, die mit sehr viel Frömmigkeit verbunden ist, zeugen bereits die Söhne des Priesters Eli (1. Sam 2,12-17), und Jesus spricht von den Schriftgelehrten, die großes Ansehen wegen ihrer Frömmigkeit genießen und doch die Häuser der Witwen fressen (Lk 21,46f). Der Gipfelpunkt dieser Korruption ist die Verurteilung von Gottes Sohn aus Empörung darüber, dass er Gott gelästert habe (Mt 26,63-66).

Dante hat die Verweltlichung und Korruption der Kirche in einem erschreckenden Bild ausgedrückt. Er sieht die Kirche als einen Wagen, in dem ein Greif sitzt, der Christus symbolisiert. Dieser Greif erhebt sich in den Himmel. Der Wagen wird von verschiedenen Angriffen bedroht und beschädigt. Schließlich verwandelt sich der Wagen in das apokalyptische Tier von Apk 17,3-6, auf dem die Hure Babylon sitzt. Das Tier ist das Papsttum, die Hure die Kurie, der Riese, mit dem die Hure buhlt, ist das französische Königtum, dem sich das Papsttum als Schutzmacht ergeben hat[1].

Gegen die *religiöse* Verweltlichung der Kirche richtete sich zentral auch die Kritik der Reformatoren. In seiner Römerbriefvorlesung von 1515/16 spricht Luther in der Auslegung von Röm 1,23 von dem Vertauschen der Herrlichkeit Gottes mit den Götzenbildern. Als besonders vergeistigten und subtilen und zu seiner Zeit häufigen Götzendienst nennt Luther, dass Gott so verehrt wird, nicht wie er ist, sondern wie

---

[1] Purgatorium XXXII. Der Greif erscheint in einem Triumphzug, welcher die Autoren der Heiligen Schrift symbolisiert, in Purg. XXIX, Str.36, V.106. Er verläßt den Wagen: Purg. XXXII, Str.30, V.89. Der Wagen wird auf verschiedene Weise angegriffen: ab Str.35, V.104. Er verwandelt sich in das Tier: Str.48, V.142. Zur Deutung s. den Kommentar von Peter Amelung zu den Stellen in der Ausgabe Dante Alighieri, Die Göttliche Komödie. Aus dem Italienischen übertr. v. Wilhelm G. Hertz. Mit einem Nachwort vers. v. Hans Rheinfelder, mit Anm. v. Peter Amelung u. mit Zeichnungen v. Sandro Botticelli, München 1978, 522-524.

man ihn sich zurechtbildet. Man bildet ihn sich aber als gnädigen Gott zurecht[2]. Die reformatorische Kritik konzentriert sich sodann auf die Auffassung der Messe als eines Sühnopfers. So schreibt Luther in den Schmalkaldischen Artikeln (II.2), dass sie ein Werk der Menschen sei und gegen den Hauptartikel christlichen Glaubens stehe. Er betont dem gegenüber, „daß nicht ein Messeknecht mit seinem Werk, sondern das Lamb Gottes und der Sohn Gottes unsere Sunde trägt."[3].

Die religiöse Verweltlichung geht, je weiter sie voranschreitet, auch mit der Tyrannei in der Kirche Hand in Hand, und zwar ist es eine Tyrannei, in der den tyrannischen Herrschern der Kirche auch die Schutzmacht der Staaten zur Verfügung steht. Denn in einer Gesellschaft, in der alles religiös durchdrungen ist, auch der Staat, kann die staatliche Gewalt nicht zurückstehen, die Leitung der Kirche mit allen ihren Mitteln zu unterstützen. Die Zusammenarbeit der von Papst Gregor IX. gegründeten Inquisition mit der weltlichen Gerichtsbarkeit, die Gewaltmittel, die gegen die Reformation eingesetzt wurden und die nachfolgende Gegenreformation, aber auch der Einsatz weltlicher Gewalt für die Ziele bestimmter Reformationen sind Zeugnisse dafür.

In der Zeit ab dem 18. Jahrhundert – mit einigen Vorboten im 16. und 17. Jahrhundert – kehrt sich die Verweltlichung der Kirche indes um. Nicht mehr eine religiöse Verweltlichung, wie noch in der Reformationszeit ist das Problem, sondern eine *säkularistische* Verweltlichung. „Religion" in dem hier verwendeten negativen Sinne ist zwar selbst etwas Weltliches. Sie ist das Unterfangen des Menschen, einen Halt zu gewinnen dadurch, dass er über die Grenzen der Welt hinausgreift und meint, dort etwas zu finden, woran er Halt gewinnt. In Wahrheit aber hat er sich selbst getäuscht und diesen Halt sich selbst erfunden. Er hat sich einen gnädigen Gott selbst geschaffen. Die vom Christentum unterschiedenen Religionen treten zwar z.t. mit dem Anspruch einer geistigen Macht außerhalb dieser Welt auf. Sie tun dies, auch wenn dieser Anspruch nicht rechtmäßig ist, und wenn diese Mächte nur Einfluß auf die Menschen erlangen, weil diese von der Sehnsucht geleitet sind, ohne Gott leben zu können (Gen 3). Dieses „Weltliche" an den Religionen wird von ihnen mehr oder weniger verschleiert.

Das Säkulare besteht hingegen in einem Anerkennen der Grenzen dieser Welt als dem Grundsatz, der bestimmt, worauf der Mensch sich überhaupt rechtmäßigerweise einlassen darf. Religion ist im Säkularismus schon möglich, aber sie hat nur Recht, wenn es ihr ausdrücklich zugestanden wird von einer Instanz, die entschieden innerweltlich ist. Es handelt sich dann um eine „Religion innerhalb der Grenzen der bloßen

---

[2] „Eisdem gradibus pervenitur etiam nunc ad spiritualem et subtiliorem idolatriam, que nunc frequens est, qua Deus colitur, non sicut est, sed sicut ab eis fingitur et estimatur ... Ac per hoc Deum sibi propitium formant, cum non sit. Et ita phantasma suum verius colunt quam Deum verum, quem similem illi phantasmati credunt.", WA 56, 179 / BoA 5, 226,33 – 227,3. – Dass man, wie immer noch geschieht, als Grundfrage Luthers genannt wird, „Wie kriege ich einen gnädigen Gott", ist eine Verkehrung seines Grundanliegens ins Gegenteil.

[3] BSLK, 418,11-13. – In den Ausführungen oben 11. über die Frage, ob das kirchliche Amt das Amt eines Predigers oder eines Priesters sei, habe ich versucht, einen Weg aufzuweisen, wie das Altarsakrament als Gegenwärtigwerden des einen sühnenden Opfers von Golgatha aufgefaßt werden kann, ohne dass dieses eine Opfer selbst geschmälert wird. Die römische Kirche, welche an diesem Punkt die einhellige Kritik der Reformatoren fand, hatte aber zumindest eine so unklare Auffassung vom Altarsakrament, dass sie diese Kritik herausfordern musste. Auch das Dekret des Tridentinums zum Meßopfer und auch ein großer Teil der heute noch in der römisch-katholischen Kirche üblichen Meßgebete legen das Mißverständnis nahe, hier würde das Sühnopfer Christi von Menschen wiederholt werden.

Vernunft" (Kant) oder um eine „Provinz", der man zwar schon eine Eigenart zugestehen muss – sie ist weder ein Wissen noch ein Handeln[4] –, dieses Zugeständnis erfolgt aber von einer anderen Instanz als sie selbst, nämlich einer deutlich innerweltlichen Instanz, nämlich der Religionsphilosophie (Schleiermacher[5]). Nicht-säkularisierte Religionen fragen mitnichten nach einer solchen Legitimation von Seiten der Welt. Säkularisierte Religion ist erklärtermaßen abhängig von einer innerweltlichen Legitimationsinstanz und identifiziert sich darum selber als etwas Weltliches.

Diese Legitimationsinstanz kann die Philosophie sein, wie in den oben gegebenen Beispielen. Es kann aber auch der Staat sein, der Religion nur zuläßt, insofern sie die staatliche Ordnung unterstützt oder zumindest nicht gefährdet. Es kann schließlich auch ein Ideal der Gesellschaft sein, so etwa das einer Gesellschaft, in der Wohlstand für alle besteht. Religion wird dann gebilligt oder sogar begrüßt, wenn sie etwas zum Erreichen dieses Ideals beiträgt.

Die Ursprünge der Säkularisierung im christlichen Abendland liegen bei Denkern, für die der Erhalt oder die Wiederherstellung von Frieden in Staat und Gesellschaft von solchem Gewicht war, dass er ihnen ein wesentliches Kriterium wurde – um nicht zu sagen: das ausschlaggebende Ziel war –, nach dem sie die Wahrheit der Religion, insbesondere der christlichen Religion zu bestimmen suchten. Für Sebastian Castellio war alles in der christlichen Religion als unwesentlich oder als ungewiß einzuschätzen, worüber man in einen Streit geraten konnte, in dessen Folge Staat und Gesellschaft erschüttert und Menschen getötet wurden[6]. Für Herbert von Cherbury konnte wahr in der Religion nur sein, was von allen gegenwärtig bestehenden Religionen auf der Welt anerkannt wurde. Auch bei ihm ist der gewaltsame Religionsstreit des konfessionellen Zeitalters ein deutliches Motiv für seinen Denkweg[7]. Spinoza erklärte es schließlich für eine Aufgabe des Staates, dass er alle Religionen im Zaum hält, die über die allgemeine Religion (*religio maxime catholica*) hinausgehen. Diese Religion enthält nur die von allen anerkannten Wahrheiten[8]. Der von Castellio geprägte Toleranzbegriff erweist sich als das wohl stärkste Instrument der Säkularisierung.

Was Religion durch die Säkularisierung genommen wird, ist ihr unbedingter Anspruch, die Dringlichkeit, mit der sie sich an den Menschen wendet. Die Irritation,

---

[4] Schleiermacher, Über die Religion. Reden an die Gebildeten unter ihren Verächtern, hg. v. Rudolf Otto, Göttingen, 6. Aufl. 1967, Rede II, S. 41-89.

[5] Schleiermacher betrachtet in seinen ‚Reden über die Religion' diese als „Werk des menschlichen Geistes" und als „ein Produkt der menschlichen Natur" und entwickelt daraus ihre Verteidigung: Über die Religion, Rede I, S. 31. In der ‚Glaubenslehre' gibt die „Ethik" der Dogmatik den zentralen Begriff der Frömmigkeit vor. „Ethik" ist dabei die „spekulative Darstellung der Vernunft in ihrer Gesamtwirksamkeit": Der christliche Glaube. Nach den Grundsätzen der evangelischen Kirche im Zusammenhange dargestellt, 2., umgearb. Ausgabe von 1830, hg. v. Martin Redecker, 2 Bde., Berlin 1960, § 2 Zusatz; § 3, Bd. 1, 14.

[6] Castellio, De haereticis an persequendi sunt, 3-6; dazu: Sven Grosse, Konkurrierende Konzepte von Toleranz, 61-65.

[7] Cherbury, De Veritate, 1-4; 210-226; dazu Sven Grosse, Die Neuzeit als Spiegelbild des antiken Christentums, in: ders., Das Christentum an der Schwelle der Neuzeit. Drei Studien zur Bestimmung des gegenwärtigen Ortes des Christentums (Texte und Studien zum Protestantismus des 16. bis 18. Jahrhunderts 6), Kamen 2010, 1-50, hier 23f; 26-37.

[8] Baruch Spinoza, Tractatus politicus VIII, 46, in der Ausgabe neu übers., hg., mit Einleitung u. Anmerkungen vers. v. Wolfgang Bartuschat. Lat.-Dt., Hamburg 1994 (Sämtliche Werke 5.2), 186,6-19; dazu Sven Grosse, Konkurrierende Konzepte von Toleranz, 78-84.

welche der wiedererstarkte Islam in der säkularisierten westlichen Welt hervorruft, besteht gerade darin, dass er mitnichten daran denkt, auf diesen Anspruch zu verzichten. Er will sich keinen staatlichen Ordnungen fügen, die nicht von ihm selbst gegeben sind. Aber auch für das Christentum ist der Staat nicht mehr als eine „Dienerin" Gottes (Röm 13,4), die zudem durch das Gewissen des Gläubigen daran gemessen werden kann, ob sie ihren Auftrag erfüllt (Röm 13,5). Und die Wohlfahrt einer Gesellschaft ist nicht mehr als die Versorgung einer vergehenden Welt mit vergänglichen Gütern, auf die auch die Glieder der Kirche während ihres Durchmarsches in die Ewigkeit angewiesen sind. Die Kirche kann diese Güter nur schätzen, weil an ihnen sich die Güte, die Gerechtigkeit und die Barmherzigkeit erweisen, die von Gott im Jüngsten Gericht beurteilt werden.

Durch die Säkularisierung werden Instanzen der Welt die Autorität zugesprochen, welche für den christlichen Glauben Gott hat und welche für die Religionen die von ihnen geglaubten Götter haben. Dadurch erhalten diese Instanzen – etwa die Vernunft in einem bestimmten Entwurf „neuzeitlicher" Philosophie, der Staat oder eine ideale Ordnung der Gesellschaft – den Rang, den allein Gott haben darf. Sie werden dadurch religiös aufgeladen, aber sie bleiben doch etwas Weltliches. Sie beanspruchen nicht, Organe von Mächten zu sein, die über dieser Welt stehen.

Säkularisierung ist dabei immer ein Prozeß, der bei einer intakten Religion ansetzt. Sie ist etwas anderes als die Gleichgültigkeit, mit der weltlich gesinnte Menschen in vielen Epochen und in vielen Kulturkreisen oder Milieus der Religion gegenüberstehen, mit der sie koexistieren. Sie ist auch etwas anderes als die Unverbindlichkeit, mit der weltlich gesinnte Menschen an der Praxis einer bestimmten Religion teilnehmen können, ohne dass diese Religion die bestimmende Macht ihres Lebens würde. Säkularisierung, wie sie seit dem 18. Jahrhundert in weiten Teilen des christlichen Kulturkreises sich ereignet hat, aber auch an anderen Religionen geschehen kann, vollzieht sich als ein Abstreifen und als ein Verwandeln von christlich oder religiös bestimmten Gedanken und Lebensweisen. Im Fall der Vernunft als regierender Instanz kann Säkularisierung definiert werden als „Überführung von christlichen (oder doch in der christlichen Kirche heimisch gewordenen) Anschauungen in die Denkformen der autonomen Vernunft."[9]

Dies ist ein Verwandeln, es ist aber auch ein Abstreifen: diese Denkformen oder Lebensweisen verlieren an Gehalt. Als Beispiel kann hier der oben erwähnte Entwurf von Eilert Herms (7.3.) genannt werden, der Welt durch die Kirche ein störungsfreies Zusammenleben zu ermöglichen; sie solle dabei mit Politik, technisch und sozial bestimmter Wissenschaft und Ökonomie zusammenwirken. Was abgestreift wird, ist die Ausrichtung der irdischen Kirche auf die Ewigkeit Gottes und auf die *ecclesia triumphans*. Was „übergeführt" oder „umgeformt" oder eben verwandelt wird, ist die christliche Idee des Friedens. Friede ist, christlich definiert, an erster Stelle der Friede, der zwischen Gott und den Menschen bestehen soll und der durch den Opfertod Jesu Christi wiedergewonnen wird (Röm 5,1. 10; 2. Kor 5,19-21; Lk 2,14). An zweiter Stelle, und unauflöslich mit dem ersten verbunden, ist er der Friede unter den Men-

---

[9] Emanuel Hirsch, Die Reich-Gottes-Begriffe des neueren europäischen Denkens, Göttingen 1921, 3, zit. bei Ulrich Barth, Art. Säkularisierung I. Systematisch-theologisch, TRE 29 (1998), 603-634, hier 605, der darauf verweist, dass Hirsch sich hier an Max Weber anschließt.

schen, der durch den Glauben an diesen Versöhnungstod entsteht (Joh 17,21-23). An Stelle dieses Friedens wird nun ein „Friede" gesetzt oder ein „störungsfreies Zusammenleben", aus dem die erste Dimension des christlichen Friedensgedankens völlig herausgenommen ist. Es kann zwar auch hier, in säkularisierter Form, noch von „Gott" die Rede sein. Aber der Zielpunkt des säkularen Friedens ist nicht mehr die unverbrüchliche Gemeinschaft des Menschen mit Gott, sondern das Zusammenleben von Menschen innerhalb der Welt, und „Gott" wird dann lediglich als eine Instanz betrachtet, die dieses Zusammenleben fordert und vielleicht auch garantiert.

Ein anderer aufschlußreicher Fall von Säkularisierung eines christlichen Gedankens liegt vor, wenn Wolfgang Huber erklärt: „Die Kirche der Zukunft wird sich entweder vor dem Säkularisierungsdruck in einen Winkel halböffentlicher Sonderexistenz zurückziehen und mit sich selbst beschäftigen. Oder sie wird in aller Öffentlichkeit ihr besonderes Profil zur Geltung bringen und vertreten: als eine Gemeinschaft, die die Wahrheit des Glaubens feiert und bezeugt, als eine Gemeinschaft, die in freier Solidarität für die Lebensrechte der Menschen und für die Würde der Natur eintritt."[10] Es ist charakteristisch für die Säkularisierung, dass nichts Konkretes mehr über den Glauben ausgesagt wird. Konkreter sind dann die folgenden Aussagen über die ethischen Positionen der Kirche. Auch wenn man sich unter dem „Glauben" etwas denken mag, was von diesen ethischen Positionen unterschieden ist – das entscheidende Gewicht erhält die Bestimmung der Kirche „als eine[-r] Gemeinschaft, die in freier Solidarität für die Lebensrechte der Menschen und für die Würde der Natur eintritt." Diese Aussagen beruhen auf dem Artikel von der Schöpfung. Sie sehen aber von den Artikeln vom Sohn und vom Heiligen Geist ab. Die Würde des Menschen ist indes in ihrer größten Fülle die Herrlichkeit, die er vor Gott haben sollte, derer er aber aufgrund der Sünde ermangelt (Röm 3,23). Diese Würde wird ihm nur durch Christus zurückgewonnen und als Ziel in der Ewigkeit verbürgt (Röm 5,17), und in ähnlicher Weise verhält es sich mit der weiteren Schöpfung (Röm 8,19-23). Obgleich Huber verspricht, gegen den Säkularisationsdruck anzustehen, der auf die Kirche ausgeübt wird, gibt er ihm in gerade diesen Worten nach. Die Kirche wird faktisch reduziert auf die Gemeinschaft derer, deren Glauben in einem Einsatz für die diesseitigen Lebensrechte des Menschen und die „Würde" der vergänglichen Natur besteht.

Ein drittes Beispiel, das ich hier geben will, ist die Taufe[11]. Die Taufe errettet, vergleichbar mit der Arche Noah in der Sintflut, durch die Reinigung des Gewissens (1. Ptr 3,21). Durch sie wächst der Getaufte mit Jesus Christus zusammen und durchschreitet den Abgrund zwischen dem alten, todverfallenen und dem neuen, unzerstörbaren Leben (Röm 6,3-11). Die Taufe kann und soll auch kleinen Kindern gespendet werden. Denn auch diese gehören in die Masse der Menschen, die Erlösung brauchen (Röm 3,23f; 11,32). Taufe ist in säkularisierter Form nichts als ein „rite de passage" für neugeborene Kinder. Die Gefährdung, angesichts derer man durch sie Halt sucht, ist rückblickend die Gefährdung der Geburt mit ihren Umgewißheiten, vorausblickend

---

[10] Wolfgang Huber, Kirche in der Zeitenwende. Gesellschaftlicher Wandel und Erneuerung der Kirche, Gütersloh 1998, 243.

[11] Die hier wiedergegebene Einstellung zur Taufe ist in säkularisierten Kirchen weitverbreitet, ohne dass sie theologisch reflektiert wird. Um aber ein Beispiel für eine solche Reflexion zu geben, s. Kristian Fechtner, Kirche von Fall zu Fall. Kasualpraxis in der Gegenwart – eine Orientierung, Gütersloh 2003, 82-97.

das ganze Leben, das noch vor dem Kind liegt, und von dem völlig ungewiß ist, was es alles bringen wird.

Diese Gefährdungen sind indes viel unbestimmter und viel weniger ernst als die Gefährdung durch die Sünde und die Aussicht, das ewige Leben für immer zu verlieren. Die säkularistische Sicht von der Taufe faßt überhaupt nicht in den Blick, dass in ihr ein Hinüberschreiten von diesem Leben in ein neues stattfindet.

Zwischen diesen Säkularisaten und den christlichen Wahrheiten, aus denen sie entstanden sind und die sie zu ersetzen trachten, besteht wohl eine Analogie. Die unversehrten christlichen Wahrheiten sind dabei aber von einer viel größeren Fülle. Für die Säkularisierer sind sie jedoch nur ein überkommener „Ausdruck" für das, was man auch säkular sagen kann. Es handelt sich dann für sie nur noch um den Unterschied zwischen zwei Sprachen, in denen man von derselben Sache sprechen kann, und diese Sache liegt innerhalb dieser Welt. Sie wird in der säkularen Sprache direkt zum Ausdruck gebracht, in der überlieferten christlichen Sprache metaphorisch. Die christliche Lehre wird zum Gegenstand einer Hermeneutik, in der es darum geht, ihre Begriffe als etwas anderes zu verstehen, nämlich als etwas Innerweltliches.

Die Säkularisierung kann aber über diese Reduzierung des Christentums noch hinausgehen und hat das auch immer wieder schon gemacht. In konsequenter und radikaler Form bringt sie das Christentum ganz zum Verschwinden. Am Ende des Säkularisierungsprozesses stehen die offene, kompromißlose Ablehnung des Christentums, der Atheismus oder der Agnostizismus. Im Namen der Toleranz und aufgrund des Auftrages des Staates, für Sicherheit zu sorgen, im Namen eines gerechten Gesellschaftssystems kann die Kirche auch verfolgt werden, und es ist seit der französischen Revolution und vor allem in den totalitären Staaten, die im 20. Jahrhundert entstanden sind, auch immer wieder versucht worden, das Christentum auszurotten[12]. Der Säkularismus ist, gemeinsam mit dem Islam, die geistige Macht, der es gelungen ist, in einem größeren Maße christliche Gemeinden auszulöschen und Menschen aus dem Einfluß der christlichen Botschaft in eine geistige Welt hinüberzuführen, deren Überzeugungen die christlichen ausschließen.

Weil die Orientierung für eine Gestaltung der Schöpfung aber nur von dem jenseitigen Gott gegeben wird, hat der Säkularismus auch keinen Maßstab, *was* eigentlich Frieden, *was* gerechte Gesellschaft usw. sind. Sein Ergebnis ist eine zerstörerische Willkür im Umgang mit dem Menschen und mit der Schöpfung überhaupt, es ist eine „Abschaffung des Menschen"[13].

Die Reformationskirchen und die römisch-katholische Kirche haben verschiedene Neigungen, welche der beiden Verweltlichungen sie als eigentlichen Feind anzusehen haben. Die Reformationskirchen haben, weil sie aus dem Widerstand gegen die religiöse Verweltlichung der Kirche unter dem Papsttum hervorgegangen sind, die Neigung, sich auf die religiöse Verweltlichung als Hauptfeind zu konzentrieren. Sie können schwachsichtig sein, wenn es darum geht, die Gefahr der säkularen Verweltlichung wahrzunehmen. Umgekehrt ist es mit der römisch-katholischen Kirche. Sie muss sich

---

[12] Ulrich Barth verkennt dies, wenn er, Art. Säkularisierung I, 617, 26f sagt: „Neuzeitliche Rationalität führt nicht zur Beseitigung, sondern zur Subjektivierung der Religion."

[13] C. S. Lewis, The Abolition of Man, or Reflections on education with special referene to the teaching of English in the upper forms of schools, Oxford 1943, dt.: Die Abschaffung des Menschen, 3. Aufl. Freiburg/Br. 2003.

erst einmal im vollen Maße eingestehen, dass eine christliche Gesellschaft, wie sie die Kirche in der vorreformatorischen Zeit hervorgebracht hat, umkippen kann in eine religiöse Verweltlichung der Kirche, dass dies damals der Fall war und dass das Papsttum und mit ihm verbundene Lehren und Frömmigkeitsformen für die Kirche zu ihrem ärgsten Problem geworden waren. Andererseits ist die römische Kirche – nachdem auch sie im 18. Jahrhundert in gewisser Weise mit der Aufklärung kokettiert hatte –, so frontal und so gewaltsam von der französischen Revolution angegriffen worden, dass sie nicht umhin konnte, zu erkennen, dass hier ein äußerst ernst zu nehmender Feind auf den Plan getreten war, der die Kirche von außen angreift. Allerdings gibt es auch hier Überschneidungen. Weite Kreise der römisch-katholischen Kirche haben vor allem durch ihre Art der Rezeption des Zweiten Vatikanischen Konzils sich der Säkularisierung ergeben – wenn diese nur als etwas Religiöses und Soziales aufgefaßt werden konnte. Umgekehrt haben die direkt und indirekt aus der Reformation hervorgeganenen Kirchen seit den Erweckungsbewegungen des 19. Jahrhunderts gegen die Säkularisierung Widerstand geleistet.

sich die Menschen in einer solchen christlichen Gesellschaft zu Themen der Religion äußern, dann sind diese Äußerungen an erster Stelle stereotype, vorgegebene Äußerungen. Der Gottesdienst ist stark liturgisch in dem Sinne, dass es ein großes Maß an Worten gibt, die für jeden Gottesdienst feststehen, unabhängig von der Entscheidung derer, die diesen Gottesdienst feiern. So nehmen alle am Gottesdienst teil und sprechen auch alle das Glaubensbekenntnis mit. Aber auch, wenn man sich nicht in Formeln äußert, hält man sich an das Muster dessen, was durch die Kirche, und das heißt konkret: durch die prägende christliche Minderheit vorgegeben ist. Über den Glauben der so Bekennenden sagt dies nichts mit letzter Gewißheit aus.

Eine solche christliche Gesellschaft kann Schaden erleiden durch die religiöse Verweltlichung, ohne dass sie aufhörte, eine christliche Gesellschaft zu sein. Das war in den christlich dominierten Gebieten lange genug der Fall. Wenn in ihr hingegen der Prozeß der Säkularisierung einsetzt, verliert sie schrittweise ihren christlichen Charakter. Was sich daraus ergibt, ist die *Volkskirche* – wobei wir gleich sehen werden, dass dieser Begriff mit verschiedenen Konzepten verbunden werden kann. Was in dieser Situation sich als Alternative anbietet, ist die *Freikirche*. Wir werden dann ebenfalls auf diesen Begriff eingehen müssen.

21.2. DIE VOLKSKIRCHE

Mit dem Begriff „Volkskirche" beschreibe ich hier als Erstes die *Situation*, dass die Kirche sich in einer Gesellschaft befindet, die sich zunehmend säkularisiert. In diese Säkularisierung wird die Kirche mit hineingezogen, weil sie mit der Gesellschaft eng verflochten ist. Die äußeren Formen, welche der Kirche wesentlich sind, bleiben dabei noch. Diese sind: die Sakramente Taufe und Abendmahl und andere kirchliche Handlungen (Konfirmation, kirchliche Trauung, kirchliche Bestattung usw.), und die rechtliche Mitgliedschaft in einer Kirche. Die Häufigkeit des Gottesdienstbesuches mag abnehmen, mag sich auf die höchsten kirchlichen Festtage konzentrieren und dort eine Auswahl treffen, die dem Empfinden des Säkularismus entspricht (so dass Weihnachten gegenüber Karfreitag und Ostern bevorzugt wird). Das Denken und die allgemein anerkannten Prinzipien des Handelns, sowie die Auffassungen vom Schönen, wie sie in der öffentlichen Kunst sich ausdrücken, ändern sich indes. Dieser Wandel erfaßt nun auch weite Kreise von Menschen, die an den äußeren Formen der Kirche nach wie vor teilnehmen. Er erfaßt auch die theologischen Lehrer und die Kleriker der Kirche.

Daraus ergeben sich folgende Fragen:
a) wie sollen die Verantwortungsträger der Kirche – also diejenigen, die als Pfarrer oder Bischöfe das kirchliche Amt bekleiden, oder die theologischen Lehrer – sich zu dieser Situation stellen?
b) wie sollen Christen, die nicht in die erste Gruppe gehören, sich zu dieser Situation stellen?
c) was sollen sie tun, wenn auch die Verantwortungsträger (a) zu Sachwaltern der Säkularisierung innerhalb der Kirche werden?

21. DIE VOLKSKIRCHE IM PROZESS DER SÄKULARISIERUNG

21.1. Die christliche Gesellschaft als Ausgangspunkt der Säkularisierung

Säkularisierung ist ein Prozeß, der angesetzt hat in einem Bereich des Christentums, in dem dieses die einzige oder die stärkste geistige Macht war. Ihr Ausgangspunkt ist, was hier eine *„christliche Gesellschaft"* genannt worden ist (7.4.). Aufgrund des Einflusses einer kritischen Masse von Christen ist eine gesamte Gesellschaft christlich geprägt, ohne dass es sein muss – und es ist auch nicht zu erwarten –, dass die meisten in ihr glauben. Diese Anzahl von Christen muss also nicht die Mehrheit sein; sie muss nur als „leading minority" oder zumindest als „creative minority" an solchen Positionen in der Gesellschaft sich befinden, nach deren Auffassungen sich die meisten anderen richten. Es muss nicht einmal so sein, dass diese prägende christliche Minderheit der Gegenwart einer Gesellschaft angehört; sie könnte auch aus der Vergangenheit ihre Wirkung auf eine jeweilige Gegenwart ausüben. Diese Wirkung muss nicht diejenige sein, dass alle anderen zum Glauben kommen. Es genügt, um den Begriff „christliche Gesellschaft" zu erfüllen, dass in der Auffassung, was gut, was wahr, was schön ist, die Gesellschaft Muster anerkennt, die dem christlichen Glauben entsprechen.

Die ganze Gesellschaft gehört dann der Kirche im Sinne einer *ecclesia synthetica* an, d.h. alle, die in ihr geboren werden, empfangen die Taufe[1]. Es könnte sich dabei auch um eine Taufe handeln, die zu einem fortgeschrittenen Zeitpunkt im Leben gespendet wird[2]. Es ist aber der Idee einer christlichen Gesellschaft entsprechender, dass die Taufe so eng wie möglich mit der Geburt verbunden wird, so dass es niemanden in der Gesellschaft gibt (abgesehen von den soeben geborenen Säuglingen), der nicht getauft ist. Es ist sehr leicht, in diesem Sinne Mitglied der Kirche zu werden. Es geschieht sogar ohne eigene Entscheidung. Es ist sehr schwer, um nicht zu sagen, unmöglich, die Kirche wieder zu verlassen – möglicherweise nur um den Preis des Todes, wie es bei den Hinrichtungen von Menschen geschah, die als Häretiker betrachtet wurden.

Das Abendmahl wird von allen ab dem Alter und mit der Häufigkeit empfangen, die in der jeweiligen Kirche festgesetzt worden sind. Auch die anderen kirchlichen Amtshandlungen, wie den Segen bei der Eheschließung und die kirchliche Bestattung, die Firmung oder Konfirmation usw. werden von allen in Anspruch genommen. Wenn

---

[1] Diese Aussage läßt Ausnahmen zu, wie es mit der jüdischen Gemeinschaft im christlich geprägten Europa der Fall war. Umgekehrt gilt sie auch von einer geschlossenen Gruppe, die eine Minderheit innerhalb einer Mehrheitsgesellschaft darstellt und sich nicht nur durch ihre religiöse Überzeugung, sondern auch durch Abstammung und durch die Überlieferung all ihrer Verhaltensweisen bestimmt, z.B. die Armenier oder die Kopten innerhalb der muslimischen Mehrheitsgesellschaft, in der sie leben. Jeder, der in ihr geboren wird, hat Armenier, Kopte usw. zu sein.

[2] Genau dies ist bei christlichen Minderheitsgruppen der Fall, welche die Säuglingstaufe ablehnen, wenn sie eine solche in sich abgeschlossene Gruppe bilden, von der in der vorangegangenen Anmerkung die Rede war.

Zu a: Hier können sich die Verantwortungsträger der Kirche so entscheiden, dass sie das zum Maß erklären, was die Mehrheit der Getauften und rechtlich als Mitglieder der Kirche eingetragenen denkt. Sie würden auf diese Weise selber zu Sachwaltern der Säkularisierung in der Kirche. „Volkskirche" heißt hier ein *Konzept*, wonach die Kirche aufgefaßt wird als einerseits durch die oben genannten äußeren, formalen Elemente bestimmt, andererseits, im Denken und Handeln, durch die Säkularisierung in ihren verschiedenen Spielarten. Die Begriffsbestimmung der *ecclesia synthetica, coetus omnium vocatorum, verbi praedicatione et sacramentis utentium*, wird die einzig maßgebliche Definition von Kirche; ein Kirchenbegriff wie CA VII und ASm III,12, wonach die Kirche bestimmt wird durch das Evangelium und den wahren Glauben, fällt faktisch hinweg. Nicht das Evangelium bestimmt, wer Glied der Kirche im grundlegenden Sinne ist, sondern die Mehrheit der Glieder der *ecclesia synthetica*, bzw. diejenigen, die beanspruchen, für diese zu sprechen, bestimmen, was die Lehre der Kirche ist und „Evangelium" genannt werden soll. Von den verschiedenen möglichen Definitionen von „Volkskirche", die Wilfried Härle aufführt, ist es hier diese: „Volkskirche als *Kirche des (ganzen) Volkes*. Hier besteht die Intention, die Kirche so in der gesamten *Bevölkerung* verankert sein zu lassen, dass die Mitglieder des Staatsvolkes zugleich auch Glieder der Kirche sind. Das hat einerseits im Blick auf die Zugangsbedingungen der Kirche die Konsequenz, eine stark gewohnheitsmäßige Art des Zugangs (etwa durch die ‚Sitte' der Kindertaufe) nicht zu hindern, sondern zu fördern. Und es hat andererseits im Blick auf die Lebensbedingungen der Kirche die Konsequenz, den Pluralismus unterschiedlicher Auffassungen nicht zu eliminieren, sondern zu ermöglichen."[3]

Diese letzte Aussage Härles läßt erkennen, dass wir es nicht mit der Situation einer christlichen Gesellschaft zu tun haben, die durch eine scharf bestimmte, möglicherweise konfessionell formulierte Lehre reguliert wird, sondern mit der Situation des vorschreitenden Säkularismus, zu dem ein Toleranz- und Wahrheitsbegriff à la Castellio gehört.

Jakob Schoell, der im Jahre 1931 in großer Prägnanz die Situation der Volkskirche, ihre Chancen und Gefahren analysiert hat und dessen Analyse heute noch aktuell ist, schreibt vom Standpunkt eines entgegengesetzten Konzeptes aus: „Eine Gefahr für die V. [Volkskirche] liegt auch darin, daß sie in nachgiebiger Anpassung an die vielerlei in ihr vorhandenen Strömungen zu einer nicht mehr zu verantwortenden Weitherzigkeit kommen und so zu einem Sprechsaal werden könnte, wo jeder jedes sagen und glauben dürfte, und niemand recht wüßte, was eigentlich die Kirche lehre und wolle."[4]

Das andere Konzept, das möglich ist, ohne die Situation von Volkskirche zu verlassen, lautet „Volkskirche als *volksmissionarische* Kirche, d.h. als eine Kirche, die sich

---

[3] Härle, Art. Kirche VII, 306,43-49, als Definition c. Die anderen sind a) Volkskirche als Volkstumskirche, b) als volksmissionarische Kirche, d) als gesellschaftlich-politisch anerkannte und geförderte Kirche. In weiteren Ausführungen, 307,40-47, verbindet er Begriff c mit Begriff d, um ihm dem Begriff „Freikirche" gegenüber zu stellen. Vgl. auch Reiner Preul, Kirchentheorie. Wesen, Gestalt und Funktionen der Evangelischen Kirche, Berlin 1997, 178-194, und die Definition von Jakob Schoell, Art. Volkskirche, RGG, 2. Aufl., 5 (1931), 1660-1664: „Sie [die Volkskirche] betrachtet ohne weiteres als ihr zugehörig alle diejenigen, die von Gliedern der Kirche abstammen, und das solange, als sie nicht ausdrücklich erklären, daß sie nicht zu ihr gehören wollen. Man wird in die Kirche hineingeboren ... Im Vollsinn des Wortes genommen müßte die V. das ganze Volk umfassen."

[4] Schoell, Art. Volkskirche, Sp. 1662.

an die gesamte Bevölkerung gesandt weiß und insofern für das ganze Volk da sein will. Die so verstandene Volkskirche hat ... das Ziel, die entchristlichte oder entkirchlichte Bevölkerung wieder für die Kirche zu gewinnen."[5]

Das eine und das andere Konzept schließen sich gegenseitig aus[6]. Das volksmissionarische Konzept setzt die klare Identität des Evangeliums voraus, das in der Heiligen Schrift bezeugt ist, und beabsichtigt, seiner Weisung zu folgen. Es steht im Kampf gegen den Säkularismus. Dieser Kampf wird *innerhalb* der Kirche ausgetragen, die durch äußere Merkmale wie Taufe und rechtliche Kirchenmitgliedschaft bestimmt ist und einen großen Teil säkularistisch denkender und lebender Menschen umfaßt. Diese Kampfsituation ist aber im Letzten keine andere als zu den Zeiten einer religiösen Verweltlichung der Kirche, wo es darum geht, Menschen wegzuziehen von der Vermischung des Glaubens mit weltlicher Religion.

Das volksmissionarische Konzept von Volkskirche hat allerdings eine Alternative, die sich ebenfalls auf das Evangelium beruft: die *Freikirche*. Ihr Merkmal ist das *Verlassen* der volkskirchlichen Situation. Darüber muss noch zu reden sein (22.).

Um zu den oben genannten Fragen zurückzukehren: Für die Christen im Allgemeinen (Frage b) gilt das gleiche wie für die Verantwortungsträger: es ist eine vom Evangelium legitimierte Position, die Gliedschaft in einer Kirche, die zum größten Teil säkularisiert ist, als volksmissionarische Aufgabe aufzufassen – Kirche wieder als *ecclesia synthetica* verstanden, als ein *corpus permixtum*, das sich mit Notwendigkeit daraus ergibt, dass erstens die Kirche eine sichtbare Handlung, die Taufe, dazu gebraucht, um zu bestimmen, wer zu ihr gehört, und zweitens auch Sünder, und zwar auch Ungläubige, unter die wahren Glieder der Kirche gemischt sind. Man muss es als Gläubiger auch hinnehmen, dass keine Kirchenzucht mehr geübt wird und es offenbare Sünder und Ungläubige in dieser öffentlichen Versammlung gibt. Hier ist an die Argumentation Calvins zu erinnern, dass das Vorhandensein von Unwürdigen, und zwar auch von offenbaren Feinden des Evangeliums in einer Gemeinde nicht ein Grund ist, diese Gemeinde zu verlassen. Calvin verweist selbst auf die Gebrechen der „Kirche in Jerusalem" zur Zeit der Propheten Jesaja, Jeremia, Joel und Habakuk: „Die Verehrung Gottes ist teils in Verachtung geraten, teils beschmutzt ...", die Lebensführung ist in einem Zustand wie dem von Sodom und Gomorrha (Jes 1,10), und doch „haben sich die Propheten deswegen nicht etwa neue Kirchen errichtet." In gleicher Weise haben sich auch Christus und die Apostel verhalten. Sie bildeten zwar eine *ecclesiola in ecclesia*, blieben aber doch mit den Pharisäern und den Priestern des Hohenrates in der Gemeinschaft des Tempels[7]. Calvin folgert: „Wer aus freiem Ermessen die äußere Gemeinschaft der Kirche verläßt, in der Gottes Wort gepredigt wird und die Sakramente verwaltet werden, der hat keine Entschuldigung; und dann weiter: Die

---

[5] Wilfried Härle, Art. Kirche VII. Dogmatisch, TRE 18 (1989), 277-317, hier 306,38-41. Es ist die Definition b in seiner Reihe. Dieses Konzept ist das von Schoell in seinem Artikel vertretene.

[6] Dies wird völlig von Härle, ebd., Z.49-51, verkannt, wenn er zu Begriff c („Kirche des ganzen Volkes") schreibt: „Dieses Verständnis von Volkskirche ist demnach hinsichtlich seiner Zielsetzung mit dem unter b) genannten Verständnis verwandt; unterscheidet sich von ihm aber im Blick auf die Wege zur Erreichung des Ziels." Wenn der Pluralismus – oder eher noch: eine säkularistische Ideologie – gefördert wird, dann hat man nicht dasselbe Ziel wie bei der Definition b.

[7] „... ut non dubitet Iesaias aequare Ierosolymam Sodomae et Gomorrhae ... Religio partim contempta, partim contaminata ... Neque tamen propterea aut novas sibi Ecclesias erigebant ... Prophetae ...", Calvin, Op. sel. 5, 22,14-19, insgesamt Inst. IV,1, 18 und 19.

Gebrechen weniger oder vieler bieten uns kein Hindernis, in einer solchen Kirche durch die von Gott eingesetzten Zeremonien rechtmäßig unseren Glauben zu bekennen; denn ein frommes Gewissen wird durch die Unwürdigkeit eines anderen, sei es ein Hirte der Kirche oder ein amtloser Mensch, nicht verletzt, und die Sakramente sind für einen heiligen und rechtschaffenen Menschen nicht weniger rein und heilbringend, wenn sie zugleich auch von Unreinen berührt werden."[8] Auch das Fehlen der Kirchenzucht ist zwar zu beklagen, aber kein hinreichender Grund, sich von einer Gemeinde zu trennen, bzw. sie nicht für eine wahrhaft christliche Gemeinde zu halten, sofern in ihr das Evangelium gepredigt und die Sakramente evangeliumsgemäß gereicht werden[9].

Die Frage c, was Christen tun sollen, wenn die Verantwortungsträger der Kirche selber säkularistisch predigen, lehren, die Kirche leiten und ein entsprechendes Konzept von Volkskirche vertreten, wiegt am schwersten. Hier ist zu beachten, dass Kirche nicht nur, wie in diesen Ausführungen Calvins, in einzelnen Gemeinden besteht, sondern auch in umfassenderen Verbänden, die nicht nur durch eine gemeinsame Leitung, sondern auch durch ein Bekenntnis zur Schrift, durch eine Bekenntnisschrift (oder eine Sammlung von Bekenntnisschriften) und durch eine rechtlich geregelte Mitgliedschaft besteht. Solange das Bekenntnis zur Heiligen Schrift als Grundlage besteht und nur Bekenntnisschriften anerkannt sind, welche als Auslegung der Schrift die unbedingt notwendigen Lehraussagen enthalten[10], ist man nicht berechtigt, sich von einer Kirche als solcher abzuwenden. Die Korrektheit von Schrift und Bekenntnis kann aber nicht verhindern, dass der Großteil der theologischen Lehrer und die Leiter der Kirche sich vom Evangelium abwenden, in den Gemeinden nicht das Evangelium gepredigt wird und die Sakramente mißbraucht werden. Wenn in der Gemeinde, der man angehört, dies hartnäckig geschieht und keine Aussicht besteht, dass dies in nicht allzu ferner Zeit anders wird, dann bleibt dem gläubigen Gemeindeglied nichts anderes übrig, als eine andere Gemeinde aufzusuchen, auch wenn diese Gemeinde nicht demselben kirchlichen Verband angehören sollte.

Es kann auch geschehen, dass Laienchristen oder Pfarrer von Vertretern des Säkularismus in der Kirche, die mächtiger sind als sie, gezwungen werden, ihre Gemeinde oder vielleicht sogar ihren konfessionellen Verband zu verlassen. Zu dem Schaden der Verweltlichung der Kirche tritt dann ein anderer Schaden hinzu, die Tyrannis.

---

[8] „… nihil excusationis eum habere, qui externam Ecclesiae communionem sponte deserit, ubi Dei verbum praedicatur, et sacramenta administrantur: deinde nihil obstare vel paucorum vel multorum vitia quominus illic rite ceremoniis a Deo institutis fidem nostram profiteamur: quia nec alterius sive pastoris sive privati indignitate laeditur pia conscientia, nec minus pura sunt ac salutaria mysteria homini sancto et recto, quia simul ab impuris attrectentur.", Calvin, Inst. IV,1, 19, Op. sel. 5, 23,13-20.

[9] Calvin, Brième Instruction, pour armer tous bons fideles contre les erreurs de la secte commune des Anabaptistes / Gegen die Irrtümer der Anabaptisten, StA 3, 312-326. Die Kirchenzucht gehört für Calvin also zum bene esse, nicht aber zum esse der Kirche.

[10] Calvin nennt Inst. IV, 1,12 als Beispiele notwendiger Lehraussagen: Es ist ein Gott, Christus ist Gottes Sohn, unser Heil besteht in Gottes Barmherzigkeit.

22. MÖGLICHKEITEN DER FREIKIRCHEN

Eine Alternative zu dem volksmissionarischen Konzept der Volkskirche, das sich ebenfalls auf die Reinheit des Evangeliums und den Missionsauftrag beruft, ist indes die *Freikirche*. Unter den drei Begriffen von Freikirche, die Härle nennt, ist hier die zweite heranzuziehen: „Freikirchen sind *Freiwilligkeitskirchen*, die die Zugehörigkeit der Kirche abhängig machen von einem Akt eigenen, bewußten Wollens und Bekennens. Bei manchen Freikirchen resultiert daraus die generelle Ablehnung der Kindertaufe, bei anderen wird die Kindertaufe praktiziert, ist dann aber nicht schon ein Akt der Aufnahme in die volle Mitgliedschaft in dieser Kirche. Mit der Aufnahme ist in diesem Kirchentypus verbunden die Verpflichtung zu aktiver Teilnahme am kirchlichen Leben und zur Unterstützung der kirchlichen Arbeit durch freiwillige (oftmals erhebliche) finanzielle Beträge."[1]

Freikirchen haben verschiedene Möglichkeiten von Konzepten, mit denen sie der fortschreitenden Säkularisierung zu begegnen suchen. Als erste Möglichkeit soll hier das Konzept erörtert werden, welches nicht nur das säkularistische Konzept von Volkskirche ablehnt, sondern auch das volksmissionarische. Was dieses Konzept zu vermeiden sucht, ist die *Situation* der Volkskirche überhaupt, d.h. die Situation, wonach ein großer, ja der überwiegende Teil der Kirchenmitglieder deutlich erkennbar nicht gläubig, sondern säkularistisch ist. Die Freikirchen der Gegenwart – ich spreche von denen, die dieses Konzept verfolgen – stimmen hier überein mit den dissidenten Gruppen des 16. und 17. Jahrhunderts, den Täufern, auf die sie sich auch berufen. Diese hatten zwar nicht mit dem Säkularismus zu kämpfen, wohl aber mit dem, was ich hier „religiöse Verweltlichung" der Kirche genannt habe.

Die Kirche hat nach diesem Konzept *lediglich* Versammlung aller Gläubigen zu sein, Herde der Schafe, welche die Stimme ihres Hirten hören, wie CA VII und ASm III,12 sagen. In der letzten Konsequenz muss darum abgelehnt werden, dass dieser Kirchenbegriff überhaupt mit dem einer *ecclesia synthetica* verknüpft werden *kann*. Dieser ist durch den Gebrauch der Sakramente und das äußere Hören der Wortverkündigung bestimmt und, sekundär, durch eine rechtlich bestimmte Kirchenmitgliedschaft, *nicht* aber durch den Glauben, erst recht nicht durch die aus dem Glauben fließende Heiligung.

Diese Verknüpfung kann nur zustande kommen, weil der Glaube durch das äußere Wort und die Sakramente, Taufe und Abendmahl, erweckt und genährt wird. Kirche kann darum ein *corpus permixtum* sein, weil es Menschen geben kann, die dies beides gebrauchen und doch nicht glauben (2.2.1.). Will man hier ganz konsequent in der Ablehnung dieser Verknüpfung sein, so muss man diese äußeren Elemente der Kirche ganz ablehnen und einen rein spiritualistischen Kirchenbegriff verwenden, wie dies in der Reformationszeit Sebastian Franck getan hat. Es sind aber noch weniger extreme Varianten denkbar.

Erstens kann die Taufe ausschließlich an die Bekehrung gebunden werden. Es wird also nur so getauft, wie die Kirchen, welche auch Säuglinge taufen, in der Si-

---

[1] Härle, Art. Kirche VII, 307,16-22. Die anderen Begriffe sind a) Freikirche als staatsfreie Kirche, c) als bekenntnisfreie, bibelorientierte Kirche.

tuation der *Mission* taufen. Die Säuglingstaufe gerät besonders in das Feuer der Kritik der Freikirchen, weil sie es ist, wodurch in der Situation der Säkularisierung sich die Kirche mit Gliedern füllt, die, wie sich dann erweist, offenbar ungläubig sind und durch ihre große Masse einen Druck auf die Verantwortlichen der Kirche ausüben, ihre religiöse Befindlichkeit als die Norm anzuerkennen, die für die Kirche zu gelten habe. Die Säuglingstaufe wird für diese Kritik der Inbegriff für einen leichtfertigen Umgang mit den Heilszusagen Christi und für eine Entleerung des Evangeliums.

Eine zweite Variante der freikirchlichen Kritik an der Säuglingstaufe ist diejenige, dass die Taufe überhaupt als unwesentlich für die Kirchenzugehörigkeit erklärt wird. Die Bekehrung und das Bleiben im Glauben sind alleine ausschlaggebend. Die Taufe wird aber – im Unterschied zu einem konsequenten Spiritualismus – gleichwohl praktiziert. Sie dient indes nur noch als Kennzeichen für die Bekehrten. Entsprechend wird die Teilnahme am Abendmahl als Kennzeichen aufgefaßt dafür, dass man im Glauben bleibt.

Der historisch geweitete Blick wird sehen, dass diese Kritik nur geübt werden kann, wenn die Kirche sich in einer christlichen Gesellschaft oder als Volkskirche in einer sich säkularisierenden Gesellschaft findet. Befindet sich eine säuglingstaufende Kirche in einer Gesellschaft, die sie verfolgt, dann wird durch die Praxis der Säuglingstaufe die Verantwortung der erwachsenen Gemeindeglieder noch größer als wenn die Kirche nur aus Gliedern bestünde, die nur durch die Glaubenstaufe getauft worden sind[2].

Die hier aufgeworfenen Fragen nach der Taufe müssen also behandelt werden im Blick auf die Situation der Säkularisierung in der Kirche. Sie erhalten ihre Brisanz im Streit der unterschiedlichen Konzepte, wie mit dieser Situation umzugehen sei. Es ist somit (1) zu klären, was überhaupt Bekehrung ist und wie sich Bekehrung zum Sein der Kirche verhält. Sodann (2) was Taufe ist und ob Säuglingstaufe möglich oder sogar geboten ist.

---

[2] Das wird sehr deutlich bei Cyprian, wenn er die Klage über Eltern anstimmt, die bei der Christenverfolgung auch ihre getauften unmündigen Kinder in den Abfall mit hineingezogen haben: „ac ne quid deesset ad criminis cumulum, infantes quoque parentum manibus inpositi nel adtracti amiserunt paruuli quod in primo statim natiuitatis exordio fuerant consecuti. Nonne illi, cum iudicii dies uenerit, dicent: ‚nos nihil fecimus nec derelcto cibo et poculo Domini ad profana contagia sponte properuimus: perdidit nos aliena perfidia, parentes sensimus parricidas: illi nobis ecclesiam matrem, illi patrem Deum negauerunt, ut dum parui et inprouidi et tanti facinoris ignari per alios ad consortium criminum iungimur, aliena fraude caperemur.“ / „Und damit ja nichts fehle, um das Maß des Frevels voll zu machen, wurden sogar die Kinder von den Eltern auf denn Armen herbeigetragen oder (an der Hand) herbeigeschleppt, um in frühester Jugend das zu verlieren, was sie gleich beim Eintritt in das Leben erlangt hatten. Werden diese Kleinen, wenn der Tag des Gerichts gekommen ist, nicht sagen: ‚Wir haben nichts begangen, wir haben nicht des Herrn Speise und Trank verlassen, um freiwillig zur ruchlosen Befleckung zu eilen: fremder Treubruch hat uns ins Verderben gestürzt, von unseren Eltern mußten wir den Tod erleiden. Sie haben uns durch ihr Leugnen in der Kirche die Mutter, sie haben uns in Gott den Vater geraubt, so daß wir fremdem Trug zum Opfer fielen, während wir, noch klein und ahnungslos und ohne Kenntnis von einem solchen Frevel durch andere in die Gemeinschaft des Verbrechens mit hineingezogen wurden.'", De lapsis 9, CSEL 3/1, 243,7-18 / BKV2 34, 99f.

Exkurs zu Bekehrung und Taufe

(1) Typen von Bekehrung

Man wird wohl von drei Typen von Bekehrung sprechen dürfen. Der erste (1), derjenige, der am stärksten ins Auge springt, ist die Zuwendung eines Menschen, der immer schon in offener Ablehnung und Verleugnung Gottes gelebt hat, zum Evangelium. Er hat niemals zu der Gemeinschaft derer gehört, die sich um Gottes Wort scharen. Er hört das Evangelium, kehrt um, gelangt zum Glauben an Gott, bekennt seine Sünde, dass er von Gott getrennt war, und wird nun in die Gemeinschaft der Gläubigen aufgenommen.

Ein zweiter Typ von Bekehrung (2) findet statt bei einem Menschen, der anfangs zur Gemeinschaft der Kirche gehört hat. Man kann hier in einem ersten Fall (2a) an den verlorenen Sohn in Jesu Gleichnis (Lk 15) denken. Dieser Mensch sagt Gott offen ab und verläßt die Gemeinschaft der Kirche. Dann aber ereilt ihn das Evangelium, er glaubt und kehrt in die Kirche zurück. Der zweite Fall innerhalb dieses Typs (2b) betrifft aber den älteren Sohn in dem Gleichnis. Dieser hat nie offen Gott abgesagt und sich nie äußerlich aus der Familie Gottes entfernt. Und doch hat er in seinem Herzen nie die Güte und Barmherzigkeit Gottes wahrgenommen und darum verweigert er seinem jüngeren Bruder Barmherzigkeit und lehnt die Barmherzigkeit seines Vaters ab. Was Jesus mit seinem Gleichnis beabsichtigt (Lk 15,1), ist die Bekehrung gerade der Menschen, die wie dieser Bruder sind. Auch die Bekehrung des Paulus ist diesem Typ 2b zuzuordnen: Paulus ist vor seiner Bekehrung ein älterer Sohn gewesen, der zum Verfolger seines jüngeren Bruders geworden ist.

Ein dritter Typ von Bekehrung (3) ist derjenige, wo gar kein scharf umrissener Akt von Bekehrung einer einzelnen Person zu finden ist, aber doch eine Bekehrung im tiefsten Sinne stattgefunden haben muss. Wir haben hier vor Augen gerade die *Kontinuität*: die Kontinuität des Glaubens, der in Timotheus gelebt hat wie schon in seiner Mutter Eunike und wie auch schon in seiner Großmutter Lois (2. Tim 1,5; Apg 16,1).

Diese Kontinuität verbindet also die Zeit vor und nach dem Kommen Christi. Es ist *derselbe* Glaube, der in diesen drei verschiedenen Menschen wohnt. Dieser Glaube ist also subjektübergreifend. Er ist der Glaube der Kirche. Die Kontinuität des Glaubens ist es auch, was an Simeon und Hannah hervortritt, die den neugeborenen Jesus im Tempel erwarten (Lk 2,25-38). Es gibt eine Gruppe von Menschen in der Kirche – in der Zeit des Alten und in der Zeit des Neuen Bundes –, die Gottes Barmherzigkeit kennen und an sie glauben und die während der Zeit des Alten Bundes nichts anderes taten, als auf die Herabkunft von Gottes Barmherzigkeit zu warten, wofür Simeon und Hannah Beispiele sind. Die Bibel spricht nicht davon, dass es im Leben dieser Gläubigen einen Punkt im Leben gegeben hätte, an dem dieses ungebrochene Warten auf Gottes Barmherzigkeit nicht dagewesen wäre. Und doch muss ihm eine Bekehrung zu Grund liegen, denn alle Menschen stehen unter der Sünde (Röm 3,9f. 19. 23; 11,32). Nur hat diese Umkehr im Grunde schon in Abraham stattgefunden, als er dem Ruf

Gottes folgte und glaubte (Gen 12,4; 15,6)³. Die Gestalten, die hier genannt wurden, glauben in einer Kontinuität, die damals begann und die ihnen zuteil wurde, weil sie aus dem heiligen Ölbaum der Kirche hervorgewachsen sind und sich von der Wurzel *nicht getrennt* haben (Röm 11,16-18)⁴.

Man sieht, dass bei solchen Menschen die Bekehrung des Typs 1 und auch die des Typs 2 hier nicht zu erwarten ist. Im Kampf mit dem Säkularismus gibt es gewiß zunehmend Bekehrungen des ersten Typus: Menschen, die so weit säkularisiert waren, dass sie Gott und der Kirche abgesagt haben oder die immer schon außerhalb standen, wenden sich Gott und der Kirche zu. Es muss auch gekämpft werden um Bekehrungen des zweiten Typus: Menschen, die in der Kirche – im Sinne der *ecclesia synthetica* – sind, die also getauft sind, aber säkularistisch gedacht und gelebt haben, die *darum* Gottes Barmherzigkeit nicht kannten, obgleich sie immer schon im Hause des Vaters waren, erkennen sie nun und werden gläubig. Es gibt aber schließlich auch die Menschen des dritten Typs. Von ihnen ist keine Bekehrung zu erwarten, denn sie leben schon von einer Bekehrung her. Es ist dies die subjektübergreifende Bekehrung, aus der die ganze Kirche lebt.

Wir müssen nun fragen, welche Bekehrung mit der Taufe verbunden sein muss und wann und unter welchen Bedingungen die Taufe erfolgen soll. Hier sind wir bei der Frage angelangt, was Taufe ist und ob Säuglingstaufe möglich oder sogar geboten ist.

(2) DIE TAUFE

Die Antwort, was die Taufe ist, lautet: sie ist eine Handlung, durch die Gott Menschen so mit Jesus Christus verbindet, dass sie mit ihm sterben, mit ihm begraben sind und mit ihm auferweckt werden und ein neues Leben leben (Röm 6,3-11; Kol 2,11-13). Sie ist also ein Hinüberschreiten von der alten, sündigen, zu der neuen, von der Gerechtigkeit Gottes erfüllten Existenz.

Seitdem die Kirche die Stufe des Neuen Bundes erreicht hat, soll jeder getauft werden, der zur Kirche gehört⁵. Zuvor war die Beschneidung der Männer und die Abstammung von einer israelitischen Frau das Zeichen der Zugehörigkeit zur Kirche

---

³ Da die Kirche in dem Sinne, wie hier von ihr die Rede ist, nicht erst mit Abraham begonnen hat, sondern mit Adam, kann man die Kontinuität über Abraham noch hinausziehen. Wir haben aber bei bei Abraham ein deutliches Heraustreten aus dem Land, in dem er bislang wohnte und die Schaffung einer deutlich umrissenen Gemeinschaft von Menschen, die von nun an aus Gottes Wort leben.

⁴ In dieser Kontinuität steht auch die Gottesmutter Maria, und man darf sagen: mehr noch als alle anderen der Wartenden. Denn sie ist konkret genau die Wartende, zu der Gott gekommen und in der er Eingang gehalten hat. Maria ist also mit Simeon und Hannah in genau der richtigen Gesellschaft und steht in deren Mitte. Ihre Reinheit ist die einer auf Gottes Barmherzigkeit stets nur wartenden und sie darum empfangenden. Dies hebt aber nicht auf, dass ihr Ausgangspunkt in der Geschichte jenseits von Eden gleichfalls der Sündenfall ist und sie darum der Errettung bedarf, über die Simeon frohlockt (Lk 2,30). Näher als mit dieser Überlegung kann man vom Standpunkt des biblischen Zeugnisses aus aber nicht mehr an das römische Dogma von der Sündlosigkeit Mariens herankommen.

⁵ Es kann hier offen bleiben, wann genau das war, vgl. Joh 4,1f; Apg 2,38.

(Gen 17,11; Apg 16,1-3⁶). Aus diesem Grunde gebraucht Paulus in Kol 2,11-13 die Beschneidung als Metapher für die Taufe.

Am offenkundigsten ist die Notwendigkeit einer Taufe der Buße zur Vergebung der Sünden bei denjenigen, welche zum ersten Typ der Bekehrung gehören. Aber auch bei denjenigen, bei denen eine Bekehrung nur im Sinne des dritten Typs stattgefunden hat, ist die Taufe nötig. Denn sie gehören wie alle Menschen zur Familie Adams und damit in die *massa peccatorum* und sie müssen aus dieser herausgezogen werden. Auch sie müssen eingepflanzt werden in die Kirche als die Familie Christi. Es ist nur für sie nicht eine Bekehrung zu erwarten, die der Taufe vorausgeht, wie bei solchen, die zum ersten Typ gehören.

Betrachten wir nun die Taufe aus der Perspektive der Kirche. Die Kirche ist dieselbe über Generationen hinweg. Sie ist *perpetuo mansura* (CA VII). Sie erhält sich dadurch, dass sie den Glauben weitergibt, wie wir es in 2. Tim 1,5 sehen können. Gleicherweise gibt sie in der Zeit des Alten Bundes (ab Gen 17,10-14) das Zeichen der Beschneidung weiter. An die Stelle der Beschneidung tritt im Neuen Bund die Taufe. Diese ist allerdings noch mehr als die Beschneidung. Diese ist ein Zeichen (Gen 17,11) des Bundes zwischen Gott und Abraham mit seinem Hause und ein Siegel der Gerechtigkeit, die durch den Glauben empfangen wird (Röm 4,11). Die Taufe ist darüber hinaus ein Sakrament, d.h. ein Mittel, *durch* das Gott seine rechtfertigende Gnade mitteilt (Röm 6,4).

Die Kirche pflanzt sich nun wie durch die Weitergabe des Glaubens, so auch durch die Weitergabe der Taufe fort. Sie ist dabei nicht darauf angewiesen, dass eine Bekehrung des ersten Typs stattfindet. Sie nimmt Menschen zunächst einmal in der Weise in sich auf, wie ein Ölbaum wächst und Zweige hervorbringt: Menschen gehören vom Beginn ihrer Existenz zu ihr, und das Zeichen des Bundes wird ihnen so früh als möglich verliehen: früher die Beschneidung – wobei die beschnittenen Knaben stellvertretend für beide Geschlechter dieses Zeichen empfingen –, nun aber die Taufe. Der Regelfall für die Kirche ist also die Bekehrung des dritten Typs.

Wir können also resümieren: wenn die Taufe nur nach einer Bekehrung des ersten Typs gespendet werden darf, dann gibt es keine Kontinuität, ja überhaupt kein Subjektsein der Kirche, sondern „Kirche" meint eine Zahl von Individuen, die, möglicherweise ganz ohne Verbindung zueinander, höchstens nur im Zusammenhang einer Ortsgemeinde – also kongregationalistisch – zueinander stehen. Wo nun aber die Kirche ein eigenes Subjekt ist, das über die Verschiedenheit von menschlichen Eigensubjekten hinweg besteht, so ist die Taufe, die sie spendet, *nicht nur* und nicht an erster Stelle nach der Bekehrung eines Menschen zu geben, der bis dahin in offener Gottlosigkeit und Trennung von der Kirche gelebt hat. Sie ist *auch* diesen Bekehrten zu geben, und dies entspricht dem Einpflanzen von fremden Zweigen (Röm 11,17). Dies ist die Missionstaufe.

Die Kirche ist die neue Schöpfung, die als *ecclesia militans* so wie die alte Schöpfung in der Zeit besteht. Wie die alte Schöpfung in Menschen durch Zeugung und Gebo-

---

⁶ Die Menschen, die laut den Berichten Joh 4,1f und Apg 2,41 getauft wurde, waren Juden, die zuvor beschnitten worden waren. Für sie war die Taufe das Voranschreiten auf die Stufe der Offenbarung, die mit dem Kommen Jesu Christi erreicht worden war und von der Petrus in seiner Pfingstpredigt spricht. Timotheus ist ein Jünger – man darf annehmen, ein getaufter Jünger – Jesu Christi, und er wird nachträglich von Paulus beschnitten – nicht um in die Regeln des Alten Bundes zurückzufallen, sondern aus Rücksichtnahme auf die Gefühle der Juden.

renwerden Kontinuität hat, so hat die Kirche Kontinuität durch die Weitergabe des Glaubens und durch das Bad der Wiedergeburt (Kol 2,12f; Tit 3,5). Mit der Taufe als Zeichen und Siegel des Neuen Bundes wird dabei kein geringerer Kreis von Menschen erreicht als im Alten Bund: „Wer immer die Gnade Gottes uns und unseren Kindern gegenüber kleiner machen will, als sie gegenüber dem jüdischen Volke war, der tut Jesus Christus großes Unrecht an und schmäht ihn."[7] Jesus erteilt den Missionsbefehl, damit ganze *Völker* zu Jüngern werden (Mt 28,19). Zu dem einen jüdischen Volk treten also nun andere Völker hinzu, und wie das jüdische Volk besteht jedes Volk auch aus kleinen Kindern und nicht nur aus entscheidungsfähigen älteren Menschen; ja, jedes Volk besteht dadurch, dass es neugeborene Kinder hervorbringt. So wie alle Menschen im jüdischen Volk zum Heilsbund gehörten, so gehören auch alle im Volk des Neuen Bundes dazu.

Nun ist aber noch die Frage zu klären, wie sich Glaube und Taufe zueinander verhalten und wie es mit der Wiedergeburt steht, welche durch die Taufe zustande kommt. Wenn man die Taufe *nur* als Zeichen und Siegel der Heilsverheißung ansieht, wie Calvin an der gegebenen Stelle[8], dann kann man wie er sagen, dass die Wahrheit (die Bedeutung), die in einem Sakrament bezeichnet wird, nicht immer vorangehen muss, „so daß es manchmal auch genügt, daß sie folge, wenigstens teilweise."[9]

Die Taufe ist *aber auch* eine Gestalt der Heilsverheißung selbst: Sie „ist nicht allein schlicht Wasser, sondern sie ist das Wasser in Gottes Gebot gefaßt und mit Gottes Wort verbunden." Dieses Wort ist aber seine Verheißung der Errettung in Mk 16,16[10]. Zur Taufe gehören außer dem Zeichen des Eintauchens und Heraushebens aus dem Wasser (das, weil ein Zeichen, auch abgekürzt mit der Besprengung geschehen mag) auch die Bedeutung des Zeichens und der Glaube[11]. Der Glaube glaubt diese Verheißung, „daß man dies alles fest glaubt, daß das Sakrament nicht allein den Tod und die Auferstehung am Jüngsten Tag bedeutet, durch die der Mensch neu wird, ewig ohne Sünde zu leben; sonders daß es dieses auch gewiß anfängt und bewirkt und uns mit Gott verbündet: daß wir bis in den Tod die Sünde töten und gegen sie streiten wollen und Gott wiederum uns die Taufe zugute halten und gnädig mit uns handeln will, nicht richten nach der Strenge, weil wir nicht ohne Sünde sind in diesem Lebens, bis wir rein werden durch den Tod."[12]

---

[7] „Pourtant quiconque veut faire la grace de Dieu moindre envers nous et noz enfans, qu'elle na esté vers le peuple Iudaique, faict grande iniure à Iesus Christ, et le blaspheme.", Calvin, Briève Instruction / Gegen die Irrtümer der Anabaptisten, StA 3, 304, 6-8.

[8] „Darum also, da die Taufe uns heute dazu verordnet ist, in unsere Leibe die Verheißung des Heils zu versiegeln ..." / „Puis donc que le Baptesme nous est aujourdhuy ordonné, pour séeller en noz corps la promesse de salut ...", Calvin, Briève Instruction / Gegen die Irrtümer der Anabaptisten, StA 3, 304,14f.

[9] „qu'il n'est pas mestier que la verité, laquelle est signifiée en un Sacrement precede tousiours: mais qu'il suffit quelque foys qu'elle suive. Pour le moins en partie", ebd., StA 3, 302,18-20.

[10] „Die Taufe ist nicht allein schlecht Wasser, sondern sie ist das Wasser, in Gottes Gebot gefasset und mit Gottes Wort verbunden.", Luther, Kleiner Katechismus, BSLK, 515,25-27, im Zusammenhang: IV. Hauptstück, Zum ersten und Zum andern, BSLK, 515f.

[11] Luther, Sermon von dem heiligen hochwürdigen Sakrament der Taufe [Sermon von der Taufe], Czum andern, WA 2, 727 / BoA 1, 185,27 – 186,1.

[12] „das ist / das man diß alles festiglich glaub / das das sacrament / nit allein bedeut / den todt vnnd auffersteeung am Jungsten tag / durch wilche der mensch new werd ewiglich an sund zu leben / ßondern das es auch gewißlich dasselb anhebe vnd wirck / vnd vnß mit gott vorpyndet / das wir wollen

Wie steht es aber nun mit dem Glauben bei kleinen Kindern, „welche die Verheißung Gottes nicht fassen, noch den Glauben an die Taufe haben können"?[13] Luther antwortet darauf, dass den kleinen Kindern durch einen fremden Glauben geholfen werde, nämlich den Glauben derer, die das Kind zur Taufe darbringen[14]. Dabei ist nicht notwendig an den Glauben der Eltern zu denken, den Glauben der Paten oder des taufenden Pfarrers, so wünschenswert dies auch wäre. Luther fährt selbst fort, von dem Gebet der Kirche zu sprechen, welche das Kind darbringt und glaubt[15]. Die Kirche ist es, durch welche Christus tauft (Joh 4,1f; Mt 28,19); die Kirche ist es, die durch die Taufe sich fortpflanzt und stellvertretend für die kleinen Kinder glaubt, wenn sie getauft werden. Die Kirche ist als Gemeinschaftssubjekt zugleich realisiert in konkreten glaubenden Menschen. Ihr Glaube ist es, der in der Säuglingstaufe an die Stelle des möglicherweise[16] noch fehlenden Glaubens des Säuglings tritt. Das Gebot „Einer trage des andern Last" (Gal 6,2) wird in der Weise erfüllt, dass Gläubige anstelle der Säuglinge glauben und bekennen, die dazu noch nicht imstande sind. Dieser Glaube der Kirche umfaßt ein Gebet: dass derjenige, der getauft wird, zum eigenen Glauben kommen möge. Luther vergleicht dieses Gebet der Kirche mit dem Gebet des Stephanus, durch welches Paulus zum Glauben kam[17]. Die Taufe ist also auch ein Bittgebet, wie es 1. Ptr 3,21 gesagt wird: entweder eines, das der Mensch, der getauft wird, für sich selbst spricht, oder eines, das die Kirche zugunsten dessen spricht, der getauft wird.

Dieses Fürbittgebet für den eigenen Glauben des Kindes braucht erst später erhört zu werden, so wie es auch mit der Bekehrung des Paulus war. So ist es auch mit dem Glauben derjenigen, die als Kind getauft wurden. Das stellvertretende Glaubensbekenntnis der Kirche im Akt der Taufe hat aber in diesem Akt selbst schon die Wirkung, dass das Kind in die Kirche aufgenommen wird als das, was es ist: als Kind, als ein Mensch, für das noch andere glauben und bekennen müssen. Kirche ist im primären Sinne immer Gemeinschaft der Glaubenden. Sie umfaßt auch Kinder, von denen man noch nicht erwarten kann (auch wenn dies dann doch der Fall sein sollte), dass sie selbst glauben und bekennen. Diese Kinder sind Teil der Kirche, weil die Kirche selbst an ihrer statt glaubt.

Es wäre falsch zu meinen, dieser Glaube würde sie mit dem Akt der Taufe von der Sünde reinigen und die Wiedergeburt (im Sinne der Heiligung) an ihnen vollziehen.

---

biß ynn den tod/die sund todten vnd widder sie streyten/vnd her widderumb vnß wolle zu gute halten vnd gnedig mit vns handeln/nit richten nach der scherpfe/das wyr an sund nit seyn ynn dissem leben/biß das wyr reyn werden durch den todt ...", ebd., Czum zwellften, WA 2, 732/BoA 1, 190,10-17.

[13] „qui promissionem dei non capiant, nec fidem baptismi habere possunt ...", Luther, De captivitate babylonica, WA 6, 538/BoA 1, 472,32f.

[14] „Hic dico, quod omnes dicunt, fide aliena paruulis succurri, illorum, qui offerunt eos.", ebd., WA 6, 538/BoA 1, 472,34f. Vgl. Augustin, ep. 98, 2 u. 10, bei Rudloff, Zeugnis der Väter, S. 293f, Nr. 418; ders., De baptismo 4,24f/Rudloff, S. 294, Nr. 419; ders., Sermo 176,2/Leo von Rudloff (Hg.), Das Zeugnis der Väter. Ein Quellenbuch zur Dogmatik, Regensburg 1937, S. 295, Nr. 421.

[15] „per orationem Ecclesiae offerentis et credentis", ebd., WA 6, 538/BoA 1, 472,38.

[16] Wenn man an den Glauben des ungeborenen Johannes des Täufers denkt, Lk 1, 41, so sieht man, dass es auch einen Glauben der neugeborenen Kinder geben kann, die getauft werden. Nur bekundet er sich meistens nicht mit der Klarheit wie bei größeren Kindern oder Erwachsenen, jedenfalls nicht durch ein Taufbekenntnis.

[17] Ebd., WA 6, 538/BoA 1, 473,5-7.

Denn die Wiedergeburt ist ein Prozeß, der bis zum leiblichen Tode (und der anschließenden Reinigung) dauert. Die Sünde ist bis dahin noch nicht ausgetrieben. Sie ist aber *vergeben*. Die Bedingungen für die Vergebung der Sünde sind die Verheißung Gottes und der Glaube an sie[18].

Ein kleines Kind befindet sich also, wenn es getauft ist, aufgrund des Glaubens der Kirche im Stande der Rechtfertigung. Wenn es in das Alter kommt, in dem es selbst entscheidungsfähig wird, kann sich auch allmählich eine Entscheidung zu dem Glauben einstellen, in dem man es getauft hat. Bekräftigt es den Glauben der Kirche mit einer eigenen Entscheidung des Glaubens und nimmt es selbst die Verheißung an, welche in der Taufe ihm zugesprochen wurde, dann bleibt es im Stand der Rechtfertigung, es bleibt Glied der Kirche als Gemeinschaft der Gläubigen und setzt den Prozeß der Wiedergeburt fort. Verweigert es den eigenen Glauben, dann fällt es aus dem Stand der Rechtfertigung, ist nicht mehr Glied der Kirche als Gemeinschaft der Gläubigen, sondern als ein Fremdkörper in den Leib der Kirche hineingemischt. Wenn dieser Mensch dann später aber zum Glauben kommt, dann macht er nichts anderes, als die Taufverheißung nun anzunehmen: „Darum, wenn wir von den Sünden aufstehen oder Buße tun, dann tun wir nichts anderes, als daß wir zu der Kraft und dem Glauben der Taufe zurückkehren, aus der wir gefallen waren, und wiederum uns der göttlichen Verheißung zuwenden, die damals geschehen ist und die wir durch die Sünde verlassen haben. Denn immer bleibt die Wahrheit der göttlichen Verheißung, die einmal geschehen ist, die uns mit ausgestreckter Hand wiederaufnehmen wird, wenn wir zurückkehren."[19]

Ausgehend von dieser Einsicht in die Beständigkeit der göttlichen Verheißung kann über die Lehre von dem durch die Taufe verliehenen *character indelebilis* nachgedacht werden, den die römische Kirche als Dogma vertritt: dass durch die Taufe – wie auch durch die Firmung und die Weihe – der Seele eine Prägung (*character*) eingeprägt würde[20].

Die im Abendmahl durch den Empfang von Leib und Blut Christi zugesprochene Verheißung der Sündenvergebung ist auch eine dauerhafte, doch wird das Abendmahl wiederholt empfangen, die Taufe hingegen nicht. Man muss also sagen, dass die sakramentale Gestalt, in welcher die Verheißung zugesprochen wird, durchaus darüber entscheidet, ob dieses Sakrament nur einmal gespendet werden kann oder mehrmals. Die Taufe hat ihren Typos in der Errettung der Geschöpfe auf der Arche vor der Sintflut (1. Ptr 3,20f) oder auch in der Errettung Israels durch den Auszug aus Ägypten

---

[18] Luther, Sermon von der Taufe, Czum neunden – Czum Dreyzehnden, WA 2, 730-733 BoA 1, 188-191. Vgl. Augustin, Contra Julianum VI, 16,49: „Tu autem, qui putas, quod si malum esset concupiscentia, careret ea qui baptizatur, multum erras ... Omni reatu omnium malorum caret, non omnibus malis." / „Wenn du meinst, daß, wenn die Begierlichkeit böse wäre, der von ihr frei sein müßte, der getauft wird, irrst du sehr. ... Er ist frei von jeglicher Schuld an jeglichem Bösen, aber nicht von jeglichem Bösen.", MPL 44, 850f/Rudloff, Zeugnis der Väter, S. 286, Nr. 398.

[19] „Quare dum a peccatis resurgimus siue poenitemus, non facimus aliud quam quod ad baptismi uirtutem et fidem, unde cecideramus, reuertimur et ad promissionem tunc factam redimus, quam per peccatum deserueramus. Semper enim manet ueritas promissionis semel factae, nos extenta manu susceptura reuersos.", Luther, De captivitate babylonica, WA 6, 528/BoA 1, 461,26-31.

[20] „imprimi characterem in anima", Konzil von Trient, DS 1609, vgl. Konzil von Florenz, DS 1313; Zweites Vatikanisches Konzil, DS 4127 (LG 11). Dorothea Sattler, Art. Charakter, sakramentaler, LThK, 3. Aufl., 3 2 (1994), 1009-1013.

(1. Kor 10,1f), womit jeweils etwas Neues angefangen wurde. So ist sie das Sakrament, mit dem der Anfang des Christenlebens gesetzt wird. Wenn man hier von einem *character* sprechen will, dann so, dass durch diesen einmaligen Zuspruch der Verheißung Gottes in der Taufe der Getaufte bezeichnet ist. Diese Bezeichnung ist aber keineswegs etwas, wodurch seine Errettung auf Dauer garantiert wäre. Dergleichen lehrt auch nicht das römisch-katholische Dogma. Dergleichen vertritt nur die Ideologie des säkularistischen Volkskirchenkonzeptes, das aber im Grunde auch nicht an Errettung denkt, weil es den Gedanken des Gerichts Gottes nicht ernst nimmt.

Lumen gentium 11 nimmt die Lehre von *character indelebilis* in der Weise auf, dass er zum Glauben und Bekennen gewissermaßen aufruft: „Die heilige und organische Beschaffenheit der priesterlichen Gemeinschaft [d.h. der gesamten Kirche] wird sowohl durch die Sakramente wie auch durch die Tugenden in die Tat umgesetzt. Durch die Taufe der Kirche einverleibt, werden die Gläubigen durch den *character* zur christlichen Gottesverehrung bestellt und sind wiedergeboren zu Kindern Gottes, gehalten, den Glauben, den sie von Gott durch die Kirche empfangen haben, vor den Menschen zu bekennen."[21]

Ziehen wir aus diesen Überlegungen die Konsequenzen für die Frage, wie die Kirche, wenn sie angesichts der fortgeschrittenen Säkularisierung Bekehrung predigt, mit dem Sakrament der Taufe umgehen soll.

(1) Die Taufe ist aufgrund der Bekehrung nur dann zu spenden, wenn ein Mensch in ein so weit säkularisiertes Umfeld hineingeboren worden ist, dass er als Kleinkind gar nicht mehr getauft wurde. Wenn er sich dann bekehrt und die Taufe begehrt, soll er getauft werden[22].

(2a) Wenn ein Mensch als kleines Kind getauft wurde, dann eine Weile geglaubt hat oder auch nicht, und sodann die Kirche verläßt – durch einen Austritt aus der rechtlich bestimmten Kirchengemeinschaft, durch den Eintritt in eine nicht-christliche Religionsgemeinschaft, durch ein öffentliches Bekenntnis seines Unglaubens oder durch ein fortgesetztes Fernbleiben vom Abendmahl, mit dem er seinen Abschied von der Kirche kundtun will –, dann aber wieder zum Glauben kommt, dann soll er nicht getauft werden, sondern er soll, nach entsprechender Vorbereitung, das Heilige Abendmahl wieder empfangen. Ihm wird nach einer Zeit der Vorbereitung, die eine Zeit der Buße ist, die Kommunion gespendet, so wie auch in der Alten Kirche Christen, welche die

---

[21] „Indoles sacra et organice exstructa communitatis sacerdotalis et per sacramenta et per virtutes ad actum deducitur. Fideles per baptismum in Ecclesia incorporati, ad cultum religionis christianae charactere deputantur et, in filios Dei regenerati, fidem quam a Deo per Ecclesiam acceperunt coram hominibus profiteri tenentur.", DS 4127, 1. Abs.

[22] Dieser Fall ist der Fall der Missionssituation. Er entspricht den Fällen, die in der Apostelgeschichte berichtet werden, wo das Evangelium zu Menschen kam, die noch gar nicht dem Volk Gottes angehört hatten (Apg 10,47f; 16,14. 31-33 usw.). Man darf diese Fälle, aus deren Bericht nicht klar hervorgeht, ob auch Kinder getauft wurden, nicht auf die Familiensituation übertragen, in welcher gläubige Eltern zu entscheiden haben, ob ihr Kind als Säugling getauft werden soll. Es gab tatsächlich in der Geschichte der Kirche vor der Reformation keine Zeit, in welcher man meinte, die gläubigen Eltern hätten nicht das Recht, anstelle ihrer neugeborenen Kinder über ihre Taufe zu entscheiden. Das Argument für den Aufschub der Taufe war vielmehr die Besorgnis, der Getaufte könnte den Geboten nicht gewachsen sein, zu denen er aufgrund der rechtsgültigen Säuglingstaufe verpflichtet ist, s. Dorothea Sattler, Art. Kindertaufe 2. Historisch, LThK 3. Aufl., Bd. 5 (1996), 1448.

Sünde des Götzendienstes begangen hatten, nach einer Zeit der Buße wieder in die Kirche aufgenommen wurden.

(2b) Das Gleiche gilt, wenn ein Mensch nicht die Kirche mit einem öffentlichen Zeichen wie im zweiten Fall verlassen hat, aber ungläubig geworden ist oder vielleicht nie nach seiner Kindertaufe zum Glauben gekommen ist. Wenn er nun zum Glauben kommt, dann soll er nicht getauft werden, sondern eine Zeit lang des Abendmahls sich enthalten, das er vielleicht bis dahin als Ungläubiger empfangen hat. Er soll dies tun, um sich vorzubereiten auf einen Empfang des Abendmahls, das er nun als Bekenntnis seines Glaubens empfängt.

(3) Schließlich gibt es die Christen, die als kleines Kind getauft wurden und den Glauben der Kirche in ihrem eigenen Glauben aufgenommen haben. Diese Christen mögen durchaus geistliche Aufbrüche in ihrem Glaubensleben erfahren. Das ist aber mitnichten ein Grund, sich nochmals taufen zu lassen.

Wie ist nun abschließend das freikirchliche Konzept zu beurteilen, dass der Säkularisierung so entgegengewirkt werden müsse, dass die Taufe nur nach der Bekehrung zu spenden sei und Taufe und Abendmahl als bloße Zeichen verstanden werden müssten? Es ist entgegen diesem Konzept vielmehr zu akzeptieren, dass die Kirche eine Außenseite hat, die durch den Gebrauch dieser Sakramente gesetzt wird, und dass es innerhalb dieser Außenseite auch Ungläubige geben kann – Menschen, die nach ihrer Taufe nie zu einem eigenen Glauben gelangt sind, Menschen, die das Abendmahl empfangen, ohne zu glauben. Mose und die Propheten fordern eine Beschneidung der Herzen – die Beschneidung des Fleisches alleine genügt gewiß nicht –, aber keiner von ihnen denkt daran, die Beschneidung abzuschaffen, auf ein entscheidungsfähiges Alter zu verlegen und für gleichgültig zu erklären (Dtn 10,16; 30,6; Jer 4,4 usw.). Das Entsprechende gilt für die Sakramente des Neuen Bundes.

Man kann nun noch fragen, ob nicht in der Kirche ein Raum sein muss für eine *freiwillige Entscheidung* der Kirchenzugehörigkeit. Dieser Raum muss in der Tat gegeben sein. Er wird aber nicht durch eine Institution geschaffen. Denn eine Institution existiert *per definitionem* ohne die persönliche Entscheidung derer, die mit ihr zu tun haben. Die Konfirmation ist eine Gelegenheit, eine persönliche Entscheidung zu treffen und kund zu tun. Sie findet aber in der Regel statt, einfach weil sie eine Institution ist. Es hängt von dem Umgang der Gemeindeglieder miteinander ab, ob ein Konfirmand auch das Recht wahrnehmen kann, sich nicht konfirmieren zu lassen, weil er nicht – oder noch nicht – glaubt. Das Gleiche ist nun bei einer Glaubenstaufe in einer Freikirche der Fall. Wenn alle in der Gemeinde sie bei jedem Kind eines Gemeindeglieds erwarten und nicht die Freiheit der Verweigerung einräumen, dann wird sie in der Regel stattfinden. Wenn umgekehrt die Freiheit in einer Volkskirche, wenn schon nicht durch Verzicht auf die Konfirmation, dann durch Fernbleiben vom Abendmahl und überhaupt vom Gottesdienst und schließlich durch den rechtlichen Kirchenaustritt sich der Kirche zu entziehen, genauso groß ist wie die Freiheit in einer Freikirche, auf die Glaubenstaufe zu verzichten, dann hat die Freikirche auch keinen Vorteil, was ihre Freiwilligkeit betrifft.

Man muss fragen, ob das Freikirchentum, wenn es von diesem ekklesiologischen Konzept her zu verstehen ist, überhaupt die rechte Gestalt der Kirche im Kampf gegen den Säkularismus ist und nicht selber ein Ausdruck, und zwar ein Nebenprodukt des

Säkularismus. Denn der atomisierte Kirchenbegriff und die subjektivistische Einengung auf die Bekehrung des Individuums (Typ 1) sind selbst typische Folgen der Säkularisierung. Aufgrund des kongregationalistischen Kirchenbegriffs kann es nur zur weiteren Zersplitterung kommen. Zwar wird entschieden missioniert und es werden entschiedene Christen in Gemeinden gesammelt, aber ein Zusammenwirken dieser Gemeinden ist sehr begrenzt, weil es kein Bewußtsein davon gibt, dass es die Kirche außer in Lokalgemeinden gibt und weil keine übergreifende Leitung vorhanden ist. Schließlich wird die Mission auch dadurch gehemmt, weil keine Möglichkeit besteht, sich vorzustellen, dass die gesamte Schöpfung und die gesamte Gesellschaft dazu bestimmt sind, von Glauben erfüllt zu werden[23].

Das bis dahin diskutierte Konzept von Freikirche ist indes nicht das einzig mögliche. Als wesentlich konstruktiveres Konzept erscheint mir, dass die Freikirchen sich als *ecclesiolae in ecclesia* verstehen. Sie sind dann eine Sammlung von Menschen, die mit Ernst Christen sein wollen. Dabei ist es notwendig, dass ihnen bewußt ist,

(a) dass die Kirche mit ihrer Wortverkündigung, die allein schon durch die Verlesung der Heiligen Schrift im Gottesdienst stattfindet, und durch ihre Sakramente immer einen weiteren Umfang hat als sie. Die Kirche ist die *ecclesia*, innerhalb derer sie *ecclesiolae* sind.

(b) dass es auch außerhalb der Freikirchen Gläubige gibt und

(c) dass es auch innerhalb der Freikirchen Ungläubige geben kann.

Der Verzicht auf Säuglingstaufe kann nur in der Weise in den Freikirchen geübt werden, dass er als ein Zeichen verstanden wird, dass die Taufe immer zu einem eigenen Glauben und Festhalten der Taufverheißung führen soll. Besser aber ist es, die Säuglingstaufe selber zu praktizieren oder die Säuglingstaufe der Kirche zu akzeptieren und nicht eine eigene Taufe als Eintrittsbedingung in die Freikirche zu spenden.

Es entsteht immer nur dann ein Gewinn durch Freikirchen und überhaupt durch die *ecclesiolae*, wenn in ihnen *vergleichsweise* eine größere Konzentration an Glaubensernst gegeben ist als in der Kirche außerhalb von ihnen *und* wenn sie zugleich diese größere Konzentration zum Nutzen der gesamten Kirche einsetzen wollen. Es ist unbedingt nötig, dass in den Freikirchen ein Bewußtsein entsteht von einer sichtbaren Einheit der Kirche, die durch die Predigt des Evangeliums und das rechte Spenden der Sakramente gesetzt wird, eben dadurch aber auch durch eine gemeinsame Leitung der gesamten Kirche. Dieser Leitung gegenüber wäre zu verantworten, was Predigt des Evangeliums und rechtes Spenden der Sakramente ist[24].

---

[23] Schoell stellt nach den Vorzügen der Freikirchen auch eine Reihe von Schattenseiten fest: „Die kirchliche Zersplitterung kann ins Umgemessene wachsen ...", und schließlich: „Die schlimmste Schattenseite ist, daß der Blick auf das Ganze verloren geht ...", Freikirche, RGG, 2. Aufl., 2 (1928), 759-762.

[24] Zu einer weiteren Diskussion der Möglichkeiten von „Volkskirchen" und „Freiwilligkeitskirchen" s. die Thesen und Ausführungen Abrahams, Evangelium und Kirchengestalt, 329-334; 379-381; 463-469; 538-544.

23. DIE TYRANNEI IN DER KIRCHE

Nehmen wir den Ausgangspunkt bei der Überlegung Newmans, dass dem königlichen Amt Christi ein Aspekt der Kirche und ihrer Ämter entspricht, und zwar in der Weise, dass Menschen, Amtsträger der Kirche, Macht über andere Menschen ausüben. Sie tun dies kraft ihres Wortes in der Verkündigung, aber auch, wenn sie die Sakramente spenden. Voraussetzung dafür ist, dass andere Menschen sich von ihrem Wort beeindrucken lassen und eine Hochschätzung der Sakramente haben, so dass sie beispielsweise verzweifelt wären, wenn ihnen die Freisprechung von den Sünden und das Heilige Abendmahl vorenthalten würde. Auch durch die organisierende und die rechtsprechende Tätigkeit wird Macht ausgeübt. Wenn dies alles so geschieht, wie es geschehen soll, dann übt Jesus Christus Macht durch diese Menschen aus. Er regiert durch sein Wort und seine Sakramente. Er handelt gerecht, wenn Menschen die Freisprechung und das Heilige Abendmahl vorenthalten wird. Er handelt weise und gerecht, wenn geeignete Personen in bestimmte Ämter eingesetzt werden und andere, weniger geeignete nicht. Er spricht Recht durch den Rechtsspruch seiner Amtsträger. Dieser Machtausübung entspricht auf Seiten derjenigen, über denen Macht ausgeübt wird, das Vertrauen und die Einsicht, dass recht an ihnen geschieht: dass Jesus Christus König ist und dass er es ist, der durch Menschen in der Gemeinde sein königliches Amt zum Wohl aller Glieder ausübt.

Macht aber neigt, laut Newman, so wie der Mensch ist, zu Geltungssucht und Tyrannei. Macht ist an sich nichts anderes als Vermögen – Vermögen, etwas zu tun. Bei der Perversion und der Korruption der Macht geschieht es, dass dieses Vermögen selbst Gegenstand des Interesses wird. Nicht die Ehre Gottes und das Heil der Menschen ist dann das Ziel aller Handlungen des Amtsträgers, sondern die Erhaltung und Steigerung der Macht selbst, die ihm anvertraut ist. Der Machtmensch „kennt nichts Schöneres als zu herrschen. Machtmenschen haben den unbändigen Drang, die Herzen und Gedanken anderer zu lenken."[1] Man kann mit den Worten von Newmans Zeitgenossen Lord Acton sagen – er hat dieses Wort im Blick auf die Renaissance-Päpste ausgesprochen: „Macht korrumpiert. Absolute Macht korrumpiert absolut."[2] Die Kirche erliegt hier in ihren Leitern – und auch in denen, die ihnen anhängen und sich mit ihnen identifizieren – der Versuchung, der Jesus widerstand: der Teufel bietet ihm alle Macht der Welt an, wenn er ihn anbetet (Lk 4,5-8)[3]. Diese Korruption kann sich nur durchsetzen, wenn eine Bereitschaft bei denen vorhanden ist, über die Macht ausgeübt wird. Menschen können es gerne haben, wenn sie beherrscht werden, wenn sie verknechtet werden, wenn sie zu Gefangenen gemacht und gedemütigt werden (1. Kor 11,20). Gerade Menschen im Bereich von Religion und gerade auch Christen sind dafür empfänglich.

---

[1] Edin Løvås, Machtmenschen. Die Lust zu herrschen und die christliche Gemeinde, Moers 1990, 15.
[2] „Power tends to corrupt. Absolute power tends to corrupt absolutely.", John Emerich Edward Dalberg, 1st Baron Acton, Letter, April 3, 1887, to Bishop Mandell Creighton. The Life and Letters of Mandell Creighton, vol. 1, ch. 13, ed. Louise Creighton.
[3] Vgl. Simone Weil, Zweiter Brief an Pater Perrin, in: dies., Das Unglück und die Gottesliebe. Mit einer Einführung von Thomas S. Eliot, München 1953 [frz. Original: Attente de Dieu, Paris 1950], 33.

Das hat verschiedene Motive. Als Erstes kann die Trägheit genannt werden, eigene Verantwortung zu übernehmen. Paulus musste, wie gerade diese Passagen im zweiten wie auch im ersten Korintherbrief (1. Kor 4,1-14) zeigen, seine Gemeinde geradezu erziehen, selbständig zu sein und das Urteil wahrzunehmen, die Lehre zu prüfen (Gal 1,6-10). Diese Trägheit, die sich vor Mündigkeit scheut, kann sich steigern zu einer Sehnsucht nach einem Führer, der einen besonders tief erniedrigt. Ein weiteres Motiv ist eine Perversion des Vertrauens, auf das es im Leben der Kirche ankommt. Es wird Gott Vertrauen erwiesen. Dann aber liegt es nahe, auch denen Vertrauen zu erweisen, die beauftragt sind, Gott durch die Verkündigung des Wortes und die anderen Amtstätigkeiten zu vertreten. Es darf aber denen kein Vertrauen entgegengebracht werden, die Schafspelze tragen, in ihrem Inneren aber reißende Wölfe sind (Mt 7,15)[4].

Zum Mißbrauch der Macht ist aber auch eine große Menge von Menschen nötig, die es billigt, dass Macht mißbraucht und Menschen unterdrückt und verfolgt werden, die sich gegen den Mißbrauch der Macht aufgelehnt haben. Im Falle der Kirche wird dies von etwas bewirkt, das Simone Weil in ihrem zweiten Brief an den Pater Perrin „Kirchenpatriotismus" genannt hat. Sie erläutert das so: „Es hat Heilige gegeben, die die Kreuzzüge, die Inquisition gebilligt haben. ... Wenn ich glaube, daß ich in einem Punkte klarer sehe als sie – ich, die so unendlich unter ihnen steht –, dann muß ich annehmen, daß sie bezüglich dieses Punktes von etwas Mächtigem verblendet worden sind." Sie fügt hinzu: „Dieses Etwas ist die Kirche als soziale Einrichtung."[5] Präzisiert muss dies heißen: die Kirche als etwas Menschliches, dem aber die Heiligkeit zugeschlagen wird, die alleine durch Gottes Anwesenheit in der Kirche ist. In den Menschen der Kirche ist sie indes nur durch die Bitte um die Vergebung der Schuld. Die Auffassung, die Pius XII. in seiner Enzyklika ‚Mystici corporis' aussprach, dass die Kirche selbst ohne Sünde sei, leistet einer solchen Verblendung allerdings Vorschub. Jemand, der vorgibt – und es auch selbst glaubt –, dass er nichts anderes tut, als die unbefleckte Mutter Kirche in seinen Handlungen zu vertreten, wird meinen, dass seine Handlungen gleichfalls gerechtfertigt und heilig seien. Und er wird auf den Beifall einer frommen Menge stoßen, die zu sehr beeindruckt ist von der Heiligkeit der Kirche – wie sie sie sich vorstellt –, um zu merken, dass im Namen der Kirche Verbrechen begangen werden.

Überdenken wir den Aufbau der Kirche, so wie er bislang in diesen Überlegungen dargelegt wurde, so sehen wir, dass es durchaus eine Reihe von „checks and balances" gibt, um den Mißbrauch von Macht in der Kirche zu verhindern. So gibt es das Amt des Propheten, der von keinen Menschen eingesetzt wird, sondern unmittelbar von Gott, durch den Gott seine Kritik an dem ausspricht, was die bestallten Amtsträger tun (6.6.). Es gibt das Miteinander von Amtsträgern in einer Gemeinde: ein *Kollegium* von Presbytern, und es gibt das Miteinander von Amtsträgern verschiedener Stufe, wie es in Calvins Ämterordnung gegeben ist (15.) und das Miteinander von Klerikern und Laien (16). Die Konsensbildung in der Kirche kann von unten wie auch von oben her verlaufen und muss stets über bestimmte Stufen hinweg (18). Werden diese Strukturmerkmale der Kirche beachtet, dann ist die Gefahr geringer, dass es in ihr zum

---

[4] Vgl. Løvås, Machtmenschen, 46-49.
[5] Simone Weil, Zweiter Brief an Pater Perrin, 32.

Machtmißbrauch kommt. Aber eine Verfassung kann alleine nie vor einem Mißbrauch der Macht schützen.

Zudem ist zwischen einer geschriebenen und so etwas wie einer ungeschriebenen Verfassung einer Kirche zu unterscheiden. Der Papst hat zwar durch das Dekret des Ersten Vatikanischen Konzils mit der Vollmacht „ex sese, non autem ex consensu Ecclesiae" unfehlbare Lehrentscheidungen *ex cathedra* auszusprechen[6], aufgrund der geschriebenen Verfassung eine Blanko-Vollmacht. Faktisch ist er von so vielen Instanzen umgeben – der Kurie, den Bischöfen und vielem mehr –, dass er meistens ziemlich weit entfernt sein dürfte, im Widerspruch zu dem gesamten Konsens der gegenwärtigen Kirche seine Vollmacht zu gebrauchen. Die Tyrannei der Päpste in der Verfolgung der Reformation war nicht ihre persönliche Tyrannei, sondern ein Zusammenwirken der Päpste mit einem großen Teil der Fürsten – voran Karl V. –, einem bedeutenden Teil der Theologen – gerade der theologischen Fakultäten – und der großen religiösen Massen, wie sich etwa in der Bartholomäusnacht zeigte. Umgekehrt kann in ganz kleinen Gemeinden, die keine geschriebenen Dogmen und schon gar nicht ein Unfehlbarkeitsdogma haben, gerade wenn sie kongregationalistisch verfaßt sind und somit nicht unter der Aufsicht eines *episkopos* stehen, sich ein Mensch zu einer Ein-Mann-Tyrannis aufschwingen, in der ihm alles möglich ist, ohne dass ihn jemand hemmt. Er kann dann zwar nicht brutale physische, wohl aber tiefe seelische Verwundungen zufügen.

Was gegen den Mißbrauch der Macht hilft, ist nicht alleine eine Verfassung der Kirche mit *checks and balances*. Sie alleine würden nicht helfen, wenn sich diejenigen blenden lassen, welche Kontrolle ausüben sollen. Worauf es letztlich ankommt, ist ein reines Hören auf das Wort Gottes, eigene Urteilsfähigkeit, Sinn für die Freiheit, zu der uns Christus befreit hat (Gal 5,1.13a) und Mut (2. Tim 1,7).

---

[6] Pastor aeternus, Kap. 4, DH 3074.

24. DER ENTZUG DES GEHORSAMS

Was diejenigen betrifft, die der Tyrannei in der Kirche widerstehen wollen, ist nun zu überlegen, worin ihr Widerstand bestehen kann, wogegen er sich richtet und was ihr Widerstand für den Begriff der Kirche bedeutet. Zuerst ist zu sehen, ob der Machtmißbrauch sich nur auf moralischem Gebiet äußert. Die Oberen der Kirche sind dann mit König Ahab vergleichbar, als er Naboth beseitigte (1. Kön 21,1-16). Gegen diese moralische Korruption verkündet Gott seinen Richtspruch durch das prophetische Wort (1. Kön 21,17-24). In der Kirche soll ein solcher Mißbrauch von Macht nicht unwidersprochen hingenommen werden. Was aber bleibt bei einer moralisch korrupten und ihre Macht mißbrauchenden Kirchenleitung, das ist der Gehorsam gegenüber ihrem Lehren, solange es sich an das Wort Gottes hält. Das schärft Jesus ein im Blick auf die Schriftgelehrten und Pharisäer, die auf dem Stuhl des Mose sitzen (Mt 23,2f). Anders ist es aber, wenn die Inhaber des Lehramtes auch in der Lehre irren und die Autorität des Lehramtes mißbrauchen, um dies durchzusetzen. Dann gilt das Wort des Petrus gegenüber dem Hohen Rat, dass man Gott mehr gehorchen muss als den Menschen (Apg 5,29). Genau darauf hat sich auch die Apologie der CA in Art. XXVIII berufen[1]. So schreibt auch Luther nach dem Verhör durch Cajetan: „Ich will nicht zu einem Ketzer werden durch den Widerruf der Meinung, durch welche ich zu einem Christen geworden bin."[2]

Es soll nun gefragt werden, welche Auswirkung diese Verweigerung des Gehorsams für den Begriff der Kirche hat. Bleibt die Kirche, in welcher der Mißbrauch der Amtsgewalt so weit geht, dass die Lehre verfälscht wird und die wahre Lehre unterdrückt wird, überhaupt noch Kirche? Oder findet hier eine Trennung zwischen einer falschen und einer wahren Kirche statt? Wir haben unter 18. diesen Komplex von Fragen berührt. Es ist hier nochmals darauf einzugehen, denn die Bildung einer Gemeinschaft von Christen mit einer von Rom unabhängigen Leitung geschah in der Reformationszeit nicht nur, weil der Papst und von ihm gedeckte Theologen wie Prierias das Falsche lehrten, sondern auch, weil er versuchte, die Lehre und die Predigt Luthers und anderer zu unterdrücken. Es ist auf diese Fragen also nun einzugehen unter dem Aspekt der Tyrannei in der Kirche – welche Folgen sie hat –, und um die Überlegungen über die Spaltungen in der Kirche vorzubereiten.

Luther erklärt in dem Artikel über die Kirche in den Schmalkaldischen Artikeln, III,12: „Wir gestehen ihnen nicht zu, daß sie die Kirche seien, und sie sind es auch nicht, und wir wollen auch nicht hören, was sie unter dem Namen der Kirche gebieten oder verbieten"[3] – und es folgt die Definition der Kirche, welche ich zu Beginn dieser Überlegungen zitiert habe. Mit „sie" sind hier der römische Papst mit seinen Bi-

---

[1] ApolCA XXVIII, BSLK, 402,24-38.
[2] „Aber ich will nicht zu einem Ketzer werden mit dem Widerspruch der Meinung, durch welchen ich bin zu einem Christen worden [...]", Brief an Karlstadt vom 14. Oktober 1518, WA.B 1, 217,60-62, Nr. 100.
[3] „Wir gestehen ihn nicht, daß sie die Kirche sein, und sind's auch nicht, und wollen [sie]'s auch nicht horen, was sie unter dem Namen der Kirchen gebieten ader verbieten", ASm III,12, BSLK, 459,18-20.

schöfen und sonstigen Anhängern gemeint. Andererseits sagt er in seinem Großen Galaterkommentar, es seien „die römische Kirche heilig und alle Bistümer heilig". Denn es blieben dort „die Taufe, das Sakrament [des Altars], die Stimme und der Text des Evangeliums, die heilige Schrift, die Dienste, der Name Christi, der Name Gottes."[4] Er würde auch die Herrschaft des Papstes anerkennen, wenn dieser anerkenne, dass Gott allein aus Gnaden rechtfertigt durch Christus und wenn er nicht vorschreibe, dass der Gehorsam seinen Gesetzen gegenüber heilsnotwendig sei[5].

Mit der ersten Aussage schließt Luther aus, dass ein Amtsträger noch sich auf die von Gott gegebene Autorität berufen kann, wenn er sich untersteht, kraft seines Amtes etwas Falsches zu lehren und die wahre Lehre zu unterdrücken. Mit der zweiten Aussage zeigt er aber doch, dass er daran festhält, dass auch die Macht mißbrauchende, irrende und in die Irre leitende Kirchenobrigkeit noch immer Kirche ist. Auch die Apostel haben ihrer Kirchenobrigkeit – dem Hohen Rat – noch Respekt erwiesen, wenngleich nicht mehr – oder nur noch eingeschränkt – Gehorsam in Lehrfragen (Apg 5,17-42; 23,5). Und Paulus gesteht den Israeliten, welche Christus ablehnen, zu, dass ihnen die Gotteskindschaft gehört, die Herrlichkeit, die Bundesschlüsse, die Gesetzgebung, der Gottesdienst und die Verheißungen (Röm 9,4).

Das heißt dann aber auch: Es gibt zum einen eine Trennung zwischen dem Kreis der Menschen, die unter der Tyrannei einer fehlgeleiteten Kirchenobrigkeit bleiben und dem Kreis von Gläubigen, die um des Wortes Gottes willen dieser Kirchenobrigkeit den Gehorsam versagt. Zum anderen bleibt auch dieser Kreis von Menschen unter der Tyrannei noch Kirche.

Eine Gemeinschaft ist, wenn sie diese Merkmale nicht auch noch abgestreift hat, auch noch Kirche, wenngleich sie nun Kirche in der Sünde ist und Kirche, deren Amtsträger zumindest in wesentlichen Stücken nicht die Wahrheit lehren und die Wahrheit sogar verwerfen.

Der im Mai 1518 bereits arg bedrängte Luther erklärt in der Resolutio 80 zu den Ablaßthesen, dass die Kirche, die so sehr irregeleitet ist, dass sie versucht, die Häretiker mit Gewalt auszurotten[6], in einem Zustand sei, wie der Mensch, der unter die Räuber gefallen war und nun halbtot am Straßenrand liegt (Lk 10,30-37). Es ist ein Gebot der Liebe, dieser so tief gefallenen Kirche aufzuhelfen. Es ist ein Mangel an Liebe bei den Häretikern, wenn sie sich hochmütig von der Kirche abwenden, weil sie so tief gefallen ist[7]. Der Kreis von Menschen, die sich unter Leitung von Lehrern, welche die Wahrheit lehren, der Tyrannei in der Kirche entzieht, darf dem Kreis von getauften Menschen, die unter dieser Tyrannei bleiben, nicht verweigern, auf ihre Weise Teil der Kirche zu sein. Sie darf ihnen dann auch nicht die Liebe verweigern, welche der Kirche gebührt. Auch die in Sünde und Irrtum unter einer Tyrannei verstrickte Kirche ist noch Kirche und bedarf einer Liebe, die ihr wieder aufhilft. Diese Liebe gilt dem Teil des jüdischen Volkes, welcher dem Evangelium von Jesus Christus

---

[4] „baptismus, vox Evangelii, textus, sacra scriptura, ministeria, nomen Christi, dei", WA 40/I, 69,6f vgl. 71,21f: „Ubi igitur verbum et Sacramenta substantialiter manent, ibi est sancta Ecclesia",/ in der dt. Übers. hg. von Hermann Kleinknecht, 34f.
[5] WA 40/I, 177,22-181,3; 358,29-31 / in der dt. Übers. hg. von Hermann Kleinknecht, 71-73; 138.
[6] Ein Urteil, um dessentwillen Luther dann selbst vom römischen Lehramt verworfen wurde: DH 1483.
[7] Resolutiones disputationum de indulgentiarum virtute, WA 1, 625 / BoA 1, 142,36 -143,14.

sich verschloß und die christliche Gemeinde von Jerusalem so sehr bedrängte, dass sie Jerusalem schließlich vertrieb[8], wie auch der Kirche im Einflußbereich des römischen Papsttums, welches Luther und die Seinen verwarf und verfolgte.

Die Trennung, die also hier um der Wahrheit der Lehre und Verkündigung willen vollzogen wird, ist keine Abspaltung. Weder auf der einen noch auf der anderen Seite der Trennung ist eine Nicht-Kirche. Es wird also durch die Trennung auch keine „neue" Kirche gegründet. So etwas kann es überhaupt gar nicht geben. Es können neue Gemeinden, Bistümer usw. gegründet werden, aber nicht eine neue Kirche. Es kann nur die Kirche, welche die Verheißung hat, dass sie *perpetuo mansura* ist, *reformiert* werden. Das heißt in diesem Fall: dass ihre Lehre und ihre Praxis, wie sie durch die Lehre bestimmt wird, gereinigt und auf das Maß der apostolischen Lehre zurückgeführt wird. Und es kann sein, wie es auch im 16. Jahrhundert geschehen ist, dass sich eine solche Reformation der Kirche nur ein Stück weit durchführen läßt. Es bleibt dann, aus verschiedenen Gründen, ein Teil der Kirche zurück, die unter der Tyrannei sich dieser Reform verweigert. Hinzu kommt, dass neben der Reformation Martin Luthers und derer, die in einem durchaus vielstimmigen Chor sich ihm anschlossen (Melanchthon, Bucer …), es andere Reformationsversuche gab, mit denen in wichtigen Stücken damals kein Konsens gefunden wurde.

Man muss also resümieren: solange die verschiedenen Gemeinschaften, die damals im Streit auseinander gegangen sind bzw. sich nicht auf einen gemeinsamen Konsens einigen konnten, worin die Reformation besteht, an den Mindestmerkmalen dessen festhalten, was Kirche ist, befindet sich die Kirche in dieser Sache in der Schwebe: man kann nicht behaupten, dass irgendeine der Konfliktparteien überhaupt gar nicht Kirche sei.

Dieser Sicht der Dinge können nun allerdings andere Einschätzungen gegenüber gestellt werden. Demnach hat die wahre Kirche schon lange vor dem 16. Jahrhundert – man kann sagen, mit dem Tod der Apostel oder mit dem Tod der Apostelschüler – aufgehört zu existieren. Es gibt nur noch eine falsche Kirche. Nun aber wird durch Gottes Gnade die wahre Kirche von Neuem erschaffen. Die Menschen, welche die Wahrheit der Lehre der wahren Kirche erkannt haben, müssen sich von der falschen Kirche trennen, ja sie werden von dieser selbst ausgeschlossen werden[9].

Ein Variante dieser Position ist ein Kongregationalismus in historischer Perspektive: es gibt kein Kontinuum von Kirche; es gibt keine *ecclesia perpetuo mansura*. Es gibt nur einzelne Bekehrungen und Bildungen von einzelnen Gemeinden. Wenn Menschen bekehrt werden, dann sollen sie sich den Gemeinden anschließen, in denen das Evangelium gepredigt wird. Alle anderen Gemeinschaften sind in keiner Weise wahre Kirche, sondern nur falsche Kirche. Das Neu-Gründen von Kirche – oder, wie man sagen würde: Gemeinden – ist das, was die gesamte Kirchengeschichte durchzieht. Jedesmal, wenn die Wahrheit des Evangeliums vergessen wurde, dann aber aufleuchtet,

---

[8] Euseb von Caesarea, Historia Ecclesiae III, 5.
[9] Thomas Müntzer sagt in seiner Fürstenpredigt, „daß die christliche Gemeinde nicht länger als bis auf die Zeit des Todes der Apostelschüler eine Jungfrau geblieben sei. Und bald danach ist sie eine Ehebrecherin geworden …", Heinold Fast (Hg.), Der linke Flügel der Reformation. Glaubenszeugnisse der Täufer, Spiritualisten, Schwärmer und Antitrinitarier, Bremen 1962 (Klassiker des Protestantismus 4), 274. Sebastian Franck schreibt an Campanus: „Ich glaube aber bestimmt, daß die äußerliche Kirche gleich nach den Aposteln verwüstet und zerstört worden ist.", ebd., 224.

kommt es zu der Gründung neuer Gemeinden. Mehr an Kirche als diese Gemeinden gibt es nicht.

Diese Position übersieht freilich, dass der Glaube nur aus dem Wort entsteht, dass die Verkündigung des Wortes aber ein Kontinuum in der Geschichte schafft. Wer nun im Einzelnen an das Wort glaubt, bleibt streng genommen für die anderen Menschen, auch für andere Gläubige unsichtbar. Es genügt, zu wissen, *dass* es irgendwo Gläubige gibt, wo das Wort verkündet wird. Die Unsichtbarkeit der Kirche ist also gerade mit der Einheit der Kirche in der Geschichte zu verknüpfen[10].

Die Gemeinschaft derer, welche um der Wahrheit der Lehre willen der kirchlichen Obrigkeit den Gehorsam verweigert, soll also weiterhin die Gemeinschaft, in welcher diese Obrigkeit anerkannt bleibt, für einen Teil der Kirche halten, solange nämlich die Schrift und die Sakramente in ihr in Übung bleiben. Umgekehrt muss sie es aber in Kauf nehmen, von dieser Gemeinschaft nicht für Kirche gehalten zu werden: „Sie werden euch aus den Synagogen ausstoßen", Joh 16,2. Das Urbild dieses Ausgestoßenwerdens ist wieder Jesus Christus selbst. Er wird den Heiden übergeben, damit sie ihn richten; sein Grab wird als ein Grab unter den Gottlosen gehalten (Jes 53,9). Er hat draußen vor dem Tor gelitten, und dorthin sollen auch die gehen, die an ihn glauben, und seine Schmach mit ihm tragen (Hebr 13,12f).

---

[10] „abscondita est Ecclesia, latent sancti", Luther, De servo arbitrio, WA 18, 652/BoA 3, 141,1, im Zusammenhang von WA 18, 650-652/BoA 3, 138-141.

25. DIE SPALTUNGEN: DIE BEIDEN MÖGLICHKEITEN VON SPALTUNG

Nun soll über die Spaltungen als dritte Gefährdung der Kirche nachgedacht werden, nach der Verweltlichung und nach der Tyrannei. Das Neue Testament spricht von verschiedenen Arten von Spaltung. Die eine wird in 1. Joh 2,19 so bestimmt, dass „Antichristen", also Menschen, die gegen Christus gerichtet sind und sich an seine Stelle setzen, aus „unserer Mitte hervorgegangen sind." „Aber", wird fortgefahren, „sie gehörten nicht zu uns." Sie gehörten also niemals zur Kirche, auch nicht damals, als sie in der Mitte der Kirche sich befanden. Am Beginn einer jeden Spaltung steht eine Einheit. Hier ist es eine scheinbare Zugehörigkeit dieser Feinde Christi zu der Kirche. Entweder, sie glaubten nie, waren aber unter die Glieder der Kirche gemischt, oder sie glaubten, aber ihr Glaube war nicht beharrlich, und sie fielen ab. Eine Spaltung in diesem Sinne ist die Häresie: es wird vorgegeben, ein Glaube sei christlich, der es aber nicht ist. Die Verfälschung des Glaubens betrifft nicht nur einzelne Lehren, sondern durchzieht den gesamten Glauben. „Spaltung" ist dann die Reinigung der Kirche von diesem Falschglauben.

Ein anderer Begriff von Spaltungen liegt indes den Ausführungen des Paulus im ersten Korintherbrief zugrunde. Hier stehen auf beiden Seiten der Spaltung Gläubige. Der Schaden, den sie anrichten, ist nicht eine Verfälschung der Lehre, sondern eine Beschädigung der Einheit der Gemeinde – sei es, dass Gläubige sich von anderen Gläubigen trennen, weil sie sich mit bestimmten Menschen als Führergestalten identifizieren (1. Kor 1,10ff)[1], sei es, dass keine Gemeinschaft in der Herrenmahlfeier zustande kommt (1. Kor 11,18f), sei es, dass ein Charisma mehr hervorgehoben wird als das andere (1. Kor 12,25).

Hier soll es um diese Art von Spaltung gehen, aber in der Variante, dass diese Spaltungen im Streit über Lehrfragen entstanden sind. Der Streit kann aber, jedenfalls im Rückblick, nachdem Klärungen stattgefunden haben, so beurteilt werden, dass nicht rechter Glaube und Häresie einander gegenübergestanden haben, sondern (a) – im schlimmsten Falle – ein Irrtum in manchen Lehrstücken, der zwar das Ganze des Glaubens angegriffen, aber nicht überwältigt hat, ja sogar eine Verdunkelung, die verhindert hat, eine wesentliche Wahrheit des Glaubens wahrzunehmen, die aber doch den Lebensnerv des Glaubens nicht abgeschnitten hat, oder (b) einfach nur ein Mißverständnis in Lehrfragen, das aufgrund von verschiedenen Formen der Äußerung der Glaubens oder verschiedener Akzentsetzungen aufkam und die eine Seite das Schlimmste von der anderen Seite befürchten und glauben ließ.

Spaltung in diesem Sinne ist ein Schaden für die Kirche, aber nicht der größte Schaden. Der größte Schaden wäre die Häresie, weil hier der wahre Glaube durch etwas anderes ersetzt wird. Die Verweltlichung der Kirche ist dann, wenn sie Lehre und Verkündigung erfaßt, Häresie. Die Tyrannei in der Kirche ist dann Häresie, wenn

---

[1] Dies gilt für die Berufung dieser Gemeindeparteiungen auf Paulus, Apollos und Petrus. Die Berufung auf „Christus" ist darum auch eine Spaltung, weil sie dazu dient, sich von anderen Menschen zu trennen, die gleichfalls Christus angehören.

Menschen gezwungen oder verführt werden, etwas anderes zu glauben als die Wahrheit. Die Spaltung in diesem zweiten Sinne, wie sie hier beschrieben wurde, schließt nicht Häresie ein, sondern nur die Befürchtung und höchstens die Gefahr von Häresie, der manche in einer solchen Parteigemeinschaft auch erliegen, während andere doch, trotz allem, von ihr bewahrt bleiben.

Letztlich wird durch eine solche Spaltung nicht die Einheit der Kirche zerstört, so wie auch die Frage des Apostels, 1. Kor 1,13, „Ist denn etwa Christus zerteilt?", nur eine rhetorische Frage sein kann. Die Einheit der Kirche kann nicht zerstört werden, so wie auch die Kirche selbst, die es nur als *eine* geben kann, nicht zerstört werden kann. Sie ist *perpetuo mansura*.

Die Kirche kann also im strengen Sinne nicht gespalten werden. Findet eine Spaltung im ersten Sinne statt, dann ist der abgespaltene Teil nicht mehr Kirche. Handelt es sich um eine Spaltung im zweiten Sinne, dann ist die Kirche nicht im innersten gespalten. Der Riß geht sozusagen nur durch die äußeren Schichten. Man kann hier von einer Spaltung im *sichtbaren* Bereich der Kirche sprechen. Oben (2.8.) wurde dargelegt, welche Möglichkeiten es gibt, die sichtbare Einheit der Kirche aufzufassen. Gestört ist im Fall dieser Spaltung das Zusammenwachsen der Christen in der Liebe, das in Erfüllung der Bitte Jesu Joh 17,22f geschehen soll[2]. Damit ist gewiß auch die Einheit der Ämter in ihrer Ordnung beeinträchtigt. Schließlich wird, wenn Lehrfragen in dieser Spaltung eingeschlossen sind, auch die Einheit der Verkündigung gestört, die auch einen Aspekt der Sichtbarkeit der Kirche darstellt. Die Einheit in der Verkündigung wird dabei aber nicht völlig zerstört, denn dann hätten wir mit einer Spaltung im ersten Sinne zu tun: wenn die Verkündigung Christus entstellen würde.

Es geht also streng genommen um eine Spaltung *in* der Kirche, nicht um eine Spaltung der Kirche. Sie ist nicht das Allerschlimmste, aber sie ist schlimm genug. Sie muss überwunden werden, a) weil sie der Liebe widerspricht, in welcher die Glieder der Kirche zusammenwachsen und dadurch der Welt ein glaubhaftes Zeugnis geben sollen, b) weil die Lehre nach Klarheit drängt. Eine Lehre, die zwar nicht Irrlehre ist, aber doch den Anschein einer solchen hat, muss von diesem Anschein befreit werden. Eine falsche Lehre, die das Ganze des Glaubens noch nicht zerstört, muss überwunden werden, weil sie die Tendenz hat, auf die Dauer doch dieses Ganze zu vergiften. Schließlich muss c) auch eine Einheit unter den Ämtern der Kirche sein. Denn die Ämter sollen der Liebeseinheit der Kirche und der rechten Verkündigung dienen. Wenn der Wille besteht, das Erste zu tun und die Klarheit darüber besteht, was rechte Verkündigung ist, dann gibt es auch keine Notwendigkeit, verschiedene Gemeinschaften von Kirchen im Sinne von Körperschaften mit einem völlig eigenständigen Ämtersystem aufrecht zu erhalten. Diese Ämtersysteme sind ja gerade entstanden in Folge der Spaltungen. Auf einer zentralen, die ganze Kirche umfassenden Ebene müss-

---

[2] Wenn Karl Barth von dem „Riß" spricht, „der seit 400 Jahren durch die Kirche geht" und hinzufügt, „das Wesen, nicht nur der Name der Kirche ist Agape: Einheit in Liebe", dann meint er diesen Aspekt der Einheit der Kirche. Wenn er fortfährt: „jeder Abfall von dieser Einheit stellt das Letzte der Kirche selbst in Frage.", dann ist diese Frage doch nicht so zu beantworten, dass es keine Kirche mehr gäbe, nur weil es den „Riß" gibt. Denn das Dasein der Kirche und damit ihre Einheit ruht in der Barmherzigkeit Gottes und nicht in der Fähigkeit der Menschen der Kirche, einander zu lieben. Karl Barth, KD I/1, 101, zit. bei Hans Urs von Balthasar, Karl Barth. Darstellung und Deutung seiner Theologie, Olten 1951, 15.

te eine gemeinsame Leitung bestehen. Relativ eigenständige Zusammenschlüsse von Ämtern könnte es nur geben für Gruppierungen innerhalb der einen Kirche, die durch bestimmte Akzentsetzungen in Lehre, Verkündigung und Frömmigkeit sich voneinander unterscheiden. Diese Akzentsetzungen sind dann aber vereinbar mit denen anderer Gruppierungen. Die Ämter in diesen verschiedenen Zusammenschlüssen müssten gegenseitig anerkannt sein als Ämter der gesamten Kirche.

Das Streben um Wiedergewinnung der Einheit in der Kirche und die Überwindung von Spaltungen muss also auf diesen drei Feldern erfolgen: a) im Wiedergewinnen und Erstarken der Liebe zwischen Christen in den verschiedenen Fragmentkirchen, b) im Klären und Korrigieren der Lehre, so dass es keine Lehrstücke mehr gibt, von denen die eine Seite die Befürchtung haben muss, sie wären falsch und könnten den gesamten Glauben verfälschen. Die tatsächliche Verkündigung muss dann aber auch den Grundsätzen einer solchen geklärten und bereinigten Lehre folgen. Endlich muss c) eine gegenseitige Anerkennung der Ämter als Ämter der einen Kirche erfolgen. Diese Anerkennung muss dann aber auch verbunden sein mit der Einrichtung einer gemeinsamen Leitung.

Man kann sich fragen, ob in der Reihenfolge dieser Bemühungen nicht b vor a stehen müsste. Wenn man meint, man könnte eine Brüderlichkeit unter Christen erreichen unter Absehung von wesentlichen Lehrfragen, die existenzielle Fragen sind, würde man das, was man „Liebe" nennt, über die Wahrheit stellen und dem rechten Verhalten der Menschen untereinander ein größeres Gewicht geben als der Verkündigung der Barmherzigkeit Gottes, der gottlose Menschen rechtfertigt. Andererseits finden sich Klärungen in strittigen Lehrfrage leichter, wenn Menschen einander Brüderlichkeit und Verständnis erweisen. Die Amtsfrage hingegen, auch wenn sie nicht fehlen darf, kann erst geklärt werden, wenn die Lehrfragen bereinigt sind.

26. HEUTE NOCH BESTEHENDE SPALTUNGEN

26.1. Israel und die Kirche

Welche Spaltungen haben im Laufe der Kirchengeschichte stattgefunden und sind noch nicht wieder geheilt worden? Es ist hier nur an Spaltungen im zweiten Sinne zu denken, also nicht an Spaltungen, durch die sich Gruppen von der Kirche trennten, die nicht mehr Kirche sind. Die Gnostiker, die Arianer, aber auch die „Modernisten", die im Bereich der Reformationskirchen auch „Neuprotestanten" genannt werden, sich aber, vor allem durch Mißverständnisse des Zweiten Vatikanischen Konzils, auch innerhalb der römisch-katholischen Kirche ausgebreitet haben, sind hier also nicht zu betrachten. Es soll hier ein rascher Durchgang durch diese Spaltungen gemacht werden.

Die erste noch andauernde Spaltung in der Kirche ist die zwischen der jüdischen Religionsgemeinschaft und der Kirche, die in engerem Sinne „Kirche" genannt wird, weil sie Jesus Christus ausdrücklich als Herrn bekennt (Röm 10,9). Wir haben mit den reformatorischen Definitionen von Kirche anerkannt, dass die Kirche immer schon bestanden hat und nicht erst mit der ersten Ankunft Jesu Christi oder gar mit Pfingsten erschienen wäre. Bis zu der Zeit, wo die Bezeugung Christi außerhalb Israels, unter den Samaritanern und den Völkern bis an die Enden der Erde, einsetzte (Apg 1,8, vgl. 8,4ff; 8,26ff; 8,44-48), war die Kirche, seitdem dieses Volk existierte, bis auf wenige Ausnahmen mit dem Volk Israel identisch.

Unter der „jüdischen Religionsgemeinschaft" soll nun die Gemeinschaft von Menschen verstanden werden, die als Volk von diesem Volk Israel, wie es bis zur Ausweitung der Kirche auf die Heiden existierte, abstammt, als zusätzliche notwendige Bedingung aber an der Bibel in dem Umfang festhält, wie sie von den Christen mittlerweile das „Alte Testament" genannt wird, so dass von diesem Volk gesagt werden kann, dass ihm die Gotteskindschaft gehört, die Herrlichkeit, die Bundesschlüsse, die Gesetzgebung, der Gottesdienst und die Verheißungen (Röm 9,4). Andererseits, das ist eine weitere notwendige Bedingung in dieser Definition, erkennt es nicht Jesus von Nazareth als den von Gott verheißenen Messias und Herrn an. Zur Kirche in diesem engeren, explizit „christlichen" Sinne hingegen gehören Juden, auf denen die ersten beiden Bedingungen zutreffen (die Abstammung und die Bibel – sei es im Umfang des Alten Testaments oder im erweiterten Umfang des Alten und Neuen Testaments), aber mit dem Glauben an Jesus Christus, oder auch Menschen aus beliebigen anderen Völkern, nur dass sie an Jesus Christus glauben und die Bibel anerkennen. Weil diese erste Gruppe auch zur Kirche gehört (die Apostel waren alle in diesem Sinne Juden), ist die christliche Kirche nicht etwas nicht-jüdisches. Sie ist nur eine Alternative zu der jüdischen Religionsgemeinschaft, wie sie hier definiert worden ist. Beide, die Kirche und die jüdische Gemeinschaft, stehen in Kontinuität zu dem Volk Israel vor der Ankunft Jesu und vor der Ausweitung der Kirche auf die Völker, jedoch in verschiedener Weise.

Die christliche Kirche setzt das Volk Israel fort, weil ihre Glieder Erben der Verheißung sind, die Israel hervorgebracht hat. Sie sind alle Kinder Abrahams (Gal 3,28f;

Röm 9,6-9). Die jüdische Gemeinschaft setzt das alte Israel fort aufgrund der Abstammung und der Überlieferung der Bibel, auch wenn das Verständnis der Bibel ihr verhüllt ist, und sie darum nicht erkennt, dass Mose von Christus abgelöst worden ist (2. Kor 3,14-16. vgl. V.7-11).

Der Apostel Paulus spricht dialektisch über die jüdische Gemeinschaft. Er nennt sie Israel (Röm 9,31) und gesteht ihr zu, die Gotteskindschaft, die Herrlichkeit und die Verheißungen usw. zu haben (Röm 9,4), andererseits sagt er, dass dieses Israel die Gerechtigkeit und damit das Heil nicht erlangt hat (Röm 9,31). Es sind darum „nicht alle Israeliten, die von Israel abstammen" (Röm 9,6). Wie kann diese Gemeinschaft nun doch noch zur Kirche im umfassenden Sinne gerechnet werden, d.h. zu der Gemeinschaft, in welcher das Evangelium gepredigt und geglaubt wird?

In einer ersten Hinsicht ist sie Kirche, weil in ihr das geschriebene Wort Gottes überliefert und aufbewahrt wird (das „Gesetz": Röm 9,4). Dem tut in keiner Weise Abbruch, dass es sich hier nur um das Alte Testament handelt. Denn das Alte Testament ist nicht nur Gesetz in dem Sinne, dass etwas gefordert wird, was nicht eingehalten werden kann, so dass es tötet (Röm 10,5; 2. Kor 3,6), sondern es ist auch Verheißung und damit Evangelium (Röm 3,31-4,16 usw.). Aus diesem Grunde wurde auch schon in dem Kapitel über den Entzug des Gehorsams angesichts der Tyrannei (24.) darauf hingewiesen, dass die Amtsträger Israels, sogar wo sie Jesus als den Christus ausdrücklich ablehnten, von den Aposteln anerkannt worden sind, insofern nicht die Verkündigung Jesu dadurch behindert wurde.

Aber auch in einer zweiten Hinsicht ist die jüdische Gemeinschaft Teil der Kirche, weil sich in ihr Menschen finden können, die an diese Verheißung glauben, auch wenn sie dabei nicht ausdrücklich an Jesus Christus glauben. Denn die Verheißungen, die im Alten Testament enthalten sind, bringen immer wieder Glauben hervor. Und es kann vielerlei Gründe geben, weshalb dieser Glaube nicht hinübergeführt in den expliziten Glauben an Jesus Christus und den Anschluß an die im expliziten Sinne christliche Kirche. Ein solcher verborgener Glaube an Jesus Christus besteht dann in einer Erwartung des verheißenen Messias, als sei er noch nicht gekommen. Er ist dann gleich dem Glauben, die die Gläubigen des Alten Israel an den Messias hatten. Auch sie konnten nicht mit Klarheit erkennen, wer der Messias war. Gläubige in der jüdischen Gemeinschaft können, wie die Jünger, die nach Emmaus wanderten, zu unverständig und trägen Herzen sein, um zu glauben und zu erkennen, dass der verheißene Messias leiden musste (Lk 24,25). Sie können dabei, wie diese Jünger, in Bereitschaft sein, sich die Augen öffnen zu lassen, doch sind ihre Augen gehalten, Jesus Christus nicht zu erkennen, der mit ihnen geht (V. 16). Sie können nur darum – im Unterschied zu den Emmausjüngern – nicht zum offenen Glauben an Jesus Christus kommen, weil sie, obgleich gläubig, als Begleiter teilhaben sollen an dem Schicksal Israels, zum Teil verstockt zu sein, bis die vorherbestimmte volle Zahl der Heiden zum Glauben kommt (Röm 11,25). Weil sie aber glauben, so wie Abraham, Mose, David usw. geglaubt haben, werden sie auch das Heil erlangen.

26.2. Spaltungen innerhalb der christlichen Kirche – Möglichkeiten, wie sie aufzufassen

Aber auch die Kirche, die im offenen Glauben an Christus lebt, ist nicht von Spaltungen verschont geblieben. Die erste Spaltung, die zwischen der Kirche im engeren Sinne und der jüdischen Religionsgemeinschaft, ist ein Modell für diese Spaltungen: sowohl was ihren Charakter als eines Verhängnisses betrifft (Röm 11,25.32) als auch, was die Verpflichtung betrifft, die Hoffnung nie aufzugeben (Röm 9,3; 11,26-32). Überall, wo es aufgrund von Lehrstreitigkeiten zu Trennungen kam, und die getrennten Teile nach einer sehr langen Zeit heute noch existieren, ist zu fragen, ob diese Beharrlichkeit nicht darauf zurückzuführen ist, dass Gott auch diesen abgetrennten Gemeinschaften die Treue gehalten hat und sie, trotz aller Mängel, noch zur Kirche zu rechnen sind.

Als erstes ist die Spaltung zwischen der Kirche des Konzils von Chalkedon 451 und den non-chalkedonensischen Kirchen zur Linken – den Nestorianern – und zur Rechten – den Monophysiten zu nennen. Was sie gemeinsam anerkennen, sind die beiden ersten Konzilien, Nicaea und Konstantinopel. Sodann die Spaltung zwischen den chalkedonensischen Ostkirchen einerseits und dem Bischof vom Rom mit den ihm anhängenden Bischöfen andererseits, die nach langem Schwelen und Ausbrüchen mit der Einsetzung eines lateinischen Patriarchen in Konstantinopel 1204 manifest wurde und auch durch die Unionskonzile des 13. und 15. Jahrhunderts nicht dauerhaft geheilt wurde. Dann vor allem die Spaltung zwischen der Kirche von Rom und den im 16. Jahrhundert entstehenden Reformationskirchen. Doch auch unter diesen Neugründungen kam keine Einheit zustande. Es gab die beiden großen Gruppen, die durch die lutherischen Bekenntnisschriften – mit der Confessio Augustana invariata und der Konkordienformel – einerseits und den von Bullinger und Calvin verfaßten oder inspirierten reformierten Bekenntnisschriften andererseits unterschieden werden. Hinzu kommen die Gruppen, welche die Kindertaufe ablehnen und die Taufe nur auf das Begehren eines den Glauben Bekundenden hin spenden. Diese Gruppen sind auf verwinkelten Wegen miteinander verwandt und haben sich später noch weiter verzweigt. Aus allen drei großen Blöcken – den Ostkirchen, der römisch-katholischen Kirche, den Reformationskirchen – hat es auch später noch Abspaltungen gegeben.

Wie läßt sich nun dieses Faktum, dass es so viele Gruppen gibt, die beanspruchen christlich zu sein, aber so verschieden untereinander und uneins sind, deuten? Ich will hier vier Möglichkeiten bedenken.

26.2.1 Erste Möglichkeit: Es gibt die eine wahre Kirche nicht

Die *erste* besagt: es gibt keine Einheit unter diesen Gruppen und es kann auch keine unter ihnen geben. Es gibt zwischen diesen Gruppen – mag man sie auch Kirchen nennen – nur Brüche. Es handelt sich hier um so etwas wie einen radikalen Kongregationalismus, ähnlich wie oben, in 24. formuliert: es gibt kein historisches Kontinuum von Kirche. Es gibt auch, darüber hinaus, in der Gleichzeitigkeit nichts, was diese „Kirchen" in der Weise miteinander verbinden würde, dass man sie alle irgendwie zu *einer* Kirche rechnen oder sie alle „christlich" nennen könnte, in dem Sinne, dass dieses Wort einen bestimmten Inhalt hat und mehr wäre als bloß ein Anspruch. John Henry Newman hat zu Beginn seines ‚Essay on the Development of Christian Doctrine' diese Position in verschiedenen Varianten so charakterisiert: Das Christentum „sei für jedermann das, wofür es jedermann halte, und nichts sonst. Es sei also in Wirklichkeit nur ein Name für eine Gruppe oder Familie miteinander rivalisierender Religionen. Diese Religionen stünden miteinander in Konkurrenz, erhöben Anspruch auf dieselbe Benennung. Nicht weil man irgendwelche gleiche Lehre als die gemeinsame Grundlage aller angeben könne. Vielmehr gebe es hier oder dort gewisse Punkte der Übereinstimmung der einen oder anderen Art, durch die jede mit der einen oder anderen der übrigen jeweils verbunden sei." Von der christliche Lehre wäre dann zu sagen:

„Historisch gesprochen habe sie nämlich nicht einmal eine eigene Substanz, sondern sei von Anfang an und weiter auf der Bühne der Welt nichts weiter gewesen als eine bloße Sammlung von Lehren und Praktiken, die von außen stammten ..."[1].

Eine gewisse Verbundenheit könnte man zwischen diesen Formen des Christentums finden, indem man den Begriff der *Familienähnlichkeit* auf sie anwendet, so wie Ludwig Wittgenstein ihn vorgetragen hat[2]. Familienähnlichkeit besteht zwischen mehreren Begriffen so, dass sich zu kleineren Gruppen – jedenfalls zu zweit – zusammenfassen lassen, die bestimmte Gemeinsamkeiten haben. Es gibt aber keine durchlaufenden Gemeinsamkeiten durch alle diese Begriffe, so dass sie sich in einem Oberbegriff zusammenfassen ließen[3]. Diese Gemeinsamkeiten verketten also diese Begriffe, so dass die mit diesen Begriffen bezeichneten Klassen von Seienden mit zwei oder auch mehr anderen Klassen verbunden sind, aber eben mit der einen Ähnlichkeit zur einen Seite hin, mit einer anderen zu einer anderen Seite hin usw. So könnte man die chal-

---

[1] John Henry Newman, Über die Entwicklung der Glaubenslehre. Durchges. Neuausgabe d. Übers. v. Theodor Haecker, besorgt, kommentiert u. mit erg. Dokumenten vers. v. Johannes Artz, Mainz 1969 (=Ausgewählte Werke, Bd.8)/ An Essay on the Development of Christian Doctrine, Westminster, Md., 1968 (=The Works of Cardinal Newman), 7f / „that it is to each man what each man thinks it to be, and nothing else; and thus in fact is a mere name for a cluster or family of rival religions all together, religions at variance one with another, and claiming the same appellation, not because there can be assigned any one and the same doctrine as the common foundation of all, but because certain points of agreement may be found here and there of some sort or other, by which each in its turn is connected with one or other of the rest.", „historically it has no substance of its own, but from the first and onwards it has, on the stage of the world, been nothing more than a mere assemblage of doctrines and practices derived from without ...", An Essay on the Development of Christian Doctrine, 4. – Newman nennt noch zwei weitere Varianten, die jedoch nicht genau unter die von ihm formulierte Gegenthese fallen: dass das Christentum zwar eine Identität und weiterhin Bestand habe, aber nur im Verborgenen, und dass es lediglich als Literatur oder Philosophie bestehe.

[2] Wittgenstein, Philosophische Untersuchungen. Auf der Grundlage der Kritisch-genetischen Edition neu hg. v. Joachim Schulte. Mit einem Nachwort des Herausgebers, Frankfurt/Main 2003, Nr. 67, unter Rückgriff auf Nr. 66, S. 56-58.

[3] Wittgenstein bringt dazu das Beispiel verschiedener Spiele: „Betrachte z.B. einmal die Vorgänge, die wir ‚Spiele' nennen. Ich meine Brettspiel, Kartenspiel, Ballspiele, Kampfspiele, u.s.w. Was ist allen diesen gemeinsam? – Sag nicht: ‚Es muß ihnen etwas gemeinsam sein, sonst hießen sie nicht ‚Spiele' – sondern schau, ob ihnen allen etwas gemeinsam ist. – Denn, wenn du sie anschaust, wirst du zwar nicht etwas sehen, was allen gemeinsam ist, aber du wirst Ähnlichkeiten, Verwandtschaften, sehen ...", ebd., Nr. 66, S. 57.

kedonensischen Ostkirchen in der einen Richtung mit den non-chalkedonensischen verbinden, in einer anderen mit der römischen Kirche. Diese wiederum zur einen Seite hin eben mit den chalcedonensischen Ostkirchen, zu einer anderen mit den Kirchen des Augsburgischen Bekenntnisses. Diese wiederum nicht nur mit der römischen, sondern, gleichsam auf der Rückseite, mit den reformierten.

Diese Betrachtungsweise würde auch auf einen ersten Blick hin verständlich machen, weshalb eine „ökumenische" Annäherung einer dieser Kirchen zu einer ihrer „Nachbarkirchen" hin zu einer Entfernung von ihrer anderen Nachbarkirche weg führen würde. Oder, wenn sie zu Konsensvereinbarungen mit mehreren ihrer Nachbarkirchen kommt, dass diese sich dann untereinander widersprechen würden.

Jedoch ist diese Betrachtungsweise oberflächlich. Alle Kirchen, die hier genannt wurden, haben durchlaufende Gemeinsamkeiten, die nach ihrem Selbstverständnis wesentliche sind. Martin Luther hat sie weitgehend erfaßt, wenn er im ersten Teil seiner Schmalkaldischen Artikel sagt, hierüber sein kein Streit: nämlich „daß Vater, Sohn und Heiliger Geist in einem göttlichen Wesen und Natur drei unterschiedliche Personen ein einiger Gott ist, der Himmel und Erde geschaffen hat" und „daß der Sohn also Mensch geworden sei ..."[4]. Nur dieser eine Punkt würde auf Widerspruch von den Ostkirchen stoßen, wo Luther das „filioque" lehrt. Doch könnten die westlichen Kirchen auch einem Gebrauch des Nicaenums ohne das Filioque zustimmen. Die Menschwerdung Gottes wird hier so allgemein ausgedrückt, dass sowohl Nestorianer als auch Monophysiten zustimmen könnten.

Es erhebt sich nur die Frage, ob es gestattet ist, so allgemein zu bleiben. All die Fragen, um deretwillen es Trennungen gegeben hat, sind ja ebenfalls nach dem Selbstverständnis dieser Kirchen wesentliche Punkte, nicht nur das, was ihnen gemeinsam ist. So die Frage, wie die Aussage „Gott ist Mensch geworden" zu verstehen sei, an der drei Parteien, die Chalcedonenser, die Nestorianer und die Monophysiten sich getrennt haben. So, neben anderem, das Filioque, das zumindest dem Selbstverständnis der Ostkirchen nach sehr wohl etwas Wesentliches betrifft. Und so schließlich die Frage, welche Tragweite der Satz „Jesus Christus ist um unserer Sünden willen gestorben" hat, dem in Blick auf Röm 4,25 und Joh 1,29, aber auch im Blick auf das Nicaenische Glaubensbekenntnis alle Parteien zustimmen könnten. Wie Luther im zweiten Teil der Schmalkaldischen Artikel ausführt, wird dieser Satz aber schon durch die Messe im päpstlichen Verständnis infrage gestellt und dieser Drachen zieht einen ganzen Drachenschwanz von Irrlehren und falscher Praxis hinter sich[5]. Das, was gemeinsam ist, droht durch die Rückwirkung einer solchen Irrlehre verloren zu gehen oder zumindest nicht mehr genügend Gewicht zu haben. Hier zeigt sich das Problem, das oben schon benannt wurde: sind solche Lehren (bzw. eine Praxis, die durch eine Lehre beschrieben und geboten wird) unweigerlich als Widerspruch zu diesem Grunddogma des Christentums („Jesus Christus ist um unserer Sünden willen gestorben") zu verstehen, oder gibt es eine berechtigte Auffassung, welche diese Befürchtung

---

[4] „Daß Vater, Sohn und heiliger Geist in einem gottlichen Wesen und Natur drei unterschiedliche Personen ein einiger Gott ist, der Himmel und Erde geschafften hat"; „Daß der Sohn also sei Mensch geworden.", BSLK, 414,13-15. 20; Fassung in modernem Deutsch in: Bekenntnisse der Kirche, 92f. Es folgen, summarisch, die Aussagen des Apostolicums oder auch des Nicaenums. Luther verweist auch ausdrücklich auf das Athanasianum.

[5] BSLK, 418-425 / Bekenntnisse der Kirche, 93; 95.

eindeutig entkräftet? Daran entscheidet sich, ob die Gemeinschaften, die eine solche umstrittene Lehre und Praxis haben, zur Kirche gehören oder nicht, ob wir es also mit einer Abspaltung im ersten oder im zweiten Sinne zu tun haben.

Wir können hier aber schon zu einem ersten Resümee kommen: die Frage, wie mit Spaltungen umzugehen, wie sie zu beurteilen seien, setzt immer schon Gemeinsamkeiten voraus. *So weit*, wie in dieser ersten Deutungsmöglichkeit dargestellt, geht also die Fremdheit zwischen den sogenannten Kirchen nicht. Es ist nicht bloß die Gemeinsamkeit des bloßes Anspruchs, christlich zu sein – und nichts darüber hinaus –, es ist auch mehr als eine „Familienähnlichkeit" im Wittgensteinschen Sinne. Man kann, auf dem Stand dieses ersten Resümees, sagen: die hier genannten „Kirchen" bilden zumindest eine Problemgemeinschaft. Sie sind verbunden durch positive Gemeinsamkeiten, aber auch durch einen Vorrat an zu klärenden Streitfragen. Man kann diese Streitfragen so bescheiden, dass man nicht weiter miteinander darüber spricht, sondern erklärt, die andere Seite habe eine Abspaltung jener vollzogen, die zwar einmal in unserer Mitte waren, aber niemals von uns (1. Joh 2,19). Man kann aber auch sagen, dass dieses Gespräch immer wieder aufgenommen werden muss in der Hoffnung, doch zu einer Verständigung zu kommen, die zumindest so weit geht, dass man die andere Seite als einen Teil der Kirche anerkennen kann, der in einer anderen Akzentsetzung dieselbe Wahrheit festhält.

Der Entschluß, sich für das Gespräch zu entscheiden, ist ein Ergebnis der Liebe. Luther unterscheidet in ‚De servo arbitrio' die Weise, nach der Liebe zu beurteilen von der Weise, nach dem Glauben zu beurteilen. Dieser urteilt nach einem klaren, untrüglichen Urteil[6], jene ist bereit, die Versicherung, man sei christlich, zu akzeptieren, die schon mit der Taufe kundgegeben wird: „die Liebe, die das Beste von jedem denkt, die keinen Verdacht hegt, die alles glaubt und von den Nächsten das Beste vermutet, nennt jeden Getauften einen Heiligen, und es besteht keine Gefahr, wenn sie irrt, denn zur Liebe gehört es, betrogen zu werden, da sie dem rechten Gebrauch und dem Mißbrauch aller preisgegeben ist. Sie ist eine allgemeine Dienerin: der Guten und der Schlechten, der Gläubigen und der Ungläubigen, der Wahrhaftigen und der Betrügerischen."[7]

Beide, Liebe und Glaube, dürfen aber nicht gegeneinander stehen. Wegen der Liebe müssen Christen bereit sein, das Gespräch mit Menschen zu suchen, bei denen der Glaube nach einer ersten Prüfung zögert, sie als wahre Christen anzuerkennen. Man darf sich aber nicht genügen lassen an dieser Bereitwilligkeit der Liebe. Das Gespräch darf nichts Zielloses sein, sondern muss auf eine Klärung, gegebenenfalls auch auf eine Korrektur von Lehrmeinungen aus sein. Diese Motivation hat bereits in der Reformationszeit zu Religionsgesprächen geführt, die für die Wittenberger Seite von Philipp Melanchthon geleitet wurden. Es hat immer wieder solche Gespräch gegeben und seit dem letzten Drittel des 20. Jahrhunderts sind sie verstärkt worden und haben auch zu positiven Ergebnissen geführt.

---

[6] WA 18, 652/BoA 3, 140,20f.
[7] „... Charitas, quae omnia optima de quouis cogitat, nec est suspicax, omniaque credit ac praesumit de proximis bona, sanctum uocat quemlibet baptisatum, nec periculum est, si erret, quia charitatis est falli, cum sit exposita omnibus omnium usibus et abusibus, ministra generalis bonorum, malorum, fidelium, infidelium, ueracium, fallacium.", WA 18, 652/BoA 3, 140,14-19.

26.2.2 Zweite Möglichkeit: Exklusiver Wahrheitsanspruch einer der Fragmentkirchen

Die *zweite* Möglichkeit, die Zersplitterung in der Kirche zu deuten, ist dieser ersten entgegengesetzt und ihr darum wieder verwandt. In der ersten Möglichkeit bleibt ausgeschlossen, dass man sagen könnte, welche dieser Gemeinschaften, die sich alle christliche Kirche nennen, in Wahrheit christliche Kirche sei. Die Frage nach der Wahrheit kann nicht beantwortet werden, also stellt man sie auch nicht. Ob man der einen oder der anderen Kirche angehört, hänge nicht davon ab, dass man sie als wahr erkannt habe, denn dies sei gar nicht möglich.

Die zweite Deutung setzt dagegen, dass es nur *eine* dieser Gemeinschaften gibt, welche die wahre Kirche ist und sich so nennen darf. Alle anderen sind falsch. In ihnen gibt es auch kein Heil. Menschen in diesen Kirchen sind auch nicht in irgendeiner Weise mit der einen wahren Kirche verbunden, so dass sie doch noch das Heil empfangen könnten. Man könnte diesen Standpunkt den eines extremen Konfessionalismus nennen. Man könnte ihn ausdrücken mit der Formulierung, die auf dem Zweiten Vatikanischen Konzil erwogen, aber nicht übernommen wurde: „Diese Kirche also, die wahre Mutter und Lehrerin aller, in dieser Welt als Gesellschaft eingerichtet und geordnet, *ist* die Katholische Kirche, die vom römischen Bischof und den Bischöfen in Gemeinschaft mit ihm geleitet wird."[8] – bzw. für den römischen Bischof eine andere Formel einsetzen, durch die eine bestimmte rechtlich definierte Körperschaft genannt wird. Diese zweite Deutungsmöglichkeit ist mit der ersten verwandt, weil auch durch sie ein Gespräch von Vertretern der verschiedenen, sich „Kirche" nennenden Gemeinschaften ausgeschlossen wird, dessen Ziel wäre, bestimmte strittige Lehren zu klären, gegebenenfalls auch zu ändern, aber doch so, dass zugestanden wird, dass diese „Kirchen", nach Änderung dessen, was zu ändern war, doch noch etwas ihnen Eigentümliches hätten, was sie einbringen könnten in das Ganze der einen wahre Kirche. Denn was ihnen eigentümlich wäre, das wäre nicht wahr. Es müsste weichen, und ihr Hineinfinden in die eine wahre Kirche wäre nichts anderes als der Übertritt ihrer Glieder in die eine wahre, bereits auch als sichtbare Körperschaft existierende Kirche. Ein solcher Übertritt müsste mit Recht „Konversion" genannt werden, weil er eine Bekehrung vom falschen zum wahren Glauben wäre.

Dieser Standpunkt läßt sich indes nicht durchhalten, und zwar schon deswegen nicht, weil das, was diese sich Kirche nennenden Gemeinschaften in Abgrenzung von einander definiert, nicht geeignet ist, zu garantieren, dass die Mitglieder einer dieser Gemeinschaften die wahre Kirche seien, die der anderen hingegen nicht. Ich habe hier von Körperschaften gesprochen, also von Gemeinschaften, die rechtlich definiert sind, durch bestimmte Grundsätze und durch eine bestimmte Leitungsstruktur. Ich will dies noch erläutern. Wenn es Spaltung gibt, dann benötigen die Fragmentkirchen bestimmte Grundsätze, in denen sie nicht nur bekennen, *wofür* sie sind, sondern auch *wogegen*, und damit grenzen sie sich absichtlich von den anderen Fragmentkirchen ab. Diese Grundsätze, die Symbola, enthalten also solche Abgrenzungen bis hin zum Anathema.

---

[8] „Haec igitur Ecclesia, vera omnium Mater et Magistra, in hoc mundo ut societas constituta et ordinata, est Ecclesia Catholica, a Romano Pontifice et Episcopis in eius communione directa.", zit. in LThK, 2. Aufl., Erg.bd.1, 174, Anm. 30.

So etwas ist an sich durchaus berechtigt, denn der Glaube wird immer wieder angegriffen vom Falschglauben, und die Verantwortlichen der Kirche müssen deutlich erklären, dass damit das Heil auf dem Spiel steht (Gal 1,7-9; 1. Joh 4,2f). In diesem Sinne sind auch die Verwerfungen und Anathematismen sowohl der lutherischen Bekenntnisschriften als auch der reformierten (z.B. Heidelberger Katechismus, Frage 80) und auch der Dekrete des Tridentinischen Konzils zu verstehen.

Abgesehen davon, ob diese konkreten Verwerfungen wahr sind, fragt sich aber (a), welches Vermögen sie haben, dafür zu sorgen, dass die Glieder einer Gemeinschaft, die durch solche Symbola definiert ist, tatsächlich im Sinne dieser Symbola glauben. Zudem ist zu fragen (b), ob diejenigen, die einer Gemeinschaft angehören, gegen die sich die Symbola einer anderen richten, tatsächlich von der Kirche als der Gemeinschaft der Wahrheit und des Heils geschieden sind, auch wenn diese Symbola recht hätten mit ihren Verwerfungen.

Die Frage a ist so zu beantworten, dass die Symbola dieses Vermögen nicht haben. Sie garantieren nicht, dass eine Gemeinschaft, die sich rechtlich durch sie definiert, tatsächlich so glaubt, wie es die Symbola vorschreiben. Eine Kirche mag sich beispielsweise „evangelisch-lutherisch" nennen, sie mag in ihrer rechtlichen Verfassung die Heilige Schrift und die lutherischen Bekenntnisschriften als ihre Grundlage anerkennen, sie mag auch ihre Geistlichen auf beides ordinieren – es kann dennoch sein, dass jemand, der eine rechtliche Mitgliedschaft in einer solchen Kirche besitzt, im Sinne dieser Bekenntnisschriften nicht glaubt. Man kann nur sagen, dass die Bekenntnisschriften verpflichten, dass eine Kirche an ihnen behaftet werden kann, aber mehr nicht.

Die Frage b ist zu verneinen, weil in allen Kirchen, von denen hier die Rede ist, die Bibel als Grundlage anerkannt ist und auch bestimmte Symbola, in denen, wie in Luthers Schmalkaldischen Artikeln, Teil I, die Dreieinigkeit und die Menschwerdung des Sohnes bekannt werden. Es muss nun gar nicht so sein, dass bestimmte zusätzliche Lehren – wie sie etwa im zweiten und im dritten Teil der Schmalkaldischen Artikel genannt und verworfen werden – eine solche Auswirkung in diesen Kirchen hätten, dass alle Menschen in ihnen vom wahren Glauben abgebracht werden, wie er als Glaube an die Dreieinigkeit und die Menschwerdung definiert wird. Es könnte vielmehr umgekehrt so sein, dass der Glauben an den dreieinigen und in der Person des Sohnes menschgewordenen Gott die Einflüsse möglicherweise wirklich falscher Lehren, die in den Symbola einer anderen Kirche zurecht verworfen werden, zurückdrängt. Im Falle der römischen Kirche würde es dann so sein, wie es Luther auch ausdrücklich zugestanden hat (s.o. 24.), dass „die römische Kirche heilig und alle Bistümer heilig" sind, weil dort „die Taufe, das Sakrament [des Altars], die Stimme und der Text des Evangeliums, die heilige Schrift, die Dienste, der Name Christi, der Name Gottes."[9] blieben. Ist das Wort Gottes aber vorhanden, dann vermag es auch Gläubige zu zeugen.

In der Geschichte können sich diese Fragmentkirchen, die einst im Streit auseinander gegangen sind, wandeln. Die Reformationskirchen können in ihrer Lehre und

---

[9] „baptismus, vox Evangelii, textus, sacra scriptura, ministeria, nomen Christi, dei", WA 40/I, 69,6f vgl. 71,21f: „Ubi igitur verbum et Sacramenta substantialiter manent, ibi est sancta Ecclesia", / in der dt. Übers. hg. von Hermann Kleinknecht, 34f.

Verkündigung faktisch die Grundsätze preisgeben, durch welche sie entstanden sind, und zu einem guten Teil ist das auch geschehen. Die römische Kirche trat im 16. Jahrhundert als eine von einem Tyrannen geleitete Kirche auf, und deshalb kam es, wie oben (24.) gesagt wurde, zum Entzug des Gehorsams. Man muss aber eingestehen, dass der Papst aufgehört hat, als ein solcher Tyrann zu handeln. Der Papst ist mittlerweile seines weltlichen Armes beraubt, mit dem er Druck ausüben könnte. Viel mehr aber: mit der Einladung Johannes' XXIII. an Theologen nicht-römischer Kirchen am Zweiten Vatikanischen Konzil teilzunehmen, hat sich das Verhältnis der römischen Kirche zu den anderen definitiv verändert. Im Dekret über den Ökumenismus werden die Glieder der von Rom getrennten Kirchen oder „kirchlichen Gemeinschaften" „Brüder" genannt[10]. Das gilt also auch von den Kirchen, gegen welche einst die Anathematismen des Konzils von Trient gerichtet waren.

Darüber hinaus: es gibt neue Probleme für die Kirche. Diese Probleme kreisen mehr oder weniger um die Säkularisierung der Kirche, wie sie von außen und von innen an der Kirche zehrt (s.o. 20. und 21.) Weil der Säkularismus auch ein Problem von innen ist, geht die Frontlinie zu ihm quer zu derjenigen des 16. Jahrhunderts. Sie geht sowohl durch die Reformationskirchen als auch durch die römisch-katholische Kirche. Durch diese neuen Probleme werden die alten nun keineswegs nichtig. Doch sind sie nun aus einer veränderten Perspektive zu betrachten. Diese Möglichkeit eines neuen Blicks ist auch die Möglichkeit, sie anders zu beurteilen; sie so zu beurteilen, dass nicht ein Dissens das Ergebnis des Gespräches ist, sondern ein Konsens, der mehr wiegt als das Gewicht der verschiedenen Lehrmeinungen.

26.2.3 Dritte Möglichkeit: Zentralität einer der Fragmentkirchen

Die *dritte* Möglichkeit, die Spaltungen innerhalb der Kirche zu deuten, geht davon aus, dass die Kirche selbst nie gespalten worden ist. Sie deckt sich insoweit mit der Position, wie sie hier (25.) selbst vertreten worden ist. Allerdings fügt sie hinzu, dass die eine, unzerteilbare Kirche in einer engen, exklusiven Weise verbunden ist mit einer der rechtlich durch Symbola definierten Gemeinschaften, welche entstanden sind mit dem Anspruch, *die* Kirche zu sein. Das Modell für diese Möglichkeit ist die Erklärung von Lumen gentium 8, die Kirche, die anfangs als der Zusammenschluß der an Christus Gläubigen durch den Vater (LG 2), und dann durch eine Reihe biblischer Bilder (LG 6) charakterisiert wurde, sei „verwirklicht in der katholischen Kirche, die vom Nachfolger Petri und von den Bischöfen in Gemeinschaft mit ihm geleitet wird."[11] Von der vorangegangenen Position unterscheidet sich diese dadurch, dass hier das Wort „*subsistit*" verwendet wird, und nicht „est". Der Unterschied zwischen beiden Begriffen wird erläutert durch den nachfolgenden Satz: „Das schließt nicht aus, daß außerhalb ihres Gefüges vielfältige Elemente der Heiligung und der Wahrheit zu finden sind ..."[12]. Diese Formulierung, die zunächst einmal ein sehr großes Überlegenheitsbewußt-

---

[10] Unitatis redintegratio (UR) I, 3, LThK, 2. Aufl., Erg.bd.2, 50-52 / DH 4188, 2. Abs., vgl. DH 4189, 2. Abs., wo von „fratres a nobis seiunctos" gesprochen wird.
[11] „Haec Ecclesia, in hoc mundo ut societas constituta et ordinata, subsistit in Ecclesia catholica, a successore Petri et Episcopis in eius communione gubernata ...", LThK, 2. Aufl., Erg.bd.1, 172 / DH 4119.
[12] „licet extra eius compaginem elementa plura sanctificationis et veritatis inveniantur", ebd.

sein auszudrücken scheint, wird im Dekret über den Ökumenismus wieder aufgegriffen und dabei so erläutert: Diese Elemente oder Güter sind „das geschriebene Wort Gottes, das Leben der Gnade, Glaube, Hoffnung und Liebe und andere innere Gaben des Heiligen Geistes und sichtbare Elemente"[13]. Die Gemeinschaften, die von diesen Gaben erfüllt sind, dienen als Mittel des Heils: „der Geist Christi weigert sich nicht, sie [diese getrennten Kirchen und Gemeinschaften] als Mittel des Heils zu gebrauchen"[14].

Diese Elemente ruhen aber nun in den von Rom getrennten Gemeinschaften nicht unabhängig von der römischen Kirche. Vielmehr geht der Satz in LG 8 schließlich so weiter, dass diese Elemente „als der Kirche Christi eigene Gaben auf die katholische Einheit hindrängen."[15] Und in Unitatis redintegratio 3 wird von ihnen gesagt: „all dieses, das von Christus ausgeht und zu ihm hinführt, gehört zurecht zu der einzigen Kirche Christi."[16] Das Vermögen der von Rom getrennten Kirchen, als Mittel des Heils zu dienen, leitet sich „von der Fülle der Gnade und Wahrheit" her, „die der katholischen Kirche anvertraut ist."[17]

Mit der „katholischen Einheit" ist die Einheit in der rechtlich verfaßten römisch-katholischen Kirche gemeint. Das „subsistit" bezeichnet somit den eigentlichen Ort dieser Elemente. Sie mögen zwar aufgrund der Spaltungen sich außerhalb des „Gefüges" (*compagies*) dieser Kirche befinden. Sie haben jedoch eine Zielstrebigkeit in sich, die sie aus der Verstreuung in untereinander gespaltene Gemeinschaften zurückführt in eine Einheit. Wer von Glaube, Liebe und Hoffnung erfüllt ist, kann nicht auf Dauer in getrennten Gemeinschaften leben. Glaube, Liebe und Hoffnung drängen ihn zu einer Einheit mit allen, in denen diese Tugenden auch sind. Diese Einheit ist aber – so die Überzeugung des Vatikanum II – eine Einheit in der vom Papst geleiteten Kirche: „Denn nur durch die katholische Kirche Christi, die die allgemeine Hilfe zum Heil ist, kann man die ganze Fülle der Heilsmittel erlangen. Denn einzig dem Apostelkollegium, dem Petrus vorsteht, hat der Herr, so glauben wir, alle Güter des Neuen Bundes anvertraut, um den einen Leib Christi auf Erden zu bilden, dem alle völlig einverleibt werden müssen, die schon auf irgendeine Weise zum Volk Gottes gehören."[18]

Die vatikanische Position bestreitet somit die erste Deutungsmöglichkeit, wonach es gar keine Einheit der Kirche mehr gibt – oder vielleicht auch niemals gegeben hat. Sie bestreitet auch die zweite, welche die eine wahre Kirche exklusiv mit einer der Kirchen identifiziert, die im Streit miteinander stehen. Sie nimmt allerdings durchaus, sehr deutlich, Partei bei einer dieser im Streit miteinander stehenden Kirchen. Dieser Kirche, der römischen Kirche, steht die Fülle aller Elemente und Gaben zu, welche

---

[13] „Verbum Dei scriptum, vita gratiae, fides, spes et caritas, aliaque interiora Spiritus Sancti dona ac visibilia elementa", UR 3, DH 4189, 1. Abs.

[14] „Iis [Ecclesiis et Communitatibus seiunctis] enim Spiritus Christi uti non renuit tamquam salutis mediis", UR 2, DH 4189, 3. Abs.

[15] „quae ut dona Ecclesiae Christi propria, ad unitatem catholicam impellunt.", DH 4119, 2. Abs.

[16] „haec omnia, quae a Christo proveniunt et ad Ipsum conducunt, ad unicam Christi Ecclesiam iure pertinent.", DH 4189, 1. Abs.

[17] „quorum virtus derivatur ab ipsa plenitudine gratiae et veritatis quae Ecclesiae catholicae concredita est.", UR 2, DH 4189, 3. Abs.

[18] „Uni nempe Collegio apostolico cui Petrus praeest credimus Dominum commisisse omnia bona Foederis Novi, ad constituendum unum Christi corpus in terris, cui plene incorporentur oportet omnes, qui ad populum Dei iam aliquo modo pertinent.", UR 3, DH 4190, 3. Abs.

von Jesus Christus ausgehen[19]. Der hier gelegentlich gewählte Ausdruck „Fragmentkirche" trifft insofern auf sie nicht zu. Man könnte sagen, alle anderen „Kirchen" seien Fragment, sie aber nicht[20].

Alle anderen bedürfen der Ergänzung. Aber es wird ihnen dennoch, trotz aller „Mängel"[21] zugesprochen, alles zu haben, was nach der hier vertretenen, reformatorischen Definition von Kirche, notwendig ist, um Kirche zu sein, Gemeinschaft derer, die das Heil empfangen sollen[22]. Der Mangel, von dem hier ausdrücklich und mit Nachdruck gesprochen wird – von den strittigen Lehrfragen wird hier absichtlich weitgehend geschwiegen[23] – ist das Fehlen der Unterordnung unter den Papst. Es ist also ein Element in der Ämterordnung, das hier beanstandet wird. Die Vollständigkeit der Gnadengüter, die bei den nicht-römischen Kirchen nicht gegeben ist, wird nur durch diese Unterordnung gewährt.

Demgegenüber ist einzuwenden, dass die Ämterordnung ein solches Gewicht gar nicht haben kann. Entscheidend ist vielmehr die Treue der Amtsträger zum Evangelium, und wenn unter den Nachfolgern der Apostel es an dieser Treue mangelt, kann man auch nicht erwarten, dass dort die ganze Fülle der Gnadengüter anvertraut wird. Die Lehre des Zweiten Vatikanischen Konzils hat immerhin selbst die Heilsnotwendigkeit der Unterordnung unter den Papst eingeschränkt und, wie oben schon gezeigt (2.7.) zu einer doppelten Ekklesiologie geführt: eine, in der diese Unterordnung erwartet wird, und eine, in welcher aufgrund der Gewissensüberzeugung, dass diese

---

[19] In dem Schreiben ‚Dominus Iesus' der Glaubenskongregation von 2000 wird ‚Lumen gentium' folgendermaßen kommentiert: „Mit dem Ausdruck ‚subsistit in' wollte das Zweite Vatikanische Konzil zwei Lehrsätze miteinander in Einklang bringen: auf der einen Seite, dass die Kirche Christi trotz der Spaltungen der Christen voll nur in der katholischen Kirche weiterbesteht, und auf der anderen Seite, ‚dass außerhalb ihres sichtbaren Gefüges vielfältige Elemente der Heiligung und der Wahrheit zu finden sind', (LG 8) nämlich in den Kirchen und kirchlichen Gemeinschaften, die nicht in voller Gemeinschaft mit der katholischen Kirche stehen. Bezüglich dieser Kirchen und kirchlichen Gemeinschaften ist festzuhalten, dass ‚deren Wirksamkeit sich von der der katholischen Kirche anvertrauten Fülle der Gnade und Wahrheit herleitet' (UR 3).", Dominus Iesus 16, DH 5088.

[20] Immerhin wird eingeräumt: „Ja, es wird dadurch [durch die Spaltungen der Christen] für die Kirche schwieriger, die Fülle der Katholizität unter jedem Aspekt in der Wirklichkeit des Lebens auszuprägen." Es wird auch gesagt: es ist „notwendig, daß die Katholiken die wahrhaft christlichen Güter aus dem gemeinsamen Erbe mit Freude anerkennen und hochschätzen, die sich bei den von uns getrennten Brüdern finden. Es ist billig und heilsam, die Reichtümer Christi und das Wirken der Geisteskräfte im Leben der anderen anzuerkennen ...", UR 4, LThK, 2. Aufl., Erg.bd.2, 69.

[21] Pauschal wird UR 3, DH 4189, 3. Abs., von „defectus" gesprochen.

[22] So wird UR 3, DH 4188, 4. Abs., gesagt, dass diejenigen, die einer solchen von Rom getrennten Kirche oder Gemeinschaft angehören, „aufgrund des Glaubens in der Taufe gerechtfertigt" sind.

[23] UR 19, LThK, 2. Aufl., Erg.bd.2, 111, wird summarisch davon gesprochen, dass es „Unterschiede von großem Gewicht gibt, nicht nur in historischer, soziologischer, psychologischer und kultureller Beziehung, sondern vor allem in der Interpretation der offenbarten Wahrheit." UR 21, LThK, 2. Aufl., Erg.bd.2, 115, wird gegenüber den Reformationskirchen eine „von uns verschiedene Auffassung von dem Verhältnis zwischen der Schrift und der Kirche" erwähnt und UR 22, LThK, 2. Aufl., Erg.bd.2, 119, ein Mangel des Weihesakraments oder ein Fehlen desselben, weswegen die Reformationskirchen „die ursprüngliche und vollständige Wirklichkeit (substantia) des eucharistischen Mysteriums nicht bewahrt" hätten: „praesertim propter sacramenti Ordinis defectum, genuinam atque integram substantiam Mysterii eucharistici non servasse". Das Ökumenismusdekret befleißt sich in vorbildlicher Weise einer Betrachtung der anderen Kirchen nach dem Gesichtspunkt der Liebe und spricht fast nur von den positiven Eigenschaften, die nach dem eigenen Maßstab diese anderen Kirchen auszeichnen.

Unterordnung nicht geboten ist, dennoch das volle Heil gewährt wird. Schließlich setzen diese Ausführungen voraus, dass der römische Bischof der Nachfolger Petri ist, in seiner Funktion, das Apostelkollegium zu leiten, was sich aber nicht aus der Schrift beweisen läßt (17.).

Es ist aber an dieser Stelle angebracht, zu überlegen, welchen Status als Kirche nun die Reformationskirchen haben. Im Ökumenismusdekret werden sie zunächst „Kirchen und Kirchliche Gemeinschaften" („Ecclesiae et Communitates ecclesiales") genannt (UR 19), dann (UR 22) nur noch „Communitates ecclesiales". In dem Schreiben der römischen Glaubenskongregation ‚Dominus Iesus' im Jahre 2000 wurde im Blick auf die von Rom unabhängigen Ostkirchen erklärt: „Die Kirchen, die zwar nicht in vollkommener Gemeinschaft mit der katholischen Kirche stehen, aber durch engste Bande, wie die apostolische Sukzession und die gültige Eucharistie, mit ihr verbunden bleiben, sind echte Teilkirchen. Deshalb ist die Kirche Christi auch in diesen Kirchen gegenwärtig und wirksam, obwohl ihnen die volle Gemeinschaft mit der katholischen Kirche fehlt, insofern sie die katholische Lehre vom Primat nicht annehmen, den der Bischof von Rom nach Gottes Willen objektiv innehat und über die ganze Kirche ausübt." Im Blick auf die Reformationskirchen heißt es aber dann unter Verweis auf UR 23: „Die kirchlichen Gemeinschaften hingegen, die den gültigen Episkopat und die ursprüngliche und vollständige Wirklichkeit des eucharistischen Mysteriums nicht bewahrt haben, sind nicht Kirchen im eigentlichen Sinn; die in diesen Gemeinschaften Getauften sind aber durch die Taufe Christus eingegliedert und stehen deshalb in einer gewissen, wenn auch nicht vollkommenen Gemeinschaft mit der Kirche."[24]

Es muss nicht weiter diskutiert werden, dass hier ein anderer Begriff von „Kirche" gebraucht wird als in den Bekenntnisschriften der Reformationskirchen, sei es den lutherischen oder den reformierten[25]. Es ist auch in diesen Überlegungen über die Kirche unternommen worden zu zeigen, dass der Kirchenbegriff, der hier gebraucht wird, sich auch nicht aus der Bibel begründen läßt. Kirche ist eben die *eine* Gemeinschaft derer, die an das Wort Gottes glauben. Man kann, wie wir gesehen haben, den Begriff „Kirche" in einer abgewandelten, zu dieser primären Verwendung analogen Weise auch von der Ortsgemeinde (wie es im Neuen Testament geschieht) und von der Bischofskirche als einer Zusammenfassung von Ortsgemeinden gebrauchen. Man

---

[24] „Ecclesiae illae quae, licet in perfecta communione cum Ecclesia Catholica non sint, eidem tamen iunguntur vinculis strictissimis, cuiusmodi sunt successio apostolica et valida Eucharistiae celebratio, verae sunt Ecclesiae particulares. Quapropter in his quoque Ecclesiis praesens est et operatur Christi Ecclesia, quantumvis plena desit communio cum Ecclesia Catholica, eo quod ipsae doctrinam catholicam non acceptant de Primatu, quem, ex Dei consilio, Episcopus Romanus obiective possidet et in Ecclesiam universam exercet. Illae vero Communitates ecclesiales, quae validum Episcopatum et genuinam ac integram substantiam eucharistici mysterii non servant, sensu proprio Ecclesiae non sunt; attamen qui baptizati sunt iis in Communitatibus Baptismate Christo incorporantur, et ideo in quadam cum Ecclesia communione, licet imperfecta, exstant." Dominus Iesus 17, DH 5088.

[25] Wenn evangelische Theologen verlangen, dass nach dem römisch-katholischen Begriff von Kirche ihre Kirchen „Kirche" genannt werden müssten, dann – aber nur dann – gilt die Bemerkung von Joseph Ratzinger: „Es scheint mir absurd, was unsere lutherischen Freunde jetzt wollen", Interview in der FAZ, Nr. 221 vom 22.9.2000, 51, Überschrift; Sp.2. Allerdings muss man auch fragen, warum die anglikanische Kirche und diejenigen lutherischen Kirchen, welche die apostolische Sukzession im Sinne einer Folge von Handauflegungen bewahrt haben, nach römischem Standpunkt nicht denselben Status wie die Ostkirchen haben.

kann in einer anderen Analogiebildung die christlichen Gemeinschaften, die sich aufgrund eines noch immer nicht entschiedenen Konfliktes durch Spaltung bilden, „Kirche" nennen, dann aber, wie hier die Rede davon war, als „Fragmentkirche".

EXKURS: DER EKKLESIOLOGISCHE STATUS DER FRAGMENTKIRCHEN

Bei den Kirchen, die sich durch Spaltungen im zweiten Sinne gebildet haben (so dass also Christen auf beiden Seiten sind), handelt es sich um Fragmentkirchen. Man könnte sie auch „Konfessionen" nennen, aber mit der Bezeichnung „Fragmentkirchen" kommt klar zum Ausdruck, dass die Abgrenzung von einer anderen Gemeinschaft, die man auch noch eine Gemeinschaft von Christen nennen muss, ein wesentlicher Teil ihrer Definition ist. Somit sind alle bestehenden Kirchen Fragmentkirchen. Die Ostkirchen und die römische Kirche samt den Bischofskirchen, die sich dieser anschließen, sind zwar zunächst in geschichtlichem Wachstum entstanden: bestimmte Ortsgemeinden nahmen durch ihre Vorsteher als Bischöfe eine Leitungsverantwortung für umliegende Ortsgemeinden wahr, so dass Grenzlinien zwischen diesen überlokalen Verantwortungsbereichen entstanden, die aber kein Ausdruck einer Spaltung unter den Bischöfen waren, sondern Ausdruck ihrer Kollegialität und ihrer kollegialen Aufgabenverteilung. Mit den Lehrstreitigkeiten, die bis heute zu keiner Versöhnung gelangt sind, wurden diese regionalen Grenzlinien aber zu den Grenzen einer Spaltung. So steht die ägyptische Kirche aufgrund ihrer Option für den Monophysitismus gegen die griechische Kirche, welche für das Konzil von Chalkedon votierte, und die griechische Kirche mit den anderen Kirchen, welche sich an den Patriarchen von Konstantinopel anschließen, gegen den Bischof von Rom mit den seinen wegen einer Reihe strittiger Punkte wie dem Primat des Papstes, dem Filioque usw. Mit der Einrichtung von Bischofsämtern für dieselben Gebiete, auf der eine nun in der Lehre getrennte Regionalkirche sich befindet, erklimmt der Konflikt eine höhere Stufe.

Die lateinische, d.h. vom Bischof von Rom geleitete Kirche war bereits eine mit anderen Kirchen in Spaltung lebende Kirche, also eine Fragmentkirche, als dem Bischof von Rom von einem Teil ihrer Glieder im 16. Jahrhundert der Gehorsam entzogen wurde und diese sich neue Gemeinschaften schufen, die auch rechtlich verfaßt wurden, also zur kirchlichen Körperschaften wurden. Zum Teil gab es aber auch ganze von Bischöfen geleitete Regionalkirchen, welche sich einer der Reformationen anschlossen, wie die Kirche von England, die skandinavischen und die baltischen Kirchen. Wie steht es aber mit dem ekklesiologischen Status der Reformationskirchen, die keine Vorgeschichte als bischöfliche Regionalkirche haben?

Unter 10.1. wurde dargelegt, dass auch diese Kirchen entstanden sind durch eine Gnadenvollmacht Gottes, die dem bischöflichen Amt in diesen Kirchen verliehen wurde, auch wenn dieses nicht anknüpfen konnte an einer Weitergabe dieser Vollmacht durch bisherige Amtsträger und auch wenn strenggenommen nicht ein Landesfürst allein, sondern ein Kollegium aus Landesfürst, Theologen und Kirchenrechtsgelehrten diese Vollmacht empfingen. Die Gründung dieser Kirchen geschah durch ein Eingreifen Gottes. Sie geschah in einem besonderen Kairos des Wirkens der göttlichen Gnade. Wenn das Ökumenismus-Dekret des Zweiten Vatikanischen Konzils anerkennt, dass die Reformationskirchen (man mag sie auch „kirchliche Gemeinschaften" nennen) vom Heiligen Geist als Mittel des Heils gebraucht werden, dann ist damit eingestanden, dass der Heilige Geist diese Kirchen oder kirchlichen Gemeinschaften mit den Vollmachten versehen hat, die nötig sind, um Mittel des Heils zu sein.

Joseph Ratzinger hat in einem Interview zur Verteidigung des Schreibens ‚Dominus Iesus' erklärt, die deutschen evangelischen Landeskirchen seien „in historischen Zufälligkeiten erwachsenen Bildungen". Damit wird verkannt, dass es vom Standpunkt Gottes aus betrachtet keine Zufälle gibt und Gott die Geschichte mit seiner Vorsehung lenkt. Mit einer besonderen Vorsehung lenkt er aber die Kirche, um für das Heil der Menschen zu sorgen. Die Bildung dieser Landeskirchen im 16. Jahrhundert und ihre Weiterentwicklung bis in die Gegenwart sind also die Wirkung der besonderen Vorsehung Gottes, solange diese Kirchen dazu dienen, Menschen zum Heil zu führen. Das Entsprechende gilt von den anderen Kirchengründungen der Reformation im reformierten und im täuferischen Bereich.

Ist die Gründung der Reformationskirchen einem Eingreifen Gottes zu verdanken, dann besagt dies aber auch, dass Gott in der Tiefe seiner Vorsehung diese Spaltung in seiner Kirche in Kauf genommen hat um der Reinigung der Lehre willen. Es besagt dann auch, dass Gott den Bereich eingeschränkt hat, innerhalb dessen der Bischof von Rom und die mit ihm verbundenen Bischöfe kraft der bisher ihnen verliehenen Vollmacht verfügen können. Andererseits hat die lateinische Kirche sich keineswegs vollständig der Reformation angeschlossen und innerhalb der Reformationsbewegung hat es auch keine Einheit gegeben, so dass eine Konfessionskirche auf gemeinsamen Bekenntnisschriften hätte gegründet werden können[26].

Die Reformationskirchen sind nur, insofern sie Körperschaften sind und bestimmte Bekenntnisschriften des 16. Jahrhunderts zu ihrer rechtlichen Verfassung gehören, Neugründungen dieser Zeit. John Henry Newman hat den Reformationskirchen vorgeworfen, sie würden die Geschichtlichkeit der Kirche leugnen. Die Zeit zwischen den Konzilien von Nicäa und Trient müsste vom Protestantismus auf jeden Fall übersprungen werden. „Tief in die Geschichte eindringen", meinte Newman darum, „heißt aufhören Protestant zu sein."[27]

Die Kirche ist jedoch, wie CA VII bekennt, *perpetuo mansura*, und darum kann eine solche Fragmentkirche, die nicht auf organische Weise durch Verzweigung, sondern im Widerstand um der Wahrheit willen entstanden ist, nur Kirche sein, wenn sie Anteil hat an der Geschichte der einen Kirche. Daraus ergibt sich aber eine Bedingung für den Bestand einer solchen Kirche: sie kann nur als – konfessionelle, fragmentarische – Kirche existieren, wenn sie in dem lebendigen Bewußtsein lebt, dass Gott nie aufgehört hat, sich um seine eine Kirche zu kümmern. Es gab Zeiten der Verdunkelung, so wie die Geschichtsschreibung des Alten Testaments von Zeiten der Verdunkelung in

---

[26] Peter Brunner geht diese historischen Fakten durch und bemerkt abschließend: „Aber je mehr wir sie [die Feststellung dieser Fakten] bedenken, je mehr wir versuchen, diese Feststellung in dem Lichte unseres christlichen Glaubens zu sehen, desto geheimnisvoller wird uns diese Tatsache der Trennung werden und desto stärker wird sie unser gegenwärtiges theologisches Denken und unser gegenwärtiges kirchliches Handeln bestimmen.", Das Geheimnis der Trennung und die Einheit der Kirche, in: ders., Pro Ecclesia, Bd. 2, 2. unveränderte Aufl. Fürth/Bayern 1990, 253-282, hier 260.

[27] Über die Entwicklung der Glaubenslehre, Werke 8, 10f/Dev., 7f: „... at least the Christianity of history is not Protestantism." „And Protestantism has ever felt so. ... This is shown in the determination already referred to of dispensing with historical christianity altogether, and of forming a Christianity from the bible alone ... To deep in history is to cease to be a Protestant."

der Geschichte Israels spricht. Doch nie war die Kirche ganz ausgelöscht und es gibt aus allen Zeiten Zeugnisse der Treue von Menschen zu Gott. Die Reformatoren, gerade Luther, haben bei aller Polemik gegen die Kirche „unter dem Papsttum" immer wieder das anerkannt, wovon sie aus dieser Zeit geistlich gezehrt haben, und einer Geschichtsforschung, die sich von jenen polemischen Übertreibungen befreit hat, sieht noch mehr die Kontinuität zwischen den Reformationskirchen und der lateinischen Kirche der vorreformatorischen Zeit. Es gehört zu dem Wesen der reformatorischen, der lutherischen Auffassung von Kirche, dass Kirche nicht in erster Linie als Körperschaft bestimmt ist mit den Merkmalen einer bestimmten, sich geschichtlich fortpflanzenden Leitungsstruktur und bestimmter symbolischer Schriften, sondern durch das Wirken von Gottes Wort (ASm III,12; CA VII). Das besagt auch, dass das Geschichtsbewußtsein einer Kirche, die als Körperschaft erst durch die Einrichtung der kursächsischen Visitationskommission 1527 und durch die Confessio Augustana von 1530 geschaffen wurde, über diese Zeit zurückgehen kann und muss, eben weil ihre Bekenntnisschriften einen solchen Kirchenbegriff vertreten[28].

Umgekehrt muss man auch sagen: was sich jetzt römisch-katholische Kirche nennt, ist nicht einfach die Fortsetzung der lateinischen Kirche der Vorreformationszeit und schon gar nicht die fortbestehende Kirche, wie sie Jesus Christus gegründet hat. Sie ist vielmehr mitdefiniert durch das erst 1564 abgeschlossene Tridentinische Konzil. Die römisch-katholische Kirche kann nur dann als die Kirche, wie sie von Jesus Christus gegründet wurde, angesehen werden, wenn man der Überzeugung ist, dass von Jesus Christus die Leitung dieser Kirche durch den Apostel Petrus und durch die Bischöfe von Rom als seinen Nachfolger als wesentliches Element vorgesehen wurde.

Man kann sagen, dass *alle* Kirchen, solange sie an der Bibel als Gottes Wort, an der Dreieinigkeit und an der Menschwerdung des Sohnes um unserer Sünde willen festhalten – und darum überhaupt Kirchen sind – zurückgehen auf den Gründungsakt Jesu Christi – der im Grunde nicht mit oder kurz nach seiner ersten Parusie geschah, sondern mit Gottes Verheißung nach dem Sündenfall. Sie haben im Laufe ihrer Geschichte vielfältige Wandlungen vollzogen. Es gibt dabei Wandlungen, die als gesunde Entwicklung zu deuten sind, und die Bekenntnisse, mit denen die Kirche das wahre Verständnis des geschriebenen Wortes Gottes normierte, also die Symbola und, weiter gefaßt, die Dogmen, sind als solche Entwicklungsstufen zu sehen. Newmans Auffassung von der Notwendigkeit einer Entwicklung der christlichen Lehre ist darum grundsätzlich zuzustimmen[29]. So sind die Bekenntnisse und Dogmen der altkirchlichen Konzilien wie Nicaea und Chalcedon rechte Auslegungen der Schrift und als solche in den Bekenntnisschriften der evangelisch-lutherischen Kirche aufgenommen worden. Es kann aber auch Wandlungen geben, die weder falsch sind, noch unbedingt

---

[28] Siehe dazu Sven Grosse, Christentum und Geschichte. Troeltsch – Newman – Luther – Barth, in: ders., Das Christentum an der Schwelle der Neuzeit. Drei Studien zur Bestimmung des gegenwärtigen Ortes des Christentums (Texte und Studien zum Protestantismus des 16. bis 18. Jahrhunderts 6), Kamen 2010, 97-155.

[29] Eine Idee, erklärt Newman, „wandelt sich mit ihnen [mit den Formen, unter denen sie erscheint], um dieselbe zu verbleiben. In einer höheren Welt ist es anders, aber hienieden heißt leben sich wandeln und vollkommen sein heißt sich oft gewandelt zu haben.", Über die Entwicklung der Glaubenslehre, Werke 8, 41 / It changes with them in order to remain the same. In a higher world it is otherwise, but here below to live is to change, and to be perfect is to have changed often.", Dev., 40.

festgehalten werden müssen. Und es kann schließlich Wandlungen geben, die schädlich, die, wie Newman sagt, Korruptionen sind.

Der Einspruch der Reformation galt solchen Lehren und einer solchen Praxis der damaligen lateinischen Kirche, welche als Verformungen aus der Kirche ausgeschieden werden mussten. Diese waren zumindest zu einem großen Teil in der Zeit vor 1520 nicht lehramtlich bekräftigt. Die Verurteilung der Lehren Martin Luthers durch die päpstliche Bulle von 1520 und die Lehren des Tridentinischen Konzils bekräftigten jedoch wesentliche dieser von den Reformatoren abgelehnten Lehren und verwarfen umgekehrt reformatorische Lehren. Das, was die römisch-katholische Kirche im Gegenüber zu den Reformationskirchen charakterisiert, kann von deren Standpunkt aus nicht als eine Wachstumsstufe angesehen werden, durch welche jene in einer ungebrochenen Kontinuität mit der Kirche der Apostel und der Väter steht. Was man sich vorstellen kann und vorstellen muss, ist indes ein solcher Wandel der römisch-katholischen Kirche, dass die trennenden Dogmen des Tridentinums und des Ersten Vatikanums auf neue Weise so gedeutet werden, dass sie zumindest ein wesentlich geringeres Gewicht haben[30]. Die Konstitutionen und Dekrete des Zweiten Vatikanums, vor allem aber die Gemeinsame Erklärung in der Rechtfertigungslehre von 1999, haben an bestimmten Punkten solche Neudeutungen und damit Wandlungen erbracht. Ob dies auch an allen anderen wesentlichen Stellen erfolgt, kann nicht mit Gewißheit erwartet, muss aber doch erhofft und versucht werden.

Welche Aussichten für die Zukunft haben nun die durch die Reformation entstandenen Kirchen? Zunächst einmal muss gesagt werden: sie haben keinerlei Garantie, dass sie den Grundsätzen treu bleiben, aufgrund derer sie im 16. Jahrhundert entstanden sind. Eine Kirche kann sich „reformiert" nennen wie die reformierten Kirchen der Schweiz und doch die Geltung der reformierten Bekenntnisschriften außer Kraft setzen, wie es im 19. Jahrhundert geschehen ist. Eine Kirche kann auch lutherische Bekenntnisschriften beibehalten, wie dies bei den deutschen lutherischen und unierten Landeskirchen der Fall ist, aber in ihrer Verkündigung in den Gemeinden und ihren lehramtlichen Erklärungen sich zu einem großen Teil von den Bekenntnisschriften wie auch von der Bibel abwenden. Die Reformationskirchen verdanken sich einem Kairos des göttlichen Eingreifens. Es kann aber durchaus sein, dass dessen Wirkung verpufft, wenn sie nicht den Einsichten treu bleiben, die in diesem Kairos geschenkt wurden.

Welche Möglichkeiten haben die Reformationskirchen nun, welchen Weg sollen sie beschreiten?

Sie könnten erstens (1) die Zersplitterung der Kirche als unüberwindbar annehmen. Diese könnte verbunden werden mit der ersten der oben erwogenen Deutungen dieser Zersplitterung: es gibt nur Fragmentkirchen, die Wahrheit in den strittigen Fragen bleibt für alle unerreichbar. Es könnte auch verbunden werden mit der zweiten Deutung: nur eine der Fragmentkirchen, nämlich eine der Reformationskirchen, hat die Wahrheit. Schließlich könnte auch erklärt werden, dass umgekehrt alle Fragmentkirchen in der Wahrheit wären. Weil man aber die Zersplitterung der Kirche als unüberwindbar auffaßt, unternimmt man keine Anstalten, das zu tun, was getan werden müsste, nämlich einen Konsens unter allen Fragmentkirchen zu erreichen, dann den Status voneinander getrennter Körperschaften aufzuheben und zu einer gemeinsamen

---

[30] In welcher Weise dies geschehen kann, soll unter 27. erörtert werden.

Ämterordnung zu finden. Man kann dann dieses Weiter-nebeneinander-Bestehen „versöhnte Verschiedenheit" nennen, im Grunde hat man sich von der Aufgabe absolviert, die durch die Spaltung in der Kirche gestellt ist: die Wahrheit der Offenbarung in einer solchen Weise zu erforschen, dass ein Konsens unter den Fragmentkirchen gefunden werden kann. Die Formel „versöhnte Verschiedenheit" würde dann nur einen Agnostizismus verschleiern: man kann die Wahrheit in religiösen Angelegenheiten nicht erkennen, also auch nicht die Wahrheit, nach der hier zu fragen ist.

Die andere Möglichkeit (2) ist, dass sich die lutherischen Kirchen, die als Körperschaft erst im 16. Jahrhundert gegründet wurden, als das verstehen, als was sie entstanden sind: als ein Zusammenschluß der Christen, welche eine Reform der bestehenden Kirche wollten, die mit brutaler Gewalt abgelehnt wurde, so dass sie eine Notordnung auf Zeit einrichteten und dazu von Gott Gnade erhielten. Ihre Daseinsberechtigung besteht darin, weiterhin und von Neuem eine Reform der ganzen Kirche aufgrund der Einsichten der Reformation zu suchen und dabei dies in einer solchen Weise zu tun, dass nun die Spaltungen überwunden werden. Sie müssen bitten, nun doch gehört zu werden, wo sie in der Reformationszeit von den damaligen Oberen der lateinischen Kirche nicht gehört wurden.

Wenn ihnen das gelingen sollte, würde ihr Notregiment nicht mehr nötig sein und es könnte eine neue kirchliche Ordnung geschaffen werden, welche mit ihnen die römisch-katholischen Kirche und andere Kirchen umfaßt und so die Spaltung auch auf rechtlicher Ebene aufhebt. Das ist ein kühnes Unterfangen, aber man muss sich darüber klar sein, was die Alternativen dazu wären, dies zu wollen: es wäre (a) ein Rückzug in einen strengen Konfessionalismus, in der Überzeugung, in den lutherischen Kirchen seien allein die wahren Gläubigen, (b) in einen Agnostizismus, der des Fragens nach der Wahrheit und des Beharrens auf der Wahrheit müde geworden ist und so zu der Selbstsäkularisierung der Kirche beiträgt, und (c) eine Flucht in einen Kongregationalismus: man erwartet, dass Gläubige sich in allen Kirchen finden, gibt aber nur noch acht auf einzelne Gemeinden, in denen man die unverfälschte Verkündigung des Wortes findet, und glaubt nicht mehr daran, dass die Kirche eine sichtbare Einheit gewinnen sollte, welche die Einzelgemeinden überwölbt. Für diese letzte Möglichkeit würden sich diejenigen in den lutherischen Kirchen entscheiden, welche „mit Ernst Christen sein wollen". Sie würden aber auf diese Weise zur Zersplitterung der lutherischen Kirchen oder zu ihrer Ausblutung beitragen.

Wenn man dies alles nicht will, dann bleibt nur noch die schwierige Aufgabe der Ökumene. Die lutherischen Kirchen sind dann dazu da, einer Einigung der Kirche den Weg zu bereiten, die in vielen Stücken nicht als menschenmöglich erscheint.

26.2.4 Vierte Möglichkeit: *Ecclesia subsistit in verbo Dei*

Diese Überlegungen über den ekklesiologischen Status der Fragmentkirchen, die ausgingen von dem Versuch des Zweiten Vatikanischen Konzils, die Spaltungen zu deuten, führen nun schließlich zu einer *vierten* Möglichkeit der Deutung. ‚Lumen gentium' und ‚Unitatis redintegratio' haben zu Recht klar gemacht, dass man die Wahrheit der Glaubens nicht auf die Glieder *einer* Kirche beschränken kann, dass aber andererseits die Spaltung der Kirche wirklich existiert und dass sie ein Schaden ist. Beides miteinander dadurch zu vereinbaren, dass man erklärt, die eine Kirche würde in der Kirche subsistieren, die vom römischen Bischof und den sich ihm unterordnenden Bischöfen geleitet wird, vermochte aus den genannten Argumenten nicht zu überzeugen. Das Argument, dass die Einheit ihren Grund nicht in einer bestimmten Rechtsordnung haben kann, richtet sich aber auch gegen die Überlegung, die lutherische Kirche wäre die Kirche, in welcher die eine Kirche subsistiert. So zu denken, wäre ausgesprochen unlutherisch. Vielmehr haben die letzten Überlegungen gezeigt, dass die lutherischen Kirchen, die ihrer rechtlichen Struktur nach erst durch die Reformation geschaffen wurden, nur Daseinsberechtigung haben als eine Sammlung innerhalb der Kirche, um für Reform aufgrund des Evangeliums und für die Wiedergewinnung der Einheit zu mahnen. Auf die Frage, worin die eine Kirche nun subsistiert, muss die Antwort lauten: *Die Kirche subsistiert im Wort Gottes.* So wie die Kirche ein Geschöpf des Wortes ist, so hat sie auch weiterhin ihren Grund in ihm: „tota vita et substantia Ecclesiae est in verbo dei"[31]. Die Kirche kann in ihrem Aspekt als rechtlich verfaßter Körperschaft nie der Grund sein, aus dem die Fülle der Gnadengaben Gottes lebt, sondern es ist das treue Hängen am Wort Gottes, durch welches die „Elemente der Wahrheit und der Heiligung" der Kirche zuteil werden. Dieses Verwurzelt-Sein im Wort Gottes ist stärker als alle Spaltungen. Wo es in einer Fragmentkirche eine solche Verwurzelung gibt, da ist die wahre Kirche vorhanden. Das Hängen am Wort Gottes besteht nur in einem ständigen Kampf gegen das Unheil, also hier: gegen die Verfälschung des Wortes und gegen die Spaltung der Kirche. Die Einheit der Kirche bleibt trotz der Spaltungen bewahrt, weil es Menschen in allen Bruchstücken der Spaltung gibt, die am Wort Gottes hängen. Weil sie das tun, darum kämpfen sie aber auch gegen die Spaltungen und für die sichtbare Einheit der Kirche, eine Einheit, die in der Liebe, in der Wahrheit, schließlich aber auch in einer gemeinsamen Ordnung der Kirche besteht.

---

[31] Martin Luther, Ad librum eximii Magistri Nostri Magistri Ambrosii Catharini, defensoris Silvestri Prieratis acerrimi, responsio (1521), WA 7, 721,12f.

27. BEDINGUNGEN DES ÖKUMENISCHEN PROZESSES

Der Kampf für die sichtbare Einheit der Kirche ist das, was man auch den ökumenischen Prozeß nennen kann. Er ist ein Prozeß, denn er besteht in einem etappenweisen Voranschreiten. Möglicherweise vollzieht er sich sogar über Umwege, also über ein zeitweiliges Zurückschreiten, dem dann wieder ein Voranschreiten folgt, hinweg. Wann das Ziel erreicht wird, bleibt völlig offen. Solowjews Vermutung (in der ‚Kurzen Erzählung vom Antichrist'), es würde erst am Ende der Zeiten erreicht werden, hat einiges für sich. Aber das macht das Voranschreiten nicht überflüssig. Klar muss dabei das Ziel sein. Es wurde soeben von der sichtbaren Einheit der Kirche gesprochen, und hier ist an das zu erinnern, was oben (2.8.) von der Sichtbarkeit der Kirche gesagt wurde. Sie besteht in erster Linie in der Verkündigung des Wortes und in dem Spenden der Sakramente, in zweiter Linie in der gegenseitigen Liebe, die aus dem Glauben erwächst, den das Wort schafft. Erst an dritter Stelle steht eine gemeinsame Ordnung der Ämter der Kirche, denn das Wort ist dem Amt vorgeordnet. Das besagt aber keinesfalls, dass das Amt überflüssig sei.

Sichtbare Einheit der Kirche besagt also ein gemeinsames Hören des Wortes und ein gemeinsames Empfangen der Sakramente. Wenn an die Stelle von Fragmentkirchen „Bereiche" der Kirchen mit einem unterschiedlichen Charakter getreten sind, dann heißt das, dass die Taufe in einem Bereich der Kirche in allen Bereichen der Kirche als Taufe anerkannt wird, desgleichen das Heilige Abendmahl, so dass auch Gläubige aus verschiedenen Bereichen gemeinsam das Abendmahl empfangen. Die Gemeinsamkeit in der Liebe äußert sich in Tätigkeiten, wie Bonhoeffer sie genannt hat: der entsagenden, tätigen Arbeit für den Bruder, dem Fürbittgebet, dem gegenseitigen Spenden der Sündenvergebung im Namen Gottes[1]. Welcher Art die gemeinsame Ämterordnung der Kirche sein soll, wird im übernächsten Abschnitt (29.) noch überlegt werden.

Mit diesen Erwägungen ist auch schon gesagt, wer die Subjekte des ökumenischen Prozesses sind. So wie von zwei Strömen des kirchlichen Wirkens gesprochen wurde (9.2., vgl. 16.2.), so sind hier alle Gläubigen und die Träger des kirchlichen Amtes, die Bischöfe und Pfarrer, gefordert. Die Sichtbarkeit durch die Taten der Liebe zu schaffen, ist gerade eine Aufgabe aller Gläubigen.

Das Ziel ist dabei die sichtbare Einheit der *christlichen* Kirche und das Motiv die Liebe, die aus dem *Glauben* entspringt. Es kann darum nur eine Einheit in der Wahrheit sein. Der ökumenische Prozeß wird sich darum nicht von einer Vorstellung von Einheit leiten lassen, in welcher Hindernisse überwunden sind, nur damit Einheit und Frieden in der Gesellschaft da sind. Das, worüber gestritten wird, würde für unwichtig oder unwesentlich erklärt, nur, damit nicht mehr gestritten wird. Das wäre ein Einheitsgedanke im Sinne Castellios, und diese Art von Einheit würde nicht bei der Einheit unter den christlichen Konfessionen Halt machen, sondern würde darüber hinaus nach einer Einheitsreligion trachten. Der ökumenische Prozeß würde damit

---

[1] Bonhoeffer, Sanctorum communio, 121.

den Erwartungen einer säkularisierten Gesellschaft dienen, die religiöse Dinge nur nach dem Gesichtspunkt des diesseitigen Wohls und Friedens behandeln will.

Der Ausgangspunkt des ökumenischen Prozesses sind die Spaltungen in der Kirche, und diese sind eine fortwährende Schuld derer, die an ihr beteiligt waren. Ökumene kann darum nur als Buße stattfinden. Besteht eine Kontinuität der fragmentarischen Kirchen über die Zeit hinweg, dann müssen auch ihre späteren Repräsentanten die Schuld ihrer Kirche in der Vergangenheit bekennen und Buße tun. Das Zweite Vatikanische Konzil hat in seinem Ökumenismusdekret eingestanden, dass die Trennungen von der Gemeinschaft mit der katholischen Kirche „nicht ohne Schuld der Menschen auf beiden Seiten" zustande gekommen seien[2]; es folgten das umfassende Schuldbekenntnis des Papstes Johannes Paul II. im Jahre 2000 und noch im Jahr 2014 das Schuldbekenntnis des Papstes Franziskus gegenüber den Pfingstkirchen. Desgleichen fanden Schuldbekenntnisse und Aussöhnungen von Seiten anderer Kirchen statt. Diese Schuldbekenntnisse müssen zu einer Kultur der büßenden Erinnerung führen, welche an die Stelle der Kultur des Tötens in den Zeiten der Verfolgung, der noch lange nachhaltenden Verachtung und der Ignoranz tritt. Zu dieser Buße gehört auch eine Demut. Diese Demut gesteht sich die Schuld der Vergangenheit ein. Sie nimmt auch die Demütigung durch den siegreichen Säkularismus hin. Ohne dessen Siegeszug hätte der Ökumenismus im 20. Jahrhundert nicht so viel Schwung gewonnen: die zurückgedrängten Kirchen begreifen allmählich, dass sie unter sich einig werden müssen. Der Liberalismus hat dafür gesorgt, dass bestimmten Konfessionskirchen nicht mehr die staatliche Gewalt in einer willfährigen christlichen Gesellschaft zu Gebote steht, um Andersgläubige zu unterdrücken oder herabzusetzen.

Das Ökumenismusdekret des Zweiten Vatikanums beschreibt ein Ethos der Ökumene, das sich auch auf die anderen Fragmentkirchen übertragen läßt. So werden die Katholiken dazu aufgerufen, dass sie „die wahrhaft christlichen Güter ... anerkennen und hochschätzen, die sich bei den von uns getrennten Brüdern finden."[3] Darüber hinaus: „Es gibt keinen echten Ökumenismus ohne innere Bekehrung. Denn aus dem Neuwerden des Geistes, aus der Selbstverleugnung und aus dem freien Strömen der Liebe erwächst und reift das Verlangen nach der Einheit. Deshalb müssen wir vom göttlichen Geiste die Gnade aufrichtiger Selbstverleugnung, der Demut und des geduldigen Dienstes sowie der brüderlichen Herzensgüte zueinander erflehen."[4] Die Katholiken werden zu einem vorurteilsfreien Kennenlernen von Geist und Sinnesart der getrennten Brüder aufgefordert (UR 8). Die Art und Weise, wie der katholische Glaube formuliert wird, soll kein Hindernis für das Gespräch mit den Brüdern sein; d.h. er soll nicht polemisch verletzend vorgetragen werden. Er soll aber auch nicht im schlechten Sinne „irenisch", d.h. sachliche Gegensätze verschleiernd dargestellt werden (UR 11).

Ein wesentlicher Teil des ökumenischen Prozesses sind *Gespräche über die Lehre*. Denn die Lehre enthält die Regeln, nach denen Verkündigung, die Pflege der Sakra-

---

[2] UR 3, DH 4188, 1. Abs.
[3] „cum gaudio agnoscere et aestimare bona vera christiana, ... quae apud fratres a nobis seiunctos invenientur.", UR 4, LThK, 2. Aufl., Erg.bd.2, 68.
[4] „Oecumenismus veri nominis sine interiore conversione non datur. Etenim ex novitate mentis, ex suis abnegatione atque ex caritatis liberrima effusione proficuntur et maturescunt desideria unitatis. Ideo a Spiritu divino imploranda nobis est gratia sincerae abnegationis, humilitatis et mansuetudinis in serviendo, atque fraternae in alios animi liberalitatis.", UR 7, LThK, 2. Aufl., Erg.bd.2, 72-74.

mente und die Ämterordnung der Kirche gestaltet werden. Das Lehren kann auch Sache der Christen ohne ein Amt sein; die Amtsträger aber haben sich darum zu kümmern, dass verbindliche, lehramtliche Beschlüsse zustande kommen, durch die mit kirchenrechtlicher Wirkung Trennungen zwischen den Fragmenten der Kirche aufgehoben werden. Ein solcher Beschluß war im Jahre 1973 die ‚Leuenberger Konkordie' zwischen lutherischen und reformierten Kirchen in Europa und im Jahre 1999 die Gemeinsame Erklärung zur Rechtfertigungslehre (GE) von römisch-katholischer Kirche und Lutherischem Weltbund.

Es wurden schon einige Überlegungen über die Spaltung in der Lehre angestellt (25.). Wenn wir auf beiden Seiten der Spaltung mit Christen zu tun haben, dann kann es sich nicht darum handeln, dass die Lehre einer der beiden Seiten völlig der Häresie verfallen ist, Häresie hier maximalistisch verstanden: nicht nur als Irrtum in einem Lehrstück, sondern eine Verzerrung und Verfälschung der ganzen Lehre. Wenn beispielsweise die Trinität oder die Menschwerdung des Sohnes geleugnet wird, dann ist nicht nur dieses Lehrstück, sondern die ganze christliche Lehre verfälscht. Darum ist die Verwerfung dieser Lehren in diesem Sinne als Häresie zu bezeichnen. Es wurde gezeigt, dass die Lehrunterschiede zwischen den Fragmentkirchen nicht dieses Gewicht haben (26.2.1.). Allerdings besteht das Problem, dass eine Fragmentkirche bestimmte falsche Lehren oder Lehren hat, die mit gutem Recht als eine falsche Lehre aufgefaßt werden könnten, so dass von dort aus die Reinheit der gesamten Lehre von Verkündigung bedroht ist. Luthers Darlegung der Glaubensartikel, über die Einigkeit oder Uneinigkeit besteht, erhellt dieses Problem (ASm I und II.1-2).

Das Ziel der Lehrgespräche muss sein, zumindest herauszustellen, dass die zentralen Wahrheiten, in welchen alle Fragmentkirchen übereinstimmen, ein größeres Gewicht haben als die problematischen Lehren, welche in einer der Fragmentkirchen diesen zentralen Lehren von der Trinität und der Menschwerdung hinzugefügt worden sind.

Besser wäre es noch, in der Interpretation dieser problematischen Lehren die Möglichkeit auszuschließen, dass sie als Irrlehre verstanden werden muss. So heißt es beispielsweise in GE 20: „Wenn Katholiken sagen, daß der Mensch bei der Vorbereitung auf die Rechtfertigung und deren Annahme durch seine Zustimmung zu Gottes rechtfertigendem Handeln ‚mitwirke', so sehen sie in solch personaler Zustimmung selbst eine Wirkung der Gnade und kein Tun des Menschen aus eigenen Kräften.". Damit werden Aussagen des Rechtfertigungsdekretes des Tridentinischen Konzils erläutert, nämlich Kap. 1, „gleichwohl war in ihnen [den Menschen] der freie Wille keineswegs ausgelöscht worden", und Kap.5, „daß sie [die Menschen], die durch ihre Sünden von Gott abgewandt waren, durch seine erweckende und helfende Gnade darauf vorbereitet werden, sich durch freie Zustimmung und Mitwirkung mit dieser Gnade zu ihrer eigenen Rechtfertigung zu bekehren; wenn also Gott durch die Erleuchtung des Heiligen Geistes das Herz des Menschen berührt, tut der Mensch selbst, wenn er diese Einhauchung aufnimmt, weder überhaupt nichts – er könnte sie ja auch verschmähen – ..."[5]. Es wird durch diese Erläuterung in GE 20 ein solches Verständ-

---

[5] „tametsi in eis liberum arbitrium minime extinctum esset", DH 1521, „ut qui per peccata a Deo aversi erant, per eius excitantem atque adiuvantem gratiam ad convertendum se ad suam ipsorum iustificationem, eidem gratiae libere assentiendo et cooperando, disponantur, ita ut tangente Deo

nis dieser tridentinischen Sätze ausgeschlossen, die Rechtfertigung geschähe durch ein Zusammenspiel zwischen Gott und dem Menschen, der trotz seiner Sünde noch über den freien Willen als einer Kraft verfüge, durch die er sich Gott zuwenden oder seine Gnade auch verschmähen könnte. Gegen diese Position richtete sich Luthers Einspruch in ‚De servo arbitrio', und auch CA XVIII spricht dagegen: dass der Mensch glaubt, geschieht durch den Heiligen Geist allein. „Freier Wille" ist nun in der Interpretation dieser Stelle in GE 20, an welcher die katholische Seite Stellung bezieht, nur noch die Personalität des Menschen, durch welche hindurch die Gnade selbst bewirkt, dass sie selbst vom Menschen willentlich angenommen wird. Gegen diese Interpretation kann sich kein lutherischer Einspruch mehr richten.

Die maximale Möglichkeit eines Lehrgesprächs wäre der Widerruf eines eindeutigen Irrtums. Da jede Kirche aber sehr zäh an dem festhält, was sie in der Vergangenheit gelehrt hat, kann man nicht davon ausgehen, dass so etwas geschehen wird. Dass sie ihre früheren Lehren so interpretiert, damit die Kritik durch eine andere Kirche keinen Anstoß mehr daran nimmt, ist bereits ein sehr großes Wunder.

Es ist klar, dass diese Lehrgespräche keinen Sinn machen, wenn sie isoliert werden von dem Leben der Kirchen. Sie gehören hineinverflochten in die beiden Ströme des kirchlichen Wirkens. Geschieht das nicht, dann ist die Warnung Ingolf Dalferths aktuell, dass ein Konsens in ökumenischen Lehrgesprächen nicht lange halten wird, weil er an den Erfahrungen vorbeigeht, „die den zum Ausgang genommenen Lehrdifferenzen zugrunde liegen." Es ist dann „nur eine Frage der Zeit ... bis die vergessenen oder verdunkelten theologischen Differenzen wieder aufbrechen."[6]

Es zeigt sich damit, dass die Ökumene, wie sie durch kirchlich beauftrage Theologenkommissionen in Lehrgesprächen geschieht, der Ergänzungen bedarf. Es bedarf vor allem der Ergänzung durch Menschen, auf die zweierlei zutrifft: erstens, dass für ihr Leben das auch zutrifft, wovon die Lehrgespräche handeln (GE 15): dass sie glauben, dass sie „allein aus Gnade im Glauben an die Heilstat Christi, nicht auf Grund unseres Verdienstes" „von Gott angenommen" werden und dass sie den Heiligen Geist empfangen haben, „der unsere Herzen erneuert". Zweitens, dass sie jenen ökumenischen Sinn haben, den das Ökumenismusdekret (UR 7) beschreibt. In den zu einem großen Teil säkularisierten Großkirchen Europas wird man flächendeckend diese Menschen nicht finden. Sie müssen sich finden lassen in den kleinen Gemeinschaften derer, die mit Ernst Christen sein wollen. Es ist von größter Bedeutung, dass diese Gemeinschaften nicht kongregationalistisch sich an sich selbst genügen und auch nicht konfessionalistisch nur auf die Kirche schauen, innerhalb derer sie Gemeinschaft sind, sondern aufmerksam werden auf andere Gemeinschaften in anderen Fragmentkirchen und anfangen zu verstehen, wie auf andere Weise das Christsein in diesen Fragmentkirchen gelebt wird[7].

---

cor hominis per Spiritus Sancti illuminationem, neque homo ipse nihil omnino agat, inspirationem illam recipiens, quippe qui illam et abicere potest ...", DH 1525.

[6] Ingolf Dalferth, Auf dem Weg der Ökumene. Die Gemeinschaft evangelischer und anglikanischer Kirchen nach der Meissener Erklärung, Leipzig 2002, 46.

[7] In verheißungsvoller Weise geschieht das in der Bewegung ‚Miteinander in Europa', welche Bewegungen, Kommunität, christliche Vereine verschiedener Konfessionskirchen zusammenbringt. Siehe dazu: Zuneigung. Christliche Perspektiven für Europa, hg. v. Friedrich Aschoff, Bruder Franziskus Joest u. Pater Michael Marmann, Hünfelden 2007.

28. DER REICHTUM DER GESPALTENEN KIRCHE

Der Papst Johannes Paul II. hat die Frage formuliert: „Könnte es nicht auch so sein, daß diese Auseinanderentwicklungen ein Weg waren und sind, um die Kirche die vielfältigen Reichtümer entdecken zu lassen, die im Evangelium Christi und in der von Christus bewirkten Erlösung enthalten sind? Vielleicht hätten diese Reichtümer anders nicht ans Licht gelangen können ..."[1]. Er drückt damit eine Vermutung aus, die sich auf Gottes Vorsehung bezieht. Die zweite Frage ist zwar mit „Nein" zu beantworten, denn das Gute ist nie auf das Schlechte angewiesen, um sich verwirklichen zu können. Doch ist Gott imstande, aus Schlechtem Gutes zu schaffen, und die Hoffnung, dass dies so geschieht, darf man auch angesichts der Spaltungen in der Kirche haben. Die religiöse Verweltlichung der Kirche am Ende des Mittelalters, der Trotz und die Brutalität, mit welcher den Reformvorschlägen Luthers und der anderen Reformatoren begegnet wurde, der polemische Übereifer und die Gewalttätigkeit der Reformatoren ihrerseits, der unentschiedene Ausgang des Ringens zwischen den Konfessionsparteien, der Fortbestand mehrerer Fragmentkirchen – all dies hätte einen guten Sinn.

Die Reichtümer, welche durch die Spaltungen entdeckt wurden, rechtfertigen die Spaltungen keineswegs. Die Spaltungen sollen darum auch nicht aufrecht erhalten werden, nur um die Reichtümer zu bewahren. Die Reichtümer würden auch bleiben – und sie würden sich noch besser entfalten –, wenn die Spaltungen überwunden werden. Es würde geradezu ein Prüfstein dafür sein, dass die Spaltungen in rechter Weise überwunden werden, dass diese Reichtümer darüber nicht verloren gehen.

Die nachdenkliche Frage des Papstes wirft ein Licht darauf, dass die Geschichte der Kirche sich dialektisch vollzieht. Die ganze Fülle dessen, was die Kirche sein soll, kann nicht auf einen Schlag gewonnen werden. Sie wird aber auch nicht lediglich durch eine organische Entfaltung gewonnen, so wie es sich Newman vorstellte. Friedrich Wilhelm Joseph Schelling hat in der 36. und 37. Vorlesung seiner ‚Philosophie der Offenbarung' versucht, eine solche Dialektik in der Kirchengeschichte zu finden, in welcher die konfessionellen Gegensätze ihren sinnvollen Ort finden. Zugleich gelangt Schelling zu dieser Dialektik durch eine typologische Auslegung der Apostelgestalten, wie sie im 20. Jahrhundert auch Hans Urs von Balthasar geübt hat.

Petrus ist Schelling zufolge „der Gesetzgeber, das Princip des *Stabilen*, das Grundlegende", „Paulus ... ist das Princip der Bewegung, Entwicklung, der Freiheit in der Kirche." „Der Apostel Johannes endlich" ist „Apostel der Zukunft, der auf die Zukunft deutende."[2] Das Felsenwort, Mt 16,18, faßt Schelling so auf, dass mit Petrus ein Grund gelegt, also ein Anfang gemacht wird. Auf einen Anfang muss aber ein anderes folgen[3]. Petrus charakterisiert er dann so: „Aber allerdings, sollte die Kirche Bestand haben, sich consolidiren, geschichtlichen Grund und Fortgang gewinnen, so *musste* Petrus vorherrschen; in ihm ist der Körper, das Centrale, Zusammenhaltende,

---

[1] Johannes Paul II., Die Schwelle der Hoffnung überschreiten, Hamburg 1994, 179f.
[2] Schelling, Philosophie der Offenbarung, 303.
[3] Ebd., 300-302.

in Paulus überwiegt das Ideale, Excentrische (dieß Wort nicht im nachtheiligen Sinn genommen, sondern ... für das vom Centro freie, unabhängige ... Princip)".[4]

Schelling überträgt dies nun auf die Konfessionskirchen: „Ist derjenige Protestant, der *außer* der auf die Auktorität Petri gegründeten Kirche, unabhängig von ihr sich hält, so ist der Apostel Paulus der erste Protestant, und die älteste Urkunde, die der Protestantismus für sich aufzuweisen hat ... ist das zweite Kapitel des Briefs an die Galater."[5] – wobei Schelling auch an die Auseinandersetzung des Paulus mit Petrus in Antiochien denkt (Gal 2,11ff). Petrus steht demgegenüber für die römische Kirche. Das petrinische Prinzip wird zwar nicht aufgehoben, doch tritt mit der Reformation das paulinische Prinzip vor dieses. Das paulinische Christentum ist also das, was auf den Grund, auf den Felsen, folgen sollte[6]. Im Unterschied zu Solowjew in seiner ‚Kurzen Erzählung vom Antichrist' verknüpft nun Schelling die Gestalt des Apostels Johannes nicht mit der Ostkirche, sondern mit einer Kirche oder einer Gestalt des Christentums, die noch kommen soll[7]. Schelling charakterisiert diese nicht direkt, nur über die Gestalt des Johannes, etwa durch das stille sanfte Sausen, das Elia auf dem Horeb hörte, nachdem zwei andere Erscheinungen, ein Sturm und ein Erdbeben vorangegangen (1. Kön 19,11-15), oder dadurch, dass er dieses Christentum als eine Synthese aus den beiden vorausgegangenen Gestalten bestimmt: „da die letzte Potenz die frühere nicht aufhebt oder ausschließt, sondern sie verklärend in sich aufnimmt." „Die wahre Kirche ist in keiner dieser Formen [die durch Petrus oder durch Paulus dargestellt werden] allein, sondern das ist die wahre Kirche, die von dem durch Petrus gelegten Grund durch Paulus in das Ende geht, welches die Kirche des heil. Johannes seyn wird."[8] „Johannes ist der Apostel der zukünftigen, erst wahrhaft allgemeinen Kirche ..."[9].

Man wird einiges gegen Schellings Entwurf einzuwenden haben: Zwischen Petrus und Paulus gab es keine Spaltung so wie zwischen der römischen Kirche und den Reformationskirchen. Das Selbstverständnis etwa der lutherischen Kirche ist ein wesentlich anderes als das, wie Schelling sie hier charakterisiert, auch wenn er manches an ihr und an der römischen Kirche sehr gut getroffen hat. Die Rechtfertigung aus Glauben allein, die zentrale Stellung des Wortes Gottes usw. sind keineswegs Gesichtspunkte, nach denen Schelling seine Dialektik aufbaut. Die Lehraussagen des Konkordienbuches von 1580 sind zwar mit der Schrift die rechtliche Grundlage für eine bestimmte Fragmentkirche – die lutherischen Kirchen – doch ist ihr Anspruch auf die eine Kirche gerichtet. Das, was dabei hervorgehoben wird, ist nicht der Widerspruch gegen eine schon bestehende Autorität – „Protestantismus" in diesem Sinne –, sondern eine Nähe auch des einzelnen Gläubigen zu Gottes rechtfertigendem Wort, die ihn dazu imstande macht, im Notfall einen Protest auszusprechen. Dem Anspruch nach

---

[4] Ebd., 309.
[5] Ebd., 310.
[6] Hier passt Schelling die Aufeinanderfolge Petrus – Paulus – Johannes seinem System an, wonach am Anfang das „reale Princip" stehen muss, auf welche dann das „ideale Princip" folgt: 314. Die auf die Autorität Petri gebaute Kirche hat eine nur äußere Einheit, die durch das anschließend wirksam werdende paulinische Prinzip von ihrer Blindheit befreit werden muss: 324; vgl. 322: „Die römische Kirche hat die Sache, aber nicht das Verständnis derselben."
[7] Ebd., 330-332, hergeleitet aus einer Exegese von Joh 21,19-23.
[8] Ebd., 310.
[9] Ebd., 328.

betrachtet ist dieses Verständnis von Kirche gleichursprünglich mit dem der römischen Kirche, von der Einsetzung des Petrus her sei Kirche aufgebaut.

Die *particula veri* Schellings ist aber diese: das, was in den jeweiligen Fragmentkirchen realisiert wird, ist zum einen das, was Kirche überhaupt ist – Geschöpf des Wortes –, zum anderen aber eine nur fragmentarische Verwirklichung der Fülle dessen, was Kirche sein kann und sein soll. Es ist angewiesen auf die Ergänzung durch die anderen Fragmentkirchen. Und ein weiteres wird durch Schelling klar: die Fülle der Gaben ist nicht einfach das, was sich aus allen Fragmentkirchen zusammensetzen läßt. Diese Fülle enthält zwar alles Gute, was sich in ihnen findet. Sie muss aber auch einen Konsens enthalten, der die bisherigen Streitfragen löst. Und sie ist damit etwas Neues, das bisher nicht gewesen ist. Es mag sein, dass dies erst mit dem Ende der Zeit eintreten wird, wie Solowjew meinte. Doch enthebt das nicht der Verpflichtung, dieses noch unbekannte Ziel zu *wollen*.

Besteht in den Spaltungen auch Reichtum, dann kann er nicht erhalten bleiben, indem man lediglich das Gemeinsame zwischen den Fragmentkirchen abstrahiert. Dieses Gemeinsame haben wir bereits gefunden: die Anerkennung der Bibel als Wort Gottes, die Anerkennung der Trinität und der Menschwerdung des Sohnes. Man kann sicherlich noch manches hinzufügen. Der Reichtum liegt aber im Konkreten. Aus diesem Grunde ist die Einheit gerade in bilateralen Gesprächen zwischen Fragmentkirchen zu suchen. Hier liegt die *particula veri* der Anwendung von Wittgensteins Begriff der Familienähnlichkeit auf die Spaltungen in der Kirche. Manche Kirchen – wir wollen sie hier A und B nennen – sind einander näher, sie haben bestimmte Gemeinsamkeiten in einer bestimmten Hinsicht, die sie mit anderen Kirchen nicht haben. Zugleich trennt die Kirche A etwas von der Kirche B, welche ihr in dieser einen Hinsicht am nächsten ist. An der Überwindung dieses Zwiespalts muss gearbeitet werden. Die Kirche A wächst dadurch auf der einen Seite mehr mit der Kirche B zusammen. Es gibt einen anderen Aspekt, der sie mit einer dritten Kirche C verbindet. Dass sie mit dieser ebenfalls zusammenwächst, muss sie nicht in Widerspruch zu der ersten Annäherungsbewegung bringen. So kann man zwar durchaus sagen, dass die römisch-katholische Kirche zwischen der lutherischen Kirche und den chalcedonensischen Ostkirchen steht. Eine Annäherung der römisch-katholischen Kirche an die lutherische in der Rechtfertigungsfrage würde die pelagianisierende Tendenz in der römischen Kirche überwinden helfen. Es ist aber keineswegs so, dass diese Tendenz in der Ostkirche stärker wäre. Es ist wohl vielmehr so, dass die Fragestellung der Rechtfertigungslehre durch die Ostkirchen erst in ihrer vollen Tiefe entdeckt werden müsste. Eine Annäherung der römischen Kirche an die Ostkirche wird andere Aspekte zum Thema haben: den päpstlichen Primat, das Filioque usw. Was das Filioque betrifft, ist die lutherische Kirche nicht weiter von der Ostkirche entfernt als die römische. Was den Primat betrifft, können die lutherischen Kirchen sich sogar an die Ostkirchen anschließen. Bereits dieses Beispiel zeigt, wie die bilateralen Gespräche zwischen Kirchen sich untereinander verknüpfen. Vermutlich haben gerade die Ostkirchen in ihrem Gespräch mit der römischen Kirche, aber auch mit den lutherischen Kirchen eine wesentliche Rolle zu spielen, damit die Reformationskirchen und die römische Kirche untereinander eins werden.

Diese Nächstverwandtschaften zwischen den Kirchen zeichnen auch die Linie der historischen Entwicklung nach. Das Arbeiten an den Spaltungen, den Wunden, welche diese Entwicklung hinter sich gelassen hat, ist auch ein Nachzeichnen der Dialektik dieser Entwicklung. Was Spaltungen hervorgerufen hat, soll letztlich dazu dienen, Reichtümer herauszustellen und auszutauschen.

Nun sollte aber jedenfalls eine unvollständige Skizze von Beispielen dafür geboten werden, welche Eigentümlichkeiten sich Fragmentkirchen durch die Spaltungen angeeignet haben, die dem Wesen der Kirche nicht widersprechen und darum als Reichtümer gewertet werden müssen, die, wie das Ökumenismusdekret sagt, auch der Erbauung von Christen in anderen Kirchen dienen sollen[10]. Im Blick auf einige Themen, die hier berührt wurden, insbesondere bei den Gefährdungen der Kirche, können folgende eigentümliche Gaben der römisch-katholischen Kirche und der evangelischen, insbesondere der lutherischen Kirchen genannt werden. Es wird an dieser Stelle wohl besonders deutlich werden, dass man, wie dies Solowjew in seiner ‚Kurzen Erzählung' getan hat, auch noch von den eigentümlichen Gaben der orthodoxen Kirchen sprechen muss, um einen Blick auf das ganze Panorama des Reichtums der gespaltenen Kirchen zu erlangen.

Für die römisch-katholischen Kirche sind eigentümlich:
(a) ein Bewußtsein von Katholizität: dass das einzelne glaubende Ich als solches immer schon im Raum der Kirche als eines vielgliedrigen Leibes sich befindet. Die *anima christiana* ist eine „anima ecclesiastica"[11],
(b) ein Bewußtsein von der Vereinigung der Glieder der Kirche miteinander und mit Gott in der Eucharistiefeier, gerade wenn sie als eine priesterliche Opferhandlung verstanden wird,
(c) ein Bewußtsein von der Notwendigkeit des Amtes in der Kirche und von der Dringlichkeit, die Einheit der Kirche auch in der Einheit der Ämterordnung darzustellen,
(d) ein Bewußtsein von Tradition, d.h. von einer Horizontale, die den gegenwärtigen Christen bzw. die gegenwärtige Kirche mit den vorausgegangenen Christen und den früheren Generationen der Kirche verbindet, ein Bewußtsein von den vorangegangenen Heilstaten und dem ununterbrochenen Heilswirken Gottes in der Geschichte. Darin liegt ein Charisma der Beständigkeit, das in den Ostkirchen noch stärker ausgeprägt ist als in der römischen Tradition.
(e) eine Wachsamkeit gegenüber der säkularistischen Verweltlichung der Kirche (s.o. 20.)[12]

---

[10] Vgl. UR I,4, LThK, 2. Aufl., Erg.bd.2, 69: Es ist „notwendig, daß die Katholiken die wahrhaft christlichen Güter aus dem gemeinsamen Erbe mit Freude anerkennen und hochschätzen, die sich bei den von uns getrennten Brüdern finden. Es ist billig und heilsam, die Reichtümer Christi und das Wirken der Geisteskräfte im Leben der anderen anzuerkennen ...". – Vgl. die ähnliche, aber mehr auf die Aufgabe der Neuevangelisation bezogene Gegenüberstellung in: Sven Grosse, Neuevangelisierung und Zukunft der Kirche. Eine Stellungnahme zu Joseph Ratzingers Überlegungen aus lutherischer Sicht, in: Christian Schaller (Hg.), Kirche – Sakrament und Gemeinschaft. Zu Ekklesiologie und Ökumene bei Joseph Ratzinger, Regensburg 2011 (Ratzinger-Studien 4), 333-364, hier 361f.
[11] Siehe oben 1.2 und 16.2.
[12] Hier können durchaus einige Punkte aus dem Syllabus' Pius' IX. von 1864 genannt werden, so etwa Nr.1-7; 16; 80 (DH 2901-2907; 2916; 2980), welche nach wie vor aktuell sind und denen auch von reformatorischer Seite zuzustimmen ist.

Im Gegenüber und Ergänzung dazu sind für die evangelische Gestalt des Christseins charakteristische Gaben:
(a') ein Bewußtsein davon, dass durch eine eigene Glaubensentscheidung, mit dem Einsatz der eigenen Existenz und nicht anders das Christsein zu finden ist,
(b') ein Bewußtsein von der Schwelle, die erst zu überschreiten ist, damit ein Mensch zum Heil, in die Kirche und in die Vereinigung mit Gott gelangt. Es ist das rechtfertigende Wort Gottes, welches, im Glauben angenommen, zu diesem Überschreiten führt[13],
(c') eine Mündigkeit durch den Glauben, die imstande setzt, den Amtsträger auch zu beurteilen und ihm notfalls den Gehorsam zu verweigern. Der entscheidende Punkt für die Einheit der Kirche ist die Übereinstimmung in der Wahrheit von Lehre und Verkündigung und nicht die Einheit der Kirchenordnung.
(d') Eine Bereitschaft zur Korrektur der Tradition durch Rückkehr zum Anfang.
(e') eine Wachsamkeit gegenüber der religiösen Verweltlichung der Kirche, damit auch gegen den Synkretismus[14].

Dies ist nur eine kleine Auswahl solcher Gaben. Eine vollständige Aufführung käme einer Charakterisierung der Konfessionen gleich. Es wird dabei deutlich, dass keine der Fragmentkirchen, auch die derzeit größte, die römisch-katholische, nicht alle Gaben der anderen in sich enthält. Keine von ihnen ist „katholisch" im ursprünglichen Sinne des Wortes, also allumfassend. Man muss über den Horizont der römischen Kirche wie auch aller anderen Kirchen hinausgehen, um diese Fülle des Reichtums zu erfassen.

---

[13] Vgl. oben 6.1. und 6.2.
[14] Trotz der klaren Aussage im Syllabus Nr. 17 (DH 2916) findet sich in ‚Lumen Gentium' folgendes: „Qui enim Evangelium Christi Eiusque Ecclesiam sine culpa ignorantes, Deum tamen sincero corde quaerunt, Eiusque voluntatem per conscientiae dictamen agnitam, operibus adimplere, sub gratiae influxu, conantur, aeternam salutem consequi possunt. Nec divina Providentia auxilia ad salutem denegat his qui sine culpa ad expressam agnitionem Dei nondum pervenerunt et rectam vitam non sine divina gratia assequi nituntur." / „Wer nämlich das Evangelium Christi und seine Kirche ohne Schuld nicht kennt, Gott aber aus ehrlichem Herzen sucht, seinen im Anruf des Gewissens erkannten Willen unter dem Einfluß der Gnade in der Tat zu erfüllen trachtet, kann das ewige Heil erlangen. Die göttliche Vorsehung verweigert auch denen das zum Heil Notwendige nicht, die ohne Schuld noch nicht zur ausdrücklichen Verehrung Gottes gekommen sind, jedoch, nicht ohne die göttliche Gnade, ein rechtes Leben zu führen sich bemühen.", LG 16, LThK, 2. Aufl., Erg.bd.1, 205-207 / DH 4140. 4.-5. Abs. Das ist eine Einschätzung des Menschen ohne das Evangelium, welche Aussagen der Schrift wie Röm 3,9 völlig widerspricht, sowie auch der Gemeinsamen Erklärung zur Rechtfertigungslehre. Gemeinsame offizielle Feststellung. Anhang (Annex) zur Gemeinsamen offiziellen Feststellung, hg. v. Lutherischen Weltbund und vom Päpstlichen Rat zur Förderung der Einheit der Christen, 2. Aufl., Frankfurt/Main/Paderborn 1999. Sie führt zu der Auffassung, Menschen in anderen Religionen würden „in Schatten und Bildern den unbekannten Gott suchen" / „in umbris et imaginibus Deum ignotum quaerunt", LG 16, LThK, 2. Aufl., Erg. bd.1, 205 / DH 4140, 4. Abs.

29. DAS PAPSTTUM UND DIE EINHEIT DER KIRCHE

Die Streitfragen, die zwischen den Kirchen zu klären sind, durchziehen fast alle Lehrstücke der Theologie – wenn nicht alle. In denjenigen, welche die Lehre von der Kirche betreffen, soweit als möglich einen Konsens zu erzielen, vor allem zwischen der lutherischen und der römischen Kirche, wurde auch in diesen Überlegungen versucht. Ein wichtiger Aspekt soll nun nochmals angesprochen werden: kann die Einrichtung des Papsttums irgendwie zu dem Wiedergewinnen der Einheit in der Kirche beitragen?

Was diese Frage betrifft, so nimmt die Institution des römischen Papsttums eine ambivalente Stellung ein. Zum einen ist die Idee, welche dem Anspruch dieser Institution zugrundeliegt, die der Einheit: der Einheit der Kirche kann gemäß dieser Idee letztlich nur dadurch gedient werden, wenn es eine einzige Person gibt, welche die Letztentscheidung für die Kirche wahrnimmt. Auf der anderen Seite hat in der Realität der Geschichte sich das Papsttum oft genug als ein Faktor der Spaltung erwiesen, weil dieser Anspruch die Gestalt einer Machtanmaßung annahm, die mit gutem Recht zurückgewiesen werden musste, was wiederum eine Spaltung zur Folge hatte. So war es das Recht der Ostkirchen, auf der Autokephalie der Kirchen und der Kollegialität der Bischöfe zu beharren, von denen sich keiner über die anderen erheben darf. So war es auch das Recht der Reformatoren, auf der Freiheit des Gewissens zu beharren, das Gott mehr gehorchen muss als den Menschen.

Der Anspruch des römischen Papstes, *iure divino* den Primat zu haben, wurde hier schon erörtert, und er wurde zurückgewiesen (17.). Nun soll aber darüber nachgedacht werden, ob das Papsttum der Einheit der Kirche dienen kann, gerade wenn dieser Anspruch, es bestünde göttlichen Rechtes von Seiten der Reformationskirchen und der Ostkirchen *nicht* anerkannt wird. Es wurde oben bereits festgestellt, dass ein Anspruch des Papstes, *iure humano* die Kirche zu leiten, auch nicht sinnvoll ist. Man müsste vielmehr in der Weisung des Papstes die Weisung Gottes wahrnehmen. Die Schwierigkeit der Reformationszeit bestand darin, nur die beiden Kategorien des göttlichen und des menschlichen Rechtes zu kennen. Das Überdenken dieser Begriffe (6.7.) hat schon gezeigt, dass es in der Kirche – von Adiaphora abgesehen – kein reines *ius humanum* geben kann: es geht nie bloß um Abmachungen zwischen Menschen, sondern um eine Weisung, die Gott zwar nicht für alle Zeit, aber doch für die gegenwärtige Situation und länger andauernde Zeiten durch Menschen ausspricht.

Eine solche Weisung Gottes, das Papstamt für die Einheit der Kirche zu gebrauchen, kann durch die typologische Deutung der Gestalt des Apostels Petrus erkannt werden. Das Gewicht dieser Begründung ist dann das einer typologischen Begründung. Sie kann nicht im strengen Sinne begründen, sie kann aber etwas finden helfen, was Gott im Laufe der Geschichte der Kirche tun will. Die Deutung der Kirchengeschichte, wie sie Bonaventura in seinem ‚Hexaëmeron' durch eine Auslegung der Bibel – des Sechstagewerks – entwickelt, würde hier an den neutestamentlichen Berichten über Petrus ansetzen.

Schelling hat durchaus sehr erhellend die Verfehlungen des Petrus als Typos für die des Papsttums verstanden: „Alles, was man der römischen Kirche vorgeworfen, ist in den Fehlern Petri vorgebildet"[1]. So ist sein Griff zum Schwert (Joh 18,10) ein Verweis auf die politische Macht, die das Papsttum errang, aber auch auf die blutigen Verfolgungen, die es durchführte[2]. Das Bekenntnis zu Jesus als dem Messias spricht derselbe aus, der dann Jesus von seinem Gang zur Passion abraten will, und auch das ist ein Vorzeichen: „Kann es etwas Entsprechenderes geben, als die Vereinigung des beharrlichsten, unverrückt festgehaltenen Glauben mit der schnödesten Weltklugheit, die der römischen Kirche so oft vorgeworfen?"[3]. So verhält es sich auch mit der Verleugnung des Herrn durch Petrus: „Gleichwie aber Christus eben demselben [Petrus], der ihn dreimal verleugnet hat, dreimal sagt: Weide meine Lämmer, so hat die Kirche, in der so viele würdige Mitglieder über wiederholte und fortgesetzte Verleugnung des Herrn geseufzet haben, nicht aufgehört, die Kirche Christi zu seyn, und für alle Zeiten den Grund zu bewahren, der ohne diesen realen Halt unter den politischen Stürmen, wie unter den Widersprüchen des nie ruhenden Denkens, längst verloren gegangen wäre. Vielleicht ist aber der Augenblick nicht allzufern, wo auch sie bei einem Blick des Herrn seiner Vorhersagungen sich erinnert ..." [Lk 22,61f][4].

Dazu paßt, dass der Auferstandene bei seinem Gespräch mit Petrus ihn nicht mit dem Ehrennamen „Petrus" anredet, der darauf hinweist, dass er der Fels der Kirche sein soll, sondern mit seinem einfachen Namen „Simon". Das Gespräch handelt von der Wiedereinsetzung Simons in ein Amt, das er durch seine Untreue zu Recht verloren hat (Joh 21,15-19). An anderer Stelle, vor der Passion, macht Jesus deutlich, dass einst Petrus Umkehr nötig haben werde, dass er dann aber, wenn er die Umkehr vollzogen hat, seine Brüder stärken solle (Lk 22,31-33).

Es besteht keine strenge Notwendigkeit, diese Worte von Petrus auf den Inhaber des römischen Bischofsstuhls zu übertragen. Das Vorhandensein des Grabes des Petrus in Rom ist allein kein ausreichendes Argument. Es zeigt sich nur, dass, erstens, der Bischof von Rom als einziger den Anspruch erhoben hat, der Nachfolger des Petrus mit seinen besonderen Vollmachten zu sein, und dass, zweitens, wie Schelling schon gezeigt hat, die besonderen Züge des Petrus auch auf die Geschichte des römischen Papsttums passen, und zwar sowohl die negativen wie auch die positiven.

Der Anmaßung des Petrus, dank eigener Kraft über den anderen Aposteln zu stehen (Mt 26,33), folgt sein tiefer Fall. Doch für ihn steht Jesus mit einem besonderen Gebet ein (Lk 22,32a) und er erlangt wieder die Aufgabe, die Lämmer zu weiden (Joh 21,15-19) und seine Brüder zu stärken (Lk 22,33b). Wenn Petrus als Typos für das Amt des Bischofs von Rom steht, dann sprechen diese Worte von einer – durchaus wiederholbaren – Krise aufgrund der Anmaßung desjenigen, der durch Christus über alle Amtsträger in der Kirche hinausgehoben ist. Die Beschneidung seiner Vollmacht durch Gott, der neue Amtsträger in einem Teil der Kirche bevollmächtigt, die dem Papst nicht mehr unterstehen (oben 26.2.; 10.1.), gehört zu diesen Krisen, mit denen der Herr der Kirche diese Anmaßungen ahndet. Es gibt aber auch eine Treue Christi zu ihm, die über das Maß seiner Verfehlungen hinausgeht, und so werden ihm seine früheren

---

[1] Schelling, Philosophie der Offenbarung, 311.
[2] Ebd., 310f.
[3] Ebd., 311.
[4] Ebd., 312.

Vollmachten in einer – gewiß neuen – Weise anvertraut. Sein Umgang mit den anderen Amtsträgern wird dann ein brüderlicher sein.

Man darf bei dieser typologischen Deutung des Petrus aber auch nicht übersehen, dass das Neue Testament neben der Leitung der Kirche durch ihn auch noch die Leitung durch ein Kollegium kennt, wie sie das Apostelkonzil Apg 15 und die Abstimmung unter den Aposteln, wie sie in den Paulusbriefen erkennbar wird (etwa 1. Kor 1-4 mit 1,11-17; 3,4-4,2; Röm 15,20) zeigen. Es ergeben sich dann zwei Modelle für die Leitung der Kirche: Das eine durch das Amt eines Einzelnen, der aber angefochten ist, der auch fallen wird, aber von Christus immer wieder aufgerichtet werden wird. Das andere eine Leitung durch ein Kollegium, das gewiß auch seine Anfechtungen hat. In jedem Fall handelt es sich aber um die *eine* Leitung der *gesamten* Kirche.

Das Ringen um das Wiedergewinnen der Einheit in der Kirche bringt in die Lage, die Vereinbarung beider Modelle miteinander zu versuchen. Die römische Kirche hat sich ganz auf das erste Modell eingeschworen. Die Reformationskirchen und die Ostkirchen können dieses als *iure divino* gegeben nicht anerkennen. Die ökumenische brüderliche Liebe kann – vielleicht muss man auch sagen: *soll* – aber bereit sein, eine Einheit mit der römischen Fragmentkirche zu suchen, auch wenn diese mit dieser für sie so zentralen Überzeugung falsch liegen sollte.

Auf diese Weise kann es zu einer Annäherung der beiden Modelle der Leitung der Kirche so kommen, wie in der Mathematik ein Grenzwert schließlich erreicht wird. Er ist von beiden Seiten als äußerste Möglichkeit anzusehen. Von der päpstlichen Seite aus müsste ein Umgang mit dem Primat erfolgen, wie ihn Andreas Schmidt, angeregt von den Überlegungen der „Gruppe von Farfa Sabina", vorgeschlagen hat[5]: bevor der Papst eine Lehrentscheidung von größerem Gewicht *ex cathedra* verkündet, konsultiert er die Vertreter der Kirchen, die sich ihm nicht unterstellt haben – also der Ostkirchen und der Reformationskirchen. Das, was er *ex cathedra* verkündet, ist mit diesen abgestimmt. Das alles tut der Papst kraft einer Selbstbindung und nicht, weil er sich seiner Rechte begibt, wie sie im Vatikanum I definiert worden sind.

Die Christen in den Reformationskirchen würden dazu bereit sein, sich durch die Leiter ihrer Kirche und durch den Papst so vertreten zu lassen, weil sie als Glaubende nicht mehr sich für selbst leben, sondern für Jesus Christus und damit für die Kirche. Der Papst hätte sich ihr Vertrauen wieder zu verdienen, das er im 16. Jahrhundert auf die furchtbarste Weise verspielt hat. Die evangelischen Christen würden sich dann aber – ohne ihrer in schwierigsten Kämpfen errungenen und erprobten Mündigkeit in geringster Weise Abbruch zu tun – einem solchen Papst anvertrauen. Ihre Mündigkeit würde vielmehr sich in dem Urteil erweisen, in dem sie die Vertrauenswürdigkeit des Papstes prüfen. Dieses Vertrauen darf nicht zu verwechseln sein mit einer Anerkennung der Unfehlbarkeit des Papstes im Sinne des Ersten Vatikanums. Es könnte auch wieder vom Papst enttäuscht werden.

Auf der anderen Seite findet gerade so eine Anerkennung des konziliaren Modells durch den Papst statt. Bereits das Ökumenismusdekret hat Zusammenkünfte von theologischen Sachverständigen der getrennten Kirchen unter der Aufsicht ihrer Obe-

---

[5] Andreas Schmidt/Sven Grosse, Rückgewinnung des Vertrauens. Ökumene als Konfliktbewältigung, St. Ottilien 2014, 72-80 (dazu meine Stellungnahme: 94-107); Gruppe von Farfa Sabina, Gemeinschaft der Kirchen und Petrusamt. Lutherisch-katholische Annäherungen, 2. Aufl., Frankfurt/Main 2011, 88, Nr. 118.

ren empfohlen, bei denen man auf der Ebene der Gleichheit miteinander spricht: „par cum pari agat."⁶ Kommt dabei ein für beide Seiten verbindlicher Konsens zustande wie bei der Gemeinsamen Erklärung in der Rechtfertigungslehre von 1999, dann hat man damit *de facto* eine konziliare Leitung der Kirche in Lehrfragen.

Man muss abschätzen, wie weit die Kirche tatsächlich schon auf diesem Weg vorangekommen ist; man muss abschätzen, was dem weiteren Voranschreiten entgegensteht, und man ist nur auf Vermutung oder auf Prophetie angewiesen, um sich vorzustellen, wie es weitergeht.

Die Päpste haben tatsächlich seit Johannes XXIII. sehr viel Vertrauen in den von Rom geschiedenen Kirchen gewonnen, bei den Leitern dieser Kirchen und bei den Gläubigen. Allerdings steht noch einiges ihrer Vertrauenswürdigkeit entgegen. In den Reformationskirchen muss das Bewußtsein von Katholizität, d.h. die Einsicht, dass die gläubige Seele eine *anima ecclesiastica* ist, gewiß noch sehr wachsen. Was dem entgegensteht – die Versuchungen zu einem säkularistischen Agnostizismus, zu einem selbstgenügsamen Konfessionalismus, zu einem beschränkten Kongregationalismus – wurde bereits dargelegt. Es ist auch zu fragen, ob die Leiter der Reformationskirchen die Qualität haben werden – oder überhaupt haben können – nicht nur Gesprächspartner des Papstes zu sein, sondern auch von den Gläubigen ihrer Kirchen als ihre Vertreter anerkannt zu werden. Die größte Aussicht, auf dem Weg der Einheit voranzuschreiten, haben wohl die Gemeinschaften in den Reformationskirchen und der römisch-katholischen Kirche, die sich als *ecclesiolae in ecclesia* verstehen.

Was kommen wird, ist dem anzuvertrauen, der der Herr der Kirche ist und bleiben wird.

---

⁶ UR 9, LThK, 2. Aufl., Erg.bd.2, 82.

LITERATURVERZEICHNIS

Abraham, Martin, Evangelium und Kirchengestalt. Reformatorisches Kirchenverständnis heute. Berlin 2007.
Acton, Lord: John Emerich Edward Dalberg, 1st Baron Acton, Letter, April 3, 1887, to Bishop Mandell Creighton. The Life and Letters of Mandell Creighton, vol. 1, ch. 13, ed. Louise Creighton.
Die Apostolischen Väter, griech.-dt., hg. v. Andreas Lindemann u. Henning Paulsen, Tübingen 1992.
Balthasar, Hans Urs von, Der antirömische Affekt. Wie läßt sich das Papsttum in der Gesamtkirche integrieren?, Freiburg/Br. 1974.
Amt und Existenz, in: ders., Die Wahrheit ist symphonisch, Einsiedeln 1972, 116-130, sowie in: ders., Priesterliche Spiritualität, 2. Aufl., Freiburg/Br. 2008, 67-84.
Casta meretrix, in: ders., Sponsa Verbi, Skizzen zur Theologie II, Einsiedeln 1961, 203-305.
Karl Barth. Darstellung und Deutung seiner Theologie, Olten 1951.
Unser Auftrag. Bericht und Entwurf, Einsiedeln 1984.
Christlicher Stand, Einsiedeln 1977.
Wer ist die Kirche?, in: ders., Sponsa Verbi, Skizzen zur Theologie II, Einsiedeln 1961, 148-202.
Barth, Karl, Die Kirchliche Dogmatik, Bd. I/1 (München 1935) – IV/4 (Zürich 1967).
Die Botschaft von der Freien Gnade Gottes, in: Theologische Studien 24 (1947).
Barth, Ulrich, Art. Säkularisierung I. Systematisch-theologisch, TRE 29 (1998), 603-634.
Bauer, Walter, Griechisch-deutsches Wörterbuch zu den Schriften des Neuen Testaments und der frühen christlichen Literatur, 6., völlig neu bear. Aufl, hg. v. Kurt und Barbara Aland, Berlin/New York 1988.
Bayer, Oswald, Martin Luthers Theologie. Eine Vergegenwärtigung, Tübingen 2003.
Bekenntnisschriften der reformierten Kirche, hg. v. E. F. Karl Müller, Leipzig 1903
Bekenntnisse der Kirche. Bekenntnistexte aus zwanzig Jahrhunderten, hg. v. Hans Steubing, Wuppertal 1970.
Bienert, Wolfgang A., Art. Liberius, RGG, 4. Aufl., 5(2002), 324f.
Bonhoeffer, Dietrich, Sanctorum communio. Eine dogmatische Untersuchung zur Soziologie der Kirche, Erstveröffentlichung: Berlin/Frankfurt/Oder 1930, Veröffentlichung in der Ausgabe: Dietrich Bonhoeffer, Werke, Bd.1, hg. v. Joachim von Soosten, München 1986.
Zur Frage der Kirchengemeinschaft, in: Evangelische Theologie 3 (1936), 214-233.
Brunner, Peter, Das Hirtenamt und die Frau, in: ders., Pro Ecclesia, Gesammelte Aufsätze zur dogmatischen Theologie, Bd.1, 3. Aufl., Fürth/Bayern 1990, 310-338.
Das Geheimnis der Trennung und die Einheit der Kirche, in: ders., Pro Ecclesia, Bd. 2, 2. unveränderte Aufl. Fürth/Bayern 1990, 253-282.
Burckhardt, Jacob, Weltgeschichtliche Betrachtungen. Nach dem Oerischen Text hg. v. Werner Kaegi, Bern 1941.

Bush, Michael, Calvin and the Reformanda Sayings, in: Herman J. Selderhuis (Hg.), Calvinus sacrarum literarum interpres. Papers of the International Congress on Calvin Research, Göttingen 2008, 285-299.

Calvin, Calvin-Studienausgabe, hg. v. Eberhard Busch u.a., 8 Bde., Neukirchen-Vluyn 1994-2011. [zit.: StA]

Opera selecta, ed. Petrus Barth et Guilelmus Niesel, 5 Bde., München 1926-1936. [zit.: Op. sel.]

Castellio, Sebastian, De haereticis an persequendi sunt et omnino quomodo sit cum eis agendum, Luteri & Brentii, aliorumque multorum tum veterum tum recentiorem sententiae (1554); Nachdruck: Reproduction en Fac-Similé de l'Édition de 1554, avec une introduction de Sape van der Woude, Genf 1954.

Cherbury, Edward Lord Herbert of, De Veritate, Editio Tertia. De causis errorum. De religione Laici, Parerga, Faksimile-Neudruck der Ausgabe London 1645. Hg. u. eingel. von Günter Gawlik. Stuttgart-Bad Cannstatt 1966.

Congar, Yves, Die Wesenseigenschaften der Kirche, in: Mysterium salutis. Grundriß heilsgeschichtlicher Dogmatik, hg. v. Johannes Feiner u. Magnus Löhrer, IV/1: Das Heilsgeschehen in der Gemeinde, Einsiedeln u.a. 1972, 357-594.

Cullmann, Oscar, Petrus. Jünger – Apostel – Märtyrer. Das historische und das theologische Petrusproblem. 2., umgearb. und ergänzte Aufl., Zürich/Stuttgart 1960 (Erstauflage: 1952).

Dalferth, Ingolf, Auf dem Weg der Ökumene. Die Gemeinschaft evangelischer und anglikanischer Kirchen nach der Meissener Erklärung, Leipzig 2002.

Dante Alighieri, Die Göttliche Komödie. Aus dem Italienischen übertr. v. Wilhelm G. Hertz. Mit einem Nachwort vers. v. Hans Rheinfelder, mit Anm. v. Peter Amelung u. mit Zeichnungen v. Sandro Botticelli, München 1978.

Dassmann, Ernst, Ecclesia vel Anima. Die Kirche und ihre Glieder in der Hoheliederklärung bei Hippolyt, Origenes und Ambrosius von Mailand, in: Römische Quartalschrift 61 (1966), 121-144.

Dieter, Theodor, Die Eucharistische Ekklesiologie Joseph Ratzingers, in: Kirche – Sakrament und Gemeinschaft. Zu Ekklesiologie und Ökumene bei Joseph Ratzinger, hg. v. Christian Schaller (Ratzinger-Studien 4), Regensburg 2011, 276-316.

Fechtner, Kristian, Kirche von Fall zu Fall. Kasualpraxis in der Gegenwart – eine Orientierung, Gütersloh 2003.

Gemeinsamen Erklärung zur Rechtfertigungslehre. Gemeinsame offizielle Feststellung. Anhang (Annex) zur Gemeinsamen offiziellen Feststellung, hg. v. Lutherischen Weltbund und vom Päpstlichen Rat zur Förderung der Einheit der Christen, 2. Aufl., Frankfurt/Main/Paderborn 1999.

Graf, Friedrich Wilhelm, Kirchendämmerung. Wie die Kirchen unser Vertrauen verspielen. (Erstausgabe 2011) 2., durchges. Auflage München 2011.

Grosse, Sven, Christentum und Geschichte. Troeltsch – Newman – Luther – Barth, in: ders., Das Christentum an der Schwelle der Neuzeit. Drei Studien zur Bestimmung des gegenwärtigen Ortes des Christentums (Texte und Studien zum Protestantismus des 16. bis 18. Jahrhunderts 6), Kamen 2010, 97-155.

Neuevangelisierung und Zukunft der Kirche. Eine Stellungnahme zu Joseph Ratzingers Überlegungen aus lutherischer Sicht, in: Christian Schaller (Hg.), Kirche –

Sakrament und Gemeinschaft. Zu Ekklesiologie und Ökumene bei Joseph Ratzinger, Regensburg 2011 (Ratzinger-Studien 4), 333-364.
Der junge Luther und die Mystik, in: Gottes Nähe unmittelbar erfahren. Mystik im Mittelalter und bei Martin Luther, hg. v. Berndt Hamm u. Volker Leppin, Tübingen 2007 (Spätmittelalter und Reformation. Neue Reihe 36), 187-235.
Die Neuzeit als Spiegelbild des antiken Christentums, in: ders., Das Christentum an der Schwelle der Neuzeit. Drei Studien zur Bestimmung des gegenwärtigen Ortes des Christentums (Texte und Studien zum Protestantismus des 16. bis 18. Jahrhunderts 6), Kamen 2010, 1-50.
Konkurrierende Konzepte von Toleranz in der frühen Neuzeit, in: ders., Das Christentum an der Schwelle der Neuzeit. Drei Studien zur Bestimmung des gegenwärtigen Ortes des Christentums (Texte und Studien zum Protestantismus des 16. bis 18. Jahrhunderts 6), Kamen 2010, 51-96.
Theologie des Kanons. Der christliche Kanon, seine Hermeneutik und die Historizität seiner Aussagen. Die Lehren der Kirchenväter als Grundlegung der Lehre von der Heiligen Schrift, Zürich 2011 (Studien zu Theologie und Bibel 4).
Wendepunkte der Mystik. Bernhard – Seuse – Luther, in: Frömmigkeit – Theologie – Frömmigkeitstheologie. Contributions to European Church History. Festschrift für Berndt Hamm zum 60. Geburtstag, hg. v. Gudrun Litz, Heidrun Munzert und Roland Liebenberg, Leiden / Boston 2005 (Studies in the History of Christian Traditions 124), 281-295.
mit Andreas Schmidt: Rückgewinnung des Vertrauens. Ökumene als Konfliktbewältigung: s. Andreas Schmidt / Sven Grosse.
Gruppe von Farfa Sabina, Gemeinschaft der Kirchen und Petrusamt. Lutherisch-katholische Annäherungen, 2. Aufl., Frankfurt/Main 2011.
Härle, Wilfried, Art. Kirche VII. Dogmatisch, TRE 18 (1989), 277-317.
Hauke, Manfred, Die Problematik um das Frauenpriestertum vor dem Hintergrund der Schöpfungs- und Erlösungsordnung, Paderborn 1982 (Konfessionskundliche und kontroverstheologische Studien 46).
Der Heidelberger Katechismus, hg. v. Otto Weber, Hamburg 1963.
Herms, Eilert, Kirche in der Zeit, in: ders., Kirche für die Welt. Lage und Aufgabe der evangelischen Kirchen im vereinigten Deutschland, Tübingen 1995, 231-317.
Herrenmahl: Das Herrenmahl. Bericht der Gemeinsamen Römisch-katholischen/ Evangelisch-lutherischen Kommission (1978), in: Dokumente wachsender Übereinstimmung, Bd. 1: Sämtliche Bericht und Konsenstexte interkonfessioneller Gespräche auf Weltebene 1931-1982, hg. v. Harding Meyer, Hans Jörg Urban u. Lukas Vischer, Paderborn / Frankfurt/Main 1983, 271-295.
Hirsch, Emanuel, Die Reich-Gottes-Begriffe des neueren europäischen Denkens, Göttingen 1921.
Hilfsbuch zum Studium der Dogmatik, 4. Aufl. Berlin 1964.
Huber, Wolfgang, Kirche in der Zeitenwende. Gesellschaftlicher Wandel und Erneuerung der Kirche, Gütersloh 1998.
Huizing, Peter, Die Kirchenordnung, in: Mysterium salutis, Bd.4/2, Einsiedeln u.a. 1973, 164-183.
Hunsinger, George, The Eucharist and Ecumenism, New York 2008.

Hutter (Hütter), Leonhard, Compendium Locorum Theologicorum, hg. v. Wolfgang Trillhaas (Kleine Texte für Vorlesungen und Übungen 183), Berlin 1961.
/ COMPENDIUM LOCORUM THEOLOGICORUM EX SCRIPTURIS SACRIS ET LIBRO CONCORDIAE. Lat. – dt .– engl. Krit. hrsg., kommentiert u. mit einem Nachwort sowie einer Bibliographie sämtlicher Drucke des Compendium versehen von Johann Anselm Steiger, Teilbd. 1. Stuttgart-Bad Cannstatt 2006 (Doctrina et Pietas II. 3.1).
Ignatius von Loyola, Die Exerzitien, übertr. von Hans Urs von Balthasar, 10. Aufl. Einsiedeln 1990.
Johannes Paul II., Die Schwelle der Hoffnung überschreiten, Hamburg 1994.
Jüngel, Eberhard, Die Kirche als Sakrament?, in: ders., Wertlose Wahrheit. Zur Identität und Relevanz des christlichen Glaubens. Theologische Erörterungen III, München 1990 (Beiträge zur evangelischen Theologie 107), 311-334, erstveröffentlicht: ZThK 80 (1983), 432-457.

Die Autorität des bittenden Christus. Eine These zur materialen Begründung der Eigenart des Wortes Gottes. Erwägungen zum Problem der Infallibilität in der Theologie, in: ders., Unterwegs zur Sache. Theologische Erörterungen I, Tübingen 2000 [Erstveröffentlichung des Aufsatzes: 1970].

Fast, Heinold (Hg.), Der linke Flügel der Reformation. Glaubenszeugnisse der Täufer, Spiritualisten, Schwärmer und Antitrinitarier, Bremen 1962 (Klassiker des Protestantismus 4).
Lewis, Clive Staples, The Abolition of Man, or Reflections on education with special referene to the teaching of English in the upper forms of schools, Oxford 1943, dt.: Die Abschaffung des Menschen, 3. Aufl. Freiburg/Br. 2003.
Løvås, Edin, Machtmenschen. Die Lust zu herrschen und die christliche Gemeinde, Moers 1990.
Lubac, Henri de, Ein altes Distichon. Die Lehre vom „vierfachen Schriftsinn" (1948), in: ders., Typologie, Allegorie, geistiger Sinn. Studien zur Geschichte der christlichen Schriftauslegung, hg. v. Rudolf Voderholzer, 2. Aufl., Einsiedeln 2007, 319-341.

Paradox und Mysterium der Kirche, in: Geheimnis aus dem wir leben. Übers. u. eingel. v. Hans Urs von Balthasar, Einsiedeln, 2. Aufl. 1990.

Quellen kirchlicher Einheit, I. Teil: Die Einzelkirchen in der Gesamtkirche, Einsiedeln 1974.

Luhmann, Niklas, Funktion der Religion, Frankfurt am Main 1977; Ausgabe als Suhrkamp Taschenbuch, 3. Aufl. Frankfurt am Main 1992.
Luther, Martin, D. Martin Luthers Werke (Weimarer Ausgabe). [zit.: WA]
Luthers Werke in Auswahl, hg. v. Otto Clemen (Bonner Ausgabe), 4 Bde., 5., verbes. Aufl. Berlin 1959. [zit.: BoA]

Ausgewählte Schriften, hg. v. Karin Bornkamm u. Gerhard Ebeling, 6 Bde., Frankfurt/Main 1982.

Der Galaterbrief [Der Große Galaterbriefkommentar von 1535], hg. von Hermann Kleinknecht, 2. Aufl. Göttingen 1987 (D. Martin Luthers Epistel-Auslegung 4).

Freiheit und Lebensgestaltung, hg. v. Karl-Heinz zur Mühlen, Göttingen, 1983.
Mahlmann, Theodor, „Ecclesia semper reformanda". Eine historische Aufklärung. Neue Bearbeitung, in: Hermeneutica sacra. Studien ur Auslegung der Heiligen Schrift im 16. und 17. Jahrhundert. Bengt Hägglund zum 90. Geburtstag, hg. v.

Torbjörn Johansson, Robert Kolb u. Johann Anselm Steiger, Berlin 2010 (Historia Hermeneutica. Series Studia 9), 381-442.

Melanchthon, Philipp, Loci communes 1521. Lat.-dt. Übers. u. mit kommentierenden Anmerkungen versehen v. Horst Georg Pöhlmann, hg. v. Lutherischen Kirchenamt der VELKD, 2. durchges. u. korr. Auflage, Gütersloh 1997.

Möhler, Johann Adam, Symbolik oder Darstellung der dogmatischen Gegensätze der Katholiken und Protestanten nach ihren öffentlichen Bekenntnisschriften, hg., eingel. u. komm. v. Josef Rupert Geiselmann, Bd.1, Köln/Olten 1960.

Moltmann, Jürgen, Trinität und Reich Gottes. Zur Gotteslehre, München 1980.

Messbuch für die Bistümer des deutsches Sprachgebietes, Einsiedeln u.a. 1975.

Messbuch für die Bistümer des deutsches Sprachgebietes. Hochgebet für Messen für besondere Anliegen, Freiburg/Br. u.a. 2005.

Neuer, Werner, Mann und Frau in christlicher Sicht, (Erstauflage: 1981), 4. Aufl. Gießen 1988.

Newman, John Henry, Über die Entwicklung der Glaubenslehre. Durchges. Neuausgabe d. Übers. v. Theodor Haecker, besorgt, kommentiert u. mit erg. Dokumenten vers. v. Johannes Artz, Mainz 1969 (=Ausgewählte Werke, Bd.8)/ An Essay on the Development of Christian Doctrine, Westminster, Md., 1968 (=The Works of Cardinal Newman).

The via media of the Anglican Church, 1836, 3. Aufl. 1877 mit neuem Vorwort. Ausgabe hg. v. H. D. Weidner, Oxford 1990. Übersetzung (ab § 2): John Henry Newman, Die Einheit der Kirche und die Mannigfaltigkeit ihrer Ämter. Übertr. v. Karlheinz Schmidthüs, Freiburg/Br. 1938 (Zeugen des Wortes 3).

Vom Wesen der Universität. Ihr Bildungsziel in Gehalt und Gestalt, übers. v. Heinrich Bohlen, Mainz 1960 (John Henry Kardinal Newman, Ausgewählte Werke, hg. v. Matthias Laros u. Werner Becker 5)/engl. Originalausgabe: The Idea of a University, New impression, Westminster, Md., 1973.

Oberdorfer, Bernd, Die Frauenordination in der lutherischen Kirche, in: Nikolaou, Theodor (Hg.), Die Stellung der Frau in der Kirche und die Frage der Frauenordination, St. Ottilien 2002, = Orthodoxes Forum 16, Heft 2 (2002), 213-220.

Nüssel, Friederike/Sattler, Dorothea, Einführung in die ökumenische Theologie, Darmstadt 2008.

Pannenberg, Wolfhart, Systematische Theologie in 3 Bde., Göttingen 1988-1993

Preul, Reiner, Kirchentheorie. Wesen, Gestalt und Funktionen der Evangelischen Kirche, Berlin 1997.

Prierias, Silvester, Dialogus de potestate papae, in: Dokumente zur Causa Luther (1517-1521), I. Teil: Das Gutachten des Prierias und weitere Schriften gegen Luthers Ablaßthesen (1517-1518), hg. v. Peter Fabisch u. Erwin Iserloh, Münster 1988 (CCath 41)

Rahner, Hugo, Symbole der Kirche. Ekklesiologie der Kirchenväter, Salzburg 1964.

Ratzinger, Joseph (Papst Benedikt XVI.), Gesammelte Schriften, hg. v. Gerhard Ludwig Müller, bislang 12 Bde., Freiburg/Br. 2008ff [zit.: JRGS].

Interview in der Frankfurter Allgemeinen Zeitung, Nr. 221 vom 22.9.2000, 51f.

Art. Kirche II. Die Lehre des kirchliches Lehramtes, III. Systematisch, LThK, 2. Aufl., 6 (1961), 172-183.

Kirchliche Bewegungen und neue Gemeinschaften. Unterscheidungen und Kriterien, München 2007.

Der Primat des Papstes und die Einheit des Gottesvolkes, in: ders., Gesammelte Schriften, hg. v. Gerhard Ludwig Müller, Bd.8/1: Kirche – Zeichen unter den Völkern. Schriften zur Ekklesiologie und Ökumene, Freiburg/Br. 2010, 660-675. [Erstveröffentlichung in: ders., Dienst an der Einheit. Zum Wesen und Auftrag des Petrusamtes, Düsseldorf 1978, 165-179.]

Prognosen für die Zukunft des Ökumenismus, in: ders., Gesammelte Schriften, hg. v. Gerhard Ludwig Müller, Bd.8/2: Kirche – Zeichen unter den Völkern. Schriften zur Ekklesiologie und Ökumene, Freiburg/Br. 2010, 717-730. [Erstveröffentlichung in: Ökumenisches Forum. Grazer Hefte für konkrete Ökumene 1 (1977), 31-41.]

Salz der Erde. Christentum und katholische Kirche im 21. Jahrhundert. Ein Gespräch mit Peter Seewald, München 1996.

Theologie und Kirche, in: Internationale Katholische Zeitschrift Communio 15 (1986), 515-533.

Theologische Prinzipienlehre. Bausteine zur Fundamentaltheologie, München 1982.

Zum Begriff des Sakramentes. Eichstätter Hochschulreden 15, München 1979.

Rudloff, Leo von (Hg.), Das Zeugnis der Väter. Ein Quellenbuch zur Dogmatik, Regensburg 1937.

Sattler, Dorothea, Art. Charakter, sakramentaler, LThK, 3. Aufl., 2 (1994), 1009-1013.

Art. Kindertaufe 2. Historisch, LThK, 3. Aufl., 5 (1996), 1448.

Einführung in die ökumenische Theologie, Darmstadt 2008.

Schelling, Friedrich Wilhelm Joseph, Philosophie der Offenbarung, 2. Teil, 36. u. 37. Vorlesung, in: ders., Sämmtliche Werke, Abt.II, Bd.4, Stuttgart / Augsburg 1858

Schleiermacher, Friedrich, Der christliche Glaube. Nach den Grundsätzen der evangelischen Kirche im Zusammenhange dargestellt, 2., umgearb. Ausgabe von 1830, hg. v. Martin Redecker, 2 Bde., Berlin 1960.

Über die Religion. Reden an die Gebildeten unter ihren Verächtern, hg. v. Rudolf Otto, Göttingen, 6. Aufl. 1967.

Schlink, Edmund, Ökumenische Dogmatik. Grundzüge, mit Geleitwort von Heinrich Fries und Nikos A. Nissiotis, Göttingen, 2. Aufl. 1993.

Schmidt, Andreas / Grosse, Sven, Rückgewinnung des Vertrauens. Ökumene als Konfliktbewältigung, St. Ottilien 2014.

Schoell, Jakob, Art. Freikirche, RGG, 2. Aufl., 2 (1928), 759-762.

Art. Volkskirche, RGG, 2. Aufl., 5 (1931), 1660-1664.

Semmelroth, Otto, Die Kirche als Sakrament des Heils, in: Mysterium salutis. Grundriß heilsgeschichtlicher Dogmatik, hg. v. Johannes Feiner u. Magnus Löhrer, IV/1: Das Heilsgeschehen in der Gemeinde, Einsiedeln u.a. 1972, 309-355.

Seuse, Heinrich, Das Buch der Wahrheit III, Ausgabe hg. v. Loris Sturlese u. Rüdiger Blumrich, übers. v. Rüdiger Blumrich, mittelhochdeutsch – dt., Hamburg 1993.

Siena, Katharina von, Politische Briefe, übertr. u. eingef. v. Ferdinand Strobel, Einsiedeln / Köln 1943 (Menschen der Kirche 5).

Spaemann, Robert, Die Existenz des Priesters: eine Provokation in der modernen Welt, in: Internationale katholische Zeitschrift 9 (1980), 481-500.

Spener, Philipp Jakob, Pia desideria, hg. v. Kurt Aland, 2., durchges. Aufl. Berlin 1955, 55f (Kleine Texte für Vorlesungen und Übungen 170).

Studienausgabe, Bd.1, hg. v. Kurt Aland, Gießen 1996.

Manfred Spreng / Harald Seubert, Vergewaltigung der menschlichen Identität. Über die Irrtümer der Gender-Ideologie, Ansbach / München 2012.
Spinoza, Baruch, Politischer Traktat / Tractatus politicus. Neu übers., hg., mit Einleitung u. Anmerkungen vers. v. Wolfgang Bartuschat. Lat.-Dt., Hamburg 1994 (Sämtliche Werke 5.2).
Stein, Edith, Das Ethos der Frauenberufe, in: dies., Die Frau. Ihre Aufgabe nach Natur und Gnade, Löwen / Freiburg 1959 (Edith Steins Werke 5), 16-29.
Stein, Wolfgang, Das kirchliche Amt bei Luther, Wiesbaden 1974 (Veröffentlichungen des Instituts für Europäische Geschichte Mainz 73).
Troeltsch, Ernst, Die Soziallehren der christlichen Kirchen und Gruppen, Tübingen 1912 (Gesammelte Schriften 1).
Volf, Miroslav, Trinität und Gemeinschaft. Eine ökumenische Ekklesiologie, Mainz / Neukirchen-Vluyn 1996. Engl. Ausgabe: After Our Likeness. The Church as the Image of the Trinity, Grand Rapids 1997.
Wallmann, Johannes, Geistliche Erneuerung der Kirche nach Philipp Jakob Spener, in: Pietismus und Neuzeit 12 (1986), 12-27.
Weil, Simone, Zweiter Brief an Pater Perrin, in: dies., Das Unglück und die Gottesliebe. Mit einer Einführung von Thomas S. Eliot, München 1953 [frz. Original: Attente de Dieu, Paris 1950].
Wendebourg, Dorothea, Die Reformation in Deutschland und das bischöfliche Amt [Erstveröffentlichung: 1997], in: dies., Die eine Christenheit auf Erden. Aufsätze zur Kirchen- und Ökumenegeschichte, Tübingen 2000, 195-224.
Williams, Roger, The bloudy tenant of persecution, hg. v. Samuel L. Caldwell, Providence, Rhode Island, 1847 (Publications of the Naragansett Club, 1st Series, Vol. III) = The Complete Writings of Roger Williams, New York 1963, Bd.3.
Wittgenstein, Ludwig, Philosophische Untersuchungen. Auf der Grundlage der Kritisch-genetischen Edition neu hg. v. Joachim Schulte. Mit einem Nachwort des Herausgebers, Frankfurt/Main 2003.
Zuneigung. Christliche Perspektiven für Europa, hg. v. Friedrich Aschoff, Bruder Franziskus Joest u. Pater Michael Marmann, Hünfelden 2007.

PERSONENREGISTER

Abel 34, 68
Abraham 28f., 31, 176, 220-222, 239f.
Adam 28, 34, 158, 221f.
Ahab 104, 232
Ambrosius von Mailand 15, 176, 189
Apollos 181, 236
Athanasius 194
Augustinus von Hippo 14, 95f., 112

Balthasar, Hans Urs von 10, 67, 75, 78f., 148, 169-171, 174-177, 182, 186, 189, 203-205, 261
Barnabas 165, 183
Barth, Karl 9f., 18, 22, 33f., 48, 81, 88, 103, 107, 113, 158, 199, 237
Barth, Ulrich 211
Basilius von Caesarea 58
Beinert, Wolfgang 9
Benedikt XVI., Papst (auch Ratzinger, Joseph) 10, 154
Bonhoeffer, Dietrich 16, 32f., 116, 257
Bonifaz VIII., Papst 42
Brunner, Peter 159f., 252
Brutus 84
Bucer, Martin 234
Bullinger, Heinrich 241
Burckhardt, Jacob 121
Bush, Michael 199
Bonaventura 266

Cajetan, Thomas 232
Caligula 84
Calov, Abraham 36
Calvin, Johannes 10, 23-25, 27, 30, 35, 40, 44, 46f., 91, 129, 136, 146f., 148, 155f., 162, 164-167, 173, 216f., 223, 230, 241
Campanus, Johann 234
Castellio, Sebastian 208, 257
Cherbury, Herbert von 208
Clairvaux, Bernhard von 14, 118, 190
Camillus 84
Congar, Yves 83-86, 141
Cullmann, Oscar 180-183
Cyprian von Karthago 35, 38-40, 84, 136, 165f., 183, 186, 219

Dalferth, Ingolf 260
Dante Alighieri 70, 206
David 14, 240
Daniel 91
Dieter, Theodor 27, 39

Elia 97, 262
Eunike 220
Eva 28

Franck, Sebastian 218, 234
Franziskus, Papst 258
Freitag, Josef 103

Galilei, Galileo 120
Graf, Friedrich Wilhelm 161
Gregor VII 94
Gregor IX., Papst 207

Habakuk 216
Härle, Wilfried 215f., 218
Hannah 220f.
Heliogabal 84
Herms, Eilert 115, 122, 209
Hieronymus 184
Hütter, Leonhard 10, 24-26, 65f.
Huber, Wolfgang 210
Hugo von St. Victor 37
Huizing, Peter 104
Hunsinger, George 147

Ignatius von Antiochien 54, 135, 142
Ignatius von Loyola 189f.
Irenaeus von Lyon 86, 192

Jakob 29, 181, 204
Jeremia 23, 31, 70, 131
Jesaja 194, 216
Jesus Christus 22, 26, 29-34, 36, 41, 45, 48, 51-55, 57, 60, 62, 65f., 71, 75f., 81-83, 86, 89, 91, 94f., 100, 105, 108, 112-114, 118f., 123, 127-129, 147-150, 152, 158f., 171, 174f., 180, 183, 186f., 195, 203, 206, 210, 220f., 223, 229, 232f., 235, 239f., 243, 249, 253, 267f.
Joel 216
Johannes 174, 187, 193, 204, 261f.
Johannes XXIII., Papst 269
Johannes Paul II., Papst 92, 159, 258, 261
Josuttis, Manfred 170
Jüngel, Eberhard 36, 53
Junia 157
Justin der Märtyrer 124

Kaiphas 104, 194
Karl V 231
Katharina von Siena 190
Kühn, Ulrich 9

Liberius, Papst 192f.
Lois 220
Lord Acton 229
Luhmann, Niklas 116
Luther, Martin 9f., 17f., 21, 40, 44-46, 53, 66f., 69, 72, 74, 78f., 81f., 91, 93-95, 104, 106, 132, 134, 136-142, 144f., 147, 150, 154f., 166, 168-170, 181, 183f., 185, 187f., 193f., 206, 223-225, 232-234, 243f., 246, 253f, 259-261

Maria 71, 158, 174-177, 189, 193, 204, 221
Matthäus von Acquasparta 42
Melanchthon, Philipp 10, 28, 76, 155, 185, 234f.
Möhler, Johann Adam 32f.
Moltmann, Jürgen 55f., 58
Mose 30, 90, 227, 232, 240
Müntzer, Thomas 234

Naboth 232
Neuer, Werner 159f.
Newman, John Henry 84, 201-205, 229, 242, 252-254, 261

Onias 70
Origenes 15, 189

Pannenberg, Wolfhart 28, 34, 156
Paulus 23, 29f., 51f., 63, 68f., 76, 88, 90, 97, 108, 130-133, 135, 137-139, 153, 156f., 159f., 163, 165, 171-174, 181-184, 189, 194, 204, 220, 222, 224, 230, 233, 236, 240, 261f., 268
Perrin, Jean-Marie 230
Petrus (Simon Petrus) 85, 148, 175, 178, 180-186, 193-195, 204, 222, 232, 248, 253, 261-263, 266-268
Pius IX., Papst 94, 178
Pius XII., Papst 32, 43, 52, 194, 230
Prierias, Silvester 232

Ratzinger, Joseph (auch Papst Benedikt XVI) 10, 14, 27, 51, 53, 55, 131, 140, 171, 179, 184, 186, 195, 250, 252

Samuel 68
Saul 153
Schelling, Friedrich Wilhelm Joseph 186, 261-263, 267
Schlink, Edmund 9f., 22, 28, 35, 62, 103, 111, 128, 130
Schmidt, Andreas 268
Schoell, Jakob 215f., 228
Scipio 84
Semmelroth, Otto 36f., 41, 151
Seuse, Heinrich 58
Simeon 220f.
Solowjew, Wladimir 11, 257, 262-264
Spaemann, Robert 145
Spener, Philipp Jakob 73
Spinoza, Baruch 208
Stein, Edith 160f.

Tertullian 56f., 123, 204
Timotheus 63, 97f., 128, 132, 135, 139, 153, 160, 220, 222
Titus 63, 97f., 139
Thomas von Aquin 42, 52, 76
Troeltsch, Ernst 15f.

Volf, Miroslav 9, 14, 35, 51, 53-58, 60, 97, 129, 178

Weil, Simone 230
Williams, Roger 118
Wittgenstein, Ludwig 242, 244, 263
Wulf, Friedrich 77

Zizioulas, Johannes 53

SACHREGISTER

Abendmahl, Sakrament des Altars, Eucharistie, Herrenmahl 23, 25, 33, 38, 40, 45, 54, 60, 62, 72f., 85, 89-92, 104, 108, 110f., 122, 129, 134-136., 141f., 144f., 147-151, 160, 162f., 187, 213f., 218f., 225-227, 229, 233, 236, 246, 250, 257, 264
Alte Kirche, Kirchenväter 28, 45, 51, 64, 82, 184, 226
Amt, Ämter 9, 13, 23, 32, 38, 42, 44-46, 54, 61f., 78-80, 84-87, 94-111, 127, 135-143, 153-155, 162-186, 201-205, 229, 233, 237f., 249, 251, 257, 259, 264, 267f.
–, apostolisches 63, 97, 129-139, 153f., 156, 159f., 171-173
–, kirchliches 27, 32, 56f., 59, 127f., 144f., 150-160, 162, 165f., 168, 170-173, 177, 207, 213f., 257
anima ecclesiastica 176f., 189, 264, 269
Anrufung der Heiligen 69f.
Apostelkonzil 63, 181, 183-185, 268
Apostolizität, apostolisch 63-65, 81-87, 97, 128-141, 153f., 156f., 159f., 162f., 171-173, 178, 184-187, 201f., 234
apostolische Sukzession 82-87, 250
Armut 74f.

Bekehrung 113, 116, 218-222, 224, 226-228, 234, 245, 258
Bekennen, Bekenntnis, Bekenntnisschrift 10, 22-24, 44, 47-49, 54, 57, 69, 88, 99, 103, 107f., 111, 118, 137, 156, 170, 179, 214, 217f., 224, 226f., 241, 243, 245f., 250, 252-254, 267
Beten 57, 70, 111, 151, 169f.
Bischof, Bischöfe, episkopos, ἐπίσκοπος 22, 38f., 41f., 49f., 60f., 63, 82-87, 98, 106, 130-132, 135, 138-145, 153-157, 160, 162, 165-167, 170-173, 178-194, 203, 214, 231, 241, 245, 247, 250-253, 256f., 266f.
Bischofskirche 49f., 60, 63, 83f., 178, 191, 250f.
Bräutigam, Braut 15, 51f., 59, 67, 77, 82, 85, 88, 110, 127f., 130, 158, 176, 189, 194

caritativ 79, 92
Chalcedon, Chalcedonensisch 243, 253, 263
character indelebilis 153-155, 225f.
Charisma, Charismen 79, 83, 85f., 95, 97, 108f., 154, 163, 166f., 172, 177, 192, 236, 264
Confessio Augustana, 21, 27, 35, 38, 42, 45f., 68f., 74, 89, 95, 106, 109, 130, 136-138, 140, 142, 145, 152, 173, 194, 215, 218, 222, 232, 241, 252f., 260
corpus permixtum 24, 118, 216, 218

Diakonie 89, 92f., 98f., 108, 116, 122, 129, 162

ecclesia
– invisibilis, unsichtbare Kirche, ecclesia visibilis, sichtbare Kirche, Sichtbarkeit 23-27, 32, 37f., 41, 44-48, 104, 118, 235, 237, 245, 257
– militans 13, 16, 24, 26, 34, 36, 41, 57, 63, 70f., 78, 90, 92, 107, 110, 112f., 122f., 178, 199, 222
– particularis, Teilkirche 25, 63, 83f., 250
– synthetica 25, 104, 118, 213, 215f., 218, 221
– triumphans 26, 30, 34-36, 57, 67, 70f., 77f., 80, 90, 92, 110, 113, 116f., 122, 152, 209
– universalis 25f., 46, 53-55, 111, 178
Ecclesiola 16f., 30f., 71-74, 78, 119, 123, 152, 177, 216, 228, 269
Einheit 10, 15, 17, 23, 26, 32f., 36-38, 42, 44, 48-66, 70, 73, 80, 86, 104, 108, 111, 133f., 136f., 140, 142, 147, 149, 162f., 171, 173, 175-179, 185f., 189, 191, 195, 201-205, 228, 235-238, 241, 248, 252, 255-258, 262-269
Elemente der Heiligung und der Wahrheit 41f., 247, 249
Evangelium 21f., 28, 31, 35, 39-43, 46f., 53, 60, 72f., 79, 81f., 89f., 99-101, 104, 106f., 114, 116-122, 131, 134-138, 140f., 144f., 152, 157, 171-174, 185, 202f., 205f., 215-220, 226, 228, 233f., 240, 246, 249, 256, 261, 265
ex cathedra 178, 192, 231, 268
Existenzform, irdisch-geschichtliche 33, 81
Extra ecclesiam nulla salus 35, 39-44, 46, 136

Familienähnlichkeit 242, 244, 263
Fragmentkirche, Fragmentisierung 9, 11, 63, 238, 245-247, 249, 251f., 254-265, 268
Freikirche 10f., 214-216, 218f., 227f.
Fürbitte, Fürbittgebet 70f., 80, 169

Gehorsam 74-77, 85, 93, 103, 136, 138, 173, 176, 179, 183, 232-235, 240, 247, 251, 265
Geisteinheit 16f., 33
Geistgemeinschaft 16f.
Geistvielheit 16f.
Gemeinde, Ortsgemeinde, Lokalgemeinde, Lokalkirche, Ortsgemeinde, örtliche sich versammelnde Gemeinde, congregatio localis 17f., 22, 25, 30, 49f., 52-64, 73, 86f., 108, 110f., 127, 134-136, 141-143, 148, 160, 162-167, 173, 178, 183f., 191f., 222, 228, 234f., 250f. 255
Gemeindezucht, Kirchenzucht, 72, 91, 105f., 129, 164, 202, 216f.

Gemeinschaft, kirchliche; communio ecclesiastica 36, 41f., 140, 247, 251
Gesellschaft 21, 44, 89, 93f., 99, 108, 114-124, 129, 173, 179, 207-215, 219, 221, 228, 245, 257f.
—, christliche 117f., 212-215, 219, 258
Gottesdienst, Kult 15, 27, 29f., 45, 61f., 69, 72, 109-111, 150f., 201, 203, 214, 227f.

Handauflegung 83-86, 101, 128, 132, 153, 155, 165f., 170, 250
Heidelberger Katechismus 21f., 26f., 88, 150, 246
Heilige 17, 21, 57, 68-71, 80, 190, 244
Heiligkeit 15, 21, 25, 33, 65-68, 71-80, 128, 135, 171, 201-205, 230
Heiligung 17, 23, 37, 41f., 48, 61, 66-68, 72, 75, 77, 80, 90, 92, 136, 150, 155, 182, 218, 224, 247, 249, 256
Heilsmittel, Heilswerkzeug 36, 112, 200, 248
Hierarchie 21, 41f., 44, 46, 56, 58, 71, 83, 136, 168f., 171, 175, 179, 189
Himmelfahrt 29, 31, 33, 181
Hirt, Hirte 21f., 35, 40, 60, 81-83, 100, 128, 141, 144, 155, 158-160, 164-166, 172f., 175, 178f., 190, 201, 204, 217f.
Hoherpriester 30, 95, 97, 104, 148f., 169, 194

Inkarnation 28, 31-33, 59, 124, 175
Institution 122, 127, 227, 266
Israel 28-30, 33, 66, 72, 81, 85, 90, 93, 114, 200, 221, 225, 233, 239f., 253
ius divinum, ius humanum 101-103, 185f.

Judentum 29, 31, 51, 213, 222f., 233, 239-241
Jurisdiktionsprimat 179f.

Katholizität 26, 49, 80, 111, 140, 162, 175, 201f., 249, 264, 269
Keuschheit, Enthaltsamkeit, Ehelosigkeit 74-77, 79, 152
Kindertaufe, Säuglingstaufe 215, 218f., 221, 224, 226-228, 241
Kleriker 74, 80, 169-177, 205, 214, 230
Kollegialität 83f., 86, 164-167, 178, 186, 205, 251, 266
Kollektivgeist 32
Kommunität 78, 152, 177, 260
Konfession, Konfessionskirche, konfessionell 9-11, 63f., 111, 137, 141, 151, 191-193, 208, 215, 217, 251f., 257f., 261f., 265
konfessionalistisch 245, 255, 260, 269
Kongregationalismus, kongregationalistisch 9, 18, 53, 55, 124, 137, 140, 178, 222, 228, 231, 234, 241, 255, 260, 269
Konzil 9-10, 21, 33, 36, 41f., 45, 55, 59, 63, 69, 83-85, 87, 94, 140-142, 146, 149, 153, 156, 172,
178f., 181-185, 191-194, 205, 212, 225, 231, 239, 241, 245-247, 249, 251-255, 258f., 268f.
– von Trient 10, 36, 69f., 146, 149, 153f., 165, 167, 168, 207, 246f., 252-254, 259f.
– Erstes Vatikanisches 10, 178f., 231, 254, 268
– Zweites Vatikanisches 10, 21, 33, 36f., 42, 46, 60, 74, 83-85, 94, 140f., 144, 146, 172, 179, 205, 212, 225, 239, 245, 247-249, 251, 255, 258
Körperschaft 38, 83, 85, 100, 107, 118, 237, 245, 251-256
Kunst, Künste 116, 121-124, 214

Laie 56, 74, 76, 78f., 80, 154, 168-177, 190, 205, 217, 230
Lebensregel 74-80, 152
Lehramt 9, 84, 86f., 95, 122, 131, 133, 136, 159, 187-195, 201, 203f., 232f., 254, 259
Lehre 10f., 15, 23, 25, 28, 34, 35f., 40, 43, 46, 55, 62, 69f., 74, 76, 78, 82-87, 89, 95-100, 103, 105, 108, 117-120, 124, 130-134, 136f., 139-146, 149, 151, 153f., 158-160, 163f., 166, 171, 173f., 179, 184, 187-195, 200-202, 212, 215, 225f., 230, 232-238, 242-246, 249-254, 258-260, 265f.
Lehrer 35, 40, 55, 76, 83, 97, 108f., 122, 129, 132, 140, 148, 155, 164, 171, 178, 187f., 194, 214, 217, 233, 245
Leib, mystischer; corpus mysticum 31f., 44, 48, 52, 55, 57, 59f., 74, 81, 111, 119, 158f., 174, 199, 225, 248
Liberalismus 258
Liebe 15, 21, 23, 41-43, 46-48, 55, 59, 66-70, 72, 75-79, 85f., 92f., 95f., 102, 104f., 127f., 134, 139f., 152, 160, 162, 168, 173, 176, 184, 189, 200, 202, 204, 233, 237f., 244, 248f., 256-258, 268
Lumen gentium 21, 28, 33, 36, 38, 41, 43f., 53, 60, 63, 67, 70, 73, 75-78, 135, 144, 146, 162, 168f., 173, 176, 179, 185, 190, 226, 247, 249, 255, 265
lutherisch 10f., 25, 36, 44, 101, 139-141, 154, 156, 241, 246, 250, 253-256, 259f., 262-266

Meßopfer 144, 146, 149, 207, 264
Mission 88-90, 108, 218f., 228
Missionar 63, 129, 135, 139, 171, 181f., 184
Modernismus 239
Moralität 116-119, 121-124
Muslim, Islam 43, 64 209, 211
Mystik 15f., 52

Nestorianer 241, 243
notae ecclesiae 44-47, 142

Opfer 32, 59, 70, 144-151, 155, 159, 169f., 176, 207, 209, 219
Orden 73-79, 152, 169f.

Sachregister 283

Ordination, Sakrament der Weihe 54, 57, 83f., 96f., 141, 144-146, 154-161, 165, 167, 169, 170, 172, 225, 246, 249
orthodox [im konfessionellen Sinne], Ostkirche 11, 41, 53, 68f., 78, 151f., 156, 171, 179, 183, 205, 241, 243, 250f., 262-264, 266, 268

Papst, Nachfolger des Petrus, Stellvertreter des Petrus, Amt Petri, Bischof von Rom 21f., 41-43, 52, 69, 83-87, 94, 165, 167, 175, 178-186, 190, 192-195, 201, 203-207, 211f., 231-34, 243, 247-253, 263, 266-269
Parallelgesellschaft 122f.
perpetuo mansura 21, 27, 109, 130, 222, 234, 237, 252
Pfarrer 140, 142-146, 152-166, 170-173, 178, 187, 191f., 214, 217, 224, 257
Pfingsten 28, 31, 239
Pilgern, Pilger 50, 71f., 80, 107, 152
Predigt 23, 35, 40, 43, 47, 62, 82, 89, 111, 131, 137, 140-142, 145, 147, 151, 160, 172f., 216f., 226, 228, 234, 240
Predigtamt 45, 137, 142, 168
Presbyter, πρεσβύτερος 56, 83, 86, 135, 141f., 144, 160, 162-165, 183, 230
Priester, sacerdos 60, 71f., 78f., 97, 144-152, 158f., 163, 165f., 169f., 173, 176, 184, 194, 205-207, 216
Priestertum der Gläubigen, allgemeines Priestertum 71, 150, 159, 168-170
Prinzip
-, johanneisches 204
-, marianisches 174-177
-, petrinisches 168, 174-177, 204, 262
Prophet, prophetisch, Prophetie 23, 30, 68, 72, 81, 93, 96-98, 103f., 108f., 148-150, 158f., 163f., 169, 193f., 201f., 216, 227, 230, 232

Räte, evangelische 73-75, 77-79, 169f.
Recht, Rechtsprechung 83, 98-109, 134, 139, 171, 173, 187, 202, 229
Rechtfertigung, Rechtfertigungslehre 13, 15f., 28, 31, 34, 36f., 39, 42f., 48, 65-67, 74f., 85, 87-92, 99, 101f., 105, 112f., 128, 136, 150f., 155, 162, 171, 183, 222, 225, 230, 233, 238, 249, 254, 259-265, 269
reformiert 10f., 156, 241, 243, 246, 250, 252, 254, 259
Religion 29f., 48, 113-116, 121f., 201, 206-211, 214, 216, 229, 242, 265
-, nicht-christliche 43f., 226
römisch-katholisch 10f., 36, 41-44, 46, 50, 57, 67-70, 73, 78f., 83-87, 94, 96, 103, 140f., 146, 149-152, 156, 166, 168f., 171, 177-180, 182f., 186, 189, 192-195, 201, 203, 205, 207, 211f., 221, 225f., 232-234, 239, 241, 243, 245-256, 259, 262-269

Sakrament 15, 21-27, 35-38, 41f., 44-47, 54, 57, 59-61, 73, 79, 83-85, 89-92, 96, 104, 111, 119, 134, 137, 140, 142, 144, 147, 151, 155, 168f., 176f., 184, 207, 214, 216-218, 222f., 225-229, 233, 235, 246, 249, 257
Säkularisierung, Säkularismus 11, 114, 119, 161, 195, 206-219, 221, 226-228, 247, 255, 258, 260, 264, 269
Schlüsselgewalt, Freisprechung (von den Sünden) 45, 90f., 100, 129, 163, 180, 229
Schmalkaldische Artikel 17, 21, 44, 66, 69, 74, 81, 100, 136, 145, 183-185, 193, 207, 215, 218, 232, 243, 246, 253, 259
Schöpfung 27, 34f., 59, 66, 77f., 89, 92, 107, 109, 112f., 122, 157-161, 199, 210f., 222, 228
Sekte 15f., 185
sensus fidei, sensus fidelium 166, 170, 172, 190, 195
Soziologie 15f., 45, 48, 115f., 249
Spaltung, Schisma 9, 11, 29f., 43, 61, 64, 67, 73, 86, 111, 124, 134, 136, 166, 186, 191, 205, 232, 234, 236-266
Staat 89, 93-95, 99f., 106-108, 115-118, 120-124, 129, 206-211, 215
Stand, Stände 74-76, 78-80, 87, 89, 122, 152, 168, 170f., 175, 225, 244
subsistieren 22, 41f., 179, 247-249, 255f.
Sünde 14, 16, 26, 32, 40, 66-68, 71, 74f., 84, 89-92, 100-103, 112, 116f., 123, 129, 137, 145-147, 150, 163, 207, 210f., 216, 220, 222-227, 229f., 233, 243, 253, 259f.
Symbolon 10, 46, 245-247, 253

Taufe 23, 25, 38, 40, 43, 45, 54-57, 72-75, 85, 89f., 92, 100f., 103, 118, 131, 142, 147, 154-157, 160, 162f., 170, 210f., 213-216, 218-228, 233, 241, 244, 246, 250, 257
Tradition 22, 28, 79, 81, 144, 190, 204, 264f.
Trinität 31, 53, 55f., 58, 71, 246, 253, 259, 263
Typologie 90, 174, 177, 186, 203, 261, 266, 268
Tyrannei, Tyrannis 84, 154, 183, 201, 205, 207, 217, 229, 231-234, 236, 240, 247

Unfehlbarkeit
- der Kirche 65, 187, 194
- des Papstes 268
Universalkirche 52-55, 58-61, 63f.
Unzerstörbarkeit (der Kirche) 65
Urgemeinde 30f., 73
Ursakrament 36

Verfolgung 30, 45, 50, 73, 113f., 118, 122f., 159, 169, 211, 219, 230f., 234, 258, 267

Verweltlichung 11, 205-212, 214, 216-218, 236, 261, 264f.
Volk Gottes 18, 22, 28, 45, 55, 60, 65, 72, 88, 91, 148, 154, 157, 226, 248
Volkskirche 25, 118, 213-219, 226-228

Wahl (der Amtsträger) 132f., 165-167
Welt 15, 21, 23-28, 31-33, 44, 46-48, 50, 53f., 60-62, 68, 77-79, 81, 88, 93f., 111-124, 127, 134, 145, 147, 169, 174, 179, 199, 205-211, 229, 237, 242, 245, 253

Wissenschaft 116, 120-124
Wort (Gottes) 21-25, 27, 37, 41, 43, 45f., 48, 53, 57, 59, 61, 65f., 75, 78f., 81f., 86f., 91f., 106, 111, 144, 148, 156, 176, 188, 190, 194, 199f., 216, 220f., 223, 231f., 240, 246, 248, 250, 253, 256, 263, 265
Wurzelsakrament 36

Zölibat 45, 79, 152